双一流学科建设系列教材

行政法案例研习

（第三辑）

蔡乐渭　主编

中国政法大学出版社

2021·北京

图书在版编目（ＣＩＰ）数据

行政法案例研习.第三辑/蔡乐渭主编. —北京:中国政法大学出版社,2021.4

ISBN 978-7-5620-9864-5

Ⅰ.①行…　Ⅱ.①蔡…　Ⅲ.①行政法－案例－中国　Ⅳ.①D922.105

中国版本图书馆CIP数据核字(2021)第034028号

书　名	行政法案例研习·第三辑
	XINGZHENGFA ANLI YANXI DISANJI
出版者	中国政法大学出版社
地　址	北京市海淀区西土城路 25 号
邮　箱	fadapress@163.com
网　址	http://www.cuplpress.com (网络实名：中国政法大学出版社)
电　话	010-58908466(第七编辑部) 010-58908334(邮购部)
承　印	固安华明印业有限公司
开　本	720mm×960mm　1/16
印　张	22
字　数	350 千字
版　次	2021 年 4 月第 1 版
印　次	2021 年 4 月第 1 次印刷
定　价	75.00 元

编写说明 ◥

因学科内容繁杂、概念抽象和教学课时限制，行政法成为中外法学院公认的难学难教课程。针对行政法教学问题，我国行政法学者进行了有益尝试，其中一项重要举措就是开展案例教学。案例教学将行政法原理、规范和实践予以有机结合，学生在了解行政实践和司法实务的同时，也更加注重法律规范的援引、解释和应用，论证说理能力同时获得锻炼和提升。

中国政法大学法学院行政法研究所长期致力于行政法教学方法的改良，近年来每年均召开"法治人才培养与行政法教学方法"等主题研讨会，诚邀学界各位老师齐聚一堂共同探讨行政法学的教学方法。在近年的多次研讨会中，与会专家均论及案例研习在行政法教学中的重要价值，并就案例教学方法进行系统归纳与理论总结。上述研讨成果同样促发了编者对行政法案例教学的反思。

当前市场上已有诸多行政法案例分析教材和评述作品，这些书籍为本科生及研究生行政法案例教学提供了基础和指引，但从编排和写作方式上看，都有一定的提升空间。首先，许多行政法案例教程在进行案件分析时，只是简单截取案件基本事实和核心观点，并未完整展示法院裁判的论证过程，学生也因此缺乏代入感，对行政法原理及其实际应用的理解也就无法深入；其次，有些教程在评述案件时，并未对涉及理论和核心学理展开系统阐释和比较梳理，这也导致行政法案例教程与行政法学教材脱节；最后，有些案例教程所选取的案件已显陈旧，不仅未顾及行政法律规范的更新，也未能体现本学科理论与实践的最新发展。

中国政法大学法学院行政法研究所一直承担着中国政法大学行政法教

学科研的基本任务，鉴于案例教学的需要和精品案例教材的匮乏，行政法研究所自 2018 年起组织老师撰写全新的案例分析教程，迄今已出版了两辑且在业界引起广泛好评。本书为系列案例教程的第三辑。与前两辑相同，本书所选取的案例同样经过细致讨论，均具有很强的代表性。

关于本书写作与体例安排，现做如下说明：

（1）案例来源。本书选择的案例主要是来自于最高人民法院公布的指导性案例、最高人民法院公报案例、最高人民法院行政审判庭编写的《中国行政审判指导案例》《中国行政审判案例》，以及各大法律数据库中的已生效裁判，由此既确保了案件来源的典型可靠，也便于读者自己查找案件和分析案由。

（2）分析体例。本书创新地采用全景模式来呈现案件事实、裁判要旨和理论要点。每个案例的撰写均包括以下七个部分：案例名称、关键词、基本案情、裁判要旨、裁判理由与论证、涉及的重要理论问题、后续影响及借鉴意义。在案件事实陈述方面，要求各位撰稿人采用法院已查明的事实，避免冗长论述。在裁判理由与论证部分，则要求撰稿人细致分析法院裁判的论证过程，便于学生对此过程进行整体性理解；对裁判关键论述的引用则通过直接援引的方式，确保分析的严谨性。在重要理论问题的论述方面，要求撰稿人从理论渊源、裁判背景和关联裁判上进行系统论述，由此也使案例分析具有理论深度，每个案例的整体分析均在 15 000 字左右。

（3）适用对象。本书既适合作为本科生及研究生的案例教学和研究参考书目，也可满足包括司法部门在内的实务部门的实践需要。

本书的编写分工如下：

1. 段作双："诺而不践"行为的司法审查路径与救济方式——黄银友等与大冶市人民政府等行政允诺纠纷上诉案（指导教师：马允）

2. 闫珊珊：义务教育施教区划分行为的司法审查——顾某诉南京市建邺区教育局重新划分施教区案（指导教师：蔡乐渭）

3. 莫晓晴：行政强制措施的适用条件——刘云务诉山西省太原市公安局交通警察支队晋源一大队道路交通管理行政强制案（指导教师：卞修全）

4. 王成栋，徐鹏博：行政处罚过罚相当原则的适用——北京乡土青铁锅焖面面馆诉北京市延庆区市场监督管理局行政处罚案

5. 张学府：行政协议的界定及相对人不履行协议时行政机关的救济——大英县永佳纸业有限公司诉四川省大英县人民政府不履行行政协议案（指导教师：罗智敏）

6. 俞蒙勋：行政机关单方解除行政协议行为的司法审查——湖北草本工房饮料有限公司诉湖北省荆州经济技术开发区管理委员会等行政协议纠纷案（指导教师：马允）

7. 曹佳靖：政府特许经营协议诉讼涉及的相关法律问题——寿光中石油昆仑燃气有限公司诉寿光市人民政府、潍坊市人民政府解除政府特许经营协议案（指导教师：蔡乐渭）

8. 牛朔旸：行政程序重开的条件——王建设诉兰考县人民政府不履行法定职责案（指导教师：张力）

9. 张冬阳：行政审批期限制度：学理构造和实际效果——中山市黄圃镇兆丰村第七股份合作经济社诉中山市国土资源局、中山市人民政府土地登记案

10. 胡斌：行政机关对信息的检索义务及举证责任——罗元昌诉重庆市彭水苗族土家族自治县地方海事处政府信息公开案

11. 韩利楠：内部行政行为的外部化及其可诉性——魏永高、陈守志诉来安县人民政府收回土地使用权批复案（指导教师：罗智敏）

12. 王雨婷：律师协会实习登记审查行为的性质界定——杨斌诉广州市律师协会履行职责案（指导教师：罗智敏）

13. 陈甲东：保护规范理论下的合法权益识别——北京联立房地产开发有限责任公司诉北京市东城区人民政府行政复议案（指导教师：成协中）

14. 刘子钰：规划许可行政诉讼中相邻关系人的原告资格认定——潘自杰、陈丽等业主诉昆山市自然资源和规划局行政许可案（指导教师：成协中）

15. 王成栋，覃宇婷：行政处罚案件利害关系人原告资格认定与合法性审查——山东壮壮嘉吉肥业有限公司诉新泰市工商行政管理局行政处罚案

16. 楚天舒：保护规范理论作为行政诉讼原告资格的判定标准——关卯春等诉浙江省住房和城乡建设厅等行政复议纠纷案（指导教师：赵宏）

17. 胡斌：行政法律规范竞合理论及其适用规则——上海鑫晶山建材开发有限公司诉上海市金山区环境保护局环保行政处罚案

感谢上述撰稿人和校对人耐心细致的工作，感谢中国政法大学出版社张琮军先生的大力支持和牛洁颖编辑的辛苦付出。

作为丛书的一册，本辑在总体延续前两辑写作体例的基础上，根据各案例所涉内容提炼了标题，并在分析阐释上做了更多创新和探索。但限于编者的水平和视野，书中分析也可能存在谬误与问题，在此也欢迎读者不吝提出宝贵批评和建议。

编者

2021 年 4 月 1 日

目录

◆ 行政法 ◆

一　行政行为　/ 3

"诺而不践"行为的司法审查路径与救济方式
——黄银友等与大冶市人民政府等行政允诺纠纷上诉案　/ 3
义务教育施教区划分行为的司法审查
——顾某诉南京市建邺区教育局重新划分施教区案　/ 25
行政强制措施的适用条件
——刘云务诉山西省太原市公安局交通警察支队晋源一大队
道路交通管理行政强制案　/ 45
行政处罚过罚相当原则的适用
——北京乡土青铁锅焖面面馆诉北京市延庆区市场监督管理局
行政处罚案　/ 66

二　行政协议　/ 85

行政协议的界定及相对人不履行协议时行政机关的救济
——大英县永佳纸业有限公司诉四川省大英县人民政府不履行
行政协议案　/ 85
行政机关单方解除行政协议行为的司法审查
——湖北草本工房饮料有限公司诉湖北省荆州经济技术开发区管理
委员会等行政协议纠纷案　/ 107

政府特许经营协议诉讼涉及的相关法律问题

——寿光中石油昆仑燃气有限公司诉寿光市人民政府、

潍坊市人民政府解除政府特许经营协议案　　　　/ 131

三　**行政程序**　　　　/ 155

行政程序重开的条件

——王建设诉兰考县人民政府不履行法定职责案　　/ 155

行政审批期限制度：学理构造和实际效果

——中山市黄圃镇兆丰村第七股份合作经济社诉

中山市国土资源局、中山市人民政府土地登记案　　/ 174

四　**信息公开**　　　　/ 194

行政机关对信息的检索义务及举证责任

——罗元昌诉重庆市彭水苗族土家族自治县地方海事

处政府信息公开案　　　　/ 194

◆ 行 政 诉 讼 法 ◆

五　**受案范围**　　　　/ 215

内部行政行为的外部化及其可诉性

——魏永高、陈守志诉来安县人民政府收回土地使用权批复案　　/ 215

律师协会实习登记审查行为的性质界定

——杨斌诉广州市律师协会履行职责案　　　　/ 232

六 原告资格 / 247

保护规范理论下的合法权益识别

——北京联立房地产开发有限责任公司诉北京市东城区人民

政府行政复议案 / 247

规划许可行政诉讼中相邻关系人的原告资格认定

——潘自杰、陈丽等业主诉昆山市自然资源和规划局行政许可案 / 269

行政处罚案件利害关系人原告资格认定与合法性审查

——山东壮壮嘉吉肥业有限公司诉新泰市工商行政管理局

行政处罚案 / 286

保护规范理论作为行政诉讼原告资格的判定标准

——关卯春等诉浙江省住房和城乡建设厅等行政复议纠纷案 / 304

七 法律适用 / 323

行政法律规范竞合理论及其适用规则

——上海鑫晶山建材开发有限公司诉上海市金山区环境保护局

环保行政处罚案 / 323

行政法

一 行政行为

"诺而不践" 行为的司法审查路径与救济方式
——黄银友等与大冶市人民政府等行政允诺纠纷上诉案

段作双*

【案例名称】

黄银友等与大冶市人民政府等行政允诺纠纷上诉案 [湖北省黄石市中级人民法院 (2008) 黄行初字第 13 号, 湖北省高级人民法院 (2009) 鄂行终字第 46 号]

【关键词】

行政允诺 诺而不践 履诺义务 奖励

【基本案情】

2000 年 9 月 18 日, 大冶市委、大冶市人民政府 (以下简称大冶市政府) 颁发了冶发 [2000] 38 号《市委、市政府关于鼓励外商投资的优惠办法》(以下简称《优惠办法》)。该办法规定:"凡从市外引进合作、合资、独资项目者, 引进额在 1000 万元人民币以上的, 经验资确认后按实际到位资金的千分之八由受益单位给予一次性奖励。上述中介奖, 如无我方收益单位, 由大冶市财政支付。" 2003 年 7 月, 黄银友、张希明得知浙江尖峰集团 (以下

---

* 段作双, 中国政法大学法学院宪法学与行政法学专业 2019 级硕士研究生。

简称尖峰集团）准备向外投资建水泥厂的信息后，便与保安镇人民政府（以下简称保安镇政府）联系招商。7月31日，保安镇政府向黄银友出具"承诺书"约定，"若黄银友从市外引进资金项目在保安镇落户，引进资金在一千万元以上的，经验资后将按实际到位资金的千分之八给予奖励。具体奖励付款方式按项目工程实际进度，对方实际投入资金同步比例付款"。2003年8月，尖峰集团考察人员到大冶市陈贵镇实地考察当晚，黄银友到宾馆看望尖峰集团考察人员。次日上午，黄银友、张希明邀请大冶市商务局副局长李政良等人陪同尖峰集团考察人员到大冶市保安镇、大冶市还地桥镇进行考察。2003年8月，黄银友陪同大冶市政府、保安镇政府相关领导与尖峰集团联系、沟通，并在尖峰集团草签了《投资意向书》。2003年10月15日，尖峰集团为黄银友出具了引进项目过程中做了大量有效工作，才使此项工程成功的中介证明。同年10月16日，尖峰集团下设的浙江尖峰水泥有限公司与大冶市人民政府正式签订《关于投资设立大冶尖峰水泥有限公司的协议》，约定在大冶市保安镇设立大冶尖峰水泥有限公司（以下简称尖峰水泥）。双方签订协议时，黄银友被邀请参加，此事在《黄石日报》登载。

2004年8月3日，黄银友向大冶市政府递交了要求给予中介奖的请示。对此，时任大冶市委、市政府的相关领导批示大冶市商务局核实情况，提出建议。2005年6月8日，大冶市商务局向大冶市委、市政府提交"关于尖峰水泥项目引进情况及中介奖励建议"的书面建议：待尖峰水泥一期建成投产后，根据大冶市招商引资奖励政策和保安镇政府承诺书给予适当奖励。同年9月1日，大冶市政府相关领导在此"奖励建议"上签署了同意大冶市商务局意见的批示。同年9月12日，黄银友、张希明又向大冶市市长书面要求给予中介奖励。2006年1月5日，大冶市商务局再次向大冶市政府提交"关于引进尖峰水泥落户保安的情况调查"汇报材料。2006年6月5日，大冶市商务局以冶商〔2006〕22号文向中共大冶市委、大冶市政府提交"关于落实引进保安尖峰水泥中介奖励的报告"，该报告的内容为：尖峰水泥落户保安镇的确是黄银友、张希明二人中介引进的，建议市委、市政府根据市有关引资政策和保安镇党委、政府有关承诺，待尖峰水泥一期建成投产后，对保安尖峰水泥中介给予一次性奖励，奖励款在尖峰水泥投产后三年税费封闭管理中统一支付。2007年12月14日，黄银友、张希明又向大冶市商务局提出要求尽快落实给予中介奖励的报告，但大冶市政府仍未给予答复。

2008年10月16日，黄银友、张希明以其与被告之间已经形成了合法有效的行政允诺法律关系，被告应给予其中介奖励款为由提起行政诉讼。黄银友、张希明向法院起诉请求：（1）依法确认其引资行为与大冶市政府、保安镇政府形成行政允诺法律关系；（2）判令大冶市政府、保安镇政府给付其引进尖峰水泥第一期工程项目奖励款336万元及逾期付款的利息损失。

湖北省黄石市中级人民法院确认原被告之间的行政允诺关系成立，但因奖励款的确定系行政机关的职责，未支持给付"336万奖励款及逾期利息损失"的请求，仅要求被告在90日内确定并给予原告奖励款。黄银友、张希明不服，向湖北省高级人民法院提起上诉，湖北省高级人民法院判决维持原判、驳回上诉。

与本案相关的法律条款包括：

《中华人民共和国行政诉讼法》（以下简称《行政诉讼法》）第12条规定："人民法院受理公民、法人或者其他组织提起的下列诉讼：……（12）认为行政机关侵犯其他人身权、财产权等合法权益的。除前款规定外，人民法院受理法律、法规规定可以提起诉讼的其他行政案件。"

《行政诉讼法》第13条规定："人民法院不受理公民、法人或者其他组织对下列事项提起的诉讼：（1）国防、外交等国家行为；（2）行政法规、规章或者行政机关制定、发布的具有普遍约束力的决定、命令；（3）行政机关对行政机关工作人员的奖惩、任免等决定；（4）法律规定由行政机关最终裁决的行政行为。"

最高人民法院《关于依法保护行政诉讼当事人诉权的意见》（法发［2009］54号）规定："各级人民法院要深入了解各阶层人民群众的生活现状和思想动向，了解人民群众对行政审判工作的期待，依法受理由此引发的各种新类型案件，积极回应人民群众的现实司法需求。要依法积极受理行政给付、行政监管、行政允诺、行政不作为等新类型案件。"

【裁判要旨】

（1）行政机关为促进辖区经济社会发展而制定的奖励文件，如所含允诺性内容与法律法规不相违背，应视为合法有效。

（2）当引资人按照文件规定，通过发挥中介作用客观上促成本地招商引资时，行政允诺关系成立，引资人依法要求兑现相关奖励的权利受法律保护。

【裁判理由与论证】

本案的核心争议焦点为原告和被告之间是否形成合法有效的行政允诺关系。对此，一审法院湖北省黄石市中级人民法院与二审法院湖北省高级人民法院的裁判理由基本一致，论证理由如下。

一、大冶市政府制定的《优惠办法》的性质认定

大冶市政府制定的《优惠办法》是行政允诺行为，具体论证如下：

"大冶市政府制定的《市委、市政府关于鼓励外商投资的优惠办法》是为了充分调动和发挥社会各方面参与招商引资积极性，实现政府职能和公共利益为目的的向不特定相对人发出承诺，在相对人实施某一特定行为后由自己或由自己所属的职能部门给予该相对人物资利益或其他利益的单方意思表示行为。"

二、原告和被告之间是否形成合法有效的行政允诺法律关系

原告黄银友、张希明在尖峰集团水泥项目落户大冶市保安镇的过程中实施了招商引资中介行为，原被告形成合法有效的行政允诺法律关系，具体论证如下："黄银友、张希明在得知尖峰集团对外投资水泥项目信息后，将该信息传递给了保安镇政府，保安镇政府也就上述引资事项作出了奖励承诺。其后二人多次邀请、陪同投资商到保安镇进行考察，并多次前往投资商所在地进行洽谈沟通。由于其与大冶市政府及保安镇政府的共同努力终于促成了尖峰水泥落户到大冶市保安镇。上述事实说明黄银友、张希明在尖锋集团500万吨水泥项目落户大冶市保安镇的过程中，实施了招商引资中介行为。大冶市政府、保安镇政府辩称黄银友、张希明不是大冶尖峰水泥项目的引进人、其与黄银友、张希明之间无合法有效的行政允诺关系的理由不能成立，本院不予支持。"

三、是否应当直接判决被告给付 336 万元奖励款

因中介商在招商过程中所起作用及金额的确定是行政机关的职责，本着对行政机关的尊重，对原告要求被告给付奖励款 336 万元的请求不予支持，具体论证如下："黄银友、张希明要求大冶市政府、保安镇政府支付奖励款数额的确定问题，虽然黄银友、张希明在整个招商引资过程中实施了中介行为，起到了一定的作用，但该项目成功引进大冶市保安镇，绝非仅仅只是其两人的因素，但两人在招商过程中所起的作用及金额的确定是行政机关的职责，大冶市政府及保安镇政府应根据其制定的《优惠办法》的规定对黄银友、张希明给予兑现奖励。故本院对黄银友、张希明要求大冶市政府、保安镇政府给付奖励款 336 万元的请求不予支持。"

【涉及的重要理论问题】

准确认定案件性质及案由对于案件后续审理思路确定、裁判方式的选择具有重要意义。本案中法院正是在确定本案为行政允诺案件的基础上，结合案件具体争议焦点进一步展开审理的。因此，本文开篇即从行政允诺的概念界定及其相似行政行为的辨析这一理论基础着手，为法院准确认定案件性质及案由——行政允诺提供参考和指导，然后再深入分析行政允诺案件的审理思路和裁判方式。

本案中，法院的审理思路是：大冶市政府发布的《优惠办法》是行政允诺行为——黄银友、张希明实施了指定的招商引资中介行为——黄银友、张希明与大冶市政府、保安镇政府之间形成合法有效的行政允诺法律关系。本案虽以"行政允诺法律关系是否合法有效"为审查重点，但其实质是大冶市政府、保安镇政府"诺而不践"[1]引发的纠纷，真正的被诉行政行为应是大冶市政府、保安镇政府"诺而不践"的行为。行政诉讼以被诉行政行为的合法性审查为核心，因此本案应以大冶市政府、保安镇政府"诺而不践"行为的合法性审查为核心。本文在厘清案件核心的基础上，结合法院的审理思路，归纳总结出"诺而不践"案件的司法审查路径：确认行政主体的行政允诺行

---

[1] "诺而不践"是指行政主体作出行政允诺行为而不履行或不适当履行允诺内容。

为存在，并从"诺"和"践"两方面审查"诺而不践"行为的合法性。

值得注意的是，本案中法院判决确认双方当事人之间形成合法有效的行政允诺法律关系的同时，并未按照原告黄银友、张希明的诉讼请求判决被告大冶市政府、保安镇政府支付确定金额的奖励款，而是笼统判决其履行义务，将具体奖励款的确定交由大冶市政府、保安镇政府自由裁量，以示司法权对行政裁量权的尊重。因此，在类似本案的招商引资允诺案件中，当行政主体"诺而不践"的行为构成不作为违法时，法院是笼统判决履行义务还是直接判决给付具体数额，这一问题值得探讨。

综上所述，本文在分析确定行政允诺案件性质及案由的思路的基础上，从行政允诺行为的认定和"诺而不践"行为的合法性审查两个方面探讨"诺而不践"案件的审理思路，并探讨本案所反映的招商引资允诺案件中"诺而不践"的不作为违法的裁判方式选择问题。

一、行政允诺[1]的概念界定

（一）行政允诺的概念及特征

法院在审理案件时应首先确定案件性质，这决定了整个案件的审理思路和救济方式。例如本案的争议焦点之一即"案涉行政机关的行政行为是不是行政允诺"，法院在认定本案是行政允诺案件的基础上，确定本案的审理思路，进一步分析原被告之间是否形成了合法有效的行政允诺关系以及是否应保护行政允诺相对人的合法权益。

国内学者对行政允诺的概念界定众说纷纭，并未形成通说。早期学界对行政允诺的概念界定主要有以下三种主流观点：第一种观点认为"行政承诺是指行政主体依其职权所作出的待条件成就时履行相关义务的信守型允诺"；[2]第二种观点认为"行政承诺就是行政主体为实现一定的行政管理目标，依其行政

---

〔1〕 就"行政允诺"的称谓而言，有学者主张以"行政承诺"称之，有学者主张以"行政允诺"称之，虽然表述不一，但无实质差异。在此，笔者选用"行政允诺"的表述，一是为了与民法上的"承诺"区分，避免混淆，突出行政允诺的特性；二是契合最高人民法院所采用的表述。但在引用文献时，为尊重原文，仍使用原作者选择的表述。

〔2〕 高鸿："行政承诺及其司法审查"，载《人民司法》2002 年第 4 期。

职权，对特定的事项或者特定的人员，作出的答应照办某项事务的行为"；[1]
第三种观点认为"行政承诺是行政机关或法律法规授权的其他组织通过公开
的方式对社会不特定或特定公众作出许诺，相对人完成了其在承诺中指定的
行为后给予一定奖励的行政行为"。[2]这些观点都反映了行政允诺是"行政
主体自我设定义务、自我约束"的行为，但并未体现行政允诺的全部特征：
第一种观点的表述过于简单，突出强调行政允诺是"行政主体自我课予义务"
的行为，但并未凸显行政允诺的其他特征，不利于案件性质的判断；第二种
观点将行政允诺相对人限定为"特定相对人"而将行政主体对不特定相对人
作出的允诺[3]排除在外，使用"答应照办"这一表述容易令人误解"行政
允诺是行政主体的被动行为"而忽略积极行政大背景下广泛存在的主动允诺
行为。第三种观点片面反映了行政允诺是"承诺给予一定奖励"的行为，而
忽略行政主体允诺待条件成就时"作为或不作为"的情形，例如"放管服"
背景下环评制度中的环评时效承诺。

　　本案中，湖北省黄石市中级人民法院在裁判理由部分写道："大冶市政府
制定的《大冶市关于鼓励外商投资的优惠办法》是为了充分调动和发挥社会
各方面参与招商引资积极性，以实现政府职能和公共利益为目的向不特定相
对人发出承诺，在相对人实施某一特定行为后由自己或由自己所属的职能部
门给予该相对人物资利益或其他利益的单方意思表示行为。"最高人民法院行
政审判庭在评析本案时基本认可湖北省黄石市中级人民法院的上述观点，认
为"行政允诺是对不特定的人在特定的期限内完成允诺人（行政机关）规定
的相关义务后，依法给予奖励的行政决定"。[4]湖北省黄石市中级人民法院与
最高人民法院对行政允诺的概念界定，与上述第三种观点一样，仅关注司法

　　〔1〕　王伦、耿志武："行政承诺及其可诉性"，载《人民司法》2002 年第 8 期。

　　〔2〕　李玉敏、陈志力、蔡靖："行政承诺案件的性质及审理对象"，载《法律适用》2003 年第 12 期。

　　〔3〕　参见"谷西村委会诉洛阳市人民政府土地行政许可案"［河南省洛阳市中级人民法院
（2008）洛行终字第 119 号］。该案中法院认为："洛阳市人民政府承诺谷西村委会对涉诉国有土地在
同等条件下优先获得受让权，该承诺洛阳市政府对谷西村委会单方面作出的承诺，属于行政允诺"，
该案中"行政允诺"的相对人是"谷东、谷西村"，其范围是特定的，因此该案中行政允诺相对人是
特定的。

　　〔4〕　中华人民共和国最高人民法院行政审判庭编：《中国行政审判指导案例》（第 1 卷），中国
法制出版社 2010 年版，第 22 号案例，第 113 页。

实践中常见的招商引资允诺、有奖举报允诺的"奖励"特征，而忽视了行政主体允诺待条件成就时作为或不作为的情形。

近年来，法院在裁判文书中的表述通常是"行政允诺是指行政主体为达到某种目的，向特定或者不特定的相对人作出的，承诺在相对人某种情况出现或完成了某一特定行为后由自己（或自己下属的职能部门）完成某种行为或给予某种利益的单方意思表示"。[1]笔者认为这种表述方式基本反映了行政允诺的全部特征：（1）行政允诺的行为主体是行政主体，包括行政机关和法律法规授权组织；（2）行政允诺是行政主体为实现行政管理目标行使职权的行为；（3）行政允诺相对人是特定或不特定相对人；（4）行政允诺是行政主体自我课予义务、自我约束的行为；（5）行政允诺是附条件行政行为；（6）行政允诺的内容是将来完成某种行为（包括作为或不作为）或给予某种利益；（7）行政允诺是单方意思表示行为。

综上所述，笔者认为宜对行政允诺的概念作出如下界定：行政允诺是行政主体为实现行政管理目标行使行政职权，就特定事项向特定或不特定相对人作出的期待行政相对人出现某种情况或作出某一特定行为，并承诺在其出现指定情况或完成指定行为时由自己或自己下属的职能部门完成某种行为（包括作为或不作为）或给予某种利益的单方意思表示行为。

笔者认为对行政允诺的概念界定应尽可能反映行政允诺的全部特征，将行政允诺的概念及其所反映的特征相结合对案件的行政允诺性质作出准确判定，进而确定案件的审理思路及裁判方式。

（二）行政允诺与相似概念的辨析

行政允诺的行为属性经历了由民事到行政的转化。早期当事人对此类案件多以民事案由向法院提起民事诉讼，而法院也经历了一个由"民事"到"行政"的认识和转变过程。[2]2004年最高人民法院《关于规范行政案件案由的通知》（法发〔2004〕2号）将"行政允诺"作为行政诉讼案件案由予

---

〔1〕 参见湖南省株洲市中级人民法院（2016）湘02行初147号；宁夏回族自治区固原地区（市）中级人民法院（2018）宁04行初66号；江西省上饶地区（市）中级人民法院（2018）赣11行初106号；海南省高级人民法院（2019）琼行终333号；湖南省益阳市中级人民法院（2019）湘09行终253号。

〔2〕 参见戴俊英："行政允诺的性质及其司法适用"，载《湖北社会科学》2010年第12期。

以确定，不少学者认为该通知将"行政允诺"列为行政诉讼案件案由是对行政允诺的行政行为[1]性质的官方认可，该通知的颁布实施结束了司法实践中"行政允诺是不是行政行为"这一争议。2009年最高人民法院发布的《关于依法保护行政诉讼当事人诉权的意见》（法发〔2009〕54号）将行政允诺与行政合同、行政奖励、行政给付等一同增列为行政行为种类，进一步证实了学者的上述推断，同时体现了最高人民法院在实践层面对行政允诺的独立性的官方认可。遗憾的是，该通知并未给出更为细致的解释明确行政允诺与行政合同、行政奖励、行政给付等的区别，正是最高人民法院规范性文件中不细致、不明确的表述导致法院在判断案件案由及案涉行政行为性质时标准不一、意见不一。笔者认为有必要明晰行政允诺与相似行政行为的区别，以期为法院审理类似案件确定案件性质及案由提供指导和参考。

1. 行政允诺与行政合同的概念辨析

"行政允诺是一种有别于行政合同的新型行政活动方式，还是一种行政合同的新形式"，这一问题曾在司法实践和学术研究中引发了激烈的争论。对此，学界存在两种不同观点：一种观点认为，行政允诺是行政主体的单方意思表示行为，区别于作为双方行政行为的行政合同；另一种观点认为，行政允诺类似于"要约行为"[2]，是合同订立的一个步骤，行政允诺一经作出，只要特定相对人完成指定行为，行政主体就应按允诺内容履行承诺。[3]目前，司法实践和学术界基本就"行政允诺是一种单方意思表示行为"这一观点达成共识，这在本案的裁判理由部分以及学者对行政允诺的概念界定中均有所体现。最高人民法院行政审判庭在对本案进行背景介绍时，认为宜将行政允诺行为认定为单方行政行为，并给出了具体理由："首先，行政机关作出允诺，是否符合国家法律，是否具备履行承诺的能力，是一种客观判断，而非

---

〔1〕 行政法学界不同学者对行政行为的内涵和外延的理解不一，对其概念的界定存在理论纷争。本文所采行政行为的概念是指行政主体在实施行政管理活动、行使行政职权过程中所作出的具有法律意义的行为。参见罗豪才、湛中乐主编：《行政法学》，北京大学出版社2016年版，第113页。

〔2〕 《中华人民共和国合同法》（以下简称《合同法》）第14条规定："要约是希望和他人订立合同的意思表示，该意思表示应当符合下列规定：（1）内容具体确定；（2）表明经受要约人承诺，要约人即受该意思表示约束。"

〔3〕 参见中华人民共和国最高人民法院行政审判庭编：《中国行政审判指导案例》（第1卷），中国法制出版社2010年版，第111页。

双方合意；其次，公民实施了允诺所设定的行为，客观上会存在公民原先并不知晓有行政允诺存在的情形；再者，通常意义上的合同缔约过程存在当事人的履行抗辩权，双方在实际履行前可以互设义务，而行政允诺形成过程中显然不存在；最后，行政允诺的撤销需要行政机关经过严格的程序，这并非是以受诺人的意志为转移的。"[1]大部分学者在论述"行政允诺是单方意思表示行为"时也引用最高人民法院的上述理由加以论证，[2]笔者亦认同上述理由。

笔者认为，虽然行政允诺与行政合同在行为的成立、履行、撤销等方面均有所不同，但区分二者的关键是把握二者的行为性质。具体而言，行政允诺是行政主体的单方意思表示行为，无需行政相对人的同意即可成立，只要行政相对人完成了行政机关期待其完成的指定行为，行政机关就应履行其承诺；行政合同是行政主体和行政相对人意思表示一致的结果，是一种双方意思表示行为，行政合同的成立、履行、撤销往往需要双方当事人的协商、配合。因此，行政允诺是一种有别于行政合同的新型的行政活动方式。

2. 行政允诺与行政奖励的概念辨析

行政奖励是指行政主体为了表彰先进、激励后进，充分调动和激发人们的积极性和创造性，依照法定条件和程序，对为国家、人民和社会作出突出贡献或者模范地遵纪守法的行政相对人，给予物质或者精神的奖励的行政行为。[3]司法实践中，行政奖励与行政允诺，尤其是招商引资允诺，因兼具有授益性而极易混淆，但二者在奖励依据和奖励内容两个方面亦有所区别。其一，二者的奖励依据不同，行政奖励的条件、程序等均由法律规范明确规定，行政机关无太多裁量空间，行政允诺一般依据行政主体在自己的法定职权范围内事先制定的通知或公告等文件所为，行政主体有较大的自由裁量空间；其二，二者的奖励内容不同，行政奖励的奖励内容一般仅仅是物质或精神奖

---

〔1〕 中华人民共和国最高人民法院行政审判庭编：《中国行政审判指导案例》（第1卷），中国法制出版社2010年版，第111页。

〔2〕 参见章剑生："行政允诺的认定及其裁判方式——黄银友等诉湖北省大冶市政府、大冶市保安镇政府行政允诺案评析"，载《交大法学》2016年第2期；张鲁萍："行政允诺的性质及其司法审查——基于对司法判决书的实证分析"，载《西南政法大学学报》2016年第6期。

〔3〕 参见姜明安主编：《行政法与行政诉讼法》，北京大学出版社、高等教育出版社2015年版，第240页。

励，而行政允诺的允诺内容可能是给予某种物质或精神奖励，也可能是承诺作为或不作为。[1]笔者认为，行政奖励与招商引资允诺在奖励内容上的差异不大，很难区别，在区分二者时应当更多关注其行为依据的不同。

3. 行政允诺与行政给付的概念辨析

行政给付有广义和狭义之分，而中国行政法学界更为关注的是狭义的行政给付，或称行政物质帮助（以下简称行政给付），其指行政主体在公民年老、疾病或者丧失劳动能力等情况下，以及在公民下岗、失业、低经济收入或者遭受天灾、人祸等特殊情况下，根据申请人的申请，依照有关法律、法规、规章或者政策的规定，赋予其一定的物质权益或者与物质有关的权益的行政行为。[2]行政允诺与行政给付同样是授益行政行为，二者的核心区别是：行政允诺相对人可能特定也可能不特定，且无严格的法定条件限制；而行政给付相对人不仅特定而且有严格的条件限制。

关注行政允诺与其他相似行政行为的区别，是为了更好地贯彻落实最高人民法院发布的规范性文件[3]的精神，有利于法院在审理具体案件时把握行政允诺行为特征——单方性、授益性、裁量性等，准确确定案件案由及审理思路，避免此前行政允诺与行政合同、行政奖励、行政给付等行政案由界限不清的乱象。

二、行政允诺行为[4]的认定与性质

一个行政允诺案件涉及的行政行为可能不止一个，案涉所有行政行为未必都是行政允诺行为，只有找准案件的行政允诺行为，才能反过来验证案件性质的判断及案由的确定是否准确，进一步审查"诺而不践"行为的合法性。

（一）行政允诺行为的认定

笔者认为，找准案涉行政允诺行为首先需厘清行政允诺的整个运作流程。

〔1〕 参见戴俊英："行政允诺的性质及其司法适用"，载《湖北社会科学》2010年第12期。

〔2〕 参见姜明安主编：《行政法与行政诉讼法》，北京大学出版社、高等教育出版社2015年版，第233~234页。

〔3〕 最高人民法院《关于规范行政案件案由的通知》（已失效）和最高人民法院《关于依法保护行政诉讼当事人诉权的意见》。

〔4〕 后文所称"行政允诺"泛指行政允诺的整个流程，包括行政允诺行为的作出和履行；而"行政允诺行为"单指行政允诺行为本身，不包括行政主体履行或不履行行政允诺行为的情形。

分析司法实践中的行政允诺典型案例〔1〕，可以发现一个完整的"行政允诺"至少包括以下三个环节（如图1所示）。

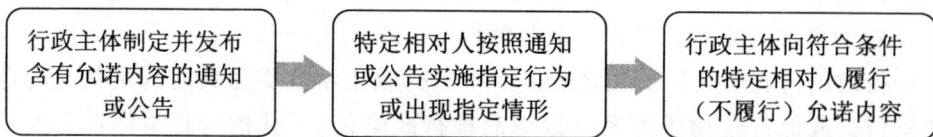

图1 行政允诺的流程

具体到本案，行政允诺的流程如图2所示。

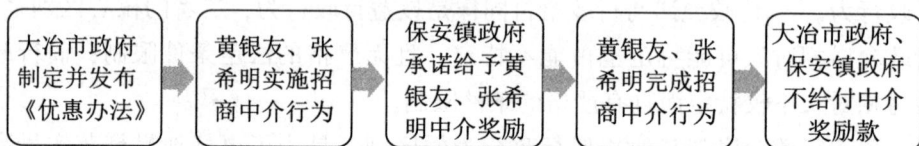

图2 本案的行政允诺流程

那么上述流程中的哪一行政行为是行政允诺行为呢？

由图1和图2可知，一个完整的行政允诺流程至少包括两个行政行为——行政主体制定并发布含有允诺内容的通知或公告的行为和行政主体向符合条件的特定相对人履行（不履行）允诺内容的行为。其中，行政主体向符合条件的特定相对人履行（不履行）允诺内容的行为属于"履诺行为"或"诺而不践行为"，系行政允诺行为的履行；而行政主体制定并发布含有允诺内容的通知或公告的行为因符合行政允诺行为的全部特征而被认定为行政允诺行为。以本案为例，湖北省黄石市中级人民法院、湖北省高级人民法院以及最高人

---

〔1〕 参见辽宁省本溪市民族贸易公司清算小组与荣成市人民政府经济行政允诺纠纷上诉案［山东省高级人民法院（2000）鲁行终字第1号］；陈增月与某镇人民政府招商引资奖励纠纷上诉案［江苏省盐城市中级人民法院（2007）盐行终字第0008号］；张炽脉、裘爱玲诉绍兴市人民政府不履行招商引资奖励法定职责案［浙江省绍兴市中级人民法院（2009）浙绍行初字第5号、浙江省高级人民法院（2009）浙行终字第65号］；谷西村委会诉洛阳市人民政府土地行政许可案［河南省洛阳市中级人民法院（2008）洛行终字第119号］；崔龙书诉丰县人民政府行政允诺案［徐州市中级人民法院（2015）徐行初字第00102号、江苏省高级人民法院（2016）苏行终字第90号］。上述案例主要是最高人民法院公报案例、最高人民法院行政审判庭指导案例以及学者探讨行政允诺有关问题时经常引用的案例。

民法院均认为本案中大冶市政府制定并发布《优惠办法》的行为是行政允诺行为，因为从《优惠办法》的内容表述[1]看，其符合行政允诺的全部特征：（1）《优惠办法》的制定发布主体大冶市政府是行政主体；（2）制定发布《优惠办法》是为了鼓励招商引资，实现政府职能和公益目的；（3）《优惠办法》中的"凡"字表明其针对任何实施招商引资中介行为的行政相对人，即不特定相对人；（4）《优惠办法》为大冶市政府及其下属部门设定奖励给付义务，并表示只要行政相对人实施规定的招商引资中介行为，大冶市政府及其下属部门即受其约束；（5）《优惠办法》是附条件行为，其所附条件为"从市外引进合作、合资、独资项目""引进额在1000万元人民币以上"且"经验资确认"；（6）《优惠办法》的允诺内容是"实际到位资金的千分之八"的奖励额；（7）《优惠办法》的制定发布是大冶市政府的单方意思表示行为，不受行政相对人行为的影响。

但是，在一些行政允诺案件中，除行政主体制定并发布含有允诺内容的通知或公告的行为外，行政主体可能会对实施指定行为或出现指定情况的特定相对人作出具体承诺，例如，本案中大冶市政府的下属部门保安镇政府向黄银友、张希明出具承诺书承诺给予黄银友、张希明中介奖励的行为。对于这一行为是不是行政允诺行为，学界和司法实践中颇具争议。笔者认为，本案中的行政允诺流程与民法中的合同订立过程存在一定的对应关系[2]（如图3所示）。本案中保安镇政府承诺给予黄银友、张希明中介奖励的行为更类似于民事合同过程中的"承诺"。正如学者所言，"一旦社会公众中的个体接受行政主体的承诺并实施承诺所指定的相应行为时，即表明该个体接受了承诺所确定的内容并愿意与行政主体缔结合同。行政主体与该个体之间形成行政合同法律关系时，行政承诺就转化为行政合同，行政承诺的具体事项同时转

---

[1] 《优惠办法》规定："凡从市外引进合作、合资、独资项目者，引进额在1000万元人民币以上的，经验资确认后按实际到位资金的千分之八由受益单位给予一次性奖励。上述中介奖，如无我方收益单位，由大冶市财政支付。"

[2] 笔者将行政允诺的流程与民事合同订立的过程对比分析，并不意味着将"行政允诺行为"等同于"要约邀请"或"要约"。行政允诺行为与民法中的要约邀请、要约有所区别。例如，要约邀请行为人不受要约邀请的约束，行政允诺行为受行政允诺的约束；要约针对的是具体明确的相对人，行政允诺行为针对特定或不特定的相对人。

化为行政合同的具体条款"。[1]

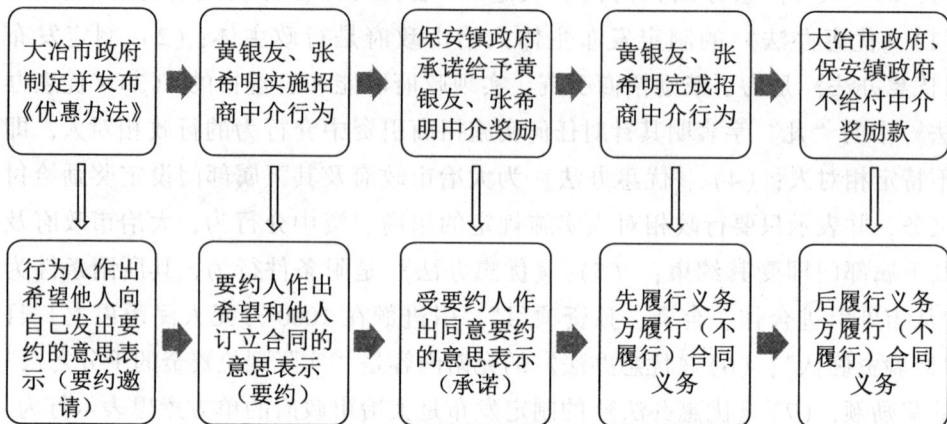

图3　行政允诺流程与民事合同订立过程的对比关系

综上所述，笔者倾向于认为行政允诺案件中的行政允诺行为有且只有行政主体制定并发布含有允诺内容的通知或公告的行为。

（二）行政允诺行为的性质——是抽象行政行为还是具体行政行为

学者分析行政允诺行为时大多分析行政允诺行为是抽象行政行为[2]还是具体行政行为[3]，以判断行政允诺行为是否具有可诉性。笔者认为，对行政允诺行为的性质认定不能一概而论，也不必通过分析行政允诺行为是抽象行政行为还是具体行政行为判断其是否可诉。

首先，司法实践中的行政允诺行为虽大多以"通知""公告"等形式作出，但其并不都是针对不特定相对人作出的抽象行政行为，如"谷西村委会诉洛阳市人民政府土地行政许可案"中，法院认为："洛阳市人民政府承诺谷西村委会对涉诉国有土地在同等条件下优先获得受让权，该承诺是洛阳市人民政府对谷西村委会单方面作出的承诺，属于行政允诺"，但从洛阳市人民

[1]　高鸿："行政承诺及其司法审查"，载《人民司法》2002年第4期。
[2]　抽象行政行为是指以不特定的人或事为管理对象，制定具有普遍约束力的规范性文件的行为。参见罗豪才、湛中乐主编：《行政法学》，北京大学出版社2016年版，第125页。
[3]　具体行政行为是指在行政管理过程中针对特定的人或事所采取的具体措施的行为。参见罗豪才、湛中乐主编：《行政法学》，北京大学出版社2016年版，第125页。

政府发布的《关于城市西出入口改造地段规划重建出让土地使用权的通知》第13条〔1〕的内容看，洛阳市人民政府的行政允诺行为针对的是谷东村、谷西村，其范围是特定的，系针对特定相对人作出的具体行政行为，而非针对不特定相对人作出的抽象行政行为。本案中，大冶市政府发布的《优惠办法》中的"凡"表明其是针对不特定相对人作出的具有普遍约束力的行为，系抽象行政行为。综上所述，笔者认为，行政允诺行为的性质应当以行政允诺行为的具体内容为基础，结合抽象行政行为、具体行政行为的特征与区别予以认定。

其次，司法实践中的行政允诺案件，大多是因行政主体"诺而不践"的行为而引发的纠纷，虽然依照《行政诉讼法》第13条〔2〕的规定，依其内容被定性为抽象行政行为的行政允诺行为本身不可诉，但当行政主体依"行政允诺行为"负有履诺义务〔3〕时，行政允诺相对人可以对行政主体"诺而不践"的不作为行为提起诉讼，寻求司法保护和救济。因此，行政允诺相对人的合法权益不会因行政允诺行为被定性为抽象行政行为而得不到救济和保护。

行政允诺行为的存在是行政主体负有履诺义务的前提，当行政主体有履诺义务而不履行时，行政允诺相对人可就行政主体"诺而不践"的行为提起诉讼，司法实践中更为关注的是"诺而不践"行为的合法性审查。

三、"诺而不践"行为的合法性审查

司法实践中，行政允诺案件的被诉行政行为往往不是行政允诺行为本身，而是行政主体"诺而不践"的行为，法院的审查重点也是行政主体"诺而不践"行为的合法性。本案系因大冶市政府、大冶市保安镇政府"诺而不践"

---

〔1〕《关于城市西出入口改造地段规划重建出让土地使用权的通知》第13条规定："由于谷东、谷西村对城市西出入口地段改造拆迁作出了较大贡献，在对改造地段建设用地进行出让时，同等条件应优先获得受让权。"

〔2〕《行政诉讼法》第13条规定："人民法院不受理公民、法人或者其他组织对下列事项提起的诉讼：（1）国防、外交等国家行为；（2）行政法规、规章或者行政机关制定、发布的具有普遍约束力的决定、命令；（3）行政机关对行政机关工作人员的奖惩、任免等决定；（4）法律规定由行政机关最终裁决的行政行为。"

〔3〕"履诺义务"是指行政主体在先前的行政允诺行为中为自己设定的公法义务。

行为引发的纠纷，因此本文以案情为基础探究"诺而不践"行为的司法审查路径。行政主体"诺而不践"的行为违法是指行政主体负有履诺义务而不履行，即应为而不为。因此对"诺而不践"行为的合法性审查应从"诺"和"践"两个方面进行。

（一）行政主体有无履诺义务

行政允诺行为是行政主体为自己设定公法义务的行为，同时行政主体只对符合行政允诺行为所设定的条件的相对人，通常是完成指定行为或出现指定情况的相对人，负有履诺义务。只有行政允诺行为合法有效且行政相对人符合行政允诺行为所设定的条件时，行政主体才负有履诺义务。

1. 行政允诺行为是否合法有效

行政允诺行为是行政主体发布的带有允诺内容的通知和公告，目前审查行政主体发布的带有允诺内容的通知或者公告是否合法有效的标准有两种：第一种观点是"组织法依据说"，即行政主体发布的带有允诺内容的通知或公告只要有组织法依据就不能否定其效力。例如，在"辽宁省本溪县民族贸易公司清算小组与荣成市人民政府经济行政允诺纠纷上诉案"[1]中，法院认为，"在现代行政背景下，要求行政机关作出的管理行为均有行为法上的依据并不现实，政府有权以公益为目的在缺少法律依据的情况下从事积极的管理活动，对于缺少行为法依据，但有组织法依据的行政允诺行为，不能以缺少行为法上的明确授权而否定其效力"。[2]第二种观点是"不抵触说"，即行政允诺是行政主体的自由裁量行为，行政允诺的成立、内容及履行不需要有明确的法律依据，只要不违反现有法律、法规、政策的规定即可。例如，"陈增月与某镇人民政府履行行政允诺义务纠纷案"[3]就体现了这一观点。本案中，法院虽未将"大冶市政府发布的《优惠办法》是否合法有效"作为争议焦点进行审理，但最高人民法院行政审判庭在对本案进行分析时提炼的裁判要旨也主张"不抵触说"，认为"行政机关为促进辖区经济社会发展而

---

[1]　山东省高级人民法院（2000）鲁行终字第1号。

[2]　参见章剑生："行政允诺的认定及其裁判方式——黄银友等诉湖北省大冶市政府、大冶市保安镇政府行政允诺案评析"，载《交大法学》2016年第2期。

[3]　江苏省东台市人民法院（2006）东行初字第00047号。

制定的奖励文件，如所含允诺性内容与法律法规不相违背，应视为合法有效"。[1]笔者认为，无论是"组织法依据说"还是"不抵触说"，都是为了适应现代行政发展的需要，以公益为目的，对"依法行政原则"的不同解读，且二者并非对立关系。在判断行政允诺行为是否合法有效时可综合考察行政允诺行为是否有组织法依据以及是否与其他法律法规相抵触。

2. 行政相对人是否符合行政允诺行为所设定的条件

行政主体只对符合行政允诺所设定的条件的行政相对人负有履诺义务。通常情况下，只要行政相对人实施了指定行为或出现了指定情况，行政主体就负有履诺义务。但是，一些行政主体发布的含有允诺意思的通知或公告中规定行政相对人除实施指定行为或出现指定情况外还应当符合其他条件。例如，在"陈增月与某镇人民政府履行行政允诺义务纠纷案"[2]中，某镇人民政府发布的《关于开展"百日招商竞赛"活动的意见》中规定"凡引进资金的，考核时需经投资者确认，兑现奖项"，因此行政相对人若想获得允诺奖项，除实施招商引资行为外，还需经投资者确认并经考核。本案中，大冶市政府发布的《优惠办法》中不仅要求行政相对人实施招商引资中介行为，还要求引进额在 1000 万元人民币以上且经验资确认，之后大冶市政府或其下属的职能部门才负有履诺义务，而黄银友、张希明的招商引资中介行为满足上述条件，因此法院认定其与大冶市政府、保安镇政府之间形成了合法有效的行政允诺关系，换言之，黄银友、张希明满足行政允诺行为所设定的条件。

（二）行政主体是否履行或适当履行允诺内容

行政主体是否履行或适当履行允诺内容，主要考察行政主体是否及时、全面、准确地按照其发布的含有允诺内容的通知或公告等的实体规定和程序规定履行允诺内容。本案中，大冶市政府发布的《优惠办法》规定："引进额在 1000 万元人民币以上的，经验资确认后按实际到位资金的千分之八由受益单位给予一次性奖励。上述中介奖，如无我方收益单位，由大冶市财政支

---

[1] 中华人民共和国最高人民法院行政审判庭编：《中国行政审判指导案例》（第 1 卷），中国法制出版社 2010 年版，第 108 页。

[2] 江苏省东台市人民法院（2006）东行初字第 00047 号。

付。"因此受益单位保安镇政府应当一次性向黄银友、张希明支付实际到位资金的千分之八，而保安镇政府一直未向黄银友、张希明支付实际到位资金千分之八的奖励款，因此保安镇政府未履行允诺内容。

综上所述，对行政主体"诺而不践"行为的合法性审查应当从行政主体是否负有履诺义务以及是否履行或适当履行允诺内容两个方面进行考察，如果行政主体的行政允诺行为合法有效，且行政相对人符合行政允诺行为所设定的条件，即认为行政主体负有履诺义务，此时行政主体不履行或者不适当履行允诺内容，即认定行政主体的"诺而不践"行为属于不作为违法，在确认行政允诺行为违法的同时判决行政主体履行义务或在履行不能[1]时判决采取其他补救措施。

四、判决结果的裁量限度——笼统判决履行义务还是直接判决给付金额

司法实践中常见的行政允诺案件是因行政主体不履行招商引资允诺而引发纠纷的案件，在这类案件中，行政允诺行为的允诺内容通常是给付一定的奖励款。但法院在确认"诺而不践"行为违法的同时是笼统判决履行给付义务还是直接判决给付金额存在不同做法。本案中，湖北省黄石市中级人民法院认为具体奖励款的确定应由大冶市政府、保安镇政府根据黄银友、张希明二人在行政允诺中所起的作用确定，因而笼统判决大冶市政府、保安镇政府根据《优惠办法》以及黄银友、张希明的招商引资中介作用在90日内履行给付奖励义务。最高人民法院在评析本案时认为招商引资允诺的到位资金数额的核定、奖励方式、比例以及引资人中介作用的大小是属于行政机关自由裁量权的内容，为体现对行政机关自由裁量权的尊重不应直接判定政府履行承诺的具体数额。[2]但在"陈增月与某镇人民政府招商引资奖励纠纷上诉案"[3]"张

---

〔1〕 虽然行政主体可以为了行政管理的需要行使自由裁量权就特定事项作出行政允诺，但不能因此损害他人利益或社会公共利益。若允诺内容因损害他人利益或社会公共利益而不具有履行的现实可能性，即为履行不能。

〔2〕 参见中华人民共和国最高人民法院行政审判庭编：《中国行政审判指导案例》（第1卷），中国法制出版社2010年版，第113页。

〔3〕 江苏省盐城市中级人民法院（2007）盐行终字第0008号。

炽脉、裘爱玲诉绍兴市人民政府不履行招商引资奖励法定职责案"〔1〕中，法院的判决直接明确了被告给付原告的奖励款的具体数额。

司法之于裁量问题应有的立场决定了招商引资允诺案件中法院裁判结果的裁量限度。司法之于裁量问题的应有立场是：一方面，司法要对行政裁量保持一定程度的尊重，理由是司法原则上不能以自己的判断代替行政的判断，同时法院应尊重行政机关在裁量问题上的首次判断权；〔2〕另一方面，司法也要对行政裁量予以审查，理由是若行政权不受约束、任意自由裁量必然会导致行政的恣意和行政自由裁量权的滥用，而控制行政裁量的滥用、规范行政裁量的合理运行，既是现代法治行政的需求和趋势，也是实现行政相对人权利救济和保护的要求。〔3〕

笔者认为，在招商引资行政允诺案件中，具体奖励数额的确定应当尊重行政机关的首次判断权，由行政机关依据含有允诺内容的通知、公告及行政相对人的具体表现予以确定，若行政相对人对行政机关所确定的具体奖励数额不服，就行政机关确定具体奖励款的行为提起行政诉讼，法院可在审查基础上直接判决给付具体金额。本案中，法院虽然只是笼统判决履行义务而非直接判决给付金额，但黄银友、张希明后来又因与大冶市政府、大冶市保安镇政府就具体奖励款的确定问题存在争议而提起行政诉讼，法院经审查直接判决给付具体数额的奖励款。

综上所述，笔者认为行政允诺流程中只有行政主体制定并发布含有允诺内容的通知或公告的行为是行政允诺行为，对行政允诺行为的性质认定应依通知或公告的具体内容而非形式判断。司法实践中最常见的行政允诺行为是招商引资允诺，最常见的行政允诺纠纷是行政主体"诺而不践"引发的纠纷，

---

〔1〕 浙江省绍兴市中级人民法院（2009）浙绍行初字第 5 号、浙江省高级人民法院（2009）浙行终字第 65 号。

〔2〕 行政机关的首次判断权有两层含义：其一，法院与行政机关对于某一案件都有原始管辖权时，由行政机关首先行使管辖权，法院只在行政机关作出决定后才进行审查；其二，本属于法院管辖的案件，其中某个问题由于和行政决定有关，属于行政机关的专业知识或自由裁量权的范围，法院对这个问题暂不进行裁判，由行政机关首先决定。参见王名扬：《美国行政法》（下），中国法制出版社 1995 年版，第 659 页。转引自王贵松：《行政裁量的构造与审查》，中国人民大学出版社 2016 年版，第 148 页。

〔3〕 参见王贵松：《行政裁量的构造与审查》，中国人民大学出版社 2016 年版，第 148~150 页。

对此类纠纷的审理应当从行政主体是否负有履诺义务以及是否履行或适当履行允诺内容两个方面审查，若行政主体"诺而不践"的行为系不作为违法，法院在作出确认违法判决的同时，若行政机关未曾对具体奖励款的确定作出判断，应仅判决履行义务，以示对行政自由裁量权的尊重；若行政机关已对具体奖励款的确定有所判断，行政机关不适当履行允诺内容表现为具体奖励款的确定不当，则法院可经审理直接判决给付确定金额。

【后续影响及借鉴意义】

随着现代服务行政、给付行政的发展，政府为了更好地实现行政管理目标和社会公共利益，提高行政活动的可接受度，开始尝试一些新型行政活动方式，具有授益性、非强制性、自由裁量性的行政允诺行为即为其中典型。在政府运用行政允诺方式行使行政管理职权的过程中，纠纷开始出现并进入司法审查领域。虽然最高人民法院先后发布了《关于规范行政案件案由的通知》（法发〔2004〕2号）和《关于依法保护行政诉讼当事人诉权的意见》（法发〔2009〕54号），确立了行政允诺是行政诉讼案由，肯定了其作为行政行为的性质和有别于其他类似行政行为的独立价值，开辟了行政允诺的司法审查之路，但对于行政允诺的其他内容相关法律规范未曾涉及，行政允诺行为的司法审查还存在许多障碍和争议。行政法学界对行政允诺的探讨主要集中在行政允诺的基础理论，如行政允诺的概念、性质等问题上，但对这些问题也是众说纷纭，并未达成共识。

本案是最高人民法院行政审判庭编写的《中国行政审判指导案例》中的第22号指导案例，对行政允诺的理论和实践具有里程碑式的意义。在实践层面上，最高人民法院行政审判庭在本案的基础上归纳的裁判要旨确立了行政允诺行为合法性审查标准——不抵触说，并对行政允诺相对人的合法权益予以认可和保护。此外，最高人民法院评析本案时，不拘泥于本案的争议焦点"行政允诺法律关系是否合法有效"，而是梳理了行政允诺案件的审理思路及司法审查的内容，为各级法院审理同类案件提供了参考。最高人民法院认为，各级人民法院应在尊重行政主体自由裁量权的基础上，重点审查相对人的行为是否符合行政允诺设定的条件、行政允诺的内容是否合法、行政主体是否适当履行允诺义务。在理论层面上，本案引发了行政法学者对行政允诺的热议，有的学者以本案的评析为核心内容对行政允诺的有关理论问题进行探究，有的学者虽未将本案作为核心内容，但在探讨行政允诺的有关理论问题时也会提及本案。本文正是在参考最高人民法院的评析与学者观点的基础上，梳理典型的行政允诺纠纷——"诺而不践"的司法审查路径和救济方式。

综合学者对本案的评析及在此基础上对行政允诺的理论探讨，可以发现本案存在以下不足之处：其一，本案的裁判结果为"确认原被告之间存在合法有效的行政允诺法律关系"，但从法院的裁判理由看，其主要论证了行政允诺法律关系是否成立，对行政允诺法律关系的合法性并未进行论证。具体而言，法院并未审查大冶市政府发布的《优惠办法》的合法性。这也导致学者在研究行政允诺时，大多停留在对行政允诺的概念界定以及对行政允诺的性质认定上，很少关注行政允诺的合法性判断问题。但最高人民法院在评析本案时总结的裁判要旨及审理思路弥补了这一不足，确立了行政允诺行为合法性审查的"不抵触标准"，明确将行政允诺行为的合法性审查作为行政允诺案件的审查重点。其二，本案中当事人的诉讼请求与法院的审理均以"原被告之间是否形成合法有效的行政允诺法律关系"为核心，一些学者对着眼于"行政允诺法律关系"的审理思路颇具争议。

本文只是结合指导案例 22 号的案情及其所反映的问题探讨了"诺而不践"行为的司法审查路径及救济方式，以期引起学界对行政允诺这一新型行政活动方式的关注和重视，行政允诺还存在很多理论和实践问题有待探讨。比如，"张炽脉、裘爱玲诉绍兴市人民政府不履行招商引资奖励法定职责案"[1]中关于"行政机关的招商引资奖励可否构成法定职责的依据"的争论；"崔龙书诉丰县人民政府行政允诺案"中关于"行政允诺中行政优益权的行使、行政允诺的解释"的争论。此外，在审理行政允诺案件时，如何把握司法权与行政自由裁量权的界限、如何平衡公共利益与行政允诺相对人合法权益都有待探讨。司法实践所反映的行政允诺争议与行政允诺法律制度空白也存在一定的关系。由于行政允诺实体法和程序法的缺少，行政主体享有较大的自由裁量空间，部分行政主体在作出行政允诺行为时"恣意妄为"滥用权力，在履行

---

〔1〕 浙江省绍兴市中级人民法院（2009）浙绍行初字第 5 号、浙江省高级人民法院（2009）浙行终字第 65 号。

允诺内容时以行使行政优益权为由，任意解释行政允诺内容，逃避履诺义务。未来是通过立法规范行政允诺行为，还是从行政裁量角度规范行政允诺，尚未可知。如果选择前者，立法过程中存在诸多问题有待探讨，如行政允诺行为的职权依据、程序依据等问题；如果选择后者，就涉及行政主体作出行政允诺行为的裁量基准的确定。此外，行政允诺行为是现代政府越来越多的吸收私法手段进行管理的行为，是公私融合的一个例证，体现了私法理论对于行政法的意义，将公法与私法的界限问题引入公众视野，这也是研究行政允诺行为不可忽视的基础问题。

（指导教师：马允　中国政法大学法学院副教授）

义务教育施教区划分行为的司法审查
——顾某诉南京市建邺区教育局重新划分施教区案

闫珊珊 *

【案例名称】

顾某诉南京市建邺区教育局重新划分施教区案［江苏省南京市中级人民法院（2016）苏 01 行终 139 号］

【关键词】

施教区划分　就近入学原则　正当程序原则

【基本案情】

2015 年 3 月 1 日，南京市建邺区教育局委托辖区内各小学对 2015 年入学的适龄儿童数量进行调查摸底。同年 5 月 20 日和 5 月 21 日，建邺区教育局分别组织召开建邺区义务教育招生工作公众参与研讨会和专家论证会，参加研讨会的有部分人大代表、政协委员、各街道分管主任、社区部分教育咨询委员、部分家长代表等；参加论证会的有南京市规划局河西直属分局、南京市教育局、建邺区发改局、建邺区财政局、建邺区人力资源和社会保障局的工作人员以及部分名特优教师、中小学校长。在研讨会和论证会中，建邺区教育局对《2015 年建邺区小学入学工作意见征求稿》进行了解读，参会代表提出建议。同年 5 月 25 日，建邺区教育局召开办公会议，其中一项议程为：专

* 闫珊珊，中国政法大学法学院宪法学与行政法学专业 2019 级硕士研究生。

题研究 2015 年建邺区小学入学工作实施办法。次日，建邺区教育局出台《2015 年南京市建邺区小学入学工作实施办法》，该办法的附件"2015 年建邺区公办小学招生计划及施教区一览表"规定："凡属于集庆门大街以南、应天大街以北、南湖路以东、文体路以西区域内入学到南湖三小。""凡属于应天大街以南、梦都大街以北、江东中路以东、黄山路以西区域内入学到南师附中新城小学北校区。"2015 年 5 月 26 日，建邺区教育局将该办法以及附件上网公示。

顾某户籍所在地位于集庆门大街以南、应天大街以北、南湖路以东、文体路以西区域内，属于南京市南湖第三小学（以下简称南湖三小）施教区范围。顾某现已就读于南湖三小一年级。据实地勘验，从吉庆家园南门至新城小学北校区的距离为 0.33 公里；从南湖三小至吉庆家园北门的距离为 1.29 公里。顾某对于施教区划分的行政行为不服，于 2015 年 6 月 12 日向一审法院提起行政诉讼。

另查明，建邺区现有公办小学 16 所，应天大街以北区域为北部、应天大街以南、江山大街以北区域为中部、江山大街以南区域为南部、另有江心洲。各施教区基本均以主干道为界，呈不规则多边形，且学校不位于多边形中心。

一审法院审理后认为，本案争议焦点主要在于以下三个方面：（1）建邺区教育局的行政行为是否可诉；（2）该行政行为是否合法；（3）该行政行为是否存在明显不当的情形。

一审法院认为，《2015 年南京市建邺区小学入学工作实施办法》及其附件，对辖区内的施教区进行了明确而具体的划分，所针对的是特定对象，直接对该施教区当年即将入学的适龄儿童的权利义务产生了实际影响，属于可诉的行政行为。法律法规对如何"广泛听取意见"的程序未作明确限定，教育行政部门对采取何种行政程序来听取意见具有一定的裁量空间，本案中建邺区教育局已经履行了"广泛听取意见"的程序。本案以道路为界、兼顾社区的不规则多边形施教区划分方式，能够兼顾学校布局、适龄儿童数量和分布、地理状况等条件；施教区的划分不可能保证所有适龄儿童均入学至离家庭住址最近的学校，结合学校布局、适龄儿童分布和数量、施教区覆盖等因素整体考量，本案施教区划分行为并不违反"就近入学"原则，也不存在明显不合理。

据此，一审法院依照《行政诉讼法》第 69 条之规定，判决驳回顾某的诉讼请求。原告不服，提起上诉，认为一审未能查明被上诉人整个施教区划分行为、相互比较才能判断是否"就近"以及合理；建邺区教育局委托学校摸底调查，且未能"广泛听取意见"，属程序违法；被诉行政行为架空了"就近入学"原则，属于不合理的行政行为。

本案涉及的法律条款有：

2015年《中华人民共和国义务教育法》（以下简称《义务教育法》）第7条第2款规定："县级以上人民政府教育行政部门具体负责义务教育实施工作；县级以上人民政府其他有关部门在各自的职责范围内负责义务教育实施工作。"

2010年《江苏省实施〈中华人民共和国义务教育法〉办法》第9条第2款规定："县级教育行政部门应当根据本行政区域内学校布局以及适龄儿童、少年的数量和分布状况，合理确定或者调整本行政区域内学校的施教区范围、招生规模，并向社会公布。确定或者调整施教区范围应当广泛听取意见。"

【裁判要旨】

建邺区教育局委托辖区内各小学对适龄儿童数量进行调查摸底后，根据建邺区学校分布及适龄儿童数量、分布状况划分施教区，分别召开公众参与研讨会以及专家论证会，对本年度小学入学方案征求意见，并在作出《2015年南京市建邺区小学入学工作实施办法》后，将该办法及附件上网公示，符合相关法律规定的"广泛听取意见"。被诉行政行为虽然确定存在一定的不合理性，会造成部分适龄儿童未能被安排至离家最近的学校入学，但由于建邺区目前教育资源不均衡、适龄儿童及学校分布不均匀、街区形状不规则，因此"就近入学"本身并不意味着直线距离最近入学。本案被诉行政行为虽未能完全满足行政相对人的利益诉求，但其在尽可能满足个体利益的前提下，综合考量社会整体现状，兼顾了社会公共利益的实现与个体利益的维护，符合行政权行使的基本价值取向。被诉行政行为对施教区的划分符合建邺区教育现状，符合义务教育全员接纳、教育公平、就近入学原则，不属于法律规定的"明显不当"情形。

【裁判理由与论证】

江苏省南京市中级人民法院经二审，确认了一审法院所查明的事实，认为原审判决认定事实清楚，适用法律正确，审判程序合法，依法应予维持。

在判决理由部分，江苏省南京市中级人民法院对上诉人的上诉理由进行

——回应，即本案审查对象是否包括整体施教区的划分、程序是否违法以及被诉行政行为是否合理。

一、本案审查对象是否包括整体施教区的划分

江苏省南京市中级人民法院认为，建邺区教育局对全区范围内每一施教区的划分均构成独立的行政行为，其对全部施教区的划分系若干项行政行为的聚合，仅审查上诉人户籍所在地的独立的一个施教区划分行为并无不当。

但是，被诉施教区划分行为"与《2015年南京市建邺区小学入学工作实施办法》涉及的其他施教区划分行为在实施主体、划分方式、行政程序等方面具有同一性，因此在审查时无法完全割裂"。所以审查被诉行政行为是否合法时不可避免会涉及整体施教区的划分，二审法院用一审法院判决的论证予以回应："原审判决也结合建邺区现有公办小学和上诉人居住地附近小学的事实状况，对是否存在明显不当、是否违反'就近入学原则'等问题进行了论证，并不存在未经比较就判断是否'就近'及合理的情况。"

二、建邺区教育局施教区划分程序是否违法

2015年《义务教育法》第7条第2款规定，"县级以上人民政府教育行政部门具体负责义务教育实施工作"。2010年《江苏省实施〈中华人民共和国义务教育法〉办法》第9条第2款规定："县级教育行政部门应当根据本行政区域内学校布局以及适龄儿童、少年的数量和分布状况，合理确定或者调整本行政区域内学校的施教区范围、招生规模，并向社会公布。确定或者调整施教区范围应当广泛听取意见。"因此建邺区教育局是施教区划分行为的实施主体且应当保证施教区划分过程做到"广泛听取意见"。

（一）委托学校摸底调查是否属于程序违法

在审查程序合法性过程中，二审法院沿用了一审法院的论据，认为："建邺区教育局委托学校对适龄儿童的数量和分布情况进行调查摸底，仅为事务性的数据采集工作，不发生权利义务的变动效果，由此形成的证据从形式、取得等方面看均不违反法律规定。"故认为建邺区教育局委托学校摸底调查并不属于程序违法。

（二）"广泛听取意见"的认定

江苏省南京市中级人民法院认为："'广泛听取意见'程序的设立目的系为保障及监督行政行为依法作出，充分吸纳公众意见，但其无法确保行政机关在作出行政行为时将所有利害关系人均纳入'听取意见'的范围。"现有的法律法规对"广泛听取意见"的具体操作步骤及程度未进行明确规定。本案中，建邺区教育局组织了公众参与研讨会、专家论证会以征求公众对于小学入学方案的意见，参与人员包括了人大代表、政协委员、各街道工作人员、各社区教育咨询委员、部分家长代表等，人员类别较多，已充分涵盖了与施教区划分行为相关的社会各类人员，应认为符合"广泛听取意见"的程序要求。

但是，江苏省南京市中级人民法院亦认为："法律法规规定的'广泛听取意见'系最低限度的程序要求，并不排斥在个案中提供更加合理和完善的程序保障，施教区划分关系到适龄儿童的受教育基本权利，建邺区教育局作为教育行政部门，在今后应尽可能增强听取意见的广泛性、代表性和公开性，并完善行政行为的程序保障。"

三、建邺区教育局施教区划分行为是否合理

本案中建邺区教育局的施教区划分行为确实造成部分适龄儿童未能被安排至离家最近的学校入学，但教育行政部门为实现公共利益所作出的施教区划分方案要兼顾学校布局、适龄儿童数量和分布、地理状况等因素，保证适龄儿童整体上实现"就近入学"。江苏省南京市中级人民法院认为，被诉行政行为划分施教区的方式存在一定的不合理性，"但由于建邺区目前教育资源不均衡、适龄儿童及学校分布不均匀、街区形状不规则，因此'就近入学'本身并不意味着直线距离最近入学。本案被诉行政行为虽未能完全满足上诉人的利益诉求，但其在尽可能满足个体利益的前提下，综合考量社会整体现状，兼顾了社会公共利益的实现与个体利益的维护，符合行政权行使的基本价值取向"。

综上，江苏省南京市中级人民法院认定上诉人的上诉理由不能成立，原审判决应予维持。

【涉及的重要理论问题】

教育资源的有限性使人们尤为关注优质教育资源配置的有效性和公平性。

2015 年《义务教育法》将"就近入学"原则作为义务教育阶段的基本教育原则后，"择校热"现象就不可避免地出现。随之产生的施教区划分（也称作学区划分）成为政府遏制"择校热"、规范义务教育招生入学秩序的重要方式。这也引发了媒体以及社会各界对于"顾某诉南京市建邺区教育局重新划分施教区案"的广泛关注和讨论。那么如何正确理解和适用"就近入学"原则，是解决施教区划分过程中产生的纠纷之关键，也是法院审理此类行政案件的核心。

早在 2012 年，教育部等七部门发布的《关于 2012 年治理教育乱收费规范教育收费工作的实施意见》就明确规定，"严格规范义务教育阶段招生入学秩序，坚持免试就近入学原则，科学合理地划分学区"。2014 年教育部在《关于进一步做好小学升入初中免试就近入学工作的实施意见》中提出"学区化办学""单校划片招生"和"多校划片招生"。[1]但是由于经济、社会、历史等因素的差异以及施教区划分标准和程序的不明确，导致我国目前的教育资源仍分布不均，施教区划分过程中面临着诸多问题和挑战。对此现状，江苏省南京市中级人民法院在审理本案时也给予了关注。

在本案中，一审法院和二审法院均认为施教区划分行为属于行政诉讼受案范围，但是本案原告在 2014 年首次提起诉讼时南京市建邺区人民法院认定施教区划分行为属于抽象行政行为，不在行政诉讼受案范围中，[2]故下文仍将此争议作为涉及的重要理论问题进行讨论，同时着重分析施教区划分行为的合法性，并结合"就近入学"原则分析施教区划分行为的适当性。

一、施教区划分行为是否属于行政诉讼受案范围

（一）行政诉讼受案范围的基本界限

1. 行政诉讼受案范围的定义

行政诉讼受案范围，即人民法院受理行政诉讼案件的范围，亦是人民法院对行政行为进行监督的范围和权益受到行政主体侵害的公民、法人和其他

---

〔1〕 程雁雷、隋世锋："论学区划分的法律属性及其法律规制"，载《行政法学研究》2019 年第 5 期。

〔2〕 参见南京市建邺区人民法院（2014）建行初字第 12 号行政裁定书。

组织诉权的范围。[1]要想深入理解行政诉讼受案范围，必须要把握好两个角度。从行政主体来讲，行政诉讼受案范围影响着其存在司法豁免的可能性；从行政相对人来讲，行政诉讼受案范围意味着其就一定范围内的行政争议请求法院救济的可得性，即只有当行政相对人的诉讼请求属于行政诉讼受案范围，法院才会依法进行审理，原告的诉讼请求才有可能得到法院支持，否则法院将依法作出不予受理或者驳回起诉的裁定，原告将无法通过行政诉讼的方式进行权利救济。

2. 《行政诉讼法》及司法解释关于行政诉讼受案范围的规定

《行政诉讼法》第2条作出了概括式规定，即对受案范围进行整体划定，"公民、法人或者其他组织认为行政机关和行政机关工作人员的行政行为侵犯其合法权益，有权依照本法向人民法院提起诉讼"。除此之外还作出了肯定列举式和否定列举式的规定。2018年2月实施的《最高人民法院关于适用〈中华人民共和国行政诉讼法〉的解释》[以下简称《行诉解释》（2018）]第1条、第2条对行政诉讼的受案范围作了补充，增加列举了不属于行政诉讼受案范围情形，进一步明确可诉行政行为的界限，尤其第2条规定："行政诉讼法第13条第2项规定的'具有普遍约束力的决定、命令'，是指行政机关针对不特定对象发布的能反复适用的规范性文件。"

3. 我国行政诉讼受案范围的理论边界

《行政诉讼法》第12条第1款第12项规定，"认为行政机关侵犯其他人身权、财产权等合法权益的"，从该项规定的"等"字可以看出，纳入受案范围的行政行为除侵犯人身权、财产权之外，还应包括其他合法权益，包括受教育权、劳动权、知情权、文化权、社会保障权、参与权、公平竞争权、监督权等。[2]以本案为例，南京市建邺区教育局的施教区划分行为对顾某的受教育权产生了影响，属于行政诉讼的受案范围，顾某可以通过行政诉讼的途径来救济权利，法院应当予以受理。需要注意的是，如果行政行为侵犯了行政相对人的合法权益，但该行为属于《行政诉讼法》和相关司法解释规定的

---

〔1〕 参见姜明安主编：《行政法与行政诉讼法》，北京大学出版社、高等教育出版社2019年版，第411页。

〔2〕 参见姜明安主编：《行政法与行政诉讼法》，北京大学出版社、高等教育出版社2019年版，第417页。

不可诉行为，则不能纳入行政诉讼受案范围，只能通过其他途径对争议进行化解。

（二）施教区划分行为的法律属性：具体行政行为还是抽象行政行为

施教区划分行为是指县级教育行政部门根据行政辖区内公立义务教育资源及分布、适龄儿童少年数量及分布、住宅交通状况等因素，按照就近入学原则，为适龄儿童少年划定对口学校的行为。[1]明确施教区划分的概念以后，就需要进一步界定施教区划分的法律属性，现有理论及判例存在着不同的观点。一种观点认为施教区划分行为是抽象行政行为，如在2014年本案原告顾某首次因施教区划分问题提起行政诉讼时，南京市建邺区人民法院裁定不予受理，其理由是："南京市建邺区教育局划分施教区的行为具有普遍约束力，属于抽象行政行为，不属于人民法院行政审判的受案范围。"[2]但在该案原告顾某上诉时，二审法院并没有对一审法院的观点予以认可，而是认定施教区划分行为是具体行政行为。在本案中，一审法院和二审法院均认可施教区划分行为的具体行政行为属性，"建邺区教育局于2015年5月26日作出《2015年南京市建邺区小学入学工作实施办法》及其附件。从其附件的内容看，对辖区内的施教区进行了明确而具体的划分，所针对的是特定对象，直接对该施教区当年即将入学的适龄儿童的权利义务产生了实际影响，属于可诉的行政行为"。

虽然2014年《行政诉讼法》不再强调"具体行政行为"概念，而径直用"行政行为"概念，并将第2条第1款有关行政诉讼受案范围的总括性规定加以调整，但作出这一修改的目的，是使行政不作为、行政事实行为、双方行政行为等能够纳入受案范围。原来所使用的"具体行政行为"的概念显然因为欠缺包容性和开放性而给受理这些案件制造了障碍，但不能认为，"具体行政行为"的概念就从此寿终正寝。实际上，可诉的行政行为仍是"具体行政行为"，其确切的含义应当是指：行政机关针对具体事件、单方面作出的、具有外部效果的、行政法上的处理行为。那些决定作出之前的准备行为和阶段

---

〔1〕 参见《教育部关于进一步做好小学升入初中免试就近入学工作的实施意见》（教基一厅
〔2014〕1号）。

〔2〕 参见南京市建邺区人民法院（2014）建行初字第12号行政裁定书。

行为，那些不具有外部效果的纯内部行为，那些不是针对具体事件的普遍的调整行为，仍然属于不可诉的行为。[1]

那么，施教区划分行为是抽象行政行为还是具体行政行为？2015年《中华人民共和国教育法》（以下简称《教育法》）和2015年《义务教育法》规定了管理和组织所管辖区内的教育工作是各个区、县教育局的职责。据此，区、县教育局可对相应事务实施抽象行政行为，也可实施具体行政行为。根据《行政诉讼法》第13条的规定，行政法规、规章或者行政机关制定、发布的具有普遍约束力的决定、命令被排除在行政诉讼受案范围之外，结合《行诉解释》（2018）第2条之规定可知，"具有普遍约束力"可以解读为同时具备"针对不确定对象"与"能反复适用"等条件。就本案来看，建邺区教育局制定发布文件进行施教区划分的行为，所针对的是特定对象，即直接对该施教区当年即将入学的适龄儿童的权利义务产生实际影响。江苏省南京市中级人民法院在判决中也明确指出："建邺区教育局每年均制定当年度的小学入学工作实施办法，对小学入学工作的基本原则、招生办法、工作要求等内容作出规定，并在附件中对当年度施教区进行划分。"也就是说，建邺区教育局出台的施教区划分行为并不存在反复适用的可能。因此，本案的施教区划分行为不是抽象行政行为，而是行政机关针对具体事件和特定对象，单方面作出的、具有外部效果的、不能反复适用的具体行政行为，属于行政诉讼受案范围。

二、本案中施教区划分行为是否合法

人民法院在审查行政行为的合法性时，不仅需要审查行政行为是否符合程序要件，包括行政机关是否具备法定的职责权限、是否遵循法定程序；同时还需要审查行政行为是否符合实体要件，包括作出的行政行为所依据的事实是否清楚、证据是否充分、内容是否合法适当等。[2]分析本案中施教区划分行为是否合法，主要从行为主体、法律依据与程序三个角度来论述。

（一）施教区划分主体的合法性

建邺区教育局作为行政机关，自然是行政主体，其是否具备划分施教区

---

〔1〕 参见最高人民法院（2016）最高法行申2856号行政裁定书。
〔2〕 参见最高人民法院（2019）最高法行申10358号行政裁定书。

的法定职责和权限，则是本案判断施教区划分主体是否合法的主要因素。

1. 建邺区教育局有权对施教区进行划分

2015年《教育法》第15条第2款规定："县级以上地方各级人民政府教育行政部门主管本行政区域内的教育工作。"2015年《义务教育法》第7条第2款规定："县级以上人民政府教育行政部门具体负责义务教育实施工作；县级以上人民政府其他有关部门在各自的职责范围内负责义务教育实施工作。"保障义务教育招生入学工作规范有序是县级教育行政部门每年实施义务教育工作的头等大事，而通过学区规范义务教育招生入学秩序则是重要手段。[1]多个省级地方性法规均明确了县级教育行政部门具有划分施教区的职责和权限，如2010年《江苏省实施〈中华人民共和国义务教育法〉办法》第9条第2款规定："县级教育行政部门应当根据本行政区域内学校布局以及适龄儿童、少年的数量和分布状况，合理确定或者调整本行政区域内学校的施教区范围、招生规模，并向社会公布。确定或者调整施教区范围应当广泛听取意见。"2013年《河南省实施〈中华人民共和国义务教育法〉办法》第10条第2款规定："县级以上教育行政部门应当根据适龄儿童、少年数量和分布状况合理确定公办学校接收学生的区域范围和人数，并向社会公布。"《海南省实施〈中华人民共和国义务教育法〉办法》第8条第1款规定："市、县（区）、自治县人民政府教育行政部门应当根据适龄儿童、少年人口分布和学校办学规模、布局的情况，合理确定本行政区域内义务教育学校就近接收学生的服务区域范围和招生人数，并向社会公布。"这些规定都表明，区、县教育行政部门具有对施教区进行划分的权限。本案中，根据2010年《江苏省实施〈中华人民共和国义务教育法〉办法》第9条第2款的规定，建邺区教育局作为县（区）级教育行政部门，也有权对施教区进行划分。

2. 建邺区教育局是施教区划分行为的实施者

建邺区教育局在施教区划分过程中委托辖区内各小学对2015年入学的适龄儿童数量进行调查摸底，但是这些受委托的小学不能认为是施教区划分行为的实施者，更不能认定为行政主体。一审、二审法院均认为，"对适龄儿童

---

[1] 参见程雁雷、隋世锋："论学区划分的法律属性及其法律规制"，载《行政法学研究》2019年第5期。

的数量和分布情况进行调查摸底，属于不对外发生法律效果的事务性工作，调查摸底结果亦不发生权利义务变动的效果"。从理论层面分析，受委托的小学并无实施施教区划分的行政权力，也无需承担相应的行政义务；从实践层面分析，受委托的小学因自身的便利条件对适龄儿童的数量和分布情况进行调查摸底，数据上报给建邺区教育局并不能主导施教区的划分，也不能变动行政相对人的权利义务，他们并不是行政主体。最终施教区划分方案仍是由建邺区教育局作出，故建邺区教育局是合法的行政主体。

（二）施教区划分具有法律依据吗

从法律层面看，上文反复谈到的 2015 年《教育法》第 15 条和 2015 年《义务教育法》第 7 条是建邺区教育局作为合法主体划分施教区的最主要法律依据。与此同时，2015 年《义务教育法》第 12 条第 1 款规定："适龄儿童、少年免试入学。地方各级人民政府应当保障适龄儿童、少年在户籍所在地学校就近入学。"法律对于就近入学原则的规定体现在施教区划分上，就是要求教育行政部门在进行施教区划分工作时以就近划分为主要原则。

从地方性法规来看，2010 年《江苏省实施〈中华人民共和国义务教育法〉办法》第 9 条规定："县级人民政府应当保障适龄儿童、少年在其户籍所在地就近入学。县级教育行政部门应当根据本行政区域内学校布局以及适龄儿童、少年的数量和分布状况，合理确定或者调整本行政区域内学校的施教区范围、招生规模，并向社会公布。确定或者调整施教区范围应当广泛听取意见。"该规定要求县级教育行政部门在施教区划分过程中应当坚持就近入学原则并广泛听取意见。

从其他规范性文件来看，教育部印发的《关于进一步做好小学升入初中免试就近入学工作的实施意见》（教基一厅［2014］1 号）规定："县级教育行政部门要在上级教育行政部门指导统筹下，根据适龄学生人数、学校分布、所在学区、学校规模、交通状况等因素，按照就近入学原则依街道、路段、门牌号、村组等，为每一所初中合理划定对口小学（单校划片）。"该实施意见明确指出县级教育行政部门进行施教区划分时应当按照就近入学原则并考虑各种相关因素。

不难看出，本案中建邺区教育局的施教区划分行为是具有法律依据的，但是现有的法律法规和规范性文件对于施教区划分的规定过于笼统。虽然县级教育行政部门依据法律具有施教区划分的职能，但是具体划分的标准尤其是就近入学原则的适用标准仍然模糊。法律规范中提到的施教区划分要求就近、合理等，但从行政执法角度来看，就近的操作和合理的衡量标准并没有得到凸显，而这些内容都涉及施教区划分的具体操作，从而导致在实践过程中的分歧。

（三）施教区划分的程序合法吗

本案的争议焦点之一是被诉行政行为是否存在程序违法。具体体现在：一是建邺区教育局委托没有执法权的学校进行摸底调查是否违法，对此上文已经进行了讨论；二是对于施教区的划分和调整在程序上是否做到"广泛听取意见"，产生该争议的原因不外乎是缺少法律上对于施教区划分的程序性规定。

在认定本案被诉行政行为是否存在程序违法时，江苏省南京市中级人民法院表明了自己的观点："现有的法律法规对'广泛听取意见'的具体操作步骤及程度未有明确规定，本案中，建邺区教育局组织了公众参与研讨会、专家论证会以征求公众对于小学入学方案的意见，参与人员包括了人大代表、政协委员、各街道工作人员、各社区教育咨询委员、部分家长代表等，人员类别较多，已充分涵盖了与施教区划分行为相关的社会各类人员，应认为符合'广泛听取意见'的程序要求。'广泛听取意见'程序的设立目的系为保障及监督行政行为依法作出，充分吸纳公众意见，但其无法确保行政机关在作出行政行为时将所有利害关系人均纳入'听取意见'的范围。"笔者赞同法院此处的观点，在缺少对施教区划分的程序规制下，应当结合行政程序的原则来判断该行政行为是否属于程序违法。本案中建邺区教育局是否做到了广泛听取意见，实质上就是在施教区划分过程中是否遵循了行政公开原则和公众参与原则，让公众充分参与进行评判。

1. 行政公开原则

行政公开原则是20世纪中叶以后迅速发展和推广的一项行政法基本原则。它的基本含义是：政府行为除依法应保密的外，应一律公开进行；行政法规、规章、行政政策以及行政机关作出影响行政相对人权利、义务的行为的标准、条件、程序应依法公布，让相对人依法查阅、复制；有关行政会议、会议决议、决定以及行政机关及其工作人员的活动情况应允许新闻媒体依法采访、报道和评论。[1]作为宪法权利的知情权是行政公开的直接依据，行政公开则是公民知情权实现的主要方式。知情权是指公民所享有的从行使公共权力的国家机关或其他组织那里了解、获取、知悉信息的自由和权利。[2]

首先，行政相对人的知情权是否得到充分保障的一个重要前提就是行政信息公开的及时性。《中华人民共和国政府信息公开条例》（以下简称《政府信息公开条例》）第6条规定行政机关应当及时、准确地公开政府信息。由于行政信息往往具有较强的时效性，公开不及时将导致信息价值丧失，进而可能导致行政程序违法。结合本案，建邺区教育局进行摸底调查后，组织召开了建邺区义务教育招生工作公众参与研讨会，研讨会邀请了各方代表，其中包括部分家长代表。《2015年南京市建邺区小学入学工作实施办法》作出的当日，建邺区教育局就将该办法以及附件上网公示，此时早于原告入学三个月，并未侵犯原告及时获取信息的权利。

其次，我国政府信息遵循以公开为原则、不公开为例外，以保证信息公开的广泛性，即除了国家秘密、商业秘密、个人隐私等之外的职权依据、行政活动过程和行政决定等均应公开。国务院办公厅发布的《2019年政务公开工作要点》中要求县级以上地方政府要通过多种形式及时公开义务教育招生方案、招生范围、招生程序、报名条件、学校情况、录取结果、咨询方式等信息。本案顾某曾在上诉意见中提出划分施教区的草案没有及时向公众公布。施教区划分草案属于过程性文件，对行政相对人的权利义务没有实质影响的可以不公布。[3]虽然未公布划分草案不构成对行政公开要求的违反，但是施教区划分是一个动态持续的过程，拟定草案是整个过程的开始，公开划分草案更加有助于利害关系人和公众及时了解相关情况并提出相应的意见和建议。

最后，行政公开的方式也是极为重要的。随着信息社会的快速发展，行政公开的方式多采用网上公开，但是对于年龄较大或者网络获取信息能力较

---

[1] 参见姜明安主编：《行政法与行政诉讼法》，北京大学出版社、高等教育出版社2019年版，第79页。

[2] 刘广登："论知情权与行政公开"，载《内蒙古社会科学（汉文版）》2003年第5期。

[3] 国务院办公厅《关于做好政府信息依申请公开工作的意见》第2条第2款规定，行政机关在日常工作中制作或者获取的内部管理信息以及处于讨论、研究或者审查中的过程性信息，一般不属于《政府信息公开条例》所指应公开的政府信息。

弱的人群来说，可接受的方式多为公告栏布告等传统公开方式。本案顾某上诉意见中即主张施教区划分草案未采取社区张贴的方式，侵犯了其合法权益。但其作为适龄儿童的家长，应具备获取本案所涉相关信息的途径与能力，本案采取的公开方式并不对其知情权产生实际影响。然而尽管如此，从更好保障知情权的角度出发，行政机关仍宜采取多种方式公开相关信息。

2. 公众参与原则

本案建邺区教育局在制订施教区划分方案过程中采取了听证会和专家论证会的方式保障公众参与的实现。听证制度的核心是保障行政相对人被听取意见的权利。[1]行政机关在作出行政决策之前应告知行政相对人享有听证的权利，行政相对人有权发表自己的意见。在我国重实体轻程序的传统下，听证制度可以更好地保证行政程序价值的实现。但我国的行政听证制度起步较晚，还存在很多不完善的地方。目前尚未有统一的行政程序法典，行政听证制度散见于行政立法、行政处罚、价格行政等领域的法律规范，且主要是原则性规定，也就使得实际案例中难免出现争议。

本案中，争议焦点之一是关于施教区划分行为是否"广泛听取意见"，其中问题又集中在听证参与人群范围是否过窄。听证代表这一群体对与行政决策有利害关系的行政相对人十分重要，关乎行政相对人的声音能否有效传达至行政机关。法院在本案判决中认为，由于法律法规对如何"广泛听取意见"的程序未作明确限定，教育行政部门对采取何种行政程序来听取意见具有一定的裁量空间。立法机关赋予法院审查行政行为的司法权力，但审查范围主要还是针对行政行为的合法性，对行政自由裁量权的审查则受到更多的限制。在建邺区教育局召开的研讨会上，听证代表包括了部分人大代表、政协委员、各街道分管主任、社区部分教育咨询委员、部分家长代表等，应认为建邺区教育局已经符合了"广泛听取意见"的要求，也达到了听证的目的。

此外，专家参与制度对于保障公众参与的作用也十分重要。这一制度设计的目的就是让专家能够以一个专业的、中立的角色参与行政决策，从而为行政决策的制定提供专业性、技术性的政策意见，确保行政决策的科学化。[2]

---

〔1〕 周佑勇："行政法的正当程序原则"，载《中国社会科学》2004年第4期。

〔2〕 如在重大行政决策中，专家论证制度的价值就包括上述内容。参见江国华、梅扬："论重大行政决策专家论证制度"，载《当代法学》2017年第5期。

本案中，建邺区教育局组织了南京市规划局河西直属分局、南京市教育局、南京市建邺区发改局、南京市建邺区财政局、南京市建邺区人力资源和社会保障局的工作人员以及部分名特优教师、中小学校长参加专家论证会，参会代表对《2015 年建邺区小学入学工作意见征求稿》提出各自建议。专家本身也是民意来源的一部分，可运用其专业技能、理论基础和实践经验降低行政决策的风险，因此，专家的参与符合公众参与原则。当然，如果本案中行政主体进一步扩大参与专家的领域和范围，而不是主要集中于行政机关和中小学教育部门，则可更好地集思广益，增加行政行为的科学性和公众对其的接受度。

三、施教区划分行为是否明显不当

人民法院在行政审判中虽然不能全面审查行政行为的合理性问题，但对明显不当的行政行为可视情形予以撤销或变更。[1]关于施教区划分行为是否存在明显不当，除了要兼顾学校布局、适龄儿童数量和分布、地理状况等以外，尤其要注意其是否符合就近入学原则。虽然我国的宪法、法律对公民的受教育权进行了明确的规定，2015 年《教育法》和 2015 年《义务教育法》还规定了就近入学的基本原则，但是就近入学的认定标准并不明确。在实践中，大量存在适龄儿童的家长对于施教区划分时运用就近入学原则的合理性存疑的情形。特别是近些年来，一些家长为了让子女获取优质的教育资源而购买"学区房"，导致"学区房"价格持续攀升，但有时会出现买了"学区房"，其子女却没有进入预期学校学区的情形，以至于对施教区划分不服的行政诉讼案件层出不穷。[2]

（一）就近入学原则的确定

1. 国外立法

就近入学原则在西方成为主流是一个相对而言比较快的过程，从最初进入公众视野到欧洲的大范围普及仅仅花了十几年时间。在 20 世纪 80 年代，进入公众视野的就近免试入学制度，也随着就近入学原则的普及成为西方国

---

[1] 参见《行政诉讼法》第 70 条。
[2] 参见"黄鹤诉广州市黄埔区教育局就近入学纠纷案"[广州市黄埔区人民法院（2003）黄行初第 21 号行政判决书]。

家义务教育阶段的主流入学方式，形成了以免试入学为主，自主择校为辅的入学方式和格局。[1]各个国家通过法律或是地方性法律、法规将就近入学这一原则确定下来。

最早将就近入学原则以法律形式确立下来的国家可以追溯至1870年的英国，《英国初等教育法》规定父母有权以入学距离超过三公里为由拒绝子女入学。[2]这是对就近入学原则的一种反向规定。1852年，继美国马萨诸塞州率先颁布义务教育法后，美国其他州也相继出台了本州的义务教育法，共同建构了美国现代义务教育制度。20世纪初，义务教育先后在美国各州得到普及，同时为了使义务教育更好地推行而规定了"就近入学"原则。[3]相较于其他国家而言，法国政府对就近入学原则的法律规定时间较晚。1963年法国政府颁布法令对就近入学原则进行了明确规定，根据其规定，所有义务教育阶段的学生（6—16岁）如果选择公立学校，都应服从家庭所在的市区政府教育部门的分配就近入学。[4]

2. 国内立法

在我国，就近入学原则是基础教育的原则之一。《义务教育法》自1986年制定颁布至今，经历了2006年、2015年和2018年三次修改，但就近入学原则一直被保留其中。然而，1986年版本中的就近入学原则和三次修改后版本中的就近入学原则稍有区别。1986年《义务教育法》第9条第1款规定："地方各级人民政府应当合理设置小学、初级中等学校，使儿童、少年就近入学。"2006年《义务教育法》第12条第1款规定："适龄儿童、少年免试入学。地方各级人民政府应当保障适龄儿童、少年在户籍所在地学校就近入学。"2015年和2018年修改时此条没有改动。相比之下，修改后的《义务教育法》明确了就近入学的依据，即户籍原则。

从《义务教育法》有关就近入学的规定可以看出，相较于国外立法，我国法律对就近入学的规定相当模糊，原则性极强。2016年以前，教育部每年

---

〔1〕 肖琳："论学区划分中的公平教育权——以2017年S市教育局学区划分事件为例"，湖南师范大学2018年硕士学位论文。

〔2〕 徐卫："就近入学与择校的政策辨析"，载《苏州教育学院学报》2006年第4期。

〔3〕 李战营："中美基础教育择校行为的比较研究"，苏州大学2006年硕士学位论文。

〔4〕 安延："法国中小学就近入学制度不可轻言取消"，载《世界教育信息》2006年第12期。

均会发布当年义务教育招生入学工作的通知，并提出要实现划片就近入学。[1]尤其是在教育资源配置不均衡的情况下，通过划片来均衡教育资源是努力实现公平的最好方式之一。然而，相关文件并未过多地阐述就近入学的含义。

（二）"就近"的标准

我国最早对"就近"标准有所涉及的文件是1986年原国家计委发布的《中小学校建筑设计规范》，其中规定"中学服务半径不宜大于1000m；小学服务半径不宜大于500m"。虽然这一规范已经被住房和城乡建设部于2010年发布的《中小学校设计规范》所废止，但后者对"就近"所作规定"城镇完全小学的服务半径宜为500m，城镇初级中学的服务半径宜为1000m"，几乎与前者如出一辙。[2]

另一对"就近"标准进行界定的文件是1987年原国家教委发布的《关于制定义务教育办学条件标准、义务教育实施步骤和规划统计指标问题的几点意见》，其中规定"学生居住地与学校距离原则上应在3公里以内"。2006年《中国教育报》基于此项规定对"就近入学"作出如下阐述："根据原国家教育委员会《关于制定义务教育办学条件标准、义务教育实施步骤和规划统计指标问题的几点意见》的规定，学生居住地与学校距离原则上应在3公里以内。在这个范围内教育行政部门可根据学校的分布情况划分地段，合理分配新生学位。可见'就近入学'的'就近'是相对就近，并不是绝对指地理位置的远近，即不是到'离家最近'的学校就读。"[3]尽管上述意见出台已30余年之久，但其提出的"3公里"半径标准，仍然是一些地方政府及教育行

---

[1] 参见教育部《关于做好2015年城市义务教育招生入学工作的通知》（教基一厅〔2015〕1号）：100%的小学实现划片就近入学，原则上每所小学全部生源由就近入学方式确定。90%以上的初中实现划片入学，每所划片入学的初中90%以上生源由就近入学方式确定。教育部《关于进一步做好小学升入初中免试就近入学工作的实施意见》（教基一厅〔2014〕1号）：县级教育行政部门要在上级教育行政部门指导统筹下，根据适龄学生人数、学校分布、所在学区、学校规模、交通状况等因素，按照就近入学原则依街道、路段、门牌号、村组等，为每一所初中合理划定对口小学（单校划片）。

[2] 李晨雨："就近入学法律问题研究"，黑龙江大学2017年硕士学位论文。

[3] 参见陈韶峰：《受教育权纠纷及其法律救济》，教育科学出版社2010版，第144页。

政部门制定就近入学法规和划分施教区的依据。[1]这一标准近年来也被许多地方教育行政部门作为划分施教区的依据，以及应对诸多"就近入学"争议的理由。本案二审判决也持此观点，认为"就近入学"本身并不意味着直线距离最近入学，顾某从家至南湖三小的距离为1.29公里，虽并不是相距最近的小学，但此距离也属合理范围之内。

（三）就近入学原则的适用

就近入学原则的适用建立在对行政行为合理性的正确把握的基础上，行政主体应在行政活动中对公共利益和私人利益进行合理的平衡。安排学生就近入学是个十分复杂的问题，除了要考虑居住地与学校的距离外，教育行政部门还要考虑交通安全等问题，如距离某适龄儿童的居住地最近的小学在一条车流量大、无立交设施的城市主干道的对面，则教育行政部门安排该适龄儿童去相对较远的小学上学时是合法、合理的。[2]结合本案，建邺区目前教育资源不均衡、适龄儿童及学校分布不均匀、街区形状不规则的情况也将会导致施教区划分过程中部分适龄儿童无法被安排至离家最近的学校上学。二审判决给出的理由是："本案被诉行政行为虽未能完全满足上诉人的利益诉求，但其在尽可能满足个体利益的前提下，综合考量社会整体现状，兼顾了社会公共利益的实现与个体利益的维护，符合行政权行使的基本价值取向。"但判决也同时指出被诉行政行为虽不存在明显不当，但也不是毫无瑕疵，而是仍然存在一定的不合理性，建议教育行政部门在今后的施教区划分工作中进一步完善程序，提升行政行为的合理性和可接受度。

笔者认为，本案中的施教区划分行为尽管总体上不存在明显不当，但是舍近求远地安排义务教育学生就学作为特殊情况，应具备合理的理由，应是在权衡公共利益和个人利益之后所做的合理安排，这些理由或者考虑因素应由教育行政部门依据法律、结合当地实际情况、研究制定相关规范政策加以说明。只有明确就近入学的标准和程序，合理划分施教区，兼顾公共利益与

---

〔1〕 如2016年广州市天河区《小学招生工作实施方案》中基本原则第2项规定，"小学生就近入学是指相对就近入学。根据原国家教委《关于制定义务教育办学条件标准、义务教育实施步骤和规划统计指标问题的几点意见》规定，学生居住地与学校距离原则上应在3公里以内"。

〔2〕 参见陈韶峰：《受教育权纠纷及其法律救济》，教育科学出版社2010年版，第145页。

个人利益的均衡，才能实现保障适龄儿童、少年享有义务教育资源机会平等权的目标。

【后续影响及借鉴意义】

"顾某诉南京市建邺区教育局重新划分施教区案"入选《人民法院报》评选的"2016年度人民法院十大民事行政案件"、江苏省法院"2016年度十大典型案例""推动教育法治进程10大教育行政争议案件（1988—2018）"，引起了媒体的广泛关注和报道，[1]足见其影响力之深远。

本案所明确的施教区划分行为系具体行政行为具有可诉性的观点，被此后的许多同类案件判决所接受，为充分保障适龄学生的受教育权提供了司法途径。[2]与此同时，本案对于行政诉讼合法性审查原则的适用，尤其是对教育行政部门自由裁量权的审查控制[3]和行政公开原则的适用[4]也在一定程度上影响了相关案件的审判。

在此案件的广泛影响和有力推动下，教育部完善了相关制度。2016年教育部发布了《教育部办公厅关于做好2016年城市义务教育招生入学工作的通知》（教基一厅〔2016〕1号），该通知明确提出要科学确定划片方式，实行多校划片的应采用随机派位方式分配名额；合理确定片区范围，就近入学不等于直线距离最近入学。2017年《教育部办公厅关于做好2017年义务教育招生入学工作的通知》（教基一厅〔2017〕1号）规定，县级教育行政部门在划

---

〔1〕 参见魏晓雯："学区划分案给教育部门提的那些醒"，载《中国审判》2016年6月20日，第6版；蓝天彬："学区划分不透明，南京一家长起诉教育局较真'就近入学'权"，载澎湃网，ht-tps://www.thepaper.cn/newsDetail_ forward_ 1324586，最后访问时间：2021年4月7日；王伟健："南京'学区划分案'家长诉请被驳回"，载人民网，http://legal.people.com.cn/gb/n1/2015/1214/c42510-27923163.html，最后访问时间：2021年4月7日。

〔2〕 参见浙江省绍兴市中级人民法院（2018）浙06行终字第2号行政裁定书、浙江省温州市中级人民法院（2017）浙03行终231号行政裁定书。

〔3〕 浙江省高级人民法院（2019）浙行申268号行政裁定书中，法院认为"关于教育行政部门作出施教区划分行为，应遵循何种程序规定，法律法规并未作出明确规定"，"本案中，被申请人在诉讼中虽未能举证说明其在作出被诉施教区划分行为时已广泛听取群众意见，但上述瑕疵并不足以否定该行为的合法性"。

〔4〕 天津市河西区人民法院（2018）津0103行初141号行政判决书中法院认为，河西区学区划分的相关文件、资料应按照《政府信息公开条例》的法定方式予以公开，而不应仅仅以各小学制定自己的招生简章并张贴的方式来履行。

分学区时，应当邀请相关单位和家长代表充分参与。这是教育部首次提出施教区如何划分来保障适龄儿童实现就近入学接受教育，对于落实适龄儿童受教育权利，具有重要的意义。

（指导教师：蔡乐渭　中国政法大学法学院副教授）

行政强制措施的适用条件

——刘云务诉山西省太原市公安局交通警察支队
晋源一大队道路交通管理行政强制案

莫晓晴 *

【案例名称】

刘云务诉山西省太原市公安局交通警察支队晋源一大队道路交通管理行政强制案［最高人民法院（2016）最高法行再 5 号］

【关键词】

行政强制　依法行政　合理行政　行政程序

【基本案情】

2001 年 7 月，刘云务通过分期付款的方式在山西省威廉汽车租赁有限公司购买了一辆东风 EQ1208G1 型运输汽车，发动机号码 133040，车架号码 11022219，合格证号 0140721，最终上户车牌为晋 A2×××号。刘云务依约付清车款后，车辆仍登记挂靠在该公司名下。2006 年 12 月 12 日，刘云务雇用的司机任治荣驾驶该车辆行驶至太原市和平路西峪乡路口时，山西省太原市公安局交通警察支队晋源一大队（以下简称晋源交警一大队）的执勤民警以该车未经年审为由将该车扣留并于当日存入存车场。2006 年 12 月 14 日，刘云务携带该车审验日期为 2006 年 12 月 13 日的行驶证去处理这起违法行为。晋源交警一大队的执勤民警在核实过程中发现该车的发动机号码和车架号码

* 莫晓晴，中国政法大学法学院宪法学与行政法学专业 2019 级硕士研究生。

看不到，遂以该车涉嫌套牌及发动机号码和车架号码无法查对为由对该车继续扣留，并口头告知刘云务提供其他合法有效手续。刘云务虽多次托人交涉并提供相关材料，但晋源交警一大队一直以其不能提供车辆合法来历证明为由扣留该车。刘云务不服，提起行政诉讼，请求法院撤销晋源交警一大队的扣留行为并返还该车。在法院审理期间，双方当事人在法院组织下对该车车架号码的焊接处进行了切割查验，切割后显示的车架号码为 GAGJB-DK011022219，而刘云务提供的该车行驶证载明的车架号码为 LGAGJBDK011022219。

山西省太原市中级人民法院一审认为：晋源交警一大队口头通知刘云务提供其他合法有效手续后，刘云务一直没有提供相应的合法手续，故晋源交警一大队扣留涉案车辆于法有据。由于扣留涉案车辆的行为属于事实行为，故晋源交警一大队在行政执法过程中的程序瑕疵不能成为撤销扣留行为的法定事由。刘云务虽然提供了由山西吕梁东风汽车技术服务站出具的更换发动机缸体的相关证明，但未经批准擅自更换发动机、改变发动机号码的行为均为我国相应法律、法规所禁止。刘云务一直未提供该车的其他合法有效手续，故其要求撤销扣留行为，返还涉案车辆的诉讼请求不能成立。据此，一审法院作出（2010）并行初字第 3 号行政判决：驳回刘云务的诉讼请求。刘云务不服，提起上诉。

山西省高级人民法院二审认为：刘云务对晋源交警一大队于 2006 年 12 月 12 日因涉案车辆未经审验而予以扣留并无争议，争议在于刘云务是否提供了该车的合法来历证明，晋源交警一大队是否应及时返还车辆。对于该车的车架号码，切割查验后显示的号码与该车行驶证载明的号码不符。对于该车没有发动机号码，刘云务虽然提供了由山西吕梁东风汽车技术服务站出具的更换发动机缸体的相关证明，但未经批准擅自更换发动机、改变发动机号码的行为均为我国相应法律、法规所禁止。刘云务一直没有提供相应的合法手续，依据当时有效的《道路交通安全违法行为处理程序规定》，晋源交警一大队扣留该车于法有据。依据 2004 年《道路交通安全违法行为处理程序规定》第 15 条之规定，晋源交警一大队作为行政执法机关，对认为来历不明的车辆可以自行调查，但晋源交警一大队一直没有调查，也未及时作出处理，行为不当。据此，二审法院作出（2010）晋行终字第 75 号行政判决：（1）撤销山西省太原市中级人民法院（2010）并行初字第 3 号行政判决；（2）晋源交警一大队在判决生效后 30 日内对扣留涉案车辆依法作出处理并答复刘云务；（3）驳回刘云务的其他诉讼请求。

刘云务向最高人民法院提出再审申请，请求撤销山西省高级人民法院终审判决，判令再审被申请人返还涉案车辆，并请求判令再审被申请人赔偿涉案车辆损失、涉案车辆营运损失以及交通费、律师费、医疗费、精神损失费、误工费等。其事实与理由为：（1）再审申请人是涉案车辆的实际所有人。机动车车架号码由 17 位字符组成，包含了车辆生产厂家、年代、车型、车身型式及代码、发动机代码及组装地点等信息。机动车车架号码第一位是生产国家代码，"L"字母代表该机动车的产地为中国。"L"字母的缺失明显是由于对大梁进行切割时操作不慎所致。法律并不禁止更换发动机，机动车所有人只是在更换发动机之后，有义务申请对机动车行驶证上的发动机号码进行变更。原审法院认定再审申请人无法提供该车的合法来历，构成事实认定错误。（2）再审被申请人未履行法定告知义务，没有作出书面通知，构成不作为。原审法院在此情况下，认定再审申请人应自行主动提供该车的合法手续，并承担相应的举证责任，构成法律适用错误。（3）如果认定再审申请人没有提供该车的合法手续，扣留该车的时间则不受 30 日的约束，那么原审判决要求再审被申请人在 30 日内答复再审申请人没有依据。同时，再审被申请人已经查验了该车的发动机号码、车架号码，原审法院认为再审被申请人"一直没有调查，也未及时作出处理"也不成立。（4）再审被申请人本来答应交 4000 元罚款后放车，但由于再审申请人托记者前往取车，再审被申请人便拒绝放车，将车辆一直扣留至今。这造成再审申请人长期诉讼，患上脑干出血，形成三级残疾。

再审被申请人晋源交警一大队提交答辩意见称：（1）涉案车辆被扣留之后，再审申请人虽然提供了该车的来历证明、机动车行驶证、检验合格证等相关材料，但发动机号码、车架号码等相关信息是确认车辆身份及车辆合格与否的唯一资料，同时也是该车的身份证明。再审申请人未经批准对涉案车辆擅自更换发动机、改变发动机号码、改装大梁焊装钢板，将车架号码焊死在新装钢板和大梁之间，造成证车不符无法发还。即使能够证明涉案车辆所有权和合法来历，也依法丧失涉案车辆的所有权。（2）因涉案车辆在持续扣留过程中，故再审被申请人的执法行为针对未经年检上路行驶与已达到强制报废标准上路行驶两个违法行为，无需作出两个扣留决定。再审被申请人口头通知继续提供有效合法手续，但再审申请人一直没有前来处理。（3）因再审申请人多次涉访涉诉，为保留证据所需，涉案车辆目前仍由再审被申请人保存。涉案车辆目前属于强制拆解报废的机动车辆，依法不能返还。（4）对于再审申请人私自改装车辆的行为，应当严厉打击，严格依法处置。故再审被申请人扣留涉案车辆合法，原审判决认定事实基本清楚，适用法律相对准确，请求最高人民法院驳回刘云务的再审申请。

关于再审申请人刘云务在原审期间提交的山西吕梁东风汽车技术服务站出具的更换发动机缸体、更换发动机缸体造成不显示发动机号码、车架用钢板铆钉加固致使车架号码被遮盖等三份证明，再审被申请人晋源交警一大队在最高人民法院听证中对上述三份证明的真实性未发表否定意见。最高人民法院再审期间依法到该服务站进行了核实，该服务站对该三份证明予以确认。最高人民法院要求晋源交警一大队对上述相关证据发表质证意见，晋源交警一大队表示不发表任何意见。

再审法院另查明，车架号码，即车辆识别代号，通常也称大架号，由字母和数字共 17 位字符组成，是车辆的重要身份证明。第 1 位字符是国家或者地区代码，中国的代码是"L"。最后 8 位即第 10 位至第 17 位字符代表车辆的年份、生产工厂、生产下线顺序号等信息。对于特定汽车生产厂家生产的特定汽车而言，车架号码最后 8 位字符组成的字符串具有唯一性。

本案涉及的法律条款包括：

2003 年《中华人民共和国道路交通安全法》（以下简称《道路交通安全法》）第 96 条，第 112 条第 1 款；

2004 年《道路交通安全违法行为处理程序规定》第 24 条，第 25 条第 1 款，第 27 条第 1 款规定；

2004 年《机动车登记规定》第 11 条第 1 款；

《中华人民共和国行政强制法》（以下简称《行政强制法》）第 2 条第 2 款，第 9 条，第 24 条第 1 款；

《行政诉讼法》第 70 条，第 74 条第 2 款。

【裁判要旨】

建设服务型政府，要求行政机关既要严格执法以维护社会管理秩序，也要兼顾相对人实际情况。行政处理存在裁量余地时，应当尽可能选择对相对人合法权益损害最小的方式。实施扣留等暂时性控制措施不能代替对案件的实体处理，行政机关无正当理由长期不处理的，构成滥用职权。

【裁判理由与论证】

最高人民法院认为本案的争议焦点为再审被申请人晋源交警一大队扣留涉案车辆的行政强制措施是否合法，并从三个方面进行了论证。

（一）决定扣留涉案车辆的程序是否合法

依照全国人民代表大会常务委员会于 2003 年 10 月 28 日通过的《道路交通安全法》第 96 条第 1 款及公安部于 2004 年 4 月 30 日发布的《道路交通安全违法行为处理程序规定》第 13 条第 2 项的规定，晋源交警一大队在行政执法中发现车辆涉嫌套牌的，有依法扣留的职权。在再审申请人刘云务提交合法年审手续后，晋源交警一大队又发现涉案车辆无发动机号码、无法识别车架号码而涉嫌套牌时，可依法继续扣留。但是，晋源交警一大队决定扣留应遵循 2003 年《道路交通安全法》第 112 条第 1 款和 2004 年《道路交通安全违法行为处理程序规定》第 11 条第 1 款的规定，告知当事人违法行为的基本事实、作出行政强制措施的种类、依据及其依法享有的权利，听取当事人的陈述和申辩，制作行政强制措施凭证并送达当事人等行政程序。晋源交警一大队违反上述行政程序，始终未出具任何形式的书面扣留决定，违反法定程序。在刘云务提供合法年审手续后，晋源交警一大队初始以未经年审为由扣留车辆的行为应已结束，其关于以车辆涉嫌套牌为由继续扣留无需另行制作扣留决定的主张，依法不能成立，再审法院不予支持。

（二）认定涉案车辆涉嫌套牌而持续扣留证据是否充分

比对切割查验后显示的涉案车辆车架号码和涉案车辆行驶证载明的车架号码，前者共 16 位字符，后者共 17 位字符，前者缺失了代表车辆生产国家或者地区的首字母。再审申请人刘云务主张缺失的首字母"L"系在切割查验时不慎损毁所致，再审被申请人对此未发表相反意见。鉴于涉案汽车确系中国生产，且对于该型号的东风运输汽车而言，切割查验后显示的车辆车架号码和涉案车辆行驶证载明的车架号码的最后 8 位字符均为"1102..2219"，可以认定被扣留的车辆即为刘云务所持行驶证载明的车辆。晋源交警一大队在刘云务先后提供购车手续、山西省威廉汽车租赁有限公司出具的说明、山西吕梁东风汽车技术服务站出具的三份证明等相关证据材料后，认定涉案车辆涉嫌套牌而持续扣留，构成主要证据不足。

（三）既不调查核实又长期扣留涉案车辆是否构成滥用职权

车辆车体打刻的发动机号码、车架号码，是确认车辆身份的重要证明。根据公安部于2004年4月30日发布的《机动车登记规定》第9条、第10条的规定，刘云务在车辆生产厂家指定的维修站对涉案车辆的发动机、车架进行维修，并不违法。且仅为对涉案车辆更换发动机缸体而非更换发动机。但刘云务未及时请相关单位在相应部位重新打刻号码并履行相应手续不当。在涉案车辆发动机缸体未打刻发动机号码且车架号码被钢板铆钉遮盖无法目视确认的情况下，刘云务让所雇用的司机驾驶车辆上路具有过错，晋源交警一大队认为涉嫌套牌依法有权扣留车辆，刘云务应承担相应责任。但扣留车辆属于暂时性的行政强制措施，不能将扣留行为作为代替实体处理的手段。晋源交警一大队扣留车辆后，应依照2003年《道路交通安全法》第96条第2款和2004年《道路交通安全违法行为处理程序规定》第15条的规定，分别作出相应处理：如认为刘云务已经提供相应的合法证明，则应及时返还机动车；如对刘云务所提供的机动车来历证明仍有疑问，则应尽快调查核实；如认为刘云务需要补办相应手续，也应依法明确告知补办手续的具体方式方法并依法提供必要的协助。刘云务先后提供的车辆行驶证和相关年审手续、购车手续，山西省威廉汽车租赁有限公司出具的说明，山西吕梁东风汽车技术服务站出具的三份证明，已经能够证明涉案车辆在生产厂家指定的维修站更换发动机缸体及用钢板铆钉加固车架的事实。在此情况下，晋源交警一大队既不返还机动车，又不及时主动调查核实车辆相关来历证明，也不要求刘云务提供相应担保并解除扣留措施，以便车辆能够返回维修站整改或者返回原登记的车辆管理所在相应部位重新打刻号码并履行相应手续，而是反复要求刘云务提供客观上已无法提供的其他合法来历证明，滥用了法律法规赋予的职权。

据此，再审法院判决如下：

（1）撤销山西省高级人民法院（2010）晋行终字第75号行政判决和山西

省太原市中级人民法院（2010）并行初字第 3 号行政判决；（2）确认再审被申请人山西省太原市公安局交通警察支队晋源一大队扣留晋 A2××××号车辆的行为违法；（3）再审被申请人山西省太原市公安局交通警察支队晋源一大队在本判决生效后 30 日内将晋 A2××××号车辆返还再审申请人刘云务。

一审、二审案件受理费共计 100 元，由再审被申请人山西省太原市公安局交通警察支队晋源一大队负担。

【涉及的重要理论问题】

行政强制措施是行政机关作出的一种具体行政行为，如果公民、法人或者其他组织认为行政机关的该行政行为侵犯了其合法权益，可以向有管辖权的人民法院提起行政诉讼。本案就是一起典型的由行政强制措施引起的案件，其中涉及的重要理论问题主要有以下几个方面。

一、行政强制措施及其可诉性

行政强制措施是行政强制的一种。行政强制是指行政主体为达到行政目的，依据法定职权和程序作出的对相对人的财产、人身及行为产生强制力的单方行为的总称。行政强制一般由行政强制措施和行政强制执行行为组成，是一个集合的概念。[1]行政强制具有以下几个特点。一是职权的法定性，行政强制职权必须来自法律、法规的明确授权。二是行为目的具有多重性以及种类具有多样性。行政强制的采取可以是为了预防、避免违法行为或不利后果、危险状态的发生，也可以是为了控制违法行为、不利后果和危险状态的蔓延与扩大，还可以是为了调查取证和执行的便利，其中最重要的还是为了实现其他行政行为所确定的义务状态。三是行为具有强制性，行政强制以国家强制力为保障而实施。四是针对对象具有广泛性，行政强制既可以对相对人的财产（包括经营行为），也可以对相对人的人身及其行为产生影响。

行政强制措施规定于《行政强制法》第 2 条第 2 款："行政强制措施，是指行政机关在行政管理的过程中，为制止违法行为、防止证据损毁、避免危害发生、控制危险扩大等情形，依法对公民的人身自由实施暂时性限制，或

---

〔1〕 张树义主编：《行政法学》，北京大学出版社 2012 年版，第 253 页。

者对公民、法人或者其他组织的财物实施暂时性控制的行为。"根据该法条的规定，学界一般将行政强制措施的概念定义为："行政强制措施，是指国家行政机关在行政管理过程中，为了维护和实施行政管理秩序，依法对相对人的人身自由或者财物实施暂时性限制或控制的行政行为。"[1]根据这个概念，行政强制措施作为行政强制行为之一，除具有行政行为及行政强制的一般特征之外，还具有以下四个特点。（1）行政强制措施具有"限权性"。行政强制措施是一种负担性行政行为，行政相对人将承担一种不利的后果。但是行政强制措施是限权性行政行为而不是处分性行政行为，因此其表现为对行政相对人权利的限制而不是剥夺。例如，扣押一辆走私汽车与没收一辆走私汽车的最大区别是，前者只是对走私汽车使用权的限制，而后者则是对走私汽车所有权的处分（即剥夺）。前者属于行政强制措施，后者属于行政处罚。在行政强制措施中，无论是对公民人身自由的限制，还是对公民、法人财产的查封，都是行政机关对行政相对人人身自由权或者财产权的一种限制。（2）行政强制措施具有"暂时性"。行政强制措施是行政机关在行政管理过程中为维护和实施行政管理秩序而采取的临时性手段，强制措施本身并不是行政机关管理的最终目标。行政机关采取行政强制措施并未达到也不可能达到管理的最终结果，它是为另一种处理结果的实现服务的。例如，对相对人财产的扣押，是为防止财产被转移，从而预防事后的处理结果无法实施而采取的预防性、保障性措施，因而不可能是永恒的。行政强制措施作为一种暂时性行为可以理解为一种中间性行为，与具有最终性的行政处罚、行政裁决等行政行为有别，也不可以以行政强制措施代替最终的行政处罚等行为。（3）行政强制措施具有"可复原性"。在行政强制措施实施前，被强制人的财产权或者人身自由权处于"原状态"，行政机关对其实施强制措施后，其财产权或者人身自由权就处于被限制的状态。当行政强制措施被撤销或者到期后，行政相对人的财产权或人身自由权又会回复到"原状态"，这就是行政强制措施的可复原性。行政处罚、行政强制执行等一般不具有"可复原性"。（4）行政强制措施具有从属性。从属性是指，行政强制措施是为另一种行政行为服务的辅助

---

〔1〕《行政法与行政诉讼法学》编写组编：《行政法与行政诉讼法学》，高等教育出版社2017年版，第205页。

性行为，具有预防性、保障性的特点。限制人身自由是为了防止该相对人继续危害社会，查封财产是为了防止该财产被转移，从而使事后的处理决定得不到执行。《行政强制法》第 2 条第 2 款规定的"为制止违法行为、防止证据损毁、避免危害发生、控制危险扩大等情形"，就表明了行政强制措施的预防性、保障性，从而体现其从属性。

行政强制措施的类型规定于《行政强制法》第 9 条："行政强制措施的种类：（1）限制公民人身自由；（2）查封场所、设施或者财物；（3）扣押财物；（4）冻结存款、汇款；（5）其他行政强制措施。"根据该条规定，行政强制措施主要分为以下五类：（1）限制公民人身自由。限制公民的人身自由系指行政机关为了行政管理的需要，依据法律对公民的人身自由进行短期限制的行政强制措施。（2）查封场所、设施或者财物。从理论上说，系指有关行政机关为了预防和制止违法行为，保证行政决定的有效执行，通过"就地封存"的方法，在短时间内禁止对场所进行适用并限制对财物进行使用、损毁、转移和处分的行政强制措施。（3）扣押财物。扣押措施是指有关行政机关为了预防和制止违法，保证行政决定的有效执行，将涉嫌违法的财物移动至有关地点进行直接控制，在短时间内禁止相对人对扣押财物的使用、毁损、转移和处分的行政强制措施。（4）冻结存款、汇款。冻结措施是指行政机关为了防止相对人转移或者隐匿违法资金、损毁证据，或者为了保障行政决定得到有效执行，通过金融机构对相对人的账户采取的停止支付、禁止转移资金的行政强制措施。冻结这一措施与查封、扣押等有明显的区别，采用严格的"法律保留主义"。（5）其他行政强制措施。《行政强制法》第 9 条第 1—4 项列举的行政强制措施，是实践中最为常见和典型的行政强制措施，但无法穷尽列举。现实中有许多行政强制措施尚未被列入法条规定，例如冻结价格、产权等。为了防止出现法律漏洞，《行政强制法》设置了一个兜底条款，即"其他行政强制措施"。[1]

交通管理部门实施行政强制措施是实现道路交通管理的目标必须采用的手段，与《行政强制法》相比，我国的交通法律法规所规定的行政强制措施

---

〔1〕《行政法与行政诉讼法学》编写组编：《行政法与行政诉讼法学》，高等教育出版社 2017 年版，第 207 页。

类型更加丰富。目前交通管理部门能实施的具体行政强制措施分别有：检验体内酒精含量及国家管制的精神药品、麻醉药品、保护性约束、传唤、盘问、检查、继续盘问、强制撤离、交通管制、扣留机动车、扣留机动车行驶证、扣留机动车驾驶证、拖移机动车、收缴物品、扣留非机动车等。[1]以上的强制措施大致可以分为影响行政相对人的人身权和影响行政相对人的财产权两种。本案中，晋源交警一大队对刘云务的车辆所实施的扣留行为属于其中影响行政相对人的财产权的强制措施。晋源交警一大队认为刘云务的车辆涉嫌套牌，晋源交警一大队依法享有扣留车辆的行政权力，刘云务应承担相应责任。但扣留车辆作为行政强制措施的一种，应当具有暂时性，行政机关不能将行政强制措施作为代替实体处理的最终手段。在实践中，行政机关以行政强制措施替代实体处理的情况十分常见。例如，以行政强制措施替代行政处罚，有学者称之为"变异的行政强制措施"。[2]笔者认为，本案中，晋源交警一大队的行为就符合以行政强制措施替代行政处罚的情形。正如前文所述，行政强制措施和行政处罚一样都可以对行政相对人的人身权或财产权产生事实上的影响，区别在于行政机关是否具有制裁目的，而行政机关是否遵守行政强制措施的暂时性要求，及时解除对行政相对人的行政强制措施就成为判断行政机关是否具有制裁目的的关键。若行政机关在采取行政强制措施之后，故意延迟解除行政强制措施，放任强制措施对行政相对人造成的事实损害，就可认定行政机关具有惩罚制裁的意图。此时，行政机关的行为就是以行政强制措施替代行政处罚，即为变相的行政处罚。具体到本案，在刘云务先后提供了车辆行驶证和相关年审手续、购车手续，山西省威廉汽车租赁有限公司出具的说明，山西吕梁东风汽车技术服务站出具的三份证明，已经能够证明涉案车辆在生产厂家指定的维修站更换发动机缸体及用钢板铆钉加固车架的事实的情况下，晋源交警一大队既不返还机动车，又不及时主动调查核实车辆相关来历证明，也不要求刘云务提供相应担保并解除扣留措施，消极地拖延解除扣留措施的时间，实际上是以扣押行为代替行政处罚，违反了行政

---

〔1〕 简述芬："公安交通管理行政强制措施面临的问题与对策"，载《四川警察学院学报》2019年第5期。

〔2〕 温学鹏："论行政强制措施的变异——从行政强制措施的事实损害性特征切入"，载《重庆理工大学学报（社会科学）》2018年第4期。

强制措施的暂时性要求，属于违法行为，这也是被再审法院所确认的。

针对上述行政行为，应该为行政相对人维护自身合法权益提供救济的途径。《行政诉讼法》第 12 条第 1 款第 2 项明确规定了行政强制措施行为属于行政诉讼的受案范围，公民、法人或者其他组织对限制人身自由或者对财产的查封、扣押、冻结等行政强制措施和行政强制执行不服的，可以依法向人民法院提起行政诉讼。在本案中，晋源交警一大队扣押刘云务车辆的行政行为违反行政强制措施的暂时性要求，侵犯了刘云务的合法财产权益，刘云务有权依法对此提起行政诉讼。

二、行政机关实施行政强制措施应遵循的程序

程序是法治的基石，特别是在现代社会，程序的控权作用日益受到推崇。行政权作为国家权力的一种，更应当在法治的轨道上运行，以实现对行政行为的规范和控制，确保法律正确、及时和有效实施，维护公共秩序和公共利益，保障公民、法人和其他组织的合法权益。因此，无论是在行政立法、执法、司法活动中，还是在行政决策、执行、监督活动中，行政机关都必须遵循行政程序的规定。

行政程序是行政主体的职权行使所涉及的主体、环节、步骤、方式、顺序、期限、信息等诸项因素及其制度化的组合。[1]行政程序保证了行政行为具有过程性，行政过程具有开放性，行政过程具有正当性。行政程序主要有以下四个特征：（1）法定性与正当性。不是所有的行政程序都必须法律化，行政主体一般的管理工作程序、规范内部关系的程序等，可以在一般意义上强调制度化，而非都要上升到法律的层面。法定性是行政程序制度化的最高形式，行政主体实施行政行为所遵循的程序必须是法律程序，这是行政程序的外在特征。重要的行政法律程序必须遵循公开、公平、公正原则，这是行政程序的内在品质。以行政正义为主旨的行政程序必须实现外在法定性和内在正当性的有机统一。（2）空间性与时间性。行政主体实施行政行为不可能一蹴而就，需要分环节、步骤，采取一定方式，持续一定时间地展开，构成

---

〔1〕《行政法与行政诉讼法学》编写组编：《行政法与行政诉讼法学》，高等教育出版社 2017 年版，第 299 页。

一个由主体、环节、步骤、顺序、期限、信息等要素组合的过程。一般来说，环节、步骤、方式等构成了行政程序的空间表现形式，时限、期间、顺序等构成了行政程序的时间表现形式。科学合理的行政程序应当实现空间表现形式与时间表现形式的有效结合。（3）权力性与权利性。行政程序是关于行政权力运行的主体、环节、步骤、顺序、期限、信息等要素的结合，它以维护和保障行政主体及其行为的规范性、公正性、权威性和有效性为主旨，体现了行政程序的权力性特征。同时行政程序又发挥维护行政相对人知情、陈述、申辩、质证等程序性权利，保障行政相对人参与行政的功能，这是行政程序权利性的体现。符合法治要求的行政程序应当实现权力与权利之间的平衡。（4）行政性与司法性。行政程序不同于司法程序，不具有完全的司法性。一般而言，行政过程是行政主体主导的过程，其突出的特征是行政性。行政裁决、行政复议等特别行政行为通常被视为"准司法行为"，其程序具有弱行政性或者说强司法性。行政性明显的行政处罚、行政许可、行政强制措施等行政行为因为引入司法性的听证程序，逐步实现了行政性与司法性适度结合的行政程序制度。

行政程序制度是行政程序的法治基石，主要包括职权分离制度、行政回避制度、行政公开制度、禁止单方接触制度、行政听证制度、证据排除制度、说明理由制度、案卷排他制度、行政时效制度等。（1）职权分离制度，是指行政主体调查与审查、决定与裁决的职权分别由不同的机构和人员行使的制度，体现了分权制约的理念。（2）行政回避制度，是指行政主体在行使职权的过程中因存在法律禁止的身份关系或者其他法定利益冲突的情形，为保障程序公正而进行人员替换的制度，有利于实现程序公正与实体结果公正。（3）行政公开制度，是指行政主体根据职权或者应行政相对人的请求，向行政相对人或者社会公开行政过程和政府信息，以确保其知情权、对行政过程的参与和对行政权的监督。（4）禁止单方接触制度，是指行政主体在行政行为过程中不得违反程序规定私下接触行政相对人、利害关系人和其他行政程序参加人，听取单方面的陈述或者接受证据，其中包括禁止行政听证主持人与行政调查人员、行政复议人员与被复议行政主体人员的私下接触、交换意见等。（5）行政听证制度，是指行政主体在制定行政规范和作出行政处理的过程中，与行政相对人以及其他行政程序参与人就拟制行政规范的内容、依据等或者拟作出行政决定的内容、事实证据、法律依据等进行说明、申明意见、辩论、聆听等活动的制度。（6）证据排除制度，是指行政主体在调查、听证等程序中对相关事实证明材料进行审查、认定，排除具有法定特征或情形的证据材料在行政程序中的证明作用的制度。证据必须经过审查、认定才能确定其对相关事实的证明作用，证据审查、认定应当侧重于审查证据的来源、内容、行使、取得方法等，并遵循证据排除规则。（7）说明理由制度，是指行政主体作出涉及行政相对人权益的行政行为时必须说明事实根据、法律依据以及行政机关裁量的理由等。反映了行政行为以事实为根据、以法律为准绳的基本要求，有利于保障相对人的合法权益。（8）案卷排他制度，是指行政主体根据案卷记载的证据和事实作出行政决定或裁决，案卷之外的证据材料不能作为行政决定或裁决的依据。案卷是行政主体作出行政行为的工程中的记录，包括证言记录、证物记录、申请书和其他文书等。（9）行政时效制度，是指对行政行为及其各个环节、步骤等施加期间限制并规定违反期间限制的法律后果的制度。行政时效制度的主要功用在于促使行政主体及时履行法定职责、提高行政效率，督促行政相对人及时履行法律义务，维护行政、法律权威。行政主体在作出行政行为时必须遵循法定行政程序和相关的行政程序制度，才具有合法性与正当性。

行政强制措施会对行政相对人的人身权或财产权造成影响，更应严格按照法定程序作出。行政强制措施的程序分为一般程序和特殊程序，特别程序优先于一般程序适用，但要符合一般程序的要求。限制人身自由、查封、扣押和冻结程序就属于特别程序。

（一）实施行政强制措施的一般程序

《行政强制法》第 18 条对此有规定，行政机关实施行政强制措施的一般程序如下：（1）事先报批和决定；（2）由 2 名以上行政执法人员实施；（3）出示执法身份证件；（4）通知当事人到场；（5）告知内容、理由和救济途径；（6）听取陈述、申辩；（7）制作现场笔录；（8）现场笔录由当事人和行政执法人员签名或者盖章，当事人拒绝的，在笔录中予以注明；（9）当事人不到场的，邀请见证人到场，由见证人和行政执法人员在现场笔录上签名或者盖章；（10）其他程序。

（二）实施行政强制措施的特别程序

第一，《行政强制法》第20条规定，行政机关在实施限制公民人身自由的强制措施时，除需遵守《行政强制法》第18条的规定外，还应：（1）立即通知当事人家属；（2）紧急情况下实施行政强制措施的，在返回行政机关后，立即向行政机关负责人报告并补办批准手续；（3）遵循法律规定的其他程序。以上规定体现了正当程序的要求。第二，《行政强制法》第24条规定了行政机关实施查封、扣押措施的特别程序。相对于一般程序，行政机关在实施查封、扣押的强制措施时，增加了制作并当场交付查封、扣押决定书和清单的要求。查封、扣押决定书是作出查封、扣押决定的法律文书，是采取查封、扣押措施的书面凭证，也是行政相对人申请行政复议或者提起行政诉讼的凭据。因此，除《行政强制法》第19条规定的紧急情况外，查封、扣押决定书必须当场交付当事人，行政机关不得以任何理由拒绝或者拖延交付查封、扣押决定书。而查封、扣押清单是记载被查封、扣押财产的详细情况的书面凭证，为防止出现纠纷，也需要当场交付行政相对人。第三，关于实施冻结措施的特别程序。《行政强制法》第30条规定，除需遵循第18条的规定外，行政机关还需向金融机构交付冻结通知书。这是为了得到金融机构的配合以及规范冻结行为，防止行政执法人员随意适用冻结措施。以上是《行政强制法》对行政机关实施行政强制措施的程序要求，也是基本要求。

本案属于交通管理领域的案件，《道路交通安全违法行为处理程序规定》对交通管理领域的行政强制措施实施程序进行了更为具体的规定。在实施扣留车辆，扣留机动车驾驶证，检验体内酒精、国家管制的精神药品、麻醉药品含量，收缴物品等强制措施时，行政机关应当遵循下列程序要求：（1）口头告知违法行为人或者机动车所有人、管理人违法行为的基本事实、拟作出行政强制措施的种类、依据及其依法享有的权利。（2）听取当事人的陈述和申辩，当事人提出的事实、理由或者证据成立的，应当采纳。（3）制作行政强制措施凭证，并告知当事人在15日内到指定地点接受处理。（4）行政强制措施凭证应当由当事人签名、交通警察签名或者盖章，并加盖公安机关交通管理部门印章；当事人拒绝签名的，交通警察应当在行政强制措施凭证上注明。（5）行政强制措施凭证应当当场交付当事人；当事人拒收的，由交通警察在行政强制措施凭证上注明，即为送达。现场采取行政强制措施的，交通警察应当在24小时内向所属公安机关交通管理部门负责人报告，并补办批准手续。公安机关交通管理部门负责人认为不应当采取行政强制措施的，应当立即解除。

本案中，根据《道路交通安全法》的规定，晋源交警一大队在行政执法中发现车辆涉嫌套牌的，有依法扣留的行政职权。且在刘云务提交合法年审手续后，晋源交警一大队又发现涉案车辆无发动机号码、无法识别车架号码而涉嫌套牌时，可依法继续扣留。但是，晋源交警一大队在实施扣留行为时应遵守《道路交通安全违法行为处理程序规定》以及《行政强制法》规定的行政程序，即晋源交警一大队在作出扣留决定时，应当履行告知行政相对人刘云务其违法行为的基本事实、作出行政强制措施的种类、依据及其依法享有的权利，听取刘云务的陈述和申辩，制作行政强制措施凭证并送达等行政程序，以维护刘云务的知情权和程序参与权。但晋源交警一大队在决定扣留、决定继续扣留时始终未出具任何形式的书面决定、凭证，也未遵循告知、听取陈述、申辩、送达等法定程序，并消极地拖延解除扣留措施的时间，严重违反法律要求。且晋源交警一大队认为以未经年审为由扣留车辆的先前行为结束后，以车辆涉嫌套牌为由继续扣留无需另行制作扣留决定。之所以出现这种情况，笔者认为可能存在以下方面的原因：（1）行政机关对行政强制措施的认识不足。行政强制措施作为行政行为的一种，与一般的行政行为存在着较大的区别，其直接作用于行政相对人的人身权或财产权，对行政相对人影响极大，因而需要符合特别的程序要求并且尽量不予采用。本案中，晋源交警一大队在认识层面上存在案件处理结束即为有效处理和官本位的传统思维定式，[1]为达到行政管理目的，简单粗暴地连续扣留车辆，没有意识到该行为可能会对刘云务造成的损害，实际上是对行政强制措施的实施目的、条件、程序等认识不足的体现。（2）行政机关的程序意识缺乏。长期以来，我国行政机关执法实践中都存在"重实体、轻程序"的问题。虽然程序正义的观念在近几年日益深入人心，但是仍然尚未达到法治政府的要求。例如，在

---

〔1〕 张莉："法治公安建设背景下的交通安全行政强制措施适用研究"，载《山东警察学院学报》2018第2期。

交通管理领域，交通警察在采取行政强制措施时，不依法听取行政相对人的陈述或者申辩，甚至将行政相对人的陈述和申辩当作"态度不好""拒绝执行""妨碍执法"的行为而加重处罚或者不出具法律文书，不收集足以证明交通违法行为人具有违法行为的证据等，这些现象仍然不同程度地存在，本案就是其中的一个典型例子。为了解决这些问题，行政机关必须强化程序意识，执法过程严格依照法定程序进行，兼顾实体公正和程序公正。

三、行政强制措施的生效要件与行政相对人权利救济

行政行为的生效是指行政主体实施的法律行为在完成其法定程序，具备相应法定要件后正式对外发生法律效力。法律对不同的行政行为设定了不同的生效要件。[1]一般抽象行政行为的生效要件有：（1）经相应行政机关会议讨论决定；（2）经相应行政机关首长签署；（3）公开发布；（4）生效日期已到期。具体行政行为的生效要件有：（1）行政主体作出行政决定。具体行政行为一般以行政决定的形式作出，无论是实施行政处罚、采取强制措施，还是颁发许可证、要求相对人履行某种义务都应作出行政决定，并且行政决定一般要以书面形式作出。（2）行政决定已经送达行政相对人。具体行政行为的成立不仅要求行政主体作出正式行政决定，而且要求行政主体在法定期限内将行政决定文书送达行政相对人。送达的方式有四种：直接送达、留置送达、邮寄送达、公告送达。未经送达，行政行为不生效。（3）附款行为所附条件成熟。具体行政行为分为无附款行为和附款行为。前者行政决定送达相对人即生效，后者要待附款条件成熟后生效。行政行为的成立生效要件缺损可能会给行政相对人造成权益损害，若行政相对人因此受到不利损害，可以依法请求人民法院对该行政行为进行审查，以提供法律救济。一般而言，行政行为缺损成立生效要件会影响行政行为的确定力、拘束力和执行力，即影响行政行为的效力。因此，人民法院在此类案件中应当对行政行为的效力进行判断。然而实践中，人民法院倾向于回避判断缺损成立生效要件的行政行为的效力问题，直接认定行政机关作出该行政行为时的程序违法，进而作出

---

〔1〕 参见《行政法与行政诉讼法学》编写组编：《行政法与行政诉讼法学》，高等教育出版社2017年版，第122页。

确认违法或撤销判决。值得思考的是，若行政行为根本就不成立或者不生效，在此基础上确认行为违法或撤销该行为是否有实际意义呢？

具体到本案，根据2020年《道路交通安全违法行为处理程序规定》第25条的规定，行政机关在对车辆进行扣留时应当制作行政强制措施凭证，并送达行政相对人。晋源交警一大队违反上述行政程序，始终未出具任何形式的书面扣留决定、强制措施凭证以及未将凭证送达刘云务，行政强制措施实际上尚未成立生效。在此情况下，晋源交警一大队对刘云务的车辆实施了事实的扣留措施，属于不具备生效要件或者生效要件缺损的行政行为。在当前的司法实践中，上述行政行为可归入违反法定程序的行政行为范畴。该行政行为侵犯了刘云务程序上的知情权和参与权，并事实上给刘云务造成了财产损失，刘云务有权依法提起行政诉讼，请求人民法院提供相应的权利救济。

四、实施行政强制措施过程中行政主体滥用职权的判断及其判决

行政主体滥用职权是指行政主体作出的行政行为虽然在其权限范围之内，但是行政主体不合目的或者不正当地行使其职权的情形。[1]与超越职权不同，滥用职权必须是作出行政行为的人或组织具有行政工作人员的身份或者相应的行政职权，但是没有根据法律、法规的目的、原则和精神来执行法律。一直以来，学界都有对滥用职权的适用范围的讨论，主要有两种观点。第一种观点，以朱新力学者为代表，认为滥用职权只适用于行政机关行使行政自由裁量权的范畴。[2]第二种观点，以姚锐敏学者为代表，认为滥用职权既适用于行政机关行使自由裁量权的范畴，也适用于行政机关行使羁束裁量权的范畴。[3]因为行政强制措施属于羁束性裁量权的范畴，若赞成第一种观点，则本案不能以行政机关滥用职权作为判决的理由。若赞成第二种观点，则可以以行政机关滥用职权为由作出判决。本案再审法院赞同第二种观点，笔者认同再审法院的选择。因为虽然羁束裁量权的行使条件、范围、方式等在法律上受到严格的约束，但是客观上仍然存在被滥用的可能性，故意违背法律规

〔1〕 参见姜明安主编：《行政法与行政诉讼法》，北京大学出版社2015年版，第518页。
〔2〕 参见朱新力："行政滥用职权的新定义"，载《法学研究》1994年第3期。
〔3〕 参见姚锐敏："关于行政滥用职权的范围和性质的探讨"，载《华中师范大学学报（人文社会科学版）》2000年第5期。

定而行为或实施不符合法律规定目的的行为就属于滥用职权。判断某一行为是否属于滥用职权，需要从主观和客观两个方面进行探究。从主观方面看，行政主体必须具有违反法律规定的目的的情况存在。违反法律规定的目的通常表现在以下三个方面：（1）行政主体作出行政行为的目的不是出于公共利益，而是出于私人利益或所属团体、组织的利益。（2）行政机关行使权力的目的符合公共利益，但是不符合法律赋予这种权力的特定目的。（3）不适当的考虑，指行政主体在作出行政行为时，考虑了不应当考虑的因素或者没有考虑应当考虑的因素。从客观方面看，判断行政主体滥用职权必须具有客观方面很不合理、显失公正等情况。既包括行政主体作出的决定违背一般人的理智、违反通常的比例法则、无正当理由违反惯例，也包括行政主体无视具体情况或对象，带有明显性倾向的情形。滥用职权不仅包括实体方面的权力滥用，也包括程序上的权力滥用。

具体到本案，晋源交警一大队以涉嫌套牌为由扣留刘云务的车辆后，应依照2003年《道路交通安全法》第96条和2004年《道路交通安全违法行为处理程序规定》第15条的规定，分别作出相应处理。这也是再审裁判所明确的：如认为刘云务已经提供相应的合法证明，则应及时返还机动车；如对刘云务所提供的机动车来历证明仍有疑问，则应尽快调查核实；如认为刘云务需要补办相应手续，也应依法明确告知补办手续的具体方式方法并依法提供必要的协助。刘云务先后提供的车辆行驶证和相关年审手续、购车手续、山西省威廉汽车租赁有限公司出具的说明、山西吕梁东风汽车技术服务站出具的三份证明，已经能够证明涉案车辆在生产厂家指定的维修站更换发动机缸体及用钢板铆钉加固车架的事实。在此情况下，晋源交警一大队既不返还机动车，又不及时主动调查核实车辆相关来历证明，也不要求刘云务提供相应担保并解除扣留措施，以便车辆能够返回维修站整改或者返回原登记的车辆管理所在相应部位重新打刻号码并履行相应手续，而是反复要求刘云务提供客观上已无法提供的其他合法来历证明。从上述行为表现来看，可以认定晋源交警一大队的行为不符合扣留车辆的强制措施目的以及未进行适当的考虑，主观上有违反法律规定的故意。客观方面，晋源交警一大队的行为产生了侵害刘云务的合法财产权的不合理结果。综合主客观方面的考量，晋源交警一大队的一系列行为构成了滥用职权。

针对行政机关滥用职权的情形，人民法院应当作出何种判决以维护行政相对人的合法权益呢？《行政诉讼法》第 70 条规定，对于滥用职权行为，人民法院可以判决撤销或者部分撤销该行政行为，并可以判决被告重新作出行政行为。也就是说，行政主体滥用行政职权时，人民法院一般适用撤销判决。撤销判决是指人民法院认定被诉行政行为全部或者部分违法，从而全部或部分撤销被诉行政行为及责令被告重新作出行政行为的判决。[1]但是本案再审法院并未作出撤销判决而是作出确认该行政行为违法的判决，这是为何？若要解答这个问题，首先需要了解确认判决的适用情形。确认判决是指人民法院针对被诉行政行为的合法性及效力作出确认的判决。[2]确认判决可以分为两种情形，一种是确认违法的判决，另一种是确认无效的判决。

第一种，确认违法的判决。确认违法判决的适用标准基本上与撤销判决一致，是在无法采用撤销判决时的一种替代性判决方式。《行政诉讼法》第74 条规定了五种适用确认违法判决的情形：（1）行政行为依法应当撤销，但撤销会给国家利益、社会公共利益造成重大损害的；（2）行政行为程序轻微违法，但对原告权利不产生实际影响的。（3）行政行为违法，但不具有可撤销内容的；（4）被告改变原违法行政行为，原告仍要求确认原行政行为违法的；（5）被告不履行或者拖延履行法定职责，判决履行没有意义的。

第二种，确认无效的判决。《行政诉讼法》第 75 条规定："行政行为有实施主体不具有行政主体资格或者没有依据等重大且明显违法情形，原告申请确认行政行为无效的，人民法院判决确认无效。"因此，确认无效判决的适用条件是行政行为重大且明显违法，《行诉解释》（2018）列举的重大且明显违法的行为有：（1）行政行为实施主体不具有行政主体资格；（2）减损权利或者增加义务的行政行为没有法律规范依据；（3）行政行为的内容客观上不可能实施；（4）其他重大且明显违法的情形。具体到本案，晋源交警一大队扣留刘云务的车辆的行为违反《道路交通安全违法行为处理程序规定》《行政强制法》等规定的法定程序，系违法行为。但是晋源交警一大队在行为过程中始终未出具任何形式的书面扣留决定或行政强制措施凭证，也未将相关书面

---

〔1〕 马怀德主编：《行政诉讼法学》，北京大学出版社 2015 年版，第 259 页。

〔2〕 《行政法与行政诉讼法学》编写组编：《行政法与行政诉讼法学》，高等教育出版社 2017 年版，第 537 页。

决定、凭证送达刘云务，扣留决定尚未成立生效，因此无可撤销的内容，因而符合确认违法判决的适用情形，再审法院确认该行为违法符合法律规定。

【后续影响及借鉴意义】

本案是一起因行政机关不遵循法定程序、违法实施行政强制措施引起的行政诉讼案件，经过人民法院的公正判决，行政争议得到了平息，维护了行政相对人的合法权益。本案的借鉴意义主要有以下几点。

首先，行政机关在行使行政权力时必须遵守法律，依法行政。法治政府的首要要求就是行政权力要在法律的框架内行使，行政机关不能恣意用权，置法律规定于不顾。否则政府的权威将无从树立，法律也会成为一纸空谈。在本案中，晋源交警一大队在实施行政强制措施时，没有遵守《道路交通安全违法行为处理程序规定》《行政强制法》等相关规定，违反了依法行政的原则，不符合法治政府建设的要求。

其次，行政机关在进行社会管理的过程中要摒除官本位的思想，不得滥用职权。在行政处理存在裁量余地时，行政机关应当尽可能选择对相对人合法权益损害最小的方式，实现社会管理与相对人合法权益保护之间的平衡。否则，行政机关的行为可能会构成滥用职权。本案中，晋源交警一大队对刘云务车辆实施长期扣留而不返还，给相对人造成了额外的、不必要的损失，行政处理结果不合理。此外，晋源交警一大队以实施扣留等暂时性控制措施代替对案件的实体处理，且无正当理由长期不进行行政处理，属于滥用职权的行为。

再次，行政机关在进行社会管理的过程中，不应当只单方考虑行政管理的需要，还要兼顾相对人的实际情况，最大限度地维护公民权利。行政机关进行社会管理的过程，也是服务社会公众和维护公民权利的过程。在强调行政机关的管理性的同时，还需要强化行政机关的服务性。在能实现行政目的的前提下，根据行政相对人的具体情况，选择合适的方式进行社会管理。本案中，晋源交警一大队在本案中的行为不符合建设服务型政府的要求，值得其他行政机关引以为戒。

最后，人民法院在审理行政案件时，应当以事实为依据，以法律为准绳，实现司法公正。这就要求各级人民法院在查清案件事实的前提下，正确适用法律，并作出最合适的判决。需要注意，此处的"最合适的判决"既包括最终判决结果的公平公正，也包括人民法院正确选择判决类型的要求。不同于民事与刑事案件，行政案件的判决类型具有多样性与独特性，这意味着法官必须熟悉每一种判决类型的适用情形，并根据案件具体情况正确选择适用。

（指导教师：卞修全　中国政法大学法学院教授）

行政处罚过罚相当原则的适用

——北京乡土青铁锅焖面面馆诉北京市延庆区市场监督管理局行政处罚案

王成栋　徐鹏博 *

【案例名称】

北京乡土青铁锅焖面面馆诉北京市延庆区市场监督管理局行政处罚案[北京市第一中级人民法院（2019）京01行终1189号]

【关键词】

特别法与一般法　行政处罚　比例原则　过罚相当原则

【基本案情】

北京乡土青铁锅焖面面馆（以下简称乡土青面馆）于2015年9月28日取得《餐饮服务许可证》，有效期限自2015年9月28日至2018年9月27日，餐馆类别：小型餐馆；备注：不含凉菜、不含裱花蛋糕、不含生食水产品。2017年12月12日，北京市延庆区延庆镇食药所接到举报信息，显示乡土青面馆在美团外卖网上超过许可事项范围经营凉菜，"凉拌金针菇一份，15元；素什锦一份，12元"。原北京市延庆区食品药品监督管理局（以下简称原延庆区食药监局）于2017年12月12日立案后开展了现场调查、发协查函、复查等调查取证工作。2018年11月28日，原延庆区食药监局向乡土青面馆送达了《行政处罚事先告知书》《听证告知书》，告知其违法行为违反的法律法

---

　* 王成栋，中国政法大学法学院教授。徐鹏博，华北电力大学（北京）2019级法律硕士研究生。

规、处罚依据、拟对其进行的行政处罚、陈述申辩和听证的权利等。2018 年
11 月 29 日,乡土青面馆提交听证申请书,原延庆区食药监局依法于 2018 年
12 月 11 日举行了听证会,听证组于当日出具听证意见书,认为案件事实清
楚、证据确凿、程序合法、适用法律准确,建议维持原行政处罚意见。2018
年 12 月 17 日,原延庆区食药监局依法延长办案期限 30 个工作日。2018 年 12
月 18 日,原延庆区食药监局作出(京延)食药监食罚〔2018〕110006 号
《行政处罚决定书》(以下简称被诉处罚决定),认定乡土青面馆超过许可的
经营项目范围从事网络食品经营的行为,违反了 2016 年《网络食品安全违法
行为查处办法》第 16 条第 1 款的规定:"入网食品生产经营应当依法取得许
可,入网食品生产者应当按照许可的类别范围销售食品,入网食品经营者应
当按照许可的经营项目范围从事食品经营。法律、法规规定不需要取得食品
生产经营许可的除外。"应根据 2016 年《网络食品安全违法行为查处办法》
第 38 条的规定"违反本办法第 16 条规定,入网食品生产经营者未依法取得
食品生产经营许可的,或者入网食品生产者超过许可的类别范围销售食品、
入网食品经营者超过许可的经营项目范围从事食品经营的,依照食品安全法
第 122 条的规定处罚"和 2015 年修订的《中华人民共和国食品安全法》(以
下简称《食品安全法》)第 122 条第 1 款的规定"违反本法规定,未取得食
品生产经营许可从事食品生产经营活动,或者未取得食品添加剂生产许可从
事食品添加剂生产活动的,由县级以上人民政府食品药品监督管理部门没收
违法所得和违法生产经营的食品、食品添加剂以及用于违法生产经营的工具、
设备、原料等物品;违法生产经营的食品、食品添加剂货值金额不足一万元
的,并处五万元以上十万元以下罚款;货值金额一万元以上的,并处货值金额
十倍以上二十倍以下罚款"进行处罚。综上,决定对乡土青面馆给予如下行政
处罚:(1)没收违法所得 27 元;(2)并处 50 000 元罚款。罚没款共计 50 027
元。原延庆区食药监局将被诉处罚决定同一般缴款书一并于 2018 年 12 月 20
日送达乡土青面馆。乡土青面馆不服,于 2019 年 1 月 24 日向法院提起行政诉
讼,要求撤销被诉处罚决定。

另查明,乡土青面馆于 2018 年 11 月 30 日重新办理了《食品经营许可
证》(有效期自 2018 年 11 月 30 日至 2023 年 9 月 11 日),经营项目增加了
"冷食类食品制售,限蔬果拼盘"。

再查明，2019 年 3 月，因机构改革，原延庆区食药监局并入新成立的北京市延庆区市场监督管理局。

一审法院认为，本案的争议焦点在于原延庆区食药监局作出的被诉处罚决定的处罚幅度是否得当。

乡土青面馆认为，其销售凉菜的行为违法所得数额只有 27 元，没有造成任何损害后果，且在查处后立刻停止违法行为并增加了"冷食类食品制售，限蔬果拼盘"的食品经营范围，故原延庆区食药监局作出 50 000 元的处罚金额过高，显失公平，违反了立法原意和立法本意。原延庆区食药监局认为其作出的处罚幅度符合法律规定，乡土青面馆作为入网餐饮服务提供者超过许可的经营项目范围从事制作凉菜并通过网络平台销售的行为为生产销售高风险食品、社会影响大的行为，符合从重处罚条件。但其违法销售货值金额在 10 000 元以下，且在被举报后积极配合调查取证并及时停止并纠正了违法行为，故根据《北京市食品药品监督管理局行政处罚自由裁量权适用规定（试行）》的相关规定，予以从轻处罚，处以没收违法所得 27 元并处 50 000 元罚款。

一审法院认为，涉案违法行为发生时，乡土青面馆的《餐饮服务许可证》显示"不含凉菜"，因此，乡土青面馆在美团外卖网销售凉菜的行为属于入网食品经营者超过许可的经营项目范围从事食品经营的行为。原延庆区食药监局综合考虑网络餐饮服务的特殊性、风险性、社会影响程度以及乡土青面馆违法所得数额、配合调查取证、积极改正违法行为等情节，根据从轻处罚原则，按照 2016 年《网络食品安全违法行为查处办法》第 16 条、第 38 条，2015 年《食品安全法》第 122 条第 1 款的规定，对乡土青面馆作出没收违法所得 27 元并处 50 000 元罚款的行政处罚决定，处罚幅度并无不当。原延庆区食药监局作出的被诉处罚决定认定事实证据充分，适用法律法规正确，符合法定程序，处罚幅度并无不当。据此，一审法院依照《行政诉讼法》第 69 条之规定，判决驳回乡土青面馆的诉讼请求。

乡土青面馆不服一审判决，向北京市第一中级人民法院提起上诉。

本案涉及的法律条款有：

2017 年《中华人民共和国行政处罚法》（以下简称《行政处罚法》）第 4 条第 2 款规定："设定和实施行政处罚必须以事实为依据，与违法行为的事实、性质、情节以及社会危害程度相当。"

2017 年《行政处罚法》第 5 条规定："实施行政处罚，纠正违法行为，应当坚持处罚与教育相结合，教育公民、法人或者其他组织自觉守法。"

2017 年《行政处罚法》第 27 条第 1 款规定："当事人有下列情形之一的，应当依法从轻或者减轻行政处罚：（1）主动消除或者减轻违法行为危害后果的；（2）受他人胁迫有违法行为的；（3）配合行政机关查处违法行为有立功表现的；（4）其他依法从轻或者减轻行政处罚的。"

2015 年《食品安全法》第 122 条第 1 款规定："违反本法规定，未取得食品生产经营许可从事食品生产经营活动，或者未取得食品添加剂生产许可从事食品添加剂生产活动的，由县级以上人民政府食品药品监督管理部门没收违法所得和违法生产经营的食品、食品添加剂以及用于违法生产经营的工具、设备、原料等物品；违法生产经营的食品、食品添加剂货值金额不足一万元的，并处五万元以上十万元以下罚款；货值金额一万元以上的，并处货值金额十倍以上二十倍以下罚款。"

2016 年《网络食品安全违法行为查处办法》第 3 条第 2 款规定："县级以上地方食品药品监督管理部门负责本行政区域内网络食品安全违法行为查处工作。"

2016 年《网络食品安全违法行为查处办法》第 16 条规定："入网食品生产经营者应当依法取得许可，入网食品生产者应当按照许可的类别范围销售食品，入网食品经营者应当按照许可的经营项目范围从事食品经营。法律、法规规定不需要取得食品生产经营许可的除外。取得食品生产许可的食品生产者，通过网络销售其生产的食品，不需要取得食品经营许可。取得食品经营许可的食品经营者通过网络销售其制作加工的食品，不需要取得食品生产许可。"

2016 年《网络食品安全违法行为查处办法》第 38 条规定："违反本办法第 16 条规定，入网食品生产经营者未依法取得食品生产经营许可的，或者入网食品生产者超过许可的类别范围销售食品、入网食品经营者超过许可的经营项目范围从事食品经营的，依照食品安全法第 122 条的规定处罚。"

【裁判要旨】

随着"互联网+"与传统行业的融合，平台经济在很多行业中迅速发展。

互联网平台中的外卖餐饮服务行业与传统餐饮服务行业一样，同样关系到公民生命财产的安全，关系到政府对公共服务领域的有序管理，应当在法律、法规的框架内依法、有序进行。对于此类问题形成的诉讼，法院应当坚持以事实为根据，以法律为准绳，结合涉案行为的社会危害性、行政处罚程序的正当性和行政处罚的比例原则等因素进行综合考量判断。行政处罚应遵循过罚相当原则，行政处罚所适用的处罚种类和处罚幅度要与违法行为的性质、情节及社会危害程度相适应。行政处罚兼具惩罚和教育的双重功能，通过处罚既应达到纠正违法行为的目的，也应起到教育违法者及其他公民自觉守法的作用。对违法行为施以适度的处罚，既能纠正违法行为，又能使违法者自我反省，同时还能教育其他公民自觉守法。如果处罚过度，则不但起不到教育的作用，反而会使被处罚者产生抵触心理，甚至采取各种手段拖延或抗拒执行处罚，无形中增加了行政机关的执法成本，也不利于树立行政处罚的公信力。

【裁判理由与论证】

北京市第一中级人民法院经二审，确认了一审法院所查明的事实，认定被诉处罚决定违反了过罚相当原则，适用变更判决，依法对罚款数额予以变更。

在判决理由部分，北京市第一中级人民法院对被诉处罚决定的法律适用问题作出回应。此外，还对本案焦点问题作出回应，即被诉处罚决定的处罚幅度是否适当。

一、被诉行政处罚决定的法律适用问题

（一）《行政处罚法》与《食品安全法》之间的关系问题

本案中，无论是一审法院还是二审法院都对被诉处罚行为的法律适用问题进行了审查。问题在于，二审法院不仅审查了原延庆区食药监局依据 2016年《网络食品安全违法行为查处办法》第 3 条、第 16 条决定对原告超越行政许可授权范围在互联网平台上进行外卖餐饮经营的行为予以处罚，并依据该办法第 38 条的规定，适用 2015 年《食品安全法》第 122 条第 1 款决定该处罚幅度的问题，还注意到了《食品安全法》与《行政处罚法》的关系问题，从而质疑该处罚决定是否"过罚相当"。正如二审法院所述："《行政处罚法》

是规范行政处罚的种类、设定及实施的基本法律，《食品安全法》是规范食品生产经营活动及其监督管理的基本法律。在处罚食品安全违法行为方面，二者之间是一般法与特别法的关系，即通常应优先适用《食品安全法》，但在《食品安全法》没有明确规定时，可以适用《行政处罚法》。"

由此，《行政处罚法》与《食品安全法》是一般法与特别法的关系，《食品安全法》在处罚食品安全违法行为时可以优先适用，但是在其没有明确规定时，应当适用《行政处罚法》。

（二）行政处罚行为应当遵循 2017 年《行政处罚法》第 4 条第 2 款

2017 年《行政处罚法》第 4 条第 2 款规定："设定和实施行政处罚必须以事实为依据，与违法行为的事实、性质、情节以及社会危害程度相当。"2017 年《行政处罚法》第 5 条规定："实施行政处罚，纠正违法行为，应当坚持处罚与教育相结合，教育公民、法人或者其他组织自觉守法。"这两条规定的是过罚相当原则。另据 2017 年《行政处罚法》第 27 条第 1 款规定："当事人有下列情形之一的，应当依法从轻或者减轻行政处罚：（1）主动消除或者减轻违法行为危害后果的；（2）受他人胁迫有违法行为的；（3）配合行政机关查处违法行为有立功表现的；（4）其他依法从轻或者减轻行政处罚的。"其中，"从轻处罚"是指在法定幅度内选择较低限度予以处罚，"减轻处罚"是指在法定幅度最低限以下予以处罚。

据此，行政机关的行政处罚行为，无论适用的是 2015 年《食品安全法》，还是其他法律法规，都必须遵循 2017 年《行政处罚法》第 4 条第 2 款规定的过罚相当原则，即行政处罚所适用的处罚种类和处罚幅度要与违法行为的性质、情节及社会危害程度相适应。

二、被诉处罚行为之处罚幅度是否适当的问题

互联网平台中的外卖餐饮服务行业与传统餐饮服务行业一样，同样关系到公民生命财产的安全，关系到政府对公共服务领域的有序管理，应当在法律、法规的框架内依法、有序进行。但是在本案中，二审法院结合涉案行为的社会危害性、行政处罚的过罚相当原则问题，认为：首先，涉案行为的实际社会危害性较小，"上诉人销售超过许可事项的凉菜仅有 27 元，未造成任

何实际危害后果"；其次，上诉人"在立案查处后立刻停止违法行为"，将平台上相关涉案菜品下架；最后，上诉人在行政处罚决定最终作出前，主动重新办理了《食品经营许可证》，增加了"冷食类食品制售，限蔬果拼盘"的食品经营范围。因此，"依据《行政处罚法》第 27 条第 1 款第 4 项的规定，应当予以减轻处罚。若依据食品安全法对上诉人处以五万元罚款，在处罚幅度上存在明显不当"。

综上，二审法院根据《行政诉讼法》第 77 条第 1 款之规定，适用变更判决，将罚款数额变更为 1 万元。

【涉及的重要理论问题】

一、不同法律规范之间的关系

（一）问题的提出

在本案中，行政机关依据 2016 年《网络食品安全违法行为查处办法》第 3 条、第 16 条决定对原告超越行政许可授权范围在互联网平台上进行外卖餐饮经营的行为予以处罚，并依据该办法第 38 条的规定，适用 2015 年《食品安全法》第 122 条第 1 款决定该处罚幅度。一审法院对该法律适用的合法性与合理性持肯定态度。而二审法院更加关注《食品安全法》与《行政处罚法》之间的关系问题，从而认定该处罚决定违背了 2017 年《行政处罚法》第 4 条第 2 款，第 27 条第 1 款之规定，对该处罚行为的"过罚相当性"提出质疑。

引出的问题在于，如何看待调整食品安全管理的特别法律规范，同作为一般法律规范的《行政处罚法》之间的关系。

（二）相关学说和判例整理

对特别法和一般法关系的论述，可以追溯到罗马法时代所编纂的《民法大全》中的论述，当时即认为在法律领域，特别应优于一般，任何与特别相关的被认为是最重要的。[1]

---

〔1〕 Anja Lindroos, "Addressing Norm Conflicts in a Fragmented Legal System: The Doctrine of Lex Specialis", 74 *Nordic J. Int'L*, 27, 35 (2005).

"特别法优先于一般法适用，当特别法中没有规定时则运用一般法"的原理，被视为法律解释过程中广为接受的箴言，是法律人在解释和适用法律的实际过程中，所发展出的解决规范冲突的重要技术。[1]其隐含的理念在于，为针对特定事项加以规制的法律规范，赋予更多的权重。这是因为特别规则更具体地考虑事件的特定细节以及当事人的特定状况，规定会更加具体、精确、切合实际。但是由于人类对客观世界认识的局限性，以及法律条文自身的弊端，越是具体的规则越是无法囊括变化万千的客观世界，无法用于解决全部纠纷，由此需要一般法发挥对特别法的"兜底作用"，在特别法没有规定时，适用一般法，一般法构成了对特别法的补充。"特别法"和"一般法"是相对的概念，先有"一般法"的存在，才有存在特别法的可能；如无一般法的存在，即使存在针对单一事项的单行立法，也无法称其为"特别法"。[2]

《中华人民共和国立法法》（以下简称《立法法》）第 92 条规定，"同一机关制定的法律、行政法规、地方性法规、自治条例和单行条例、规章，特别规定与一般规定不一致的，适用特别规定"。一般来说，适用于一般事项的法律是一般法，仅适用于特别事项的法律是特别法。这涉及对"一般事项"和"特别事项"的判断，在现实中这可能是非常复杂的。或可根据法律所调整的空间、主体或事项，来对特别法和一般法加以区别。[3]

就特别法与一般法的关系而言，在《最高人民法院公报》2001 年第 1 期公布的"宏隆实业有限公司与上海铁路分局何家湾站等铁路运输合同逾期货损索赔纠纷再审案"中，最高人民法院在明确铁路企业存在过错，应当承担违约责任的前提下，判决其按照《中华人民共和国铁路法》（以下简称《铁路法》）和《铁路货物运输合同实施细则》承担相应的责任，而没有援引《中华人民共和国民法通则》（以下简称《民法通则》）的规定。在《最高人

---

〔1〕 Anja Lindroos, "Addressing Norm Conflicts in a Fragmented Legal System: The Doctrine of Lex Specialis", 74 *Nordic J. Int'L*, 27, 36（2005）; Nancie Prud'homme, "Lex Specialis: Oversimplieying a More Complex and Multifaceted Relationship?", 40 *Isr. L. Rev.* 355, 367（2007）.

〔2〕 宋华琳："当场行政处罚中的证明标准及法律适用——'廖宗荣诉重庆市公安局交通管理局第二支队道路交通管理行政处罚决定案'评析"，载《交大法学》2010 年第 1 期。

〔3〕 汪全胜："'特别法'与'一般法'之关系及适用问题探讨"，载《法律科学·西北政法学院学报》2006 年第 6 期。

民法院公报》2003 年第 5 期公布的"韩国 SEKWANG 船务公司申请设立海事赔偿责任限制基金案"中，判称"海事诉讼法是规范我国领域内海事诉讼的特别程序法，海商法是调整海上运输关系和船舶关系的特别法，上述法律中有关海事赔偿责任限制基金的规定应适用于本案"。通过以上两个案例，或可看出，法院通过对不同法律规范所调整的主体，所规范的行为，来对特别规定和一般规定加以区别。

同时，《立法法》规定的特别法优于一般法的原则，适用于"同一机关制定的"法律规范。这引出的问题是，全国人民代表大会常委会制定的特别法，是否可以优越于全国人民代表大会制定的一般法。因为根据《中华人民共和国宪法》（以下简称《宪法》）第 62 条第 3 项的规定，全国人民代表大会制定和修改刑事、民事、国家机构的和其他的基本法律；根据《宪法》第 67 条第 2 项的规定，全国人民代表大会常务委员会制定和修改除应当由全国人民代表大会制定的法律以外的其他法律。但从前段提及的两个判决看，涉及具体事项的规定时，优先适用的是全国人民代表大会常务委员会制定的《铁路法》，而非全国人民代表大会制定的《民法通则》；优先适用的是全国人民代表大会常务委员会制定的《中华人民共和国海事诉讼特别程序法》，而非全国人民代表大会制定的《民事诉讼法》。因此，全国人民代表大会制定的法律并不能天然地优越于全国人民代表大会常务委员会制定的法律，而是应根据法律规范的具体内容来判断何为"特别"，何为"一般"。

（三）本案中的相关问题

《行政处罚法》是由中华人民共和国第八届全国人民代表大会第四次会议于 1996 年 3 月 17 日通过的法律，1996 年《行政处罚法》第 2 条规定"行政处罚的设定和实施，适用本法"，1996 年《行政处罚法》第 64 条规定"本法公布前制定的法规和规章关于行政处罚的规定与本法不符合的，应当自本法公布之日起，依照本法规定予以修订，在 1997 年 12 月 31 日前修订完毕"。这意味着在此之前的法规和规章应根据 1996 年《行政处罚法》予以修订，但需要强调的是，对于之前颁布法律的规定与 1996 年《行政处罚法》规定不一致的情况，并未给出明确的处理方案。

而且，1996 年《行政处罚法》颁布之后，仍存在着以单行立法规范某特定领域行政处罚的可能性。在 1996 年之后颁布的法律中，仍有相当多的法律设定了行政处罚。例如 2005 年 8 月 28 日颁布的《中华人民共和国治安管理处罚法》（以下简称《治安管理处罚法》）第 3 条规定："治安管理处罚的程序，适用本法的规定；本法没有规定的，适用《中华人民共和国行政处罚法》的有关规定。"同时 2005 年《治安管理处罚法》还对简易程序的适用范围作出了不同于 1996 年《行政处罚法》的规定，在罚款中不再区分自然人和法人，统一规定为 200 元以下，还取消了被处罚人的异议程序。关于二者之间的关系到底应该如何确定的问题，一般认为，应当运用法律解释的方法，进而合理运用"一般法与特别法之关系"的法律原理进行个案判断。[1]

与之类似，本案涉及的是食品安全管理法律、法规和规章的适用。在本案中，法官直接认定《食品安全法》和《行政处罚法》"在处罚食品安全违法行为方面，二者之间是一般法与特别法的关系"。

法官的推理要点首先在于：以事项作为区分"一般法"和"特别法"的标准。法官在判决中所述："《行政处罚法》是规范行政处罚的种类、设定及实施的基本法律，食品安全法是规范食品生产经营活动及其监督管理的基本法律。"法官以此来说明，《食品安全法》是处理食品安全管理问题的专门性法律，相对于《行政处罚法》而言，《食品安全法》是调整食品安全管理秩序问题的特别法，应居于优先地位。在此需要补白的是，尽管《食品安全法》是全国人民代表大会常务委员会制定的基本法律，但是在我国立法机关和司法机关看来，在涉及具体事项时，仍可以优先适用全国人民代表大会常务委员会制定的法律。

法官的第二层推理在于：未将"特别法"范围局限于狭义的法律规范，而是将其拓展到相关的行政法规和规章。法官在判决中援引了 2016 年《网络食品安全违法行为查处办法》第 16 条、第 38 条的规定，在处罚时限问题中还援引了《北京市食品药品监督行政处罚程序规定实施细则》第 13 条的规定。因此，对于违反食品安全管理秩序的违法行为的处理，应当适用以上部门规章和地方政府规章，相对于《行政处罚法》而言，它们都是"特别法"。

---

〔1〕 参见宋华琳："当场行政处罚中的证明标准及法律适用——'廖宗荣诉重庆市公安局交通管理局第二支队道路交通管理行政处罚决定案'评析"，载《交大法学》2010 年第 1 期。

法律人在解释法律时，除了应用文义解释和逻辑解释的方法之外，还可能应用到目的解释方法和社会学解释方法。在本案中，法官的第三层推理，可在某种意义上视为是对目的解释方法和社会学解释方法的适用。

其一，通过对立法目的的探求，探求法律究竟想保护或者实现何种价值或利益，由此可以消除法律关系中存在的内在价值矛盾。法官强调："行政处罚兼具惩罚和教育的双重功能，通过处罚既应达到纠正违法行为的目的，也应起到教育违法者及其他公民自觉守法的作用。对违法行为施以适度的处罚，既能纠正违法行为，又能使违法者自我反省，同时还能教育其他公民自觉守法。"由此法官认为，行政处罚的目的具有双重性，即惩罚和教育，二者不可偏废。其隐含的判断是，行政处罚的实施必须能够同时实现这两种功能，如果因为过度重视惩罚功能，而导致教育功能无法实现，则可以说该处罚行为未能发挥其应有的功能，或者至少说其未能完全发挥，这不符合行政处罚的目的。

其二，社会学解释方法往往求助于逻辑、历史与道德习俗，借助政治学、经济学、哲学乃至自然科学的知识，考虑社会当下的需求，对不同的目的和利益进行衡量，预测判决可能带来怎样的社会效果。[1]法官强调，"如果处罚过度，则非但起不到教育的作用，反而会使被处罚者产生抵触心理，甚至采取各种手段拖延或抗拒执行处罚，无形中增加了行政机关的执法成本，也不利于树立行政处罚的公信力"。法官在此进行法律思维作业时，还导入了法律条文之外的社会学内容，从行政机关的角度论述对行政执法资源，执法成本与收益进行衡量，从社会效应的角度考量该处罚行为对行政机关执法的社会公信力的影响，由此对适用不同法律规范所带来的后果进行利益衡量，从而进一步强化了应适用作为一般法的《行政处罚法》，而非作为特别法的《食品安全法》以及有关规章的主张。

二、比例原则与行政处罚的过罚相当原则

（一）问题的提出

自 1988 年第一次进入中国公法学者的视野之后，比例原则备受中国学者

---

〔1〕 参见梁慧星：《民法解释学》，中国政法大学出版社 2000 年版，第 232~238 页。

青睐。尤其是 2000 年至今，比例原则被认为是行政法的基本原则之一。但我们同时也注意到，1996 年《行政处罚法》第 4 条第 2 款规定："设定和实施行政处罚必须以事实为依据，与违法行为的事实、性质、情节以及社会危害程度相当。"立法者将之称为"过罚相当原则"，这一条款是该原则在我国法律的具体表述。[1]

本案中，二审法院引用 1996 年《行政处罚法》第 4 条第 2 款并将其严格界定为"过罚相当原则"，表面上似乎并没有提及比例原则。但是在分析过程中，"未造成任何实际危害后果"，"在立案查处后立刻停止违法行为"的表述，似乎又出现了比例原则中"均衡性原则"（又称"狭义的比例原则"）的影子。而目前我国的立法、司法判例以及学说中对二者关系的认识并不清晰。[2]因此，有必要厘清的是，作为行政法基本原则的比例原则和作为《行政处罚法》法定原则的过罚相当原则，其关系究竟如何呢？

（二）二者的关系

1. 比例原则

我国的比例原则源于对德国比例原则的引介。2000 年，在"黑龙江哈尔滨市规划局诉黑龙江汇丰实业发展有限公司行政处罚纠纷案"[3]中，我国法院第一次完整地适用比例原则的三阶理论进行裁判。法院在行政判决书中写道："规划局所作的处罚决定应针对影响的程度，责令汇丰公司采取相应的措施，既要保证行政管理目标的实现，又要兼顾保护相对人的权益，应以达到行政执法目的和目标为限，尽可能使相对人的权益遭受最小的侵害。"2010 年，在《中国行政审判指导案例》（第 1 卷）对"陈宁诉辽宁省庄河市公安局不予行政赔偿决定案"的评析中，第一次对比例原则作了官方的界定。该评析认为，比例原则的含义是"行政主体实施行政行为应当兼顾行政目标的实现和保护相对人的权益，如果行政目标的实现可能对相对人的权益造成不利影响，则这种不利影响应被限制在尽可能小的范围之内，二者应当有适当

---

〔1〕 全国人大常委会法制工作委员会国家法、行政法室编著：《〈中华人民共和国行政处罚法〉释义》，法律出版社 1996 年版，第 8~9 页。

〔2〕 杨登峰、李晴："行政处罚中比例原则与过罚相当原则的关系之辨"，载《交大法学》2017 年第 4 期。

〔3〕 最高人民法院 1999 行终字第 20 号行政判决书。

的比例"。[1]

比例原则在内容上包括妥当性原则、必要性原则和均衡性原则。妥当性原则，又称适当性或者适合性原则，即"所采取的手段必须能够实现行政目的或者至少有助于行政目的的达成"。必要性原则，又称最少侵害原则或不可替代性原则，即"在有多种能够同样达成行政目的的手段可供选择时，行政主体应选择采取对相对人权益损害最小的手段"。这里实际包含两层意思：其一，存在多个能够实现法律目的的行为方式，否则必要性原则将没有适用的余地；其二，在能够实现法律目的的诸方式中，选择对公民权利侵害最轻的一种。均衡性原则，又称狭义比例原则，指"行政主体所采取的为达成行政目的所必要的手段，不能给相对人权益带来超过行政目的之价值的侵害"。[2]

2. 过罚相当原则

过罚相当原则起源于刑法的罪刑相适应原则。1996 年《行政处罚法》第 4 条第 2 款明确了过罚相当原则的含义，即"设定和实施行政处罚必须以事实为依据，与违法行为的事实、性质、情节以及社会危害程度相当"。根据当时的立法资料，诚如立法机关的解释，"'过罚相当'原则是刑法理论在行政处罚中的应用"。"行政处罚的'过罚相当'原则，与刑罚中的'罪罚相当'原则，精神实质是一致的。"[3]

过罚相当是行政处罚设定需要遵守的法定原则。《行政处罚法》规定了行政处罚的设定内容需要遵循过罚相当原则，这是由行政处罚的性质和行政处罚权的设置共同决定的。一方面，行政处罚兼具处罚和教育的功能，必须根据违法行为的事实、性质、情节等因素方能同时起到处罚和教育的功能。另一方面，行政处罚权的设置是分散多层次的，只有设定统一的实体标准，方能保证行政处罚设定权合法、有效、一致地行使。为了保证行政处罚从一开始制定时就能够体现行政处罚这一手段的目的，设定行政处罚也必须遵守过罚相当的原则。

---

〔1〕 中华人民共和国最高人民法院行政审判庭编：《中国行政审判指导案例》（第 1 卷），中国法制出版社 2010 年版，第 96 页。

〔2〕 张树义主编：《行政法学》，北京大学出版社 2015 年版，第 33~34 页。

〔3〕 张春生主编：《中华人民共和国行政处罚法释解》，中国社会出版社 1996 年版，第 7 页。

　　过罚相当原则是实施行政处罚应遵循的原则。全国人民代表大会常务委员会在讨论过罚相当原则主要适用行政处罚的实施方面时提到了两点理由，一是我国的法律在规定行政处罚的幅度中就有一定的范围，二是行政机关在实施行政处罚时也有一定的自由裁量权。[1]过罚相当原则是行政处罚实施需要遵循的原则，取决于行政处罚决定无时无刻不存在裁量的可能性。过罚相当原则适用于处罚裁量行为，而非处罚羁束行为。羁束行政行为只发生违法与否的问题，只受行政合法性原则的约束。而对于处罚裁量行为，裁量并非绝对自由，而应当加以约束，至少应当受法的宗旨和目的的约束。这是为了能够根据违法行为的事实、性质、情节和社会危害程度等，确定相对应的处罚种类和幅度，从而能够避免因处罚畸轻导致的无法达到惩戒违法行为人的目的和因处罚畸重导致的给相对人负担过重的后果。因此，过罚相当原则对于约束处罚裁量行为是必要的。

　　需要强调的是，过罚相当原则本身无法提供相当性的判断标准。根据2017年《行政处罚法》第4条第2款的规定，过罚相当原则用于平衡违法行为与处罚行为之间的种类与幅度的关系。在判断处罚实体裁量时，过罚相当原则却仅列举了行政处罚的考量因素，即"违法行为的事实、性质、情节以及社会危害程度"，但并未明确"相当"的判断标准，这导致司法实践中对过罚相当性缺乏分析。如本案中，一审法院认定，"原延庆区食药监局综合考虑网络餐饮服务的特殊性、风险性、社会影响程度以及乡土青面馆违法所得数额、配合调查取证、积极改正违法行为等情节……处50 000元罚款的行政处罚决定，处罚幅度并无不当"。而二审法院却依据过罚相当原则作出完全相反的判断。换言之，过罚相当原则本身缺少明确的判断标准。从缘起上看，过罚相当原则借鉴于刑法的罪刑相适应原则。但是，这一渊源关系仍然不能为过罚相当原则提供有价值的判断线索。这是因为，"罪罚相当"原则自身也是没有明确的判断标准的。[2]这就直接导致过罚相当原则缺乏明确的分析工具和标准。

---

　　〔1〕　参见全国人大常委会法制工作委员会国家法、行政法室编著：《〈中华人民共和国行政处罚法〉释义》，法律出版社1996年版，第9页。
　　〔2〕　参见陈兴良：《规范刑法学》，中国人民大学出版社2013年版，第20～21页。

3. 二者关系

笔者赞同的观点是，比例原则是过罚相当原则在实体裁量中的判断标准。[1]

在价值层面，比例原则最终指向法律规范的所属价值。"比例原则源于法治国原则，它是基于基本权利自身本质的需要，作为表述公民对抗国家的一般自由诉求的基本权利，只有当为了保护公共利益时，才能被公权力合比例地予以限制"。[2]这意味着比例原则的产生本身就在于平衡公共利益和基本权利两种基本价值。比例原则审查的关键在于均衡性审查，也即此手段所损害的相对人利益与此手段所要达到的目的（即所保护的公共利益）是否均衡，而均衡性审查的实质就是价值衡量。因此，无论从比例原则的起源还是比例原则的内部结构上看，比例原则最终均指向价值衡量，总是把公民基本权利限制的正当性作为一个重要的判断指数。因此，比例原则是基于价值衡量的一种具有相对成熟操作方法的规则性原则。这正好可以弥补过罚相当原则的不足。从价值层面讲，过罚相当原则是对违法行为和行政处罚行为的相当性判断，而这种判断的背后实为违法行为者的私人权利和行政处罚行为所保障的公共利益之间的衡量，也是价值衡量的过程。

在规范和技术层面，比例原则既是逻辑完整的规则性原则，也是一种正当性的衡量方法。法律规范包含法律原则和法律规则。正如拉伦茨所言，比例原则属于规则性原则。[3]一般认为，比例原则包含妥当性、必要性和均衡性三个子原则，这也是比例原则的三个构成要件，即若某行政措施同时符合三个子原则，那么该手段便符合比例原则，具有正当性和合理性。因此，比例原则是一个包含构成要件和法律效果的规则性原则，对于行政行为更具有指导性。比例原则最基础的功能在于为手段的选择提供技术性方法。面临两种手段时，适用者应作出决断，选择何种手段，则需要方法支持，而比例原则就为手段的选择提供了论证方法。也就是说一个行政措施只有证明手段的

---

[1] 参见杨登峰、李晴："行政处罚中比例原则与过罚相当原则的关系之辨"，载《交大法学》2017年第4期。

[2] ［德］安德烈亚斯·冯·阿尔诺："欧洲基本权利保护的理论与方法——以比例原则为例"，刘权译，载《比较法研究》2014年第1期。

[3] ［德］卡尔·拉伦茨：《法学方法论》，陈爱娥译，商务印书馆2003年版，第348页。

妥当性、必要性以及均衡性，只有经过这三个过程，才具有正当性，缺一不可。这就说明，比例原则对于衡量行政措施或手段的正当性更具有操作性。因此，既然比例原则作为规则性原则，同时拥有整套的判断方法，便可运用比例原则进行过罚相当性判断，以弥补过罚相当原则判断方法的不足。具体而言，在进行妥当性和必要性判断时，应首先考量2017年《行政处罚法》第4条第2款规定的"违法行为的事实、性质、情节以及社会危害程度"，并基于以上要素的考量选取能够实现法律目的的行政处罚行为，然后在多种能实现法律目的的措施中，选择对当事人损害最小的措施。在进行均衡性判断时，主要衡量处罚行为所侵害的相对人权益与所维护的公共利益是否平衡，如果得失相当或者得大于失，则为均衡；否则则为不均衡。若所实施的行政处罚同时满足上面三个方面，即为过罚相当；反之，则为过罚不当。如能这样，便可使行政处罚因地而异，因人而异，但又不失公正合理。

（三）本案推理

本案中，法官表面强调引用的是《行政处罚法》中的过罚相当原则，实质在判断过程中遵循的是比例原则的"三步法"。即对被诉处罚行为，先后从妥当性、必要性和均衡性三个方面进行审查。

法官的推理要点首先在于：在妥当性方面，主要针对行政手段与行政目的之间的客观联系进行考察，要求实现目的的手段必须适合于达成行政目的。法官首先论述我国实行食品安全监管制度的目的，"食品安全关系国计民生，国家实行严格的食品安全监管制度，其目的在于保障公众的身体健康和生命安全，维护社会稳定"。其次，法官明确了原延庆区食药监局作为延庆区食品安全监督管理部门，对投诉人反映的上诉人超过行政许可范围从事网络食品经营的行为及时进行查处的行政行为，其所要实现的目的正是维护食品安全监管秩序，保护公众的身体健康和生命安全，维护社会稳定。因此，法院认定，行政机关的该行为"履行了其法定职责，本院对此予以肯定"。由此可知，行政机关的该行政行为是符合妥当性的。

法官在第二层推理中，注意到了必要性审查适用的前提，即"必须存在多种能实现该行政目的的方式和手段"，也就是说，如果行政机关别无选择，则不存在适用该原则的问题。本案中，法官首先认定"上诉人实施了超过许可的经营范围从事网络食品经营的行为"，并且"双方当事人对此均不持异议"。由此法官的推理是，行政机关对于行政相对人违法行为的事实、情节认定清楚，行为性质定性正确。依据职权法定原则，在事实的基础上，行政机关依法适用2016年《网络食品安全违法行为查处办法》第16条、第38条的规定，"依照2015年《食品安全法》第122条的规定处罚"。而2015年《食品安全法》第122条第1款规定，"违反本法规定，未取得食品生产经营许可从事食品生产经营活动，或者未取得食品添加剂生产许可从事食品添加剂生产活动的，由县级以上人民政府食品药品监督管理部门没收违法所得和违法生产经营的食品、食品添加剂以及用于违法生产经营的工具、设备、原料等物品；违法生产经营的食品、食品添加剂货值金额不足一万元的，并处五万元以上十万元以下罚款；货值金额一万元以上的，并处货值金额十倍以上二十倍以下罚款"。由此可知，行政机关依据法律规定，并不存在实现行政目的的多种方式和手段，故必要性审查无法适用。

针对均衡性的审查，要求行政手段对相对人权益的损害必须小于该行政目的所实现的社会公共利益，不能超过这一限度。行政机关在采取行政措施时，不能为了一个较小的公共利益去损害较大的公民权益。法官在第三层推理中强调："上诉人销售超过许可事项的凉菜仅有27元，未造成任何实际危害后果，且在立案查处后立刻停止违法行为，依据《行政处罚法》第27条第1款第4项的规定，应当予以减轻处罚。若依据《食品安全法》对上诉人处以五万元罚款，在处罚幅度上存在明显不当。"法官首先认定，相对人超越许可事项销售仅27元凉菜的行为所损害的社会公共利益是较小的，相对人的违法行为虽然违背了食品安全管理秩序，但是不能当然认定该行为就对社会公共利益造成了实际损害。事实上该行为仅使得社会公共利益存在风险和隐患，并未造成任何实际上的危害后果。其次认为，相对人在立案查处后立刻停止了违法行为，主动地消除了该风险和隐患。由此可以认为，在本案中，行政机关实施处罚行为所保护的社会公共利益是较小的，该社会公共利益并无实际损害，仅存在风险和隐患。接下来法官暗含的推论在于，基于生活经验和逻辑常识可知，依据2015年《食品安全法》对相对人处以50 000元罚款，这对一个个体户而言，所造成的损失既是实际的，也是很大的。最后，经比较二者，法官认定，由于处罚行为对相对人造成的损失明显大于该行为所要保护的社会公共利益，若依据 2015 年《食品安全法》对上诉人处以 50 000 元罚款，在处罚幅度上存在明显不当。最终，二审法院作出变更判决。

【后续影响及借鉴意义】

本案是北京市第一中级人民法院的二审判决，属于变更判决。在本案中，二审法官不仅进行了充分地说理和论证，还借助多重解释方法，以期尽可能实现裁判的实体正义，并将裁判结果的社会效应最大化。在判决中，法官严格运用"过罚相当原则"的概念对行政机关的处罚裁量幅度予以审查，但实际操作上却运用的是比例原则。这也引出了一个无论是在理论界还是实务界都不得不回应的问题，过罚相当原则与比例原则的关系究竟为何，如何解决过罚相当原则实际操作标准不清的问题。其实法官在说理过程中已经给出了很好的答案。笔者认为，本案的启示包括以下几个方面。

首先，本案中，法官借助社会学解释和目的解释的方法，经过法官的层层说理和论证，最终适用了通常应优先适用特别法，但在特别法没有明确规定时，可以适用一般法的原理，来处理食品安全管理法律、法规、规章和《行政处罚法》的关系。这启示我们，法官在具体个案裁判说理中，应当学会运用不同的解释方法进行说理论证，并学会衡量不同解释方法为裁判结果带来的不同影响。有必要时甚至可以运用多种解释方法。这也证明法官对于多种解释方法的运用并不必然相互冲突和排斥。充分的解释和说理，既能够促进裁判结果公平公正，也可以形成裁判结果积极的社会效应。

其次，本案对于进一步思考如何针对所规范的事项来认定"特别法"和"一般法"的关系，思考全国人民代表大会常务委员会颁布的特别法同全国人民代表大会颁布的一般法的关系，都具有启示意义。第一，应当以事项作为区分"一般法"和"特别法"的标准。第二，尽管某些基本法律是由全国人民代表大会常务委员会制定的，但是在我国立法机关和司法机关看来，在涉及具体事项时，全国人民代表大会常务委员会制定的法律仍然属于"原则上优先适用"的特别法，在特别法没有规定时，才会适用一般法。第三，"特别法"的范围不应该局限于狭义的法律规范，在司法实践中，应将其拓展到相关的行政法规和规章。

最后，本案提醒我们，应当注意比例原则和过罚相当原则之间的区别和联系。比例原则是制约行政裁量的统一基准。过罚相当原则是《行政处罚法》的法定原则。过罚相当原则本身缺乏相当性的判断标准。相反，比例原则具有价值的统一性、规范构造的规则化和分析方法的明确性等优点。这使得比例原则在行政处罚实体裁量中可以成为过罚相当性的分析工具，从而成为过罚相当性的判断标准之一。无论是在立法、司法，还是在学术讨论中，有关比例原则与过罚相当原则之间关系的问题，都具有提示性作用，甚至可以称为司法实践中法官运用过罚相当原则时，如何解决具体操作难题的"标杆"。

二 行政协议

行政协议的界定及相对人不履行协议时行政机关的救济
——大英县永佳纸业有限公司诉四川省大英县人民政府不履行行政协议案

张学府 *

【案例名称】

大英县永佳纸业有限公司诉四川省大英县人民政府不履行行政协议案[最高人民法院（2017）最高法行申 195 号]

【关键词】

行政协议　行政协议非诉执行　行政协议诉讼被告

【基本案情】

2013 年 7 月 10 日，中共四川省遂宁市大英县委为实现节能减排目标，出台中共大英县委第 23 期《关于研究永佳纸业处置方案会议纪要》（以下简称《会议纪要》），决定对大英县永佳纸业有限公司（以下简称永佳公司）进行关停征收。

2013 年 9 月 6 日，经永佳公司与大英县回马镇人民政府（以下简称回马镇政府）多次协商，并报请四川省大英县人民政府（以下简称大英县政府）同意，双方分别作为甲方、乙方，达成并签订了《大英县永佳纸业有限公司

* 张学府，中国政法大学法学院行政法学专业 2019 级博士研究生。

资产转让协议书》（以下简称《资产转让协议书》）。

《资产转让协议书》首部内容为：根据国家产业发展要求，淘汰高耗能、高污染产业，实现节能减排的目标，依照市、县的有关要求（大英县委〔2013〕23 期会议纪要），甲方自愿关闭公司、退出造纸产业，甲方将公司土地、房屋（构筑物）等资产在清算后转让给乙方。为此，经甲、乙双方协商一致，双方自愿签订本协议。

《资产转让协议书》主文的主要内容为：

"一、甲方于 2013 年 8 月 10 日前主动关闭、退出造纸产业的活动；按照《公司法》相关规定，对公司的资产、债权、债务等进行清算；申请注销相关证照，将公司土地、房屋（构筑物）等资产转让给乙方，由乙方处置。

二、转让费（含土地、房屋、构筑物等）人民币 1217 万元，分别于 2013 年 8 月 10 日前由乙方支付给甲方 100 万元，其余差额在 2014 年 2 月 10 日前由乙方在回马镇土地出让收益中进行支付。如不能按约支付，按月息 1 分 5 计息，由乙方按月支付；甲方应维持保护所属房屋不得损坏；甲方应保证土地、房产与第三方无任何纠纷（若甲方用土地、房产抵押贷款，乙方有权用转让费代为清偿，不足部分由甲方承担清偿）；甲方于 2013 年 10 月 10 日前将《国有土地使用权证》和《房屋所有权证》申请相关部门过户于乙方回马镇政府名下（土地、房屋面积应按评估机构的《资产评估报告书》面积认定），由此产生的税费由乙方承担；甲方于 2013 年 8 月 10 日前将企业的相关资料（国有土地使用证、房屋所有权证、清算报告等）移交给乙方；甲方应于 2013 年 8 月 10 日前向政府相关部门申请依法注销各类证、照。若不能办理土地房屋过户，乙方扣转让费 100 万元作为土地款，用于办理过户手续。

三、甲方承担 2013 年 8 月 10 日前公司的民事、行政、刑事责任；甲方务必于 2013 年 8 月 10 日前清偿拖欠工人工资、拖欠税款及其他债务；若甲方没有按时清偿债务，乙方有权用转让费代为清偿。2013 年 8 月 10 日前的债权由甲方主张。

四、甲方于 2013 年 8 月 10 日前主动从公司撤出管理人员，将资产交乙方行使管理权。甲方若逾期没有撤出管理人员、关闭企业，乙方将强制依法关闭，由此造成的损失由甲方承担。

五、乙方如何处置永佳公司资产，甲方无权干涉。

六、以上协议双方共同遵守，如有违反，违约方支付 300 万元违约金。

七、其他未尽事宜，双方协商解决。协议经甲、乙双方签字生效；协议一式六份，甲、乙双方各持一份，相关部门存查。"

在协议的履行过程中，永佳公司没有按照约定于 2013 年 10 月 10 日前将土地使用权证和房屋所有权证过户登记到回马镇政府名下，公司资产也是在 2014 年 1 月 13 日才移交；同时，大英县政府和回马镇政府亦没有按照协议的约定在 2014 年 2 月 10 日前支付全部款项，至原告起诉时，大英县政府已经通过回马镇政府、大英县财政局等途径共支付永佳公司 322.4 万元，尚有 894.6 万元没有支付。经查，永佳公司使用的土地曾多次流转，故而过户困难。

永佳公司向四川省遂宁市中级人民法院提起行政诉讼，请求判令大英县政府、回马镇政府支付永佳公司转让费人民币 894.6 万元及利息。在一审庭审过程中，永佳公司当庭增加诉讼请求，要求大英县政府、回马镇政府按协议赔付违约金；此外，永佳公司明确表示不再办理有关土地和房屋的过户登记手续，为此，愿意按照协议的约定在转让费中扣除 100 万元作为大英县政府、回马镇政府自行办理相关手续的费用。

四川省遂宁市中级人民法院经审理后，依照《行政诉讼法》第 73 条、第 78 条第 1 款以及最高人民法院《关于适用〈中华人民共和国行政诉讼法〉若干问题的解释》[以下简称《适用解释》（2015）]〔1〕第 11 条、第 14 条、第 15 条第 1 款、第 16 条的规定，判决如下：（1）永佳公司与回马镇政府于 2013 年 9 月 6 日签订的《资产转让协议书》合法有效，双方应当履行；协议中有关回马镇政府的权利和义务，由大英县政府享有和承担。（2）大英县政府应当给付尚欠永佳公司的征收补偿费用人民币 794.6 万元及资金利息，限自本判决生效之日起 10 日内付清。（3）驳回永佳公司的其他诉讼请求。案件受理费人民币 74 380 元，由大英县政府承担。

大英县政府提起上诉，四川省高级人民法院经审理认为，一审法院根据查明的案件事实及《资产转让协议书》的约定作出的三项判决内容，认定事实清楚，适用法律正确，大英县政府要求撤销一审判决的上诉理由均不成立，

---

〔1〕《适用解释》（2015）现已失效，但在本案审理过程中有效，因此也列举在此，此后讨论中涉及该解释也是出于此原因。

二审法院不予支持。故判决驳回上诉，维持原判。

大英县政府不服，向最高人民法院申请再审。最高人民法院经审查裁定驳回大英县政府的再审申请。

本案涉及的法律规范条款有：

《行政诉讼法》第73条规定："人民法院经过审理，查明被告依法负有给付义务的，判决被告履行给付义务。"

《行政诉讼法》第78条第1款规定："被告不依法履行、未按照约定履行或者违法变更、解除本法第12条第1款第11项规定的协议的，人民法院判决被告承担继续履行、采取补救措施或者赔偿损失等责任。"

《适用解释》（2015）第11条规定："行政机关为实现公共利益或者行政管理目标，在法定职责范围内，与公民、法人或者其他组织协商订立的具有行政法上权利义务内容的协议，属于行政诉讼法第12条第1款第11项规定的行政协议。公民、法人或者其他组织就下列行政协议提起行政诉讼的，人民法院应当依法受理：（1）政府特许经营协议；（2）土地、房屋等征收征用补偿协议；（3）其他行政协议。"

《适用解释》（2015）第14条规定："人民法院审查行政机关是否依法履行、按照约定履行协议或者单方变更、解除协议是否合法，在适用行政法律规范的同时，可以适用不违反行政法和行政诉讼法强制性规定的民事法律规范。"

《适用解释》（2015）第15条第1款规定："原告主张被告不依法履行、未按照约定履行协议或者单方变更、解除协议违法，理由成立的，人民法院可以根据原告的诉讼请求判决确认协议有效、判决被告继续履行协议，并明确继续履行的具体内容；被告无法继续履行或者继续履行已无实际意义的，判决被告采取相应的补救措施；给原告造成损失的，判决被告予以赔偿。"

《适用解释》（2015）第16条规定："对行政机关不依法履行、未按照约定履行协议提起诉讼的，诉讼费用准用民事案件交纳标准；对行政机关单方变更、解除协议等行为提起诉讼的，诉讼费用适用行政案件交纳标准。"

【裁判要旨】

行政协议包括主体、职能、目的、内容、意思五大要素，识别行政协议的形式标准是该协议应由行政主体和行政相对人签订，实质标准是该协议标的及内容为行政法上的权利义务。

在相对人不履行行政协议约定义务的情况下，行政机关可以作出行政决定要求相对人履行，相对人仍不履行的，行政机关可强制执行或申请法院执行上述决定；协议中约定有执行条款的，行政机关可直接执行或申请执行该条款。

行政协议的缔约主体一方原则上必须是行政主体或接受行政主体委托的公民、法人或者其他组织，受托人是行政主体且以自己的名义签订协议的，产生纠纷时委托人、受托人为共同被告。

【裁判理由与论证】

最高人民法院认为本案的争议焦点是：（1）《资产转让协议书》的性质；（2）大英县政府是否是本案的适格被告；（3）原审判决是否遗漏必须参加诉讼的当事人；（4）《资产转让协议书》应如何履行及是否损害国家利益。

一、关于《资产转让协议书》的性质问题

最高人民法院根据《适用解释》（2015）第11条第1款之规定，指出行政协议主要包括以下五个方面的要素："1.主体要素。合同法等民事法律规范规定民事合同的主体是平等主体的自然人、法人或者其他组织，而行政协议的主体则是行政主体和行政相对人，其中具有优势地位的行政主体是不可缺少的主体。2.目的要素。与民事合同主要是为了追求私人利益不同，行政协议是为了实现公共利益或者行政管理目标这一行政法上的目的。3.职责要素。职责要素是指行政机关签订行政协议必须是行使行政职权、履行行政职责的一种方式。4.内容要素。内容要素是指行政主体与行政相对人之间签订合同的内容是行政法上的权利义务。5.意思要素。意思要素是指行政主体与行政相对人签订行政协议必须经过协商，意思表示一致。"

进而，最高人民法院指出识别行政协议和民事合同的标准主要有二："一方面，形式标准。形式标准也就是主体标准，即它发生在具有行政职权、履行行政职责的机关和组织及其工作人员与行政职权所作用的公民、法人或者其他组织之间。另一方面，实质标准。实质标准也就是标的及内容标准。行政协议的标的及内容是行政法上的权利义务，意在提供一种指引，强调行政协议不同于民事合同，这一标准排除了行政机关基于自身民事权利义务而签订的协议。"

针对何为行政法上的权利义务，最高人民法院指出可以从以下三方面进行判断："一为是否行使行政职权、履行行政职责；二为是否为实现公共利益或者行政管理目标；三为在协议里或者法律上是否规定了行政机关的优益权。其中，行使行政职权、履行行政职责及行政机关具有优益权构成了行政协议的标的及内容，而是否属于上述标的及内容无法判断时，还可以结合'实现公共利益或者行政管理目标'这一目的要素进行判断。从所起的作用看，是否行使行政职权、履行行政职责为本质要素，只要符合该要素，所涉协议即为行政协议，而实现公共利益或者行政管理目标及行政机关的优益权这两个要素为判断是否行使行政职权的辅助要素。"

针对本案事实，由形式标准判断："案涉《资产转让协议书》是回马镇政府落实《会议纪要》决定与永佳公司签订的，符合行政协议的主体要素。"由实质标准判断："案涉《资产转让协议书》在内容上主要涉及资产转让，并不属于土地房屋征收补偿协议，从形式上尚无法判断是行政还是民事性质。依据《中华人民共和国环境保护法》的相关规定，大英县政府具有环境保护治理的法定职责，有权对涉污企业作出责令停业、关闭，限期治理等决定。案涉《资产转让协议书》实质上系大英县政府为履行环境保护治理法定职责，由大英县政府通过回马镇政府与永佳公司订立案涉协议替代作出上述行政决定，其意在通过受让涉污企业永佳公司资产，让永佳公司退出造纸行业，以实现节能减排和环境保护的行政管理目标，维护公共利益。"故案涉《资产转让协议书》符合识别行政协议的标准，原审认定案涉《资产转让协议书》系行政协议，并无不当。

针对行政相对人不履行行政协议约定义务时行政机关的救济途径，最高人民法院指出："我国行政诉讼虽是奉行被告恒定原则，但并不影响作为行政协议一方当事人的行政机关的相关权利救济。在相对人不履行约定义务的情况下，行政机关可以通过向人民法院申请非诉执行或者自己强制执行寻求救济。行政协议中约定了强制执行条款，一旦强制执行条件成就而相对人又不履行约定义务的，行政机关就可以依法直接将行政协议作为执行依据，向法院申请强制执行或者自己强制执行；协议未约定强制执行条款，行政机关可以作出要求相对人履行义务的决定，相对人拒不履行的，行政机关可以该决定为执行依据向人民法院申请强制执行或者自己强制执行。故大英县政府、回马镇政府关于案涉《资产转让协议书》若属行政协议，永佳公司不履行约定义务将导致其无法救济，因而主张本案不属于行政诉讼受案范围的申请再审理由不能成立，本院亦不予支持。"

二、关于大英县政府是否是本案的适格被告问题

关于大英县政府是否是本案的适格被告这一争议焦点，最高人民法院首先指出："原则上，行政协议只有行政机关和法律、法规和规章授权组织才能成为作为行政协议一方行政主体的缔约主体，行政机关和法律、法规和规章授权组织以外的公民、法人或者其他组织，除非存在接受上述机关和组织委托的情形，否则不能成为行政协议的行政主体一方。"

在本案中，案涉《资产转让协议书》系回马镇政府为落实《会议纪要》决定与永佳公司签订的，《会议纪要》决定由回马镇政府全权负责永佳公司关闭相关处置工作，同时议定其他相关的评估和补偿方案；且依据《中华人民共和国环境保护法》的相关规定，大英县政府具有实施其行政区域环境保护治理工作的行政职责。故而，"回马镇政府正是依据和执行《会议纪要》的要求与永佳公司签订本案《资产转让协议书》，系履行上级机关的决定，应视为大英县政府委托回马镇政府与永佳公司通过案涉《资产转让协议书》设定了相应的权利义务关系"。同时，"回马镇政府在正式签署协议前要报请县政府审核同意，在随后永佳公司的催款过程中时任大英县政府的县长在转让协议上也批示，要求分管副县长组织研究资金支付和国土使用权证等事项，亦进一步印证大英县政府与永佳公司之间的权利义务关系"。故依据 2014 年《行政诉讼法》第 26 条第 5 款"行政机关委托的组织所作的行政行为，委托的行政机关是被告"的规定，原审法院认定大英县政府系本案的适格被告，并无不当。

三、关于原审判决是否遗漏必须参加诉讼的当事人问题

生效裁判指出，本案涉案土地、房产的产权虽存在多次流转，但是永佳公司系涉案土地、房产的实际占有和使用人的事实是明确的。根据2014年《行政诉讼法》第29条第1款的规定，可以作为第三人申请参加诉讼，或者由人民法院通知参加诉讼，首先要明确至少包括："（1）第三人是确定的，而不能凡是与本案有关的可能权利人或者利益人均为第三人；（2）利害关系是确定的，而不能凡是与本案有关的可能权利甚至利益均为有利害关系。"因此，"从本案现有证据看，涉案土地、房产存在多次流转，涉及多个当事人之间的协议及人民法院生效判决的执行问题，具体有哪个第三人同案件处理结果有利害关系及同案件处理结果有什么样的利害关系均不甚清楚，人民法院可以不通知相关人参加诉讼"。

四、关于《资产转让协议书》应如何履行及是否损害国家利益问题

最高人民法院指出："行政协议既有行政性又有合同性，是行政性和合同性的创造性结合，其因行政性有别于民事合同，又因其合同性不同于一般行政行为。行政协议因协商一致而与民事合同接近，作为行政协议一方当事人的行政机关仍应遵循平等、自由、公平、诚实信用、依约履责等一般的合同原则。""《资产转让协议书》并不违反国家法律、法规和政策的规定，事前经双方当事人协商达成一致，是双方真实意思表示，合法有效，当事人应当按照约定全面履行。"

因此，对于本案协议的履行情况，最高人民法院判断：

首先，协议具有继续履行的可能。根据协议"若不能办理土地房屋过户，乙方扣转让费100万元作为土地款，用于办理过户手续"的约定，"可以认为大英县政府、回马镇政府对涉案土地及房产后续的产权办理是有预期的，在扣除相应的金额后可以免除永佳公司在后续产权办理的相应责任……涉案土地及房产后续的产权过户办理，并不影响该协议的效力及履行"。

其次，对于永佳公司，其"没有按照约定时间将土地和房屋权证过户登记，资产管理权的移交也晚于约定时间，对永佳公司要求支付违约金等的请求，依法不予支持；大英县政府、回马镇政府亦已以不予支付剩余'转让费'

行使其先履行抗辩权"。

再次，对于大英县政府，"协议约定'若不能办理土地房屋过户，乙方扣转让费100万元作为土地款，用于办理过户手续'，且永佳公司同意依约定扣转该笔费用并已移交了资产管理权，大英县政府应支付剩余'转让费'及资金利息"。

最后，关于协议是否会损害公共利益，最高人民法院强调，"大英县政府为履行环境保护治理的行政管理职责通过受让资产的形式订立《资产转让协议书》……其在《资产转让协议书》作出的承诺应有相应的公信力"。大英县政府"'……要求回马镇政府乃至大英县政府给付数以千万元的财政资金作价款，必将严重损害国家和广大人民群众的利益'的主张，不仅无视自己作为国家机关的承诺，更无视比案涉协议利益更值得保护的国家公信及民众对其之信赖利益"。而且现有证据"亦尚不足以证明存在案涉财产无法转让，严重损害国家和广大人民群众利益的情形"。

据此，最高人民法院认为原审判决对《资产转让协议书》各方责任的认定及处理结果，并无不当。

综上，最高人民法院裁定驳回大英县政府的再审申请。

【涉及的重要理论问题】

2019年11月27日，最高人民法院公布《最高人民法院关于审理行政协议案件若干问题的规定》（以下简称《行政协议解释》），同时公布的还有10起行政协议典型案例，该案为其中之一，对于理解适用《行政协议解释》具有重要意义，其所涉及的三个问题值得关注。

一、行政协议的界定

行政协议自在我国出现以来，其界定便备受争议。早期行政协议不被接受，准确界定行政协议是为将其与民事合同相区别，进而说行政协议可作为一种协议类型独立存在。近年来，行政协议被广泛应用，正确界定其性质关系着争议解决途径的选择。

法律规范上，《行政协议解释》第1条规定："行政机关为了实现行政管理或者公共服务目标，与公民、法人或者其他组织协商订立的具有行政法上权利义务内容的协议，属于行政诉讼法第 12 条第 1 款第 11 项规定的行政协议。"变更了《适用解释》（2015）第 11 条第 1 款的表述，"行政机关为实现公共利益或者行政管理目标，在法定职责范围内，与公民、法人或者其他组织协商订立的具有行政法上权利义务内容的协议"。《行政协议解释》第 2 条正面列举了典型行政协议，包括："（1）政府特许经营协议；（2）土地、房屋等征收征用补偿协议；（3）矿业权等国有自然资源使用权出让协议；（4）政府投资的保障性住房的租赁、买卖等协议；（5）符合本规定第 1 条规定的政府与社会资本合作协议；（6）其他行政协议。"第 3 条排除了两类协议："（1）行政机关之间因公务协助等事由而订立的协议；（2）行政机关与其工作人员订立的劳动人事协议。"

理论上，行政协议的界定包括两个方面：一是确定行政协议的内涵——定义行政协议；二是确定其外延——哪些协议可以被归入行政协议。定义行政协议时，应采用"属"加"种差"的方式：首先应当明确行政协议可归类于哪一上位概念，之后确定使其与同属的事物相区分的要素。明确行政协议的定义后，可考虑其涵盖范围。

（一）行政协议的归类——"属"的确定

行政协议的上位概念存在争议。第一种观点认为，行政协议是行政行为的一种形式，[1]尽管其具有合同属性，但整体上仍然属于行政行为范畴。[2]具体来看，是主体在法定职权范围内所实施的，通过与公民、法人或者其他组织订立协议的方式，来实现公共利益或者行政管理目标的一种双方行政行为。[3]该观点强调行政协议的行政性，旨在反驳"行政协议属于民事合同"一说。从立法角度看，2014 年《行政诉讼法》第 2 条规定"公民、法人或者其他组织认为行政机关和行政机关工作人员的行政行为侵犯其合法权益，有权依照本法向人民法院提起诉讼"，采取了广义的行政行为的概念，且《行政

---

〔1〕参见李霞：《行政合同研究——以公私合作为背景》，社会科学文献出版社 2015 年版，第 121 页。

〔2〕参见沈福俊："司法解释中行政协议定义论析——以改造'法定职责范围内'的表述为中心"，载《法学》2017 年第 10 期。

〔3〕参见王学辉、邓稀文："也谈行政协议族的边界及其判断标准"，载《学习论坛》2019 年第 1 期。

诉讼法》又规定行政协议属行政诉讼的受案范围，故而可认为行政协议属广义行政行为。但是，该观点并不能对行政协议的界定提供有效指引，这是因为行政行为本是一个有争议的概念，行政协议和所谓双务行政行为之区别亦不明确。故而，有观点指出，不宜认为行政协议是行政行为的亚种。[1]

第二种观点认为，"行政合同是一种行政行为与合同行为的结合体"，[2] 将行政协议分解为"行政处理"和"民事或行政协议行为"。有学者介绍双阶段理论，认为行政协议可分为两个阶段，以行政补贴为例：第一阶段是决定补贴阶段，是行政机关处理具体事件的行政行为，因而适用公法；第二阶段是行政机关如何发放贷款的阶段，行政机关与补贴领受人之间签订私法贷款合同，该阶段适用私法。[3]在我国，该观点的意义在于使行政协议得以进入行政诉讼的受案范围。早期行政诉讼的受案范围限于具体行政行为，故行政协议争议只能通过"逐块拆分、各部分次第进入行政诉讼"的"拆分"审查模式进入行政诉讼程序，[4]表现为将行政协议中属于行政处理的部分分离出来交由法院审查，进而逐步扩大可审查范围。当前，行政协议诉讼中将行政协议区分为行政行为和协议行为，分别应用行政、民事法律规范进行审查，便是受到上述观点的影响。但是从长远看，这种"拆分"会影响行政协议纠纷的解决，这是因为并不总能明确判断行政协议中的特定行为是属于民事还是行政，进而造成争议解决途径选择的困难。理论上，行政处理行为包含行政机关的单方意思表示，而行政协议签订的过程是行政机关与相对人双方平等意思相互影响进而达成一致的过程，这决定了不能将行政机关一方的意思表示单独抽离出来作为行政处理的意思表示。[5]

第三种观点认为，行政协议是协议行为的下位概念。《行政协议解释》第1条中行政协议定义的中心词便是"协议"，中心词前的限定词是为了将"行

---

〔1〕 参见刘飞："突破与创新——《最高人民法院关于审理行政协议案件若干问题的规定》对于我国行政协议诉讼制度的意义"，载行政执法与行政审判，https://mp.weixin.qq.com/s/hVkW-C6SveYG8idgeey0rw，最后访问时间：2020年2月12日。

〔2〕 参见郑秀丽：《行政合同过程研究》，法律出版社2016年版，第26~27页。

〔3〕 参见郑雅方、满艺姗："行政法双阶理论的发展与适用"，载《苏州大学学报（哲学社会科学版）》2019年第2期。

〔4〕 参见刘飞："行政协议诉讼的制度构建"，载《法学研究》2019年第3期。

〔5〕 参见刘飞："行政协议诉讼的制度构建"，载《法学研究》2019年第3期。

政协议"与"其他协议"相区分。本案裁判也采纳了这一观点，认为行政协议需具备意思要素，"意思要素是指行政主体与行政相对人签订行政协议必须经过协商，意思表示一致。因此，与民事合同相比，除协商一致与民事合同相同外，识别行政协议和民事合同的标准主要有二……"可见，法院认为意思要素是行政协议的必要条件，并且将界定行政协议的重点放在了与其他协议的区分之上。

将行政协议认定为协议行为之一种，并非否定行政协议的独立性，将其归入民事协议，而是要反思"协议为私法所特有"这一观念。协议可被定义为"因双方同意而发生其所追求之法律效果的行为"，并非私法独有，实践中亦存在多种公法协议，如行政协议、宪法协议、国际公法协议等。[1]行政协议存在之合理性，在于行政机关不是机械地执行法律，而是可以在法律的范围内形成自己的意志，在裁量权的空间之内缔结行政合同，而且，行政机关与相对人之间并不是简单的支配关系，随着社会的发展，行政机关实现管理目标越来越依赖于相对人的配合，进而相对人逐步取得了与行政机关对等的地位。

将行政协议认定为协议行为之一种，提示我们在司法实践中，协议行为的存在是行政协议存在的前提。如有学者介绍"董凤岐不履行法定职责申诉行政裁定案"，[2]原告董凤岐被汪清县政府临时抽调到县清理欠款办公室工作，县政府与其约定，其可根据清欠回的财物数额获得一定比例的收益。后行政机关并未全部支付董凤岐根据约定应得的收益，故而董凤岐起诉主张其与汪清县政府之间形成了事实上的行政协议关系。法院认为，原告是县政府的工作人员，其与县政府的约定是行政机关对其工作人员履行职务行为的奖励行为。因为双方具有行政上的隶属关系，法院认为该事项上双方法律地位不平等，进而两者间不可能存在经平等协商达成的行政协议。[3]当然，行政机关工作人员与其所供职的机关间是否存在对等关系还可进一步讨论，但是该裁判强调了界定行政协议的前提是存在协议行为。

（二）行政协议的特征要素——"种差"的确定

行政协议是协议行为之一种，那么，行政协议的哪些特征要素使其与其

---

[1] 参见胡宝岭：《行政合同争议司法审查研究》，中国政法大学出版社 2015 年版，第 6 页。

[2] 参见最高人民法院（2016）最高法行申 727 号裁判文书。

[3] 参见陈天昊："行政协议的识别与边界"，载《中国法学》2019 年第 1 期。

他协议行为相区别？

《行政协议解释》与《适用解释》（2015）对行政协议的定义有所差异，本案审理过程中，前者还没有实施，故而法院是根据《适用解释》（2015）作出的判断。但是该案作为行政协议典型案例，其裁判是有助于理解《行政协议解释》的。

本案裁判将《适用解释》（2015）第11条的规定拆解为五项要素：主体要素、目的要素、职责要素、内容要素、意思要素。其中，意思要素表明行政协议是协议行为之一种，上文已进行了讨论。剩余的其他四项要素并不是平行关系，其内容可能存在交集，在行政协议界定中所占的比重也各不相同。

1. 主体要素

《行政协议解释》指出行政协议应当是"行政机关签订的"。本案裁判指出，"行政协议的主体则是行政主体和行政相对人，其中具有优势地位的行政主体是不可缺少的主体"。此外，主体要素单独构成识别行政协议的形式标准："形式标准也就是主体标准，即它发生在具有行政职权、履行行政职责的机关和组织及其工作人员与行政职权所作用的公民、法人或者其他组织之间。"根据《行政诉讼法》之规定，行政主体包括行政机关和法律、法规、规章授权的组织。由上可推知以下两点。

首先，主体要素是行政协议的必要条件，若协议的双方当事人中没有行政主体，则不可能被界定为行政协议。少有的例外是私人组织受到行政主体的委托，以自己的名义与其他私主体签订的具有行政法上权利义务的协议，对此司法裁判并不一致。本案认为"行政机关和法律、法规和规章授权组织以外的公民、法人或者其他组织，除非存在接受上述机关和组织委托的情形，否则不能成为行政协议的行政主体一方"，承认该类协议属行政协议。域外司法实践中，私主体之间签订的以实现公共管理为目的、具有行政法上权利义务的协议，可能被认定为行政协议，[1]这是因为其对"公共行政"的理解并未局限于形式标准，认为公共行政职能只能由国家机关负担，而是承认私主体在一定条件下可执行公共事务。[2]我国实践中，行政机关通过设立企业

---

〔1〕 参见郑秀丽：《行政合同过程研究》，法律出版社2016年版，第69页。

〔2〕 参见［德］汉斯·J. 沃尔夫、奥托·巴霍夫、罗尔夫·施托贝尔：《行政法》（第一卷），高家伟译，商务印书馆2002年版，第21~28页。

等私主体与私人签订具有行政法内容协议的情况并不罕见，若全部否认其为行政协议，可能造成行政机关故意以此方式回避公法规则的监管，使公权力"遁入私法"。

其次，并不是只要协议的一方为行政主体，则该协议就是行政协议。行政机关完全可以以私人身份订立民事合同，参与经济生活。也就是说，主体要素并不是行政协议的充分条件。

2. 目的要素

本案裁判认为"行政协议的目的是实现公共利益或者行政管理目标这一行政法上的目的"，符合《适用解释》（2015）第11条第1款对目的要素的阐释，"公共利益或者行政管理目标"。《行政协议解释》将目的要素修改为"行政管理或者公共服务目标"。前后比较，公共利益被改为公共管理，这一方面凸显政府对公共服务职能的履行，[1]更重要的是对于目的要素进行了有益的限缩：虽然行政协议的根本目的是公共利益，但以此作为目的要素过于宽泛，不能有效界定行政协议，如公民之间出于慈善目的的赠与合同也可被解释为以公共利益为目的。

即便作了上述修改，目的要素也难以单独作为行政协议的界定标准。"公共管理""公共服务"不是行政协议所特有的目的，实现上述目标过程中，行政机关具有手段选择的裁量权，可以选择行政处理、行政协议乃至私法手段等不同方式，也就是说，行政机关签订的民事合同也可能具有行政管理、公共服务的目的。有观点指出，行政协议的目的是"发生公法上的法律效果"，[2]但所谓"发生公法效果"是指变更行政权利义务，进而调整行政法律关系，这实际上属于下文将讨论的内容要素，而非目的要素。

本案裁判也指出："行政法上的权利义务可以从以下三方面进行判断：……二为是否为实现公共利益或者行政管理目标……"明确了目的要素不是一种独立的判断要素，而是判断行政法上权利义务的一个方面。

3. 职责要素

本案裁判认为"职责要素是指行政机关签订行政协议必须是行使行政职

---

〔1〕 参见章志远："行政协议类型开放性的司法保障"，载行政执法与行政审判，https://mp.weixin.qq.com/s/pG8DN7jDpZyDAc1XwsFq7g，最后访问时间：2020年2月12日。

〔2〕 参见胡宝岭：《行政合同争议司法审查研究》，中国政法大学出版社2015年版，第6页。

权、履行行政职责的一种方式"，其以《适用解释》（2015）第 11 条第 1 款中规定的"在法定职责范围内"为规范依据的。但是，《行政协议解释》却删除了这一内容，因为职责要素既不是行政协议的必要条件，也不是充分条件，甚至会在行政协议的界定中误导法院。

首先，并非具有职责要素的协议一定是行政协议，这是因为如上文所述，行政机关履行职责并非只能采用行政协议这一种方式。

其次，即便行政机关超越了自己的职权范围与公民签订协议，也不能肯定该协议不是行政协议。有观点总结我国司法实践认为职责要素是界定行政协议的核心标准，只有行政机关在自己的职责范围内签订的协议才是行政协议，而行政机关超越职权签订的协议属民事合同。[1] 上述观点混淆了对协议性质的判断和对协议效力的判断。《行政协议解释》第 11 条第 1 款规定："人民法院审理行政协议案件，应当对被告订立、履行、变更、解除行政协议的行为是否具有法定职权、是否滥用职权、适用法律法规是否正确、是否遵守法定程序、是否明显不当、是否履行相应法定职责进行合法性审查。"将没有法定职权作为行政协议合法性判断的标准，这当然是在承认被诉协议为行政协议的基础上。

当然，职权要素对于行政协议的判断并不是毫无用处的，其可以辅助判断协议是否存在行政法上的权利义务，正如本案裁判文书指出的："行政法上的权利义务可以从以下三方面进行判断：一为是否行使行政职权、履行行政职责……"

4. 内容要素

本案裁判指出，"内容要素是指行政主体与行政相对人之间签订合同的内容是行政法上的权利义务"。《行政协议解释》对内容要素的规定亦如是。内容要素是界定行政协议的核心要素，目的、职权要素均是内容要素的辅助，如本案裁判指出："实质标准也就是标的及内容标准。行政协议的标的及内容是行政法上的权利义务，意在提供一种指引，强调行政协议不同于民事合同，这一标准排除了行政机关基于自身民事权利义务而签订的协议。"

由上可知，是否存在行政法上的权利义务是判断行政协议的根本标准。

---

〔1〕 参见陈天昊："行政协议的识别与边界"，载《中国法学》2019 年第 1 期。

传统的"主体说""目的说"等标准都必须结合并最终落实到"具有行政法上权利义务内容"这一个重要标准之上。[1]这是因为行政协议是行政机关行使行政权的手段之一，其与行政处理一样，是为形成、变更、消灭与相对人间的行政法律关系，实质是调整与相对人之间的行政权利义务样态，这便是民事合同所不具有的"行政性"。

如何判断协议存在行政法上的权利义务？本案裁判指出："行政法上的权利义务可以从以下三方面进行判断：一为是否行使行政职权、履行行政职责；二为是否为实现公共利益或者行政管理目标；三为在协议里或者法律上是否规定了行政机关的优益权。其中，行使行政职权、履行行政职责及行政机关具有优益权构成了行政协议的标的及内容，而是否属于上述标的及内容无法判断时，还可以结合'实现公共利益或者行政管理目标'这一目的要素进行判断。"由上分析，行政法上的权利义务至少包括以下内容：第一，协议涉及公民的公法性权利。公民公法权利的对象是国家，在普通民事关系中难以实现、处分。[2]第二，协议涉及通过行政权的应用，为公民设定公法上的义务，[3]如行政处罚和解中公民负担了支付罚款的义务。第三，协议涉及对于行政权的处分，如国有土地出让合同中实际上包含了行政机关对将来作出批准、登记行为的承诺，处分了自己的许可权力。[4]第四，协议涉及民法外的规则，如规定有行政优益权等。[5]

（三）行政协议的范围——"外延"的确定

明确行政协议的定义，是为了解决"哪些协议属于行政协议"这一问题，这便是确定行政协议的外延。

首先，行政协议的范围应当尊重制定法的规定，即《行政协议解释》列

---

〔1〕参见余凌云："行政协议的判断标准——以'亚鹏公司案'为分析样本的展开"，载《比较法研究》2019年3期。

〔2〕参见陈天昊："行政协议的识别与边界"，载《中国法学》2019年第1期。

〔3〕参见余凌云："行政协议的判断标准——以'亚鹏公司案'为分析样本的展开"，载《比较法研究》2019年3期。

〔4〕参见余凌云："行政协议的判断标准——以'亚鹏公司案'为分析样本的展开"，载《比较法研究》2019年3期。

〔5〕参见李霞：《行政合同研究——以公私合作为背景》，社会科学文献出版社2015年版，第73~75页。

举的 5 类协议当然属于行政协议，其反向列举的 2 类协议应排除在行政协议之外。当然，基于行政协议案件的复杂性，《行政协议解释》列举的典型行政协议也可能存在争议，比如第 3 项"矿业权等国有自然资源使用权出让协议"中"国有自然资源"是否包括国家所有的土地，又如第 5 项"符合本规定第 1 条规定的政府与社会资本合作协议"应如何理解。

其次，行政协议不限于法律所明确列举的类型。《行政协议解释》只是列举了实践中得到普遍认可的几种协议，是行政协议的种类有序扩展和体系化的基础。以此为基础，可形成具有普遍意义的行政协议构成要素结构，采用类推的方法设立行政协议的新种类。[1]在这一过程中，应注意行政协议范围的两个边界。

一是行政协议与民事合同的边界。界定行政协议过程中，行政法学者与民法学者对于协议内容要素的应用存在差异。行政法学者倾向认为只要协议中存在行政法上的权利义务，就判定其为行政协议；而民法学者倾向认为只有协议中的行政法上的权利义务不能为民事法律制度所解释、涵盖时，才可认定其为行政协议。有民法学者主张限制行政协议的范围，是考虑到行政协议中行政优益权的应用会减损相对人的权利，防止相对人被行政机关以协议方式相胁迫。但是，从私主体保护的角度，行政机关与公民间的协议是社会发展的现实产物，在协议过程中，行政机关具有优势地位也是客观存在的，因此与其否定这种现象存在，不如以这种更适于限制公权、保护私权的公法规则来规范。从公共利益保护角度，以行政协议规范行政机关的部分协议行为，可防止行政机关以协议方式回避公法监管，出卖公权力。当然，民事协议与行政协议之间并非截然划分，协议中"行政性"的强弱是成梯度变化的。[2]

二是行政协议与行政处理行为的边界。并非所有的行政事项都可被协议：一则，有些公共职能在本质上不适合以协议方式行使，比如财政税收等；二则，根据法律的规定，行政机关不具有裁量空间时，无法采用行政协议的方

---

〔1〕 参见于安："行政协议制度是推进国家治理现代化的重要制度"，载行政执法与行政审判，https://mp. weixin. qq. com/s/cKzudUY_ AfLCMeg09zyl8Q，最后访问时间：2020 年 2 月 12 日。

〔2〕 参见韩宁："行政协议判断标准之重构——以'行政法上权利义务'为核心"，载《华东政法大学学报》2017 年第 1 期。

式履行职能。[1]

二、相对人不履行协议时行政机关的救济

在行政机关不履行行政协议时，相对人可以选择提起行政诉讼。但因为我国行政诉讼两造恒定，当相对人未履行协议义务时，行政机关不能采用诉讼手段获得救济。行政机关签订行政协议的根本目的是公共利益，相对人不履行会使得公共利益被减损，故赋予行政机关有效的救济手段十分必要。

本案裁判指出："在相对人不履行约定义务的情况下，行政机关可以通过向人民法院申请非诉执行或者自己强制执行寻求救济。行政协议中约定了强制执行条款，一旦强制执行条件成就而相对人又不履行约定义务的，行政机关就可以依法直接将行政协议作为执行依据，向法院申请强制执行或者自己强制执行；协议未约定强制执行条款，行政机关可以作出要求相对人履行义务的决定，相对人拒不履行的，行政机关可以该决定为执行依据向人民法院申请强制执行或者自己强制执行。"这是我国在《行政协议解释》实施之前而进行的有益探索。

《行政协议解释》第24条对此作出了更为明确的规定："公民、法人或者其他组织未按照行政协议约定履行义务，经催告后不履行，行政机关可以作出要求其履行协议的书面决定。公民、法人或者其他组织收到书面决定后在法定期限内未申请行政复议或者提起行政诉讼，且仍不履行，协议内容具有可执行性的，行政机关可以向人民法院申请强制执行。法律、行政法规规定行政机关对行政协议享有监督协议履行的职权，公民、法人或者其他组织未按照约定履行义务，经催告后不履行，行政机关可以依法作出处理决定。公民、法人或者其他组织在收到该处理决定后在法定期限内未申请行政复议或者提起行政诉讼，且仍不履行，协议内容具有可执行性的，行政机关可以向人民法院申请强制执行。"

与本案裁判相比，《行政协议解释》对于行政机关的限制更严格：一是取消了行政机关可以根据行政协议中的强制执行条款直接申请强制执行，二是取消了行政机关可以自己执行其作出的要求相对人履行协议的决定。总体上，

---

[1] 参见冯莉："论我国行政协议的容许性范围"，载《行政法学研究》2020年第1期。

《行政协议解释》采用了转化的方法，行政机关通过行使单方解除权、合同监督权作出具体的行政决定，将行政协议争议转化为行政行为之争，进而通过非诉执行寻求法院的支持。[1]该做法具有合理性：首先，该规定保证了行政协议诉讼与我国行政诉讼制度的衔接，将新问题转入既有的制度轨道。其次，该规定保证了公共利益的及时实现，与直接提起诉讼相比，行政机关首先采用行政处理手段督促相对人履行，程序更快捷。最后，该规定给相对人较好的保护，限制协议中约定强制执行条款、限制行政机关自行强制执行，防止具有优势地位的行政机关侵害相对人的权利。

但是，《行政协议解释》的规定也存在问题。其一，一般行政行为的非诉执行制度可能不适用于行政协议的非诉执行，两者在申请条件、审查标准、审查原则、审查方式等方面都有差别。[2]例如，《行诉解释》(2018) 第 161条第 1 款规定："被申请执行的行政行为有下列情形之一的，人民法院应当裁定不准予执行：(1) 实施主体不具有行政主体资格的；(2) 明显缺乏事实根据的；(3) 明显缺乏法律、法规依据的；(4) 其他明显违法并损害被执行人合法权益的情形。"即对被申请执行的行为，法院采用"重大且明显违法的标准"进行审查，但应用这一标准审查行政协议可能不足以实现对相对人的保护。其二，如果行政协议双方同时寻求法院的司法保护，法院可能同时启动行政协议诉讼程序与非诉执行程序，不仅会造成程序上繁复，也有可能形成裁判不一致。[3]其三，赋予相对人诉讼权利的同时，却禁止行政机关提起诉讼，可能造成协议的不对等。[4]行政协议诉讼的出现，本就是现有行政诉讼制度革新的契机，故而需随着行政协议诉讼的发展进一步探究解决该问题的方法。

三、行政协议诉讼中的被告

本案中，大英县政府主张自己并非适格被告。最高人民法院裁判认为，

〔1〕 参见王敬波："行政协议诉讼：为行政诉讼打开一扇窗"，载 https://mp. weixin. qq. com/s/tkFfZ9xFfwNtyBAgFjwN_ w，最后访问时间：2020 年 2 月 12 日。

〔2〕 参见王彦："行政协议司法解释向构建行政协议'诉讼'型非诉执行制度迈出重要一步"，载行政执法与行政审判，https://mp. weixin. qq. com/s/G7JL0BRXC050n08 - Kwz5hA，最后访问时间：2020 年 2 月 12 日。

〔3〕 参见刘飞："行政协议诉讼的制度构建"，载《法学研究》2019 年第 3 期。

〔4〕 参见王敬波："行政协议诉讼：为行政诉讼打开一扇窗"，载 https://mp. weixin. qq. com/s/tkFfZ9xFfwNtyBAgFjwN_ w，最后访问时间：2020 年 2 月 12 日。

"回马镇政府正是依据和执行《会议纪要》的要求与永佳公司签订本案《资产转让协议书》，系履行上级机关的决定，应视为大英县政府委托回马镇政府与永佳公司通过案涉《资产转让协议书》设定了相应的权利义务关系"，故而大英县政府被告适格。

但这又导致了新的问题，若认为大英县政府与回马镇政府之间存在委托关系，根据2014年《行政诉讼法》第26条第5款"行政机关委托的组织所作的行政行为，委托的行政机关是被告"的规定，应由大英县政府单独作为被告，而非如本案中由大英县政府与回马镇政府作为共同被告。上述矛盾体现了行政协议案件中一类常见的问题：在行政主体受其他有权主体的委托，以自己的名义签订行政协议的情形下，如何确定案件被告。（当然，还存在非行政主体受行政主体的委托签订协议的情况，此时要考虑的是该协议是否为行政协议，对此上文已进行讨论，不再重复）

与民事诉讼相同，行政诉讼中，确定适格被告也需考察"当事人能力""当事人适格"。所谓"当事人能力"，是指作为一般程序法律效果归属的一般资格，其判断与具体个案无关。[1]"当事人适格"是指对于具有当事人能力者，于具体案件中，考察其与诉讼上请求之权利义务关系如何，经选择作为个案中权利义务之归属主体。[2]

在我国，根据《行政诉讼法》之规定，具有"被告能力"者，仅有两类："行政机关"和"法律、法规、规章授权的组织"。[3]行政机关和被授权组织的具体判断标准与行政主体理论息息相关，当前仍存争议。然而于本案中，大英县政府、回马镇政府作为地方政府，是典型的行政机关，其具有被告能力并无争议。

对于"被告适格"，又需从两方面进行判断：一是"实施要素"，即具有行政诉讼被告能力的机构或组织要在具体诉讼中成为适格被告，还必须是作出或委托作出被诉行为的组织；二是"独立责任要素"，即被告不仅与行为的实施有关联，而且其依法能够独立为该行为的后果承担法律责任。独立责任

---

〔1〕 参见翁岳生编：《行政法》（上下册），中国法制出版社2009年版，第1367页。

〔2〕 参见翁岳生编：《行政法》（上下册），中国法制出版社2009年版，第1370页。

〔3〕 参见沈岿："行政行为实施主体不明情形下的行政诉讼适格被告——评'程宝田诉历城区人民政府行政强制案再审裁定'"，载《交大法学》2019年第3期。

要素特别强调，行政机关将在法律上本应由其实施的行政行为委托其他机构或组织来实施，该行为的法律后果应该由委托的行政机关独立承担。[1]故而从传统行政诉讼制度出发，受委托的行政机关不能作为被告，即本案中的回马镇政府无被告资格。

然而，本案中法院默认了实际签约人回马镇政府为适格被告，部分司法实践也采纳了这一观点，究其原因，可能存在以下两点。

一是受合同相对性原理的影响。在私法模式下，合同的一方当事人通常被认为是适格被告，这一方面是为了保证对方当事人便于确定诉讼的对象，获得救济，另一方面实际参与合同签约的当事人对于合同事项更为熟悉，有利于法院查明案件事实。基于此，实际签约的被委托的行政机关具有被告资格。

二是因为行政协议中实际签约的行政机关可能"仅具有形式意义"。有学者指出，因为行政协议的履行很多时候需要其他行政机关联动配合，其他行政机关也将会承担行政协议产生的作为义务，它们是隐身的签约一方。协议之中，不仅有实际签约的行政机关的权力处分约定，如果涉及其他行政机关的职责，也会夹杂着后者的权力处分约定。[2]也就是说，在行政协议案件中，协议签约主体、实施行政协议行为的主体、行政协议权利义务归属的主体可能是相分离的，因此，在确定行政协议被告的过程中，不宜苛求"实施要素""独立责任要素"。否则，在上述主体分离的情况下，仅对于其中部分主体进行诉讼，不利于行政协议争议的实际解决。

【后续影响及借鉴意义】

我国行政协议制度源于行政管理实践，在改革开放早期便初现萌芽，其有着比行政诉讼更长久的历史。[3]行政协议一直备受质疑，除理论争议外，缺少明确的纠纷解决途径，协议双方特别是参与协议的私主体得不到有效保

---

〔1〕 参见沈岿："行政行为实施主体不明情形下的行政诉讼适格被告——评'程宝田诉历城区人民政府行政强制案再审裁定'"，载《交大法学》2019年第3期。

〔2〕 参见余凌云："行政协议的判断标准——以'亚鹏公司案'为分析样本的展开"，载《比较法研究》2019年3期。

〔3〕 参见于安："行政协议制度是推进国家治理现代化的重要制度"，载行政执法与行政审判，https://mp.weixin.qq.com/s/cKzudUY_AfLCMeg09zyl8Q，最后访问时间：2020年2月12日。

护亦是一个重要原因。对此，《行政诉讼法》《适用解释》（2015）中对行政协议诉讼作出规定，标志着行政协议开始被正式纳入行政诉讼。基于实践中呈现出的问题，《行政协议解释》对于行政协议诉讼作了更为完善的规定。

但是，与行政协议纠纷的复杂性相比，仅29条的《行政协议解释》显得过于简略，以至于很多重要的问题没有澄清。最高人民法院发布《行政协议解释》的同时也发布了10起行政协议典型案例，可见这10起案例对于《行政协议解释》的理解和运用具有重要的指引作用，而本案便是其中之一，故而值得关注。

本案核心价值在于确定了行政协议的界定标准。以往研究中，对于行政协议的界定多是采用单一要素的方式，形成如"主体说""目的说"等多种学说，而本案实际上表明了行政协议的判断是一种多要素的综合判断，针对学界的争议，本案强调"是否具有行政法上的权利义务"这一标准的重要性。此外，本案对相对人不履行行政协议约定义务时行政机关的救济途径，被委托签订协议的机关、公民或其他组织的被告资格进行了探索，虽然在这两个问题上本案裁判可能不具有普遍性，但是为问题的解决提供了思路。

除法律问题外，本案强调"人无信不立，业无信不兴，国无信则衰"，强调行政机关不能无视自己作为国家机关的承诺，更不能无视国家公信及民众对其的信赖利益，是对保护行政协议中私人权利的有力宣告。

（指导教师：罗智敏　中国政法大学法学院教授）

行政机关单方解除行政协议行为的司法审查

——湖北草本工房饮料有限公司诉湖北省荆州经济技术开发区管理委员会等行政协议纠纷案

俞蒙勃 *

【案例名称】

湖北草本工房饮料有限公司诉湖北省荆州经济技术开发区管理委员会等行政协议纠纷案［湖北省荆州市中级人民法院（2015）鄂荆州中行初字第00056号；湖北省高级人民法院（2016）鄂行终684号；最高人民法院（2017）最高法行申3564号］

【关键词】

行政协议　合同解除权　行政优益权

【基本案情】

2009年8月31日，湖北省荆州经济技术开发区管理委员会（以下简称荆州市经开区管委会）（甲方）与湖北草本工房饮料有限公司（以下简称草本公司）（乙方）签订《招商项目投资合同》，对乙方投资项目及产品等基本情况，乙方以出让方式获取投资项目所需土地（使用权）的坐落范围、面积和价格，甲乙双方的承诺、奖罚和违约责任予以约定。其中对违约责任的约定是："甲、乙双方必须认真履行本合同的各项承诺。如一方违约或未实现承诺，给对方造成经济损失应负赔偿责任；如因违约或不适当履行承诺可能给

---

* 俞蒙勃，中国政法大学法学院宪法学与行政法学专业2019级硕士研究生。

对方造成重大损失，或者致合同无法继续履行时，对方有权解除合同，并追究赔偿责任。"当日，甲乙双方又签订了一份《补充合同》，对其他事项作出约定。合同签订后，草本公司向荆州市经开区管委会支付了首笔土地款 100 万元，并通过出让方式取得了 129 408.07 平方米（约 194.11 亩）土地的《国有建设用地使用权证》。

2010 年 7 月 4 日，草本公司与华神公司签订了《建设工程施工合同》（补充条款），约定由华神公司承建草本公司一期（厂房、宿舍）桩基础、土建、钢结构、给排水、电气、厂区道路等。2011 年 1 月 25 日，由于草本公司一期基建工程存在质量问题，荆州市建设工程质量监督站对华神公司下达了《建筑工程停工通知书》。此后，该建设工程项目一直处于停工状态，草本公司对投资项目也再无后续资金投入，呈现停滞状态。2015 年 3 月 23 日，湖北省国土资源厅作出鄂土资函〔2015〕333 号通知，要求下属国土资源局报送专项督查发现的闲置土地整改台账，开展闲置土地整改工作。草本公司取得的 129 408.07 平方米（约 194.11 亩）土地闲置四年之久，属于报送整改之列。2015 年 9 月 23 日，荆州市经开区管委会对草本公司作出《合同自行终止通知书》并予以送达。草本公司不服，提起行政诉讼，请求依法撤销荆州市经开区管委会作出的《合同自行终止通知书》，判令荆州市经开区管委会、荆州市政府继续履行招商项目合同和补充合同约定的义务，交付土地 105.88 亩，为草本公司开工创设条件。湖北省荆州市中级人民法院作出（2015）鄂荆州中行初字第 00056 号行政判决，驳回草本公司的诉讼请求。草本公司不服，提起上诉。湖北省高级人民法院作出（2016）鄂行终 684 号行政判决，驳回上诉，维持原判。草本公司不服二审判决，向最高人民法院申请再审。最高人民法院作出（2017）最高法行申 3564 号裁定，驳回草本公司的再审申请。

本案涉及的法律条款有：

《合同法》第 93 条第 2 款规定："当事人可以约定一方解除合同的条件。解除合同的条件成就时，解除权人可以解除合同。"

《合同法》第 97 条规定："合同解除后，尚未履行的，终止履行；已经履行的，根据履行情况和合同性质，当事人可以要求恢复原状、采取其他补救措施，并有权要求赔偿损失。"

《适用解释》（2015）第15条第3款规定："被告因公共利益需要或者其他法定理由单方变更、解除协议，给原告造成损失的，判决被告予以补偿。"

《行政协议解释》第16条第1款规定："在履行行政协议过程中，可能出现严重损害国家利益、社会公共利益的情形，被告作出变更、解除协议的行政行为后，原告请求撤销该行为，人民法院经审理认为该行为合法的，判决驳回原告诉讼请求；给原告造成损失的，判决被告予以补偿。"

【裁判要旨】

在行政协议的订立、履行过程中，不仅行政机关应当恪守法定权限，不违背法律、法规的强制性规定，履行协议约定的各项义务，行政协议的相对方也应严格遵守相关法律、法规的规定和协议的约定；否则行政机关有权依照合同法的相关规定以及协议的约定，行使解除协议的权利。

【裁判理由与论证】

本案的主要争点是荆州市经开区管委会单方解除涉案行政协议之行为的性质，一审、二审法院认为其属于行使行政优益权的行为，而再审法院认为其属于合同法框架内行使合同解除权的行为。不同法院的论证理由如下。

一、行政协议的特征

一审法院认为，行政合同[1]"特征之一就是必须贯彻行政优益性原则，即行政合同当事人的地位不完全平等，行政主体享有合同履行的指挥权、监督权，可以根据国家管理和社会共同利益的需要单方行使合同变更权和解除权"。二审法院认为，"在行政协议的履行过程中，行政机关享有优益权，可以基于行政管理和公共利益的需要变更或解除协议，不必征得合同相对方的同意"。

再审法院则认为，"行政协议既保留了行政行为的属性，又采用了合同的方式，由这种双重混合特征所决定，一方面，行政机关应当与协议相对方平

---

[1] 一审法院在判决书中的用语是"行政合同"，而非"行政协议"。

等协商订立协议；协议一旦订立，双方都要依照协议的约定履行各自的义务；当出现纠纷时，也要首先根据协议的约定在《合同法》的框架内主张权利。另一方面，'协商订立'不代表行政相对人与行政机关是一种完全平等的法律关系。法律虽然允许行政机关与行政相对人缔结协议，但仍应坚持依法行政，不能借由行政协议扩大法定的活动空间。法律也允许行政机关享有一定的行政优益权，当继续履行协议会影响公共利益或者行政管理目标实现时，行政机关可以单方变更、解除行政协议，不必经过双方的意思合致"，"在行政协议的订立、履行过程中，不仅行政机关应当恪守法定权限，不违背法律、法规的强制性规定，履行协议约定的各项义务，行政协议的相对方也应严格遵守相关法律、法规的规定和协议的约定，否则行政机关有权依照《合同法》的相关规定以及合同的约定，行使解除合同的权利"。

二、荆州市经开区管委会单方终止《招商项目投资合同》及《补充合同》行为的性质认定

一审法院认为，根据查明事实，草本公司"在前期投入一部分资金后无后续资金投入，使得已经取得的约194.11亩土地长期处于闲置状态，投资项目也一直未予启动，已构成对合同的违约。荆州经开区管委会为了更好地实现投资开发目的以及社会公共利益的需要，作出《合同自行终止通知书》，单方终止与草本公司所签订的《招商项目投资合同》及《补充合同》，是行使行政优益权的行为，合法有效，合同至此依法予以解除"。二审法院的论证理由与一审法院一致。

再审法院则认为，"《合同法》第93条第2款规定：'当事人可以约定一方解除合同的条件。解除合同的条件成就时，解除权人可以解除合同。'草本公司与荆州经开区管委会签订的《招商项目投资合同》第6条约定：'甲、乙双方必须认真履行本合同的各项承诺。如一方违约或未实现承诺，给对方造成经济损失应负赔偿责任；如因违约或不适当履行承诺可能给对方造成重大损失，或者致合同无法继续履行时，对方有权解除本合同，并追究赔偿责任。'根据原审法院查明的事实，在合同签订6年之后，草本公司的项目既未投产，也未按约定缴纳相应税费，致使合同目的不能实现；在这同时，草本公司取得的129 408.07平方米（约194.11亩）土地也闲置4年之久。草本公司的行为已符合合同约定

解除条件，荆州市经开区管委会据此作出《合同自行终止通知书》，符合《合同法》第93条第2款的规定，也符合《招商项目投资合同》第6条的约定"，"一审和二审法院的裁判结果虽无不当，但其一方面认定草本公司的行为已符合合同约定解除条件，另一方面又以行政优益权肯认荆州市经开区管委会作出的单方终止行为，既无必要，也一定程度上存在对于行政优益权的不当理解"，荆州市经开区管委会作出《合同自行终止通知书》，并非基于行政优益权，仍是在《合同法》规定和合同约定的框架内行事。

【涉及的重要理论问题】

行政协议，是指行政机关为了实现行政管理或者公共服务目标，与公民、法人或者其他组织协商订立的具有行政法上权利义务内容的协议。[1]其既有作为行政管理方式"行政性"的一面，也有作为公私合意的产物"协议性"（契约性）的一面。[2]行政协议的双重属性，导致了对行政机关解除行政协议之行为的性质不易作出准确界定。

本案中，一审、二审法院和最高人民法院均认为荆州市经开区管委会单方解除行政协议的行为合法，但在该行为性质的判断上存在不同的裁判逻辑。一审、二审法院在认定涉案合同是行政协议后，直接从行政优益性原则出发进行分析，以行政协议中行政机关享有优益权、可基于行政管理或公共利益需要解除协议为由，认定荆州市经开区管委会的解除行为属于行使行政优益权的行为。其主要是从行政协议的行政性出发进行判断，虽然认定草本公司的行为已符合合同约定的解除条件，却仍将被诉解除行为认定为行使行政优益权的行为，对行政优益权的理解不准确，裁判逻辑也不够自洽。最高人民法院则是从行政协议的双重属性出发进行说理，肯定行政机关不仅享有合同法框架内的解除权利，还享有行政优益权，在一定条件下可以单方变更、解除行政协议，并结合具体案情指出本案中的单方解除行为属于前者而非后者，纠正了一审、二审法院的不当理解，并强调了行政优益权（单方变更、解除

---

〔1〕《行政协议解释》第1条规定："行政机关为了实现行政管理或者公共服务目标，与公民、法人或者其他组织协商订立的具有行政法上权利义务内容的协议，属于行政诉讼法第12条第1款第11项规定的行政协议。"

〔2〕参见梁凤云："行政协议案件适用合同法的问题"，载《中国法律评论》2017年第1期。

权）的行使必须受到严格限制，裁判逻辑更为自洽、合理。

一审、二审法院与最高人民法院的不同裁判逻辑反映了行政机关单方解除行政协议行为之性质的判断难题。该问题在行政法学界也存在不同观点：在涉及行政协议之解除尤其是单方解除的文献中，较多学者是从单方解除权角度进行探讨，认为行政协议单方解除权是行政机关独有的权力，行政机关单方解除行政协议的行为是其出于维护公共利益的需要或行政管理的目的，行使行政优益权的解除行为。[1]但也有学者认为行政协议中的单方解除权根据来源不同，分为约定解除权和法定解除权，后者又分为私法契约规则中的法定解除权和行政契约特有的解除权，只有行政契约特有的解除权即基于公益的单方解除权才是行政主体特有的。[2]也有学者与其观点相似，认为在行政协议中，除了行政机关特有的单方解除合同的权利（行政优益权）外，基于行政协议的合意性，在一定条件下（主要是指约定解除和《合同法》规定的法定解除情形）双方均可享有单方解除协议的权利。[3]根据这类观点，行政机关的单方解除行为不限于行使行政优益权的行为，亦可能是私法契约规则中的单方解除行为。还有法官撰文表示，"对单方变更解除协议行为性质的判断，决定了如何适用法律规范……如果法律规范规定了行政机关可以单方变更解除协议，行政机关实施单方变更解除行为的，属于单方行政行为……如果法律规定没有规定行政机关可以单方变更解除合同，但是合同约定可以变更解除的，行政机关的行为应当适用民事法律规范"。[4]根据其观点，行政机关单方变更解除行政协议的行为也具有不同的性质。综上，有学者认为行政机关单方解除行政协议的行为就是行使行政优益权的行为，也有学者认为行政机关的单方解除行为需要区分不同性质，可能是行使行政优益权的解除

---

[1] 参见杜承铭、徐凤霞："关于行政合同单方变更与解除"，载《武汉大学学报（哲学社会科学版）》2008年第6期；沈广明："行政协议单方变更或解除权行使条件的司法认定"，载《行政法学研究》2018年第3期；许鹏、乐巍："行政协议单方变更权的司法审查"，载《人民司法（应用）》2016年第22期；温薇："论行政合同的单方面变更与解除"，载《南海法学》2019年第1期；薛丽珍、程同顺："法治与契约：从行政协议案件视角看新《行政诉讼法》"，载《学习论坛》2019年第1期。

[2] 参见步兵："行政契约解除研究"，载《东南大学学报（哲学社会科学版）》2010年第4期。

[3] 参见张洪亮、安恒捷："法治视域内行政合同解除研究"，载《太原大学学报》2014年第1期。

[4] 梁凤云："行政协议案件的审理和判决规则"，载《国家检察官学院学报》2015年第4期。

行为，也可能是私法性质的解除行为。

笔者更赞同后一种观点，认为对于行政机关单方解除行政协议行为的性质不能一概而论，该问题涉及行政协议双重属性间的权衡，涉及行政协议中行政机关的行政优益权和合同权利等问题，需要分情形加以讨论。下面笔者将对区分解除行为不同性质的必要性进行探讨，然后结合最高人民法院的裁判逻辑，分析判断行政机关单方解除行政协议行为之性质的具体路径。

一、合同法框架内的解除行为与行使行政优益权的解除行为界分之必要

传统的行政管理方式具有浓厚的公权力色彩，相应的行政行为具有单方意志性和强制性，但随着社会的发展以及服务型政府理念的兴起与发展，公权力在一些行政领域无法发挥其作用，运用传统的单方行政行为无法达成行政管理的目的，为克服传统行政的局限，作为"公域权力因素与私域契约自由精神相互渗透"[1]的产物——行政协议应运而生，在一些行政领域取代单方行政行为成为行政管理的重要方式。因而，行政协议天然具有行政性与契约性，两种属性不可缺其一。过于强调行政性会导致行政协议愈发倾向单方行政行为，使本就弱势的契约性趋向消解，易造成行政机关肆意行使行政特权破坏契约合意、行政协议制度名存实亡的后果，背离行政协议产生的初衷；而过于强调契约性又会使其与民事合同无异，使行政协议失去存在的意义。因此，对于行政协议的双重属性必须加以合理的界定与权衡，不能使任何一方畸重。基于此，体现行政协议不同属性的行政机关行为不能随意混同、视为一种行为。

本案中，最高人民法院在说理时首先对行政协议的双重属性进行了解释。根据最高人民法院的阐释，行政协议的契约性体现在：（1）行政机关应当与协议相对方平等协商订立协议；（2）协议一旦订立，双方都要依照协议的约定履行各自的义务；（3）出现纠纷时，双方应首先根据协议的约定在合同法的框架内主张权利。行政协议的行政性则体现在：（1）行政相对人与行政机关之间并非完全平等的法律关系，法律虽然允许行政机关与行政相对人缔结协

---

〔1〕 曾哲、韩锦霞："我国行政合同司法审查的实践梳理及完善路径"，载《江西社会科学》2016 年第 6 期。

议，但仍应坚持依法行政，不能借由行政协议扩大法定的活动空间；（2）法律允许行政机关享有一定的行政优益权，当继续履行协议会影响公共利益或者行政管理目标实现时，行政机关可以单方变更、解除行政协议，不必经过双方的意思合致。

根据最高人民法院的说理，行政机关单方解除行政协议的行为有不同的表现形式：一是行使行政优益权单方解除行政协议的行为，二是在合同法的框架内主张权利，解除行政协议的行为。两者虽然均为解除行为，但属性并不相同，前者无疑是行政协议行政性的体现，后者则是行政协议契约性的体现。如果将行政机关解除行政协议的行为一律认定为行使行政优益权的行为，会扩大行政优益权行使的边界，易造成行政机关滥用行政优益权的现象，这会使我国行政协议的行政属性进一步加强，使本就处于弱势地位的合意性进一步被削弱，从而可能造成行政协议与单方行政行为的差别缩小，违背以行政协议而非单方行政行为来形塑行政机关与相对方之间法律关系的合意基础，[1]进而可能动摇行政协议制度的根基。基于此，对两类行为加以区分是必要的。

二、行政机关在合同法框架内行使合同解除权的单方解除行为

由于最高人民法院主张对于行政协议纠纷，双方应首先根据协议的约定在合同法的框架内主张权利，可见其秉持的是合同权利优先的观念，出现行政协议履行争议时，行政机关应当优先选择行使合同权利。[2]因此判断行政机关单方解除行政协议行为的性质应首先从合同法框架内的合同解除权入手，结合合同约定以及合同法相关规定加以分析。

（一）合同解除权的适用条件

行政协议的契约性特征使得民事法律规范尤其是合同法中与行政协议属性不相冲突的规定，如合同的履行、合同效力、合同的变更与解除、违约责任等规定，均可以适用于行政协议。[3]《适用解释》（2015）与《行政协议

---

〔1〕 最高人民法院第四巡回法庭（2017）最高法行申 3564 号行政裁定书。

〔2〕 参见郭一君、宣建新："合同权利在行政协议中的适用"，载《人民司法》2019 年第 14 期。

〔3〕 参见麻锦亮："纠缠在行政性与协议性之间的行政协议"，载《中国法律评论》2017 年第 1 期。

解释》中的有关规定均体现了这一点。〔1〕根据《合同法》第93条、第94条，〔2〕合同的解除可以分为双方协商解除与单方解除两种形式，其中单方解除合同的情形又包括：（1）约定解除：提前约定一方当事人解除合同的条件，条件成就时，该当事人即可单方解除合同。（2）法定解除：①因不可抗力致使不能实现合同目的；②当事人一方预期违约；③当事人一方迟延履行；④当事人一方根本违约；⑤其他法定情形。约定解除权建立在双方合意的基础之上，法定解除权则是基于《合同法》的明文规定。两种解除权在性质上均属形成权，在满足约定的解除条件或者法定解除情形时，享有解除权的一方主张解除合同的，无需对方当事人的同意，但解除权的行使有一定的限制条件，〔3〕解除权人应当将解除合同的意思表示通知对方，合同自通知到达对方时解除，若法律、行政法规规定解除合同应当办理批准、登记等手续的，还需依照其规定，并且解除权人必须在法定或约定的解除权期限内行使权利，若法律未规定或合同未约定期限，应在对方催告后的合理期限内行使。

值得注意的是，本案中最高人民法院所主张的是"当出现纠纷时，也要首先根据协议的约定在《合同法》的框架内主张权利"。根据其主张，合同约定权利优先，行政机关可行使合同约定的解除权，那么最高人民法院未提及的法定解除权能否适用？笔者对此持肯定观点，理由如下：一方面，法定解除权也是合同法框架内的合同权利，其主要是针对不可抗力和一方当事人根

---

〔1〕 涉及的条款主要是《适用解释》（2015）第14条、第15条，《行政协议解释》第12条、第14条、第18条、第20条、第27条。

〔2〕《合同法》第93条规定："当事人协商一致，可以解除合同。当事人可以约定一方解除合同的条件。解除合同的条件成就时，解除权人可以解除合同。"《合同法》第94条规定："有下列情形之一的，当事人可以解除合同：（1）因不可抗力致使不能实现合同目的；（2）在履行期限届满之前，当事人一方明确表示或者以自己的行为表明不履行主要债务；（3）当事人一方迟延履行主要债务，经催告后在合理期限内仍未履行；（4）当事人一方迟延履行债务或者有其他违约行为致使不能实现合同目的；（5）法律规定的其他情形。"

〔3〕 此处合同解除权的行使条件是根据《合同法》第95条、第96条总结的。《合同法》第95条规定："法律规定或者当事人约定解除权行使期限，期限届满当事人不行使的，该权利消灭。法律没有规定或者当事人没有约定解除权行使期限，经对方催告后在合理期限内不行使的，该权利消灭。"第96条规定："当事人一方依照本法第93条第2款、第4条的规定主张解除合同的，应当通知对方。合同自通知到达对方时解除。对方有异议的，可以请求人民法院或者仲裁机构确认解除合同的效力。法律、行政法规规定解除合同应当办理批准、登记等手续的，依照其规定。"

本违约的情形，此时若仍要求当事人严守合同，不仅是对当事人的过度束缚，也是对社会资源的浪费，法定解除权的设计使当事人免受合同的束缚，也可制裁根本违约方，使其丧失合同期待利益，是公平原则在合同制度上的体现；此外，双方当事人在订立合同时一般都是本着合同全面履行的期望，在合同所追求的目的无法实现时，作为理性人的当事人无疑会希望从合同中抽身，重新寻找缔约机会，法定解除权的设计契合一般理性人的意愿，也符合合同的意思自治精神。[1]若行政机关在协议没有约定的情形下遭遇不可抗力或相对方根本违约，却不能行使法定解除权、表达其解约意愿，不仅无法制裁违约方，不符合公平原则，也不利于合同目的（行政管理或公共服务目标）的实现，更可能损害社会公共利益。另一方面，根据《适用解释》（2015）第15条第2款和《行政协议解释》第17条的规定，[2]在行政协议中，协议相对方可因符合约定或法定情形要求解除行政协议。其权利属于合同法框架内的约定或法定解除权，相对方行使此权利并不需要经过行政机关的同意，只需将该意思表示通知行政机关（在行政诉讼中是通过法院向行政机关主张），相对方即可解除行政协议。基于契约的双向性，此种权利应属于协议双方，若只能由相对方行使，对行政机关而言显失公平，亦有违行政协议的契约性。

综上，行政机关行使合同解除权单方解除行政协议的条件可以概括如图1所示。

---

〔1〕 参见丁春雷："合同法定解除若干问题研究"，华东政法大学2009年硕士学位论文。

〔2〕 《适用解释》（2015）第15条第2款规定："原告请求解除协议或者确认协议无效，理由成立的，判决解除协议或者确认协议无效，并根据合同法等相关法律规定作出处理。"《行政协议解释》第17条规定："原告请求解除行政协议，人民法院认为符合约定或者法定解除情形且不损害国家利益、社会公共利益和他人合法权益的，可以判决解除该协议。"

```
┌─────────────────────────────────────────────────────┐
│          行政机关行使合同解除权单方解除行政协议            │
└─────────────────────────────────────────────────────┘
┌──────────────────────────┐   ┌──────────────────────────┐
│  行使约定解除权单方解除行政协议  │   │  行使法定解除权单方解除行政协议  │
└──────────────────────────┘   └──────────────────────────┘
┌──────────────────────────┐   ┌──────────────────────────┐
│                          │   │ 条件1：满足下列具体情形之一：   │
│ 条件1：合同约定解除条件（行政机│   │ ①因不可抗力致使不能实现合同目的；│
│ 关在满足一定条件时可以解除协议），│   │ ②相对方预期违约；              │
│ 且解除条件成就              │   │ ③相对方迟延履行；              │
│                          │   │ ④相对方根本违约                │
└──────────────────────────┘   └──────────────────────────┘
          ┌──────────────────────────────────────┐
          │    条件2：在解除权期限内行使解除权         │
          └──────────────────────────────────────┘
          ┌──────────────────────────────────────┐
          │    条件3：通知相对方                     │
          └──────────────────────────────────────┘
   ┌──────────────────────────────────────────────┐
   │  条件4：办理法律、行政法规规定的批准、登记等手续       │
   └──────────────────────────────────────────────┘
```

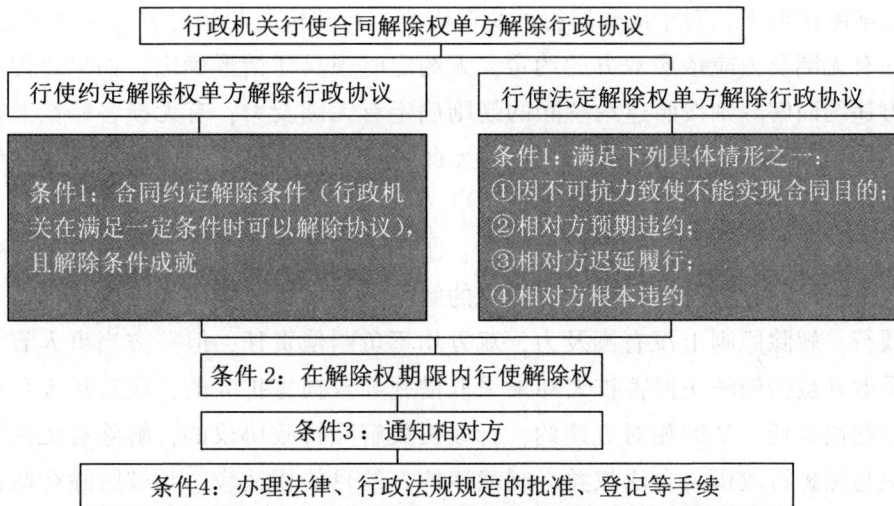

图1 行政机关行使合同解除权解除行政协议的条件

（二）合同解除行为的法律效果

根据《合同法》第 97 条，[1] 关于合同解除的法律效果采取的是直接效果说，即合同因解除而消灭，尚未履行的终止履行，已经履行的根据履行情况和合同性质部分发生返还请求权。[2] 关于合同解除有无溯及力以及解除后的损害赔偿责任等问题，《合同法》的规定并不明晰，需要根据履行情况和合同性质进行分析。结合《合同法》的规定以及相关学者观点，对于行政机关基于合同解除权解除行政协议之行为的法律效果也需要分情形进行探讨。

（1）基于约定解除权的解除行为：行政协议的相关内容都是建立在双方合意的基础上，如果双方在行政协议中约定了解除条件，该条件也是双方协商一致达成的，一旦条件成就协议即解除的后果是双方在约定时已有所预期的。"合同是对未来的一种制度安排，这种安排意味着交易风险，缔约人都应为自己的缔约决策风险负责。"[3] 采用合同形式的行政协议亦是如此。因此在

---

〔1〕《合同法》第 97 条规定："合同解除后，尚未履行的，终止履行；已经履行的，根据履行情况和合同性质，当事人可以要求恢复原状、采取其他补救措施，并有权要求赔偿损失。"

〔2〕参见崔建远、吴光荣："我国合同法上解除权的行使规则"，载《法律适用》2009 年第 11 期。

〔3〕于立深："行政协议司法判断的核心标准：公权力的作用"，载《行政法学研究》2017 年第 2 期。

约定解除情形下，对于尚未履行的协议内容，行政机关和相对方均不再履行；解除有无溯及力应依照双方的约定，无约定时视具体情形确定，如果是因相对方违约而解除则按照违约解除的规则确定有无溯及力；有无损害赔偿及损害赔偿数额也应依照当事人约定，若无此约定且行政机关是因相对方违约解除协议的，则按违约损害赔偿处理。[1]

（2）基于法定解除权的解除行为：①因不可抗力无法实现合同目的，行政机关解除行政协议的，双方对协议的解除均无过错，协议尚未履行部分不再履行，解除原则上没有溯及力，双方均不负赔偿责任，但一方当事人有义务采取补救措施防止损害扩大却未采取措施导致损害扩大的，应对扩大部分承担赔偿责任。②因相对方违约，行政机关解除行政协议的，解除有无溯及力应与保护行政机关合法权益、制裁违约方的目的相适应，与被解除行政协议的性质相符合。对非继续性的行政协议，解除应具有溯及力（因此类协议解除后能恢复原状）；对继续性的行政协议，解除原则上无溯及力。此外，违约的相对方还应承担赔偿责任。[2]

三、行政机关行使行政优益权的单方解除行为

最高人民法院在本案中指出，"行政优益权是行政机关在《合同法》的框架之外作出的单方处置"。在判断行政机关单方解除行为的性质时，如果根据合同权利优先的原则审查行政协议约定以及《合同法》的规定，得出否定性结论——行政机关的单方解除行为并非合同法框架内的解除行为，则应进入第二个阶段，即判断行政机关的单方解除行为是否为行使行政优益权的解除行为。因此，接下来笔者将从行政优益权入手对行政机关的解除行为进行探讨。

（一）行政优益权的适用条件

行政优益权是指行政协议履行过程中，为了实现公共利益需要，行政机关

---

〔1〕 参见崔建远、吴光荣："我国合同法上解除权的行使规则"，载《法律适用》2009 年第 11 期；苗振林、尚贤："论合同解除的法律效果"，载《河南社会科学》2006 年第 2 期。

〔2〕 参见崔建远、吴光荣："我国合同法上解除权的行使规则"，载《法律适用》2009 年第 11 期；苗振林、尚贤："论合同解除的法律效果"，载《河南社会科学》2006 年第 2 期。

享有对协议履行的监督权、指挥权、单方变更权和解除权。[1]在行政协议的履行过程中，行政优益权作为保障公共利益的重要手段有其存在的必要性。但同时行政优益权作为赋予行政机关的一种特殊权力，具有侵略性与扩张性，若不加以规范和限制，必然会导致行政机关借公共利益之名滥用行政优益权或者违法行使行政优益权的现象发生，损害协议相对方的权益（其中行政机关恣意行使行政优益权单方解除行政协议的行为对相对方的不利影响最为严重），对行政协议制度本身也会产生负面影响。因此，对于行政机关行使行政优益权单方解除行政协议的行为必须加以必要的限制，在满足一定条件时方可作出。

关于行政优益权的行使条件，理论界与实务界存在多种观点。有人认为行政机关行使行政优益权单方面变更或解除合同应以公共利益为目的，给对方当事人造成损失或加重负担的，行政主体应予补偿。[2]有人主张对行政合同单方变更与解除权的规制应包括：维护公共利益需要；完整补偿行政相对人损失；对合同的整体变更不应超过必要的限度；遵循正当的程序。[3]有人总结了司法实务中形成的行政优益权行使条件，包括：基于公共利益之目的；须有法律规定和合同约定依据；需承担损失补偿责任。[4]有人主张对行政机关行使行政优益权的行为进行司法审查应包括下列方面：合同履行中发生的情况变化是否属于不可抗力等情势变更，是否还有履约可能性；行政机关变更或者解除合同是否基于公共利益之考量；合同变更或解除后，行政机关是否基于信赖保护与公平原则，给予相对人合理补偿。[5]还有人梳理了《适用解释》（2015）施行前后法院认定的单方变更或解除权行使条件的变化：解释施行前，条件呈多元化，包括公共利益需要、符合法律规定、符合协议约定、

[1] 参见郭修江："行政协议案件审理规则——对《行政诉讼法》及其适用解释关于行政协议案件规定的理解"，载《法律适用》2016年第12期。

[2] 参见刘莘："行政合同刍议"，载《中国法学》1995年第5期。

[3] 参见张坤世、文国银："行政合同诉讼的法律思考"，载《人民司法》2011年第4期；杜承铭、徐凤霞："关于行政合同单方变更与解除"，载《武汉大学学报（哲学社会科学版）》2008年第6期。

[4] 参见叶必丰："行政合同的司法探索及其态度"，载《法学评论》2014年第1期。

[5] 参见曾哲、韩锦霞："我国行政合同司法审查的实践梳理及完善路径"，载《江西社会科学》2016年第6期。

情势变更等；解释施行后，条件趋向二元化，主要分为公共利益需要和符合法律规定两大类。[1]

综合来看，上述观点涵盖实体和程序两个方面，主要包括公共利益、补偿责任、正当程序、法律规定、情势变更等要素。其中，公共利益是学界普遍认可的条件，也是最为关键的要素。补偿责任也有较多人主张，在相关的司法解释中也有明确规定，[2]但笔者认为补偿责任更宜作为行政机关行使行政优益权后应承担的法律后果。符合法律规定这一条件主要是从司法实务中总结出的，笔者认为审判实践中法院以此为条件主要是因为行政诉讼中法院的审查是一种合法性审查，需要依据法律规定来判断被诉行政行为是否合法，在审查行政机关行使行政优益权变更、解除行政协议的行为时以法律法规为依据更易于法院判断，但法律具有一定的滞后性，而且有关行政协议的法律规定尚不完善，如果要求行政机关行使行政优益权的行为必须有法律规定可能会造成因缺乏相应规定，公共利益无法被保护的情形，因此，笔者认为此条件目前不宜作为行政优益权行使的必备条件。正当程序要件也有一些人支持，"行政程序具有防止行政恣意和保证理性选择的特点"，[3]行政优益权作为行政机关独有的特权，若不加以程序控制必会被滥用，因而笔者认为也应作为必要的条件之一。争议较大的是情势变更条件，研究者的观点不一：有人认为"合同履行中发生的情况变化是否属于不可抗力等情势变更，是否还有履约可能性"[4]是审查行政机关行使行政优益权行为的关键之一，其是将履约可能性与情势变更联系在一起；也有人认为情势变更属于合同法上的解除条件，与行政法上因公共利益保护的需要而改变行政决定的法定事由有很大

---

〔1〕 参见沈广明："行政协议单方变更或解除权行使条件的司法认定"，载《行政法学研究》2018 年第 3 期。

〔2〕《适用解释》（2015）第 15 条第 3 款规定："被告因公共利益需要或者其他法定理由单方变更、解除协议，给原告造成损失的，判决被告予以补偿。"《行政协议解释》第 16 条第 1 款规定："在履行行政协议过程中，可能出现严重损害国家利益、社会公共利益的情形，被告作出变更、解除协议的行政行为后，原告请求撤销该行为，人民法院经审理认为该行为合法的，判决驳回原告诉讼请求；给原告造成损失的，判决被告予以补偿。"

〔3〕 张坤世、文国银："行政合同诉讼的法律思考"，载《人民司法》2011 年第 4 期。

〔4〕 曾哲、韩锦霞："我国行政合同司法审查的实践梳理及完善路径"，载《江西社会科学》2016 年第 6 期。

的区别。[1]对于"情势变更"的判断，有人认为司法解释并没有明确规定，应该准用民法上情势变更的构成要件；也有人认为行政协议中的情势变更不完全等同于普通民事合同中的情势变更，普通合同追求的终极目标是公平，而行政协议追求的目标是公共利益，行政协议中情势变更发生的基础要植根于行政协议的行政性以及公益优先原则。笔者认为行使行政优益权解除行政协议的条件包含情势变更要件，但该情势变更与合同法上的情势变更不同。合同法上的情势变更是指合同成立以后客观情况发生了当事人在订立合同时无法预见的、非不可抗力造成的不属于商业风险的重大变化，继续履行合同对一方当事人明显不公平或者不能实现合同目的的情形，[2]关注点在于公平与合同目的能否实现。而行政协议中的情势变更虽然也是客观情况发生了当事人不可预见的重大变化，但是指强行维持行政协议原有效力将导致公共利益与个体利益的关系严重失衡的情形，[3]关注点在于公共利益，其是公共利益可能受损的诱因。

本案中，最高人民法院认为行政机关行使行政优益权单方变更、解除行政协议的条件包括：（1）必须是为了防止或去除对于公共利益的重大危害；（2）当作出单方调整或者单方解除时，应当对公共利益的具体情形作出释明；（3）单方调整须符合比例原则，将由此带来的副作用降到最低；（4）应当对相对人由此造成的损失依法或者依约给予相应补偿。最高人民法院所列的条件也可以归纳为实体与程序两个方面，大体上涵盖了人们主张较多的条件，包括：实体上，以维护公共利益为目的，符合比例原则，依法或依约补偿；程序上，作出行为时应向相对方释明，也即正当程序的要求。虽然最高人民法院未明示需具备情势变更的条件，但其在判决中指出，"尤为关键的是，行政优益权是行政机关在《合同法》的框架之外作出的单方处置，也就是说，

---

[1] 参见张向东："论行政协议合法性审查与合约性审查的关系"，载《江苏社会科学》2020年第2期。

[2] 最高人民法院《关于适用〈中华人民共和国合同法〉若干问题的解释（二）》第26条规定："合同成立以后客观情况发生了当事人在订立合同时无法预见的、非不可抗力造成的不属于商业风险的重大变化，继续履行合同对于一方当事人明显不公平或者不能实现合同目的，当事人请求人民法院变更或者解除合同的，人民法院应当根据公平原则，并结合案件的实际情况确定是否变更或者解除。"

[3] 参见严益州："论行政合同上的情势变更——基于控权论立场"，载《中外法学》2019年第6期。

行政协议本来能够依照约定继续履行，只是出于公共利益考虑才人为地予以变更或解除"。笔者认为这含有以"情势变更"为前提之意。因为行政机关与相对方签订行政协议是为了实现行政管理或者公共服务目标，本就与公共利益紧密相关，对协议内容的确定以及订立行为的作出必然会涉及对公共利益的考量，应维护而不能损害公共利益，因此协议订立后对协议内容的履行在一般情况下对公共利益应是有利或者无害的。而在行政协议能够依照约定继续履行的情况下，行政机关出于公共利益考虑却需解除协议，必然是因为与履行行为相关的公共利益情况发生重大变化，导致原本无害的履行行为转而将损害公共利益，这表明客观情况发生了重大变化。这种客观情况的变化，可以称为"情势变更"。[1]

综合上述分析，笔者认为行政机关行使行政优益权单方解除行政协议的条件应当包括以下几个方面。

1. 实体条件

（1）须以"情势变更"为前提。

判断是否构成此种"情势变更"，笔者认为可以借鉴学者严益州提出的如下四项要件：①行政合同所赖以为基础的客观情况发生重大变化，重大变化既包含自然环境改变、战争爆发、金融危机等事实变化，也包含法律、法规、规章制定、撤销与废止等规则变化。其中，规范性文件的变化在一定条件下也可视为规则变化，但由于规范性文件的层级较低，行政机关对其制定拥有主导权，且制定程序相对简便，应当加以限制，若相关规范性文件对不特定相对人创设权利义务，且该规范性文件的制定机关并非行政协议当事人，其方可能引发情势变更，若相关规范性文件旨在对不特定相对人进行行政指导，不具有拘束力，则不应认定其引发情势变更。②客观情况的重大变化须双方当事人不可预见，不可预见的判定应采用客观标准，从一般理性人的角度进行判断，以防止行政机关滥用权力。③客观情况的重大变化须不可归责于双方当事人，且不得放宽或取消对行政机关的不可归责性要求，因为行政机关是行政管理的实施者，以维护公共利益为己任，且行政机关的专业水准、判

---

[1] 此处的"情势变更"不同于民法上的概念，有学者对其进行探讨时也称之为"情势变更"。参见严益州："论行政合同上的情势变更——基于控权论立场"，载《中外法学》2019年第6期；王洪亮："论民法典规范准用于行政协议"，载《行政管理改革》2020年第2期。

断能力、防止妨害发生的能力均高于私主体，行政机关的注意义务应是程度相对较高的管理者标准的注意义务。④不得以公共利益为名将商业风险认定为情势变更。[1]

（2）必须以维护公共利益为目的。

所有行政机关行使行政优益权的行为都必须以维护公共利益为根本目的，行使行政优益权单方解除行政协议的行为也不例外。公共利益不仅是学界普遍认可的条件，也是相关司法解释明确规定的条件。《适用解释》（2015）第15条第3款[2]规定，行政机关可因"公共利益需要或者其他法定理由"单方变更、解除协议，《行政协议解释》第16条第1款规定，行政机关在"可能出现严重损害国家利益、社会公共利益的情形"下，可以变更、解除协议。从"公共利益需要或者其他法定理由"到"可能出现严重损害国家利益、社会公共利益的情形"，有人认为后一规定的目的在于保护公共利益免受严重损害，首先国家利益与社会公共利益是事实意义上的概念，并不一定必须是法律上界定的公共利益；其次要求必须是严重、明显的公共利益，如果履行会导致国家在不同层面承担不可期待的负担，如果是逐渐产生的对公权机关经济上的不利益则不属于严重损害。[3]笔者赞同其观点，认为相关规定的变化有两点意义：首先，《适用解释》（2015）中"公共利益"与"其他法定理由"并列，含有"公共利益"应有法定依据之意，《行政协议解释》中的规定没有"法定"二字，表明不再限于法律明文规定的公共利益。法律对公共利益的保护随着社会发展而变化，相比于不断发展的社会现实，法律有一定的滞后性，要求公共利益必须有法律的明文规定，不利于对公共利益的保护，取消"法定"二字有其积极意义。其次，《行政协议解释》对损害的程度作了要求，应达到"严重"的程度，可以防止行政机关以公共利益为借口滥用单方变更、解除权，在任一对其不利益的情形中变更、解除行政协议。

虽然相关司法解释的措辞有所变化，但公共利益仍是一个抽象的不确定

---

[1] 参见严益州："论行政合同上的情势变更——基于控权论立场"，载《中外法学》2019年第6期。

[2] 《适用解释》（2015）第15条第3款规定："被告因公共利益需要或者其他法定理由单方变更、解除协议，给原告造成损失的，判决被告予以补偿。"

[3] 参见王洪亮："论民法典规范准用于行政协议"，载《行政管理改革》2020年第2期。

的法律概念，对公共利益的解释仍然是一大难题。有人认为，在公共利益的界定上，利益的公众性（人的数量）固然是一个不可忽视的标准，但在现代社会确定公共利益不能再仅仅凭借公众的数量，而应将国家任务或国家目的作为重要的判断标准，需要根据不断变迁的社会政治、经济、文化等因素进行综合的考量。[1]还有人认为对公共利益概念的论证过程需要分为两个步骤：第一步是初步确定，通过"价值填充"[2]与"类型化"[3]的方法，将抽象的公共利益初步明确为法律原则；第二步是最终确定，在将公共利益初步明确为法律原则后，通过个案中衡量模式[4]（原则权衡与利益衡量）的运用——以比例原则为框架，在合理权衡案件所涉及各种法益的基础上，最终形成适用于个案的关于"公共利益"概念具体含义的法律规则。[5]相比较而言，第一种界定方式仍然较为抽象，欠缺可操作性；第二种论证方式通过运用价值填充、利益衡量等多重手段将原本高度抽象的"公共利益"概念逐步导向个案中具体确定的公共利益，不仅具有合理性，也更易于操作。因此，在行政协议案件中判断行政机关是否是出于维护公共利益的目的作出单方解除行为时宜采取第二种方法：[6]以价值填充和类型化为手段，找到可能与案件事实相关的法规范，将该法规范中的公共利益类型化以实现价值填充，将法规范中经价值填充的公共利益与案件事实相勾连，确定个案中是否存在行政机关应当维护的公共利益。[7]

---

〔1〕 参见刘丹："公共利益的法律解读与界定"，载《行政法学研究》2005年第2期。

〔2〕 价值填充，是指依据立法目的，运用社会公认的或可以探知的客观伦理价值、公平正义观念等对法律所留下的罅隙空间进行填补充实，以增进法律规定的确定性。参见杨仁寿：《法学方法论》，中国政法大学出版社1999年版，第135~137页。

〔3〕 对于"公共利益"概念的类型化，是指根据社会理性与经验把握其在具体法律适用领域的要素，然后以之为标准进行描述性的分类，从而形成形象化的"公共利益"类型，使其内容逐渐趋于明确。参见余军："'公共利益'的论证方法探析"，载《当代法学》2012年第4期。

〔4〕 衡量模式是在法律规则缺失的条件下，法律适用者运用法律原则或外在的社会价值与标准所作的实质意义上的合理性论证。参见余军："'公共利益'的论证方法探析"，载《当代法学》2012年第4期。

〔5〕 参见余军："'公共利益'的论证方法探析"，载《当代法学》2012年第4期。

〔6〕 因笔者认为行政机关行使行政优益权解除行政协议的条件包括以维护公共利益为目的和遵循比例原则，故在此只分析如何采取第二种方法中的第一个步骤确定公共利益是否存在。

〔7〕 参见沈广明："行政协议单方变更或解除权行使条件的司法认定"，载《行政法学研究》2018年第3期。

（3）遵循比例原则。

为防止行政机关肆意以公共利益为借口行使行政优益权，损害相对方的合法权益，行政机关行使行政优益权的行为必须遵循比例原则，尤其是行使行政优益权单方变更、解除行政协议的行为。行政机关在作出解除行为前，必须运用比例原则，将其所要维护的公共利益与解除行为将牺牲的私人利益进行权衡，通过适当性原则、必要性原则和均衡性原则这三个子原则〔1〕逐步进行考察。如果单方解除行为无法实现维护公共利益的目的，或者单方解除行为虽能达成维护公共利益的目的但并非对相对人权益侵害最小的方式，亦或是单方解除行为所欲保护的公共利益小于可能受损的私益，有其中任一情形时行政机关就不应作出单方解除行为。

2. 程序条件

正当程序原则作为在程序方面对行政裁量的控制，直接体现法治政府对行政权力公正行使的最低限度，从而成为行政法上的一项基本原则，我国理论界对此普遍认同，并且我国众多行政法律规范中也有该原则的体现。〔2〕遵循正当法律程序是行政机关履行公共职能的基本要求，特别是在对相对人作出不利的决定时，更要在严密的程序中保障当事人的程序利益。〔3〕行政机关行使行政优益权单方解除行政协议的行为必然会损害协议相对方的权益，故此种行为的作出必须遵守必要的程序。有人认为行政机关行使行政优益权单方变更、解除行政协议应遵循的正当程序至少应包括：首先，告知并说明理由、听取意见；其次，就补偿问题认真协商，必要时应进行听证；还应保障相对人有效救济渠道的畅通，注重对行政合同单方变更与解除行为的合法性审查。〔4〕有人则主张对行政合同单方变更与解除的程序控制包括协议先行程

---

〔1〕 适当性原则是指所采行的措施必须能够实现行政目的或至少有助于行政目的的达成并且是正确的手段。必要性原则是指在前述"适当性"原则已获肯定后，在能达成法律目的的诸方式中，应选择对人民权利最小侵害的方式。均衡性原则是指行政权力所采取的措施与其所达到的目的之间必须合比例或相称。参见沈广明："行政协议单方变更或解除权行使条件的司法认定"，载《行政法学研究》2018年第3期。

〔2〕 参见周佑勇："司法判决对正当程序原则的发展"，载《中国法学》2019年第3期。

〔3〕 参见黎学基、谭宗泽："行政合同中行政优益权的规制及其法律救济——以公共选择理论为视角"，载《南京工业大学学报（社会科学版）》2010年第2期。

〔4〕 参见张坤世、文国银："行政合同诉讼的法律思考"，载《人民司法》2011年第4期。

序、先行告知与说明理由程序、听证程序。[1]还有人认为对行政合同的单方变更与解除应以如下程序制度进行规制：协商先行制度、事先告知制度、听证或第三方评估制度、说明理由制度和书面制度。[2]正如论者所言，正当程序原则保障的是行政相对人的程序参与权，是以公平听证为核心，辅之以告知、说明理由等为主要内容的实现最低限度的程序正义的基本要求。[3]因此，笔者认为行政机关应遵守的程序应包括：（1）最低限度的程序要求：履行告知义务，向协议相对方说明解除行政协议的理由，告知相对方相应的救济途径，听取相对方的意见；相对方若对此不服，可以向人民法院提起行政诉讼。此外，行政机关解除行为的作出应采用书面形式，便于对解除行为不服的相对人起诉。（2）必要时的听证要求：在涉及重大公共利益或者对相对方的合法权益有重大影响时，可以根据相对方的申请举行听证，使协议相对方得以充分表达意见，也有利于行政机关对公共利益与相对方权益更为审慎地进行权衡。

综上，行政机关行使行政优益权单方解除行政协议的条件可以概括如图2所示。

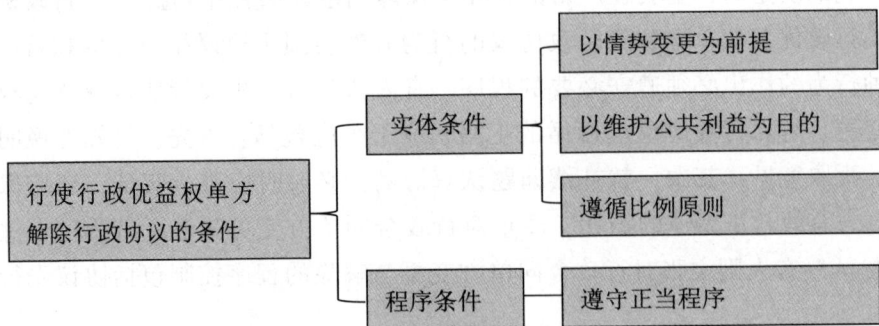

图2　行使行政优益权单方解除行政协议的条件

---

〔1〕　参见杜承铭、徐凤霞："关于行政合同单方变更与解除"，载《武汉大学学报（哲学社会科学版）》2008年第6期。

〔2〕　参见温薇："论行政合同的单方面变更与解除"，载《南海法学》2019年第1期。

〔3〕　参见周佑勇："司法判决对正当程序原则的发展"，载《中国法学》2019年第3期。

（二）法律效果

《行政协议解释》第16条规定："在履行行政协议过程中，可能出现严重损害国家利益、社会公共利益的情形，被告作出变更、解除协议的行政行为后，原告请求撤销该行为，人民法院经审理认为该行为合法的，判决驳回原告诉讼请求；给原告造成损失的，判决被告予以补偿……被告变更、解除行政协议的行政行为违法，人民法院可以依据行政诉讼法第78条的规定判决被告继续履行协议、采取补救措施；给原告造成损失的，判决被告予以赔偿。"据此规定，在行政机关合法行使行政优益权单方解除行政协议的情形下，如果相对方的合法权益因协议解除而遭受损失，行政机关应当依法给予补偿。这也是信赖利益保护原则在行政协议领域的体现。若行政机关在未满足上述条件的情况下作出单方解除行为，则属于违法行使行政优益权单方解除行政协议的情形，相对方的合法权益因此受损的，行政机关应当承担赔偿责任，赔偿范围为相对方因签订协议和为履行协议所作准备及行政机关解除协议后相对方处理善后工作所造成的直接经济损失。〔1〕

四、判断路径归纳

综合上述分析，最高人民法院在本案中确立了合同权利优先的判断路径，对行政机关单方解除行政协议行为的性质判断应首先从合同约定及《合同法》规定入手，如果行政机关的单方解除行为并非合同法框架内的解除行为，则应进入第二个阶段，判断行政机关的单方解除行为是否为行使行政优益权的解除行为，具体路径如图3所示。

---

〔1〕 参见程琥："行政协议案件判决方式研究"，载《行政法学研究》2018年第5期。

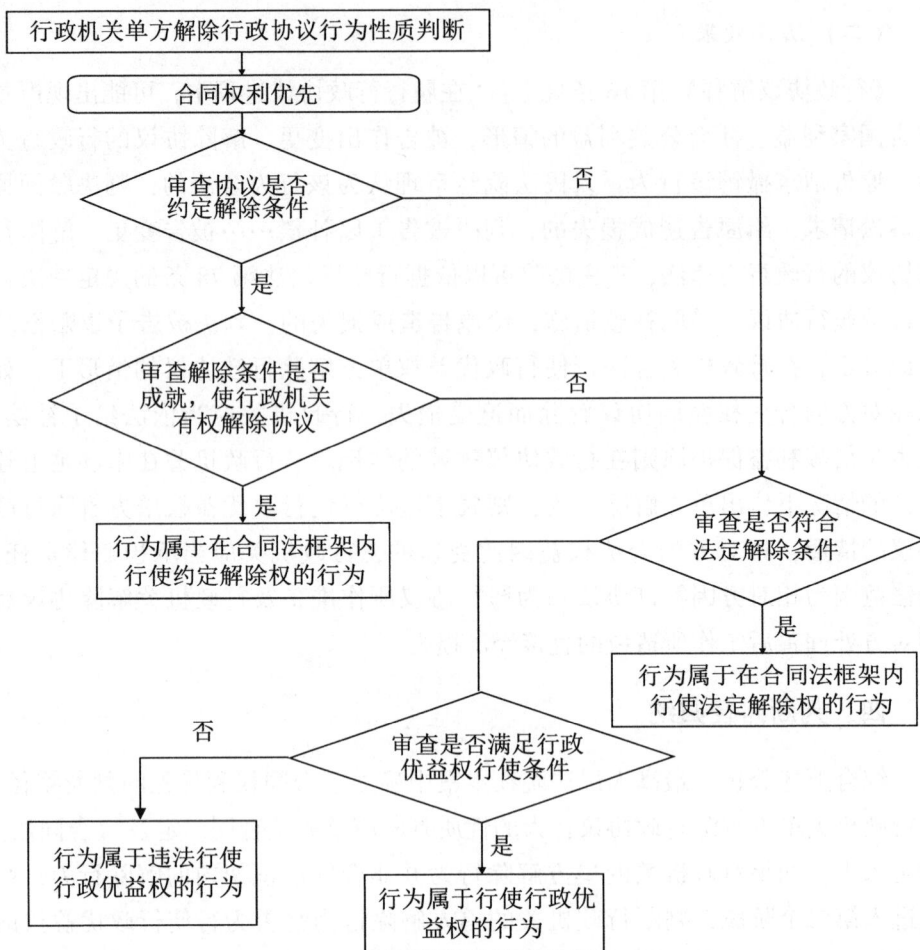

图3　行政机关单方解除行政协议行为性质判断之路径

　　最高人民法院在本案中对行政协议的双重属性作了较为清晰的界分，指出行政机关基于合同解除权的单方解除行为与基于行政优益权的单方解除行为应加以区分，不能混为一谈。虽然最高人民法院以较长的篇幅对行政机关单方解除行政协议行为的性质进行了详细论证，但其判决结果与一审、二审法院相比并无变化，最高人民法院的说理分析似乎并无太大意义。其实不然，首先，两种行为的法律效果并不相同。基于行政优益权的单方解除行为可以视为单方行政行为，具有强制性，其带来的合同终止、相对方承受不利益的后果并非相对人可预期的，属于行政机关强加于相对方的，故此种行为必须受正当程序原则、信赖利益保护原则等行政法基本原则的约束，行政机关往往还需承担一定的补偿责任；而基于合同解除权的单方解除行为多是因相对方的违约行为作出的，属于对相对方违约的制裁手段，行政协议的合同属性决定了双方都应按照协议履行各自义务，从一般理性人的角度，相对方在作出违约行为时就应有承担违约责任、接受制裁的预期，相应的不利后果并非行政机关强加给相对方的，而是基于契约精神，所以此种解除行为无须受行政法基本原则的约束，赔偿责任的主体也并非行政机关而应是相对方。其次，最高人民法院在本案中确定了一种基调——行政优益权的行使必须受到严格限制。正如学者所言，我国行政协议的合意性本来就低，如果错误地以为行政优益权是当然的权能，就将导致契约合意名存实亡，使行政机关事实上拥有单方强制执行权，消解行政协议替代传统行政行为的初始制度功能。[1] 最高人民法院对行政优益权须受限制的强调应是我国行政协议制度的应有之义，对我国行政协议制度的发展和完善有积极意义。

【后续影响及借鉴意义】

我国行政诉讼原被告恒定（"民告官"）的模式，使得行政协议之诉只能由相对方提起，[2]行政机关不能就其订立的行政协议提起行政诉讼，也不能提起反诉。根据《适用解释》（2015）、《行政协议解释》，相对方可因行政机关不依法、不依约履行行政协议起诉，也可因行政机关变更、解除行政协议起诉，对相对方的权益保障规定得比较全面；而相对方不依法、不依约履行时，行政机关如何维护自身权益则缺乏相应规定。本案中，最高人民法院旨在明确在行政协议的履行过程中，行政协议的相对方也应严格遵守法律法规规定和合同约定，否则行政机关有权依照合同法的相关规定以及协议的约定行使解除协议的权利，肯定了对行政机关合法的合同权利也应加以保障，在一定意义上回应了行政协议纠纷中相对人未依约履行时行政机关如何救济

---

〔1〕 参见于立深："行政契约履行争议适用《行政诉讼法》第97条之探讨"，载《中国法学》2019年第4期。

〔2〕 《行政协议解释》第5条规定了与行政协议有利害关系的公民、法人或其他组织的原告资格。

自身权利的问题。

目前我国关于行政协议的法律规定尚不完善，相应的行政协议制度也尚未形成完整的体系，给司法实践中法院审理行政协议案件带来了一定困难。同时行政协议的双重属性，也使得行政机关解除行政协议行为的性质不易判断，若理解存在偏差就会作出错误判断，如本案中一审、二审法院忽略行政机关的合同解除权，直接将行政机关的单方解除行为界定为行使行政优益权的行为。最高人民法院在本案中对行政协议的双重属性进行了清晰的阐释，表明行政机关既可以在合同法框架内行使合同解除权解除行政协议，也可以行使行政优益权解除行政协议，厘清了单方解除行为的两种性质，对行政协议制度尤其是解除制度的完善有着积极意义，也为法院区分两类不同属性的单方解除行为提供了经验。同时，最高人民法院在本案中的裁判思路确立了行政协议案件中判断行政机关的单方解除行为之性质的基本路径（见图3），对其后的法院审理类似案件具有重要的指导意义，如"防城港市自然资源局、珠海市机电工程公司资源行政管理案"〔1〕就借鉴了最高人民法院在草本公司案中的判断路径。此外，最高人民法院还指出了一审、二审法院对行政优益权的不当理解，其对行政优益权之行使必须受到严格限制的强调以及对行政优益权行使条件的明晰，为下级法院如何对行政机关行使行政优益权的行为进行审查指明了方向，有利于加强法院对行政机关的监督，一定程度上有助于减少行政机关滥用行政优益权的现象。

（指导教师：马允　中国政法大学法学院副教授）

---

〔1〕 参见广西壮族自治区防城港市中级人民法院（2019）桂06行终60号行政判决书。该案中，被告原防城港市国土资源局解除其与原告签订的四份《国有土地使用权出让合同》是否合法是焦点问题之一，一审法院虽然沿袭了最高人民法院对行政协议双重属性的认定，也首先从合同约定的解除条件入手，但直接根据合同约定的解除条件和《合同法》规定，认为原告未完全支付土地出让金并未达到约定的解除条件，被告的解除行为明显不当，应予撤销；二审法院认为应充分考量行政协议的复合属性，从行政行为的角度看，一审未对如继续履行案涉合同是否涉及侵犯公共利益及他人合法权益进行调查和利益衡量，未对上诉人（一审被告）是否有权行使优益权进行单方解除进行评价，判决理由不充分，因而撤销一审判决，发回重审。换言之，一审法院仅分析了合同约定和《合同法》规定，符合最高人民法院在草本公司案中确立的判断路径的第一步，在认定不满足合同法上的解除条件后，未分析被告能否行使行政优益权解除合同，未进行最高人民法院确立的判断路径的第二步，二审法院指出了这一问题并将案件发回重审。

政府特许经营协议诉讼涉及的相关法律问题

——寿光中石油昆仑燃气有限公司诉寿光市人民政府、潍坊市人民政府解除政府特许经营协议案

曹佳靖 *

【案例名称】

寿光中石油昆仑燃气有限公司诉寿光市人民政府、潍坊市人民政府解除政府特许经营协议案 [山东省潍坊市中级人民法院（2016）鲁07行初88号；山东省高级人民法院（2017）鲁行终191号]

【关键词】

政府特许经营协议　单方解除　行政优益权　程序正义

【基本案情】

2011 年 7 月 15 日，被告寿光市人民政府（以下简称寿光市政府）授权的寿光市住房和城乡建设局（甲方）与原告寿光中石油昆仑燃气有限公司（以下简称昆仑燃气公司）（乙方）协商共同开发寿光市天然气综合利用项目，双方签订《山东省寿光市天然气综合利用项目合作协议》，达成如下合作协议："一、甲方、乙方同意就寿光市天然气利用项目进行合作；二、甲方同意乙方在寿光市从事城市天然气特许经营。特许经营范围包括渤海化工园区（羊口镇）、侯镇化工园区、东城工业园，特许经营期限为 30 年。三、甲方充分考虑天然气项目具有公共事业的特点，在国家政策法规允许的范围内，对该项

---

* 曹佳靖，中国政法大学法学院宪法学与行政法学专业 2019 级硕士研究生。

目在前期可行性研究阶段、建设和经营提供最大程度的支持。四、乙方应保证在中石油管网为寿光市争取足够的天然气指标，甲方应全力配合。如果乙方不能保证寿光市实际用气需求，则甲方有权依照山东省燃气管理条例等相关法律法规进行处理……六、本协议正式签署后，乙方对寿光市燃气项目积极开展工作，甲方利用自身优势给予积极配合。签订协议八个月内，如因乙方原因工程不能开工建设，则本协议废止。"协议签署前后，原告陆续取得了寿光市天然气综合利用项目的立项批复、管线路由规划意见、建设用地规划设计条件通知书、国有土地使用证、环评意见书、工业生产建设项目安全设施审查意见书、固定资产投资工程项目合理用能评估审核意见书、项目核准意见、关于燃气项目水土保持方案的批复等手续。同时，原告对项目进行了部分开工建设。

2014年4月30日，潍坊市城市管理行政执法局向山东省住房和城乡建设厅报送"关于昆仑燃气公司办理燃气工程项目批复的请示"，但未获批复。

2014年7月10日，寿光市住房和城乡建设局对原告昆仑燃气公司作出催告通知，内容为："……你公司的管道天然气经营许可手续至今未能办理，影响了经营区域内居民、工业、商业用户及时用气，……现通知你公司抓紧办理管道天然气经营许可手续，若收到本通知两个月内经营许可手续尚未批准，我市将收回你公司的管道天然气经营区域，由此造成的一切损失由你公司自行承担。"

2015年6月25日，原告昆仑燃气公司参加了寿光市燃气工作会议，会议明确要求："关于天然气镇村通工程建设。各燃气企业要明确管网铺设计划，加快推进工程建设，今年9月底前未完成燃气配套设施建设的，一律收回区域经营权。"

2015年6月29日，原告昆仑燃气公司向被告寿光市政府出具项目保证书，对文家门站及主管网项目、羊口镇燃气项目、侯镇燃气项目、双王城生态经济园区燃气项目作出承诺：在办理完成项目开工手续后三个月内完成以上工作，如不能按时完成，将自动退出政府所授予经营区域。

2016年4月6日，被告寿光市政府作出《关于印发寿光市"镇村通"天然气工作推进方案的通知》（寿政办发〔2016〕47号），决定按照相关框架合作协议中的有关违约责任，收回原告昆仑燃气公司的羊口镇、双王城生态经济园区和侯镇的经营区域授权，授权给寿光市城市基础设施建设投资管理中心代表寿光市政府经营管理。

原告昆仑燃气公司不服上述决定，向被告潍坊市人民政府（以下简称潍坊市政府）申请行政复议，潍坊市政府收到原告的行政复议申请书后，依法予以受理。2016年6月7日，潍坊市政府向被告寿光市政府作出并送达了《提出行政复议答复通知书》。同年6月21日，寿光市政府向潍坊市政府提交了《行政复议答复书》。2016年8月2日，潍坊市政府作出潍政复决字[2016]第161号行政复议决定书，维持了寿光市政府作出的寿政办发[2016]47号文件中关于收回昆仑燃气公司燃气特许经营区域授权的决定，并送达了原告及寿光市政府。原告遂提起本案行政诉讼。

一审法院经审理后认为，该案是针对行政机关强制收回市政公用事业特许经营协议的案件，争议焦点主要集中于：寿光市政府作出47号通知决定收回昆仑燃气公司燃气经营区域授权的行为是否合法。这就要从该行政行为的实体和程序两个方面综合考量。

一审法院首先依据《合同法》第94条第3项、第4项及第60条之规定认为，昆仑燃气公司在依约取得羊口镇、侯镇化工园区、东城工业园区天然气经营区域授权后，因项目的审批、投资建设不到位，致使项目建设不能依约完成，也不能办理燃气经营许可证。经过寿光市政府催告通知、召开会议催促要求，且昆仑燃气公司出具书面项目建设保证书作出承诺后，昆仑燃气公司在合理期限内仍未履行，影响了经营区域内用户及时用气，致使合同目的不能实现，寿光市政府有权按照合作协议中有关违约责任条款收回燃气特许经营区域授权。

在程序上，法院认为，寿光市政府在昆仑燃气公司未及时履行合同的情况下已经进行了催告，在催告后的合理期限内昆仑燃气公司仍未履行合同主要债务，致使合同目的不能实现，且收回燃气经营区域授权，非燃气经营许可的收回，故昆仑燃气公司认为寿光市政府未履行听证程序违法的主张于法无据。而潍坊市政府收到昆仑燃气公司的行政复议申请后，履行了受理、审查、作出行政复议决定并送达等法定程序，程序合法。

据此，一审法院依照《行政诉讼法》第70条第6项的规定，判决驳回昆仑燃气公司的诉讼请求。原告不服，提起上诉，认为上诉人没有产生违约；

上诉人不存在应当被取消特许经营权的法定情形；原审法院混淆了基本概念，导致适用法律错误，本案涉及特许经营权的收回，取消获得特许经营权企业的权利并实施临时接管，应召开听证会。

本案涉及的法律条款有：

《合同法》第 60 条第 1 款规定："当事人应当按照约定全面履行自己的义务。"

《合同法》第 94 条规定："有下列情形之一的，当事人可以解除合同：……（3）当事人一方迟延履行主要债务，经催告后在合理期限内仍未履行；（4）当事人一方迟延履行债务或者有其他违约行为致使不能实现合同目的……"

《适用解释》（2015）第 14 条规定："人民法院审查行政机关是否依法履行、按照约定履行协议或者单方变更、解除协议是否合法，在适用行政法律规范的同时，可以适用不违反行政法和行政诉讼法强制性规定的民事法律规范。"

【裁判要旨】

行政相对人迟延履行政府特许经营协议致使协议目的无法实现，行政机关可以适用民事法律规范单方解除协议。行政机关据此强制收回特许经营权，应肯定其效力，但对于收回特许经营权过程中没有履行听证程序的做法应给予确认违法的评价。

【裁判理由与论证】

山东省高级人民法院经二审，确认了一审法院所查明的事实，但认为原审判决适用法律存在错误，应予纠正。

在判决理由部分，山东省高级人民法院对上诉人的三点上诉理由进行一一回应，即昆仑燃气公司是否应承担违约责任，是否存在被取消特许经营权的法定情形，以及寿光市政府取消企业特许经营权未进行听证程序是否合法。

一、昆仑燃气公司违约责任认定

学术界与司法实践中对于政府特许经营协议兼具契约性与行政性虽已达成共识，但对于其法律属性的争论仍方兴未艾。本案中山东省高级人民法院认为，"涉案合作协议系被上诉人寿光市政府在法定职责范围内为实现公共利益的需要，对天然气综合利用项目实施特许经营而与上诉人昆仑燃气公司进行的约定，具有行政法上的权利义务内容，属行政协议"。山东省高级人民法院首先抽剥出行政协议中暗含的契约关系，根据《适用解释》（2015）第14条的规定，在不违反行政法强制性规定的情况下适用调整民事合同的《合同法》。

根据《合同法》，涉案的合作协议系寿光市政府与昆仑燃气公司的真实意思表示，内容并未违反法律规定，应属有效。在双方未约定履行期限的情况下，寿光市政府先后两次催促昆仑燃气公司履行协议义务，给予其足够的准备时间，并且表示如不履约将收回燃气经营区域授权。而昆仑燃气公司在取得区域授权后的5年包括寿光市政府要求履行义务的时间内一直没有完成约定的燃气项目建设，且未提出不能履行相关义务的异议。根据上述事实，山东省高级人民法院认定："上诉人迟延履行义务，导致相关经营区域的供气目的不能实现，合同解除的法定条件成立。"故寿光市政府据此作出47号通知，收回上诉人在羊口镇、双王城生态经济园区和侯镇的燃气经营区域授权，实质是解除上诉人在该区域的燃气特许经营协议，并无不当。

二、寿光市政府收回燃气经营区域授权是否符合法定情形

政府特许经营协议作为典型的行政协议，其适用相关民事法律规范的前提是不得与行政法律规范相冲突。本案中，昆仑燃气公司在上诉中称寿光市政府违反了部门规章《市政公用事业特许经营管理办法》第18条，该条规定："获得特许经营权的企业在特许经营期间有下列行为之一的，主管部门应当依法终止特许经营协议，取消其特许经营权，并可以实施临时接管：（1）擅自转让、出租特许经营权的；（2）擅自将所经营的财产进行处置或者抵押的；（3）因管理不善，发生重大质量、生产安全事故的；（4）擅自停业、歇业，严重影响到社会公共利益和安全的；（5）法律、法规禁止的其他行为。"昆仑燃气公司认为其不存在上述取消特许经营权的法定情形。

由于法律具有天然的滞后性与局限性，立法者常常设置一些兜底性条款，以减少由于制定者主观认识能力不足所带来的法律缺陷，并保持法律的稳定性，使执法者可以依据法律的精神与原则，根据社会情势需要，适用兜底性

条款解决新的情况。当然，对于该类条款的解释需要慎之又慎，严格遵循同类规则，以所列举的行为基本特征为基础，寻求行为与法律所明确规定行为的一致性。对此，山东省高级人民法院认为，本案中昆仑燃气公司迟延履行合同义务，与法条前四项的行为与后果同属于"长期不能完成经营区域内的燃气项目建设，无法满足居民的用气需要，足以影响社会公共利益，应为法律、法规所禁止"的情形，"不能因为该条款未将上诉人迟延履行特许经营协议义务行为明确列为取消特许经营权的情形，就将其排除在法律规定之外，这并不符合该法保障社会公共利益的立法目的"。因此，出于尽快完成燃气项目建设，满足居民用气需求，保障社会公共利益的考虑，山东省高级人民法院将昆仑燃气公司的行为纳入第5项兜底性条款，对于上诉人的该主张不予支持。

三、寿光市政府收回燃气经营区域授权未进行听证程序是否合法

《市政公用事业特许经营管理办法》第25条规定了行政机关取消企业的特许经营权并实施临时接管时，必须按照有关法律法规的规定进行，并且召开听证会，而本案中寿光市政府无法提交相关证据证明其曾进行听证，违反了上述规定。山东省高级人民法院认为，寿光市政府对供气行业依法实施特许经营，决定收回上诉人燃气经营区域授权，应当告知上诉人享有听证的权利，听取上诉人的陈述和申辩。上诉人要求举行听证的，寿光市政府应当组织听证。而寿光市政府未提供证据证明其已履行了相应义务，其取消特许经营权的行为不符合上述法律规定，属于程序违法。因此，原审法院认为寿光市政府的行为系"非燃气经营许可的收回，故可以不进行听证"理由不当，山东省高级人民法院予以纠正，对于上诉人的该项主张，山东省高级人民法院予以支持。

综上，山东省高级人民法院认定寿光市政府强制收回昆仑燃气公司的燃气特许经营权、终止昆仑燃气公司在授权经营区域内的燃气特许经营协议，符合《合同法》关于合同解除的相关规定，但该具体行政行为作出的过程中没有履行必要的听证程序，违反了《市政公用事业特许经营管理办法》。因该燃气特许经营权已经实际授予他人，且撤销行政行为会影响居民用气，损害区域内公共利益，故仅确认程序违法，并判决寿光市政府采取必要的补救措

施。潍坊市政府作出行政复议决定的程序并无不当，但未对寿光市政府违反听证程序的违法问题进行审查认定，其复议维持决定不当，应当予以撤销。上诉人的上诉理由部分成立，应予支持。原审法院判决适用法律错误，应予撤销。

【涉及的重要理论问题】

正如恩格斯所言，"社会一旦有技术上的需要，这种需要就会比十所大学更能把科学推向前进"。[1]为了有效解决社会所需，以政府特许经营协议为代表的、兼具行政性与契约性的行政协议在各种公用事业领域得到了越来越广泛的应用。20 世纪 90 年代以来，我国开始尝试发展政府特许经营项目融资，但相关法律体系建设还远远没有跟上，也因此导致纠纷不断。本案作为一起典型的行政机关强制收回特许经营协议的案件入选 2018 年《最高人民法院公报》，对于现存问题的解决有一定的借鉴意义。

在本案中，一审法院和二审法院首先明确了政府特许经营协议《山东省寿光市天然气综合利用项目合作协议》属于行政协议，在不违反相关行政法律规范的情况下可以适用民事法律规范，据此肯定了寿光市政府的行为属于法定收回授权的情形；但对于寿光市政府解除该协议违反法定程序的做法，由于协议涉及社会公共利益，不宜撤销，应予确认程序违法的评价。以下对于该案所涉及的重要理论问题的分析也从以上几个方面着手。

一、政府特许经营协议及其属性

（一）政府特许经营的发展

政府特许经营最初的含义是行政机关正式赋予个人或集团的权利或特权，现在通行的概念来源于 20 世纪 80 年代在英国开展的公共服务领域的私有化运动。当时英国放松了对于公共服务的垄断经营，引入私人资本；到了 90 年代，私人资本参与进一步扩大到基础设施和公共服务领域，能够充分发挥私营机构创新意识、市场效率和资金优势的公私合作制度（Public-Private Part-

〔1〕［德］韦建桦主编、中共中央马克思恩格斯列宁斯大林著作编译局编译：《马克思恩格斯文集》（第十卷），人民出版社 2009 年版，第 668 页。

nership，PPP）诞生。[1]特许经营作为公私合营的雏形，[2]也是各国公私合作中被广泛采用的一种。纵观特许经营制度在世界各国的发展，其一般具有以下特征：（1）政府特许经营是公私合作的产物；（2）政府在其中享有充分的行政优益权；[3]（3）受权主体被授予政府特许经营权（管理政府特许经营事业、收取公共产品或服务的使用费用等）；[4]（4）受权主体承担运营特许经营事业的一切风险和责任。在某种意义上，政府特许经营就是一种合同安排，包括特许权的授予、合资、建设保险、融资、管理、维修、收费、回购、担保等一系列合同，[5]而其中最为核心的部分就是特许经营协议。

作为公用事业市场化改革的制度尝试，政府特许经营在中国首先受到了上海、深圳等沿海发达城市的青睐。1993年，上海签订了第一个政府特许专营合同——延安东路隧道复线的投融资建设合同，次年上海市人民政府制定了国内第一部政府特许经营方面的立法性文件《上海市延安东路隧道专营管理办法》，形成了独特的"规章+合同"的上海模式。2003年《行政许可法》将政府特许经营协议纳入了行政许可法律的适用范围，由此政府特许经营协议得到了国家法律层面的认可。其后，中央各部门及各地方立法纷纷出台，政府特许经营的概念、制度的基本原则、程序与内容得到了明确规定。2014年《行政诉讼法》第12条明确将特许协议纳入行政诉讼受案范围，进一步肯定了特许协议的行政协议属性。至此，政府特许经营制度的框架在我国基本形成。

（二）政府特许经营协议性质界定

特许经营制度在公用事业领域掀起了一场变革，同时也面临着深刻的合法性危机，首先是政府特许经营协议法律属性不明。在立法上，2014年《基

---

[1] 参见李平、费文婷："政府特许经营权收回法律问题研究"，载2010年政府法制研究。

[2] 参见郭鹰：《民间资本参与公私合作伙伴关系（PPP）的路径与策略》，社会科学文献出版社2010年版，第1页。

[3] 参见［英］卡罗尔·哈洛、理查德·罗林斯：《法律与行政》（下卷），杨伟东译，商务印书馆2004年版。

[4] 参见［德］汉斯·J.沃尔夫、奥托·巴霍夫、罗尔夫·施托贝尔：《行政法》（第三卷），高家伟译，商务印书馆2007年版，第457页。

[5] 李霞："论特许经营合同的法律性质——以公私合作为背景"，载《行政法学研究》2015年第1期。

础设施和公用事业特许经营法（征求意见稿）》第 44 条曾将特许经营协议定性为民事契约，而 2014 年《行政诉讼法》及其适用解释又将政府特许经营协议界定为行政协议，随后的《基础设施和公用事业特许经营管理办法》第 49条规定特许经营协议履行中的争议双方协商解决，并删除了 2014 年征求意见稿中将其定性为民事契约的条款，避开了对其属性的争论。政府特许经营协议"非公即私"的属性争议，带来适用行政诉讼还是民事诉讼救济渠道的分歧。尽管依目前的《行政诉讼法》及最高人民法院的司法解释，应当将政府特许经营协议定性为行政协议，但仍有不少将之定性为民事契约的案例，最典型的是最高人民法院审理的"河南新陵公路建设投资有限公司与辉县市人民政府管辖纠纷案"[1]，此外还有"吉林省龙达热力有限公司四平分公司、四平市吉邦房地产开发有限公司与四平热力有限公司侵权责任纠纷案"[2]"巴中市人民政府与四川巴万高速公路有限公司申请确认仲裁协议效力纠纷案"[3]等案例也将其认定为民事合同。2019 年 11 月 12 日，最高人民法院发布了《行政协议解释》，对于行政协议案件的审理作出了进一步规定，其中第2 条第 1 款明确了因政府特许经营协议引起的诉讼属于行政诉讼的受案范围。

学术界有关政府特许经营协议的争论向来莫衷一是，包括行政合同说、民事合同说、混合合同说、修正双阶理论、经济合同说等多种学说。持行政合同说的学者认为，由于合同主体之间地位不平等，合同目的在于实现国家和社会的公共利益，[4]因此政府特许经营合同是一种行政性契约，是政府借助契约手段实现行政目标的行政合同[5]。本案中山东省高级人民法院认同了该观点，"南宁市中威管道燃气发展有限责任公司与武鸣县人民政府等城乡建设行政管理案"中，广西壮族自治区南宁市中级人民法院同样持此观点，并根据《行政诉讼法》第 12 条第 1 款第 11 项之规定，认定违法解除政府特许经营协议案件属于行政诉讼的受案范围。[6]

〔1〕 最高人民法院（2015）民一终字第 244 号管辖裁定书。
〔2〕 吉林省四平市中级人民法院（2015）四民一终字第 83 号民事判决书。
〔3〕 北京市第二中级人民法院（2017）京 02 民特 11 号民事裁定书。
〔4〕 参见于安：《外商投资特许权项目协议（BOT）与行政合同法》，法律出版社 1998 年版，第24~29 页。
〔5〕 参见邢鸿飞："政府特许经营协议的行政性"，载《中国法学》2004 年第 6 期。
〔6〕 广西壮族自治区南宁市中级人民法院（2014）南市行一初字第 25 号行政判决书。

另一种学说为民事合同说，这部分学者认为，由于政府特许经营合同缔约主体双方意思表示一致，合同的标的特许经营权是民法上的财产权利，[1]因此应将政府特许经营协议定性为民事合同，这样可以突出平等自愿、等价有偿的特点，防止政府运用行政权力欺压相对人或为出卖行政权寻找借口。这一观点在司法实践中亦有体现，如上述提到的"河南新陵公路建设投资有限公司与辉县市人民政府管辖纠纷案"中，最高人民法院认为，"案涉合同的直接目的是建设新陵公路，而开发项目的主要目的为开发和经营新陵公路、设立新陵公路收费站，具有营利性质，并非提供向社会公众无偿开放的公共服务。虽然合同的一方当事人为辉县市政府，但合同相对人河南新陵公路建设投资有限公司在订立合同及决定合同内容等方面仍享有充分的意思自治，并不受单方行政行为强制，合同内容包括了具体的权利义务及违约责任，均体现了双方当事人的平等、等价协商一致的合意。本案合同并未仅就行政审批或行政许可事项本身进行约定，合同涉及的相关行政审批和行政许可等其他内容，为合同履行行为之一，属于合同的组成部分，不能决定案涉合同的性质。从本案合同的目的、职责、主体、行为、内容等方面看，合同具有明显的民商事法律关系性质，应当定性为民商事合同，不属于新《行政诉讼法》第 12 条第 1 款第 11 项、《最高人民法院关于适用〈中华人民共和国民事诉讼法〉若干问题的解释》第 11 条第 2 款规定的情形"。[2]最高人民法院从涉案合同的目的、职责、主体、行为、内容等方面进行分析，认为该合同具有明显的民商事法律关系性质，应当定性为民商事合同。

此外，还有一些学者认为，特许经营协议兼具了公法和私法的性质，单纯的民事或行政合同均不能将两者涵盖，冉洁等学者认为政府特许经营协议更符合经济法的调整对象，因此政府特许经营协议应当被定性为经济合同；李霞等学者则借鉴德国学者伊普森的双阶理论，将行政协议划分为前置性与后置性两个阶段，分别适用行政法律关系与民事法律关系。但该类观点由于缺乏法律支撑，在我国现有的司法判决中鲜有体现。

20 世纪，基于国际上发展中国家吸引外资的普遍做法，大多将政府特许

---

〔1〕 杨明、曹明星："特许经营权：一项独立的财产权"，载《华中科技大学学报（社会科学版）》2003 年第 5 期。

〔2〕 最高人民法院（2015）民一终字第 244 号民事裁定书。

经营协议定性为民事合同，在法律适用上主要依据民商法，这样做的目的是吸引外资进行基础设施建设。而今我们面临的问题是是否要继续按照投资人的主体特殊性和投资人的倾向性利益保护需求来决定，还是回归传统的法律制度设计的平等原则，来处理当事人的倾向性利益保护和考虑公私利益的平衡。[1]综合我国目前学术与实践中对于政府特许经营的认识，并结合《行政协议解释》，可对特许经营合同的性质重新进行审视：第一，从合同目的来看，政府特许经营协议虽说具有一定的营利性，但其直接目的，一则是实现行政管理的目标，二则是由于市场不愿意提供此类高投资高风险且具有较长回报周期的基础设施和公用事业项目，因此行政机关出于公益目的达成此类协议，"国家不能通过将职能外包给商业部门而逃避其人权责任"。[2]这也是法国把政府特许合同纳入行政协议的根本理由，"国家责任不可能是一种过错责任。而普通法院之所以不享有这类案件的管辖权，只是因为它们所处理的正是过错责任。因此，当争议中的问题关系到一项并不带有主权性质的公共服务时，管辖权就应当归于行政法院行事"。[3]第二，从合同的主体与职责来看，根据《市政公用事业特许经营管理办法》第 4 条，《基础设施和公用事业特许经营管理办法》第 14 条、第 18 条规定，行政协议签订主体中的行政主体，涵盖通常意义上的行政主体即国家行政机关、法律法规授权组织，以及行政机关委托的组织如公用企业、国有企业，[4]且上述行政主体在协议签订与履行的过程中一般享有行政优益权，正如法国学者狄骥的论述："特许状中的某些条款（比如那些涉及财务的条款）可能创造出了一种主观性的法律地位，因此带有契约的性质。但是，其中涉及服务之运营的那一部分条款却不是这样，政府有权单方修改这些条款，而如果它们是契约条款的话，这种情况是不可能发生的。"[5]从这个意义上讲，持民事合同说的学者只注意到了政

---

〔1〕 参见于安："论政府特许经营协议"，载《行政法学研究》2017 年第 6 期。

〔2〕 ［新西兰］迈克尔·塔格特编：《行政法的范围》，金自宁译，中国人民大学出版社 2006 年版，第 48 页。

〔3〕 ［法］莱昂·狄骥：《公法的变迁》，郑戈、冷静译，辽海出版社、春风文艺出版社 1999 年版，第 58 页。

〔4〕 参见邢鸿飞："政府特许经营协议的行政性"，载《中国法学》2004 年第 6 期。

〔5〕 ［法］莱昂·狄骥：《公法的变迁》，郑戈、冷静译，辽海出版社、春风文艺出版社 1999 年版，第 118 页。

府作为社会资本合作者的身份，而忽视了政府充当的监管者的身份。第三，从合同的内容来看，特许经营所涉及的法律领域具有综合性和复杂性，实施特许经营协议的过程必定涉及关于公司成立与运作等一系列法律问题，但"项目主体内容的特许权协议，其公法属性或行政法特征是毋庸置疑的"，"双方缔结的特许权协议所包含的权利义务关系属于行政法律关系，其中涉及的国有化政策、关税及税收制度、外汇管理制度等，均对特许权协议的行政性起着决定作用"。[1]第四，从意思要素分析，行政合同中各方的意思自治要受到法律法规的制约，不可能如私法合同中的完全意思自治，行政主体不能越权，也不得随意放弃行政职权的行使，而行政相对人的意思表示则要受到行政主体意思表示的制约。第五，从规范上看，我国《行政诉讼法》第2条明确规定只有行政行为适用该法，因此第12条有关受案范围的规定"行政机关不依法履行、未按照约定履行或者违法变更、解除政府特许经营协议"肯定了其行政行为的性质。在《行政协议解释》中，为了方便当事人提起行政协议诉讼，对于行政协议诉讼的具体种类也进行了规定，涵盖了主要的行政协议诉讼类型。

从上述角度分析，政府特许经营协议与行政协议两者在目的、主体、职责、内容、意思和规范等方面相符，可以说在我国政府特许经营协议应当被认定为行政协议。当然，这并不意味着否认协议中涉及的民事性合同内容，部分学者所持"混合契约"以及"修正双阶理论"的观点也正是由于认识到了政府特许经营协议与民事合同的共性和特性问题，只是没有分清两个层次内容的主次方面，这样仅仅是把更大的难题抛给了法院。在我国目前行政协议理论尚不成熟的情况下，通过行政诉讼解决纠纷，同时借鉴民事法律规范不失为一种办法，正如《适用解释》（2015）第14条规定的"在适用行政法律规范的同时，可以适用不违反行政法和行政诉讼法强制性规定的民事法律规范"，认定昆仑燃气公司迟延履行的行为应当承担违约责任。在《行政协议解释》中，最高人民法院对审理行政协议案件中如何适用民事法律规范作出了进一步规定，在明确政府特许经营协议的行政协议属性的前提下更加强调其民事契约特性，更加体现公众社会治理参与权和公共资源分享权，以及现

---

[1] 邢鸿飞："试论行政契约的分类及形式"，载《南京大学法律评论》2003年版第2期。

代社会服务行政、给付行政等发展理念。当然，如何妥善处理好行政与民事法律规范在纠纷解决机制上的差异仍然是我们需要进一步关注的重点。

二、政府行使特许协议解除权的情形与程序

特许经营协议的解除从不同的角度有不同的分类。从主体行为特征的角度，可分为授权方单方终止与双方协议终止；从协议是否履行期满的角度，可分为到期解除和提前解除；在提前解除中，从经营者是否有过错的角度，可分为可归责于经营者和不可归责于经营者的情形。目前的主要矛盾集中于行政机关单方提前解除特许经营协议上，这也是本部分要讨论的情形。

（一）行使解除权的情形

与民事协议不同，行政协议是行政机关履行法定职责的行为，基于"法无授权不可为"的理念，原则上只有出现法定事由才能够行使单方解除权。由于行政协议兼具公法和私法属性，因此行政机关单方解除特许经营协议可以划分为行政法上的解除权和民法上的解除权。前者是行政机关享有行政优益权的重要体现，后者则是行政机关作为合同当事人一方与行政相对人共同享有的解除权。行政机关主要基于以下几个事由才能行使单方解除特许经营协议的权力。

一是基于公共利益需要。"行政合同缔结以后或在履行过程中，由于社会情况变更，原来的合同不再符合公共利益的需要时，行政机关随时可以解除合同，这也是私法合同所不能具有的权力……行政机关不能事先放弃，但对方当事人在行政机关解除合同时有权得到补偿。行政机关是否行使解除权。何时行使解除权，属于行政机关自由裁量的权限。"[1]本案中，在确认寿光市政府行使解除权是否违反《基础设施和公用事业特许经营管理办法》第18条时，山东省高级人民法院对第5项兜底性条款的理解同样做了维护公共利益的考虑。又如在"新疆兴源建设集团有限公司、和田天瑞燃气有限责任公司与和田市人民政府、和田市住房和城乡建设局行政合同案"中，法院认为"和田市政府解除特许经营协议以及和田市住房和城乡建设局接管特许经营项

---

〔1〕 王名扬：《法国行政法》，北京大学出版社2006年版，第152页。

目的行为违法，但是特许经营涉及社会公共事务，是为了社会生产和居民生活提供公共服务，保证天然气供应和服务的连续性与稳定性至关重要"。因此，为保障公共利益，法院对和田市人民政府解除特许经营协议的行为确认违法而不予撤销。

在现代法治社会中，公共利益与个人利益之间始终存在着一定的张力，如何在两者的冲突中寻求合理的平衡，实现国家、社会与个人共同利益，是公法学领域的重要课题。在行政机关单方解除政府特许经营协议的问题中，对公共利益这一概念的界定，关乎行政机关行使公权力的范围，如果不对公共利益进行合理的限定，很容易致使行政机关滥用公共利益条款，肆意侵犯行政相对人的合法权益。此外，《行政协议解释》第 16 条第 1 款将行政机关行使行政优益权单方解除协议的情形限定在"可能出现严重损害国家利益、社会公共利益的情形"，在合理界定公共利益概念的前提下增加"严重损害"条件，限缩了行政机关单方解除的情形，从而避免司法实践中对于行政协议行政性质的过分强调。

二是受权经营者未能按照约定履行协议义务或是有高度违约可能，包括根据《适用解释》（2015）第 14 条及《行政协议解释》第 27 条的指引，适用《合同法》第 68 条、第 69 条的规定，"（1）经营状况严重恶化；（2）转移财产、抽逃资金，以逃避债务；（3）丧失商业信誉；（4）有丧失或者可能丧失履行债务能力的其他情形"，以及第 94 条第 2 项到第 5 项的规定，"（2）在履行期限届满之前，当事人一方明确表示或者以自己的行为表明不履行主要债务；（3）当事人一方迟延履行主要债务，经催告后在合理期限内仍未履行；（4）当事人一方迟延履行债务或者有其他违约行为致使不能实现合同目的；（5）法律规定的其他情形"。在履行协议的过程中，若行政协议相对方出现疏忽大意、产品瑕疵、违法作弊、拖延误事等情况时，行政机关可以单方面行使解除行政协议的权力，继而保障政府特许经营事业的正常运营。[1]在本案中，昆仑燃气公司的行为满足了法定解除的三个要件：首先，燃气项目履行需为可能，在约定履行期限届满后昆仑公司未履行，经催告后仍不履行，且无正

---

〔1〕 参见［法］让·里伟罗、让·瓦利纳：《法国行政法》，鲁仁译，商务印书馆 2008 年版，第 570 页。

当理由，因此构成迟延履行；其次，寿光市政府的两次催告给予昆仑公司足够的履行准备时间；最后，昆仑燃气公司的违约行为阻碍了供气项目建设，与社会公共利益背道而驰，致使合同目的不能实现。因此寿光市政府行使解除权符合法律规定。同样的，在 2008 年的另一起案例中，上海市沪青高速公路实际控制人上海茂盛企业发展有限公司的董事长刘某某因涉嫌抽逃甬金高速公路资金被浙江警方逮捕，其占股 67% 的沪青高速公路项目公司可能因犯罪嫌疑人的财产被冻结而易主，在此情况下经营者很可能丧失债务履行能力，因此市政府采取了收回特许经营权的方式。

三是情势变更，包括政治、经济、法律及商业上的种种客观状况，实践中主要表现为国家政策、行政措施、现行法律规定等发生调整。行政机关作为法律法规的执行机关，当法律规范发生变动导致协议所设定的权利义务不符合法律规定时，行政机关基于履行法定职责的需要可以单方解除协议，同时根据《基础设施和公用事业特许经营管理办法》第 36 条规定，"因法律、行政法规修改，或者政策调整损害特许经营者预期利益，或者根据公共利益需要，要求特许经营者提供协议约定以外的产品或服务的，应当给予特许经营者相应补偿"，给予相对人补偿。以上海市为例，20 世纪 90 年代中期，地方政府开始向外国政府、经济组织承诺固定投资回报率，以贷款和发行债券等方式筹集城市基础设施建设资金。1998 年和 2001 年国家分别下发《国务院关于加强外汇外债管理开展外汇外债检查的通知》和《国务院关于进一步加强和改进外汇收支管理的通知》，要求各地对已有固定回报项目进行清查并提出处理意见，因此 2002 年底开始，上海市人民政府对所有设定固定回报的特许项目进行清理，对需要收回的项目实行了提前回购。

四是不可抗力，在协议缔结后，出现缔约双方不能预见、不能避免、不能克服的客观事件。不可抗力一般需要满足三个条件：缔约双方在缔结协议时都不能合理地预测到将会发生的情形；这些事件的发生独立于协议主体的意志；这些事件的发生扰乱了政府特许经营协议履行的条件。[1]

---

〔1〕 参见［法］让·里伟罗、让·瓦利纳：《法国行政法》，鲁仁译，商务印书馆 2008 年版，第 570 页。

（二）解除特许经营协议的程序

通过搜索裁判文书网中行政特许经营协议相关案例，可以看到违法解除特许协议中程序违法占比不在少数。本案中，山东省高级人民法院即根据《市政公用事业特许经营管理办法》第 25 条有关听证程序的规定，认定"寿光市人民政府并未提供证据证明其已履行了相应的听证程序，其收回昆仑燃气公司燃气特许经营权的行为不符合上述规定，属于程序违法"。

"程序是司法的正义给自己绑上的蒙眼布"，[1]通过这层"蒙眼布"，可以排除种种外在因素的影响，信守价值中立原则，理性地执法与司法，合理地划分职权，从而赢得民众的信任与合作，最终在"法律面前人人平等"的原则下将其纳入法制框架中。[2]西方国家的形式正义理念自欧洲经历"17 世纪危机"[3]后发端以来，现代法律从教会法开始逐渐完成了形式理性化的过程，到了 20 世纪，规范性法律文件的浩繁、法律判例的庞杂及法律程序的细密化将法律形式化体现到了极致。[4]上述背景之下，到了 19 世纪末，行政程序随着行政法的逐步形式理性化开始形成。我国的实质正义观认为，正义更多地来源于政策、习惯、情理，这反映在执法与司法中就是对执法与司法人员更多的要求政治忠诚与道德高尚而非行政法律技术。然而，缺乏程序要件的法制是难以协调运作的，硬要推行之，则极易与古代法家的严刑峻法同构化。[5]因为现代行政程序制度背后，自由主义是其最基本的价值诉求，而这恰是中国行政程序制度几十年发展进程中一直被忽视的问题。

如果说合同解除条款的适用体现的是政府特许经营协议的私法自治原则，

---

〔1〕 冯象："正义的蒙眼布，政法笔记Ⅱ"，载《读书》2002 年 7 期。

〔2〕 参见张步峰："论行政程序的理念——程序正义的理论与课题辨析"，载《人大法律评论》2003 年第 1 期。

〔3〕 欧洲"17 世纪危机"包括三种历史事件：一是牛顿机械物理世界观的逐步确立引起传统欧洲基督教世界观的崩溃，人们无所适从；二是法国国王亨利四世试图调和当时新教与天主教的斗争未能成功而被刺身亡；三是 1618 年至 1648 年的 30 年战争（战争的缘由也是新旧宗教之争），最终两败俱伤。参见［美］帕尔默、科尔顿：《近现代世界史》（上册），孙福生、陈敦全等译，商务印书馆1988 年版。

〔4〕 参见 Campos P F, *Jurismania*: *The madness of American law*, Oxford University Press, 1999。

〔5〕 参见季卫东：《法律程序的意义：对中国法制建设的另一种思考》，中国法制出版社 2004 年版，第 16 页。

那么本案中反映的因未履行收回特许经营权中的听证程序而被确认违法的情形则更多的是体现政府特许经营协议的公法强制属性。[1]审查政府解除特许经营协议行为合法性，不仅要求行政机关单方解除协议符合法定情形，还要求行政机关解除协议的程序合法。

我国法律上对于解除政府特许经营协议程序的规定散见于两部部门规章——2004年建设部出台的《市政公用事业特许经营管理办法》和2015年六部委联合发布的《基础设施和公用事业特许经营管理办法》，根据以上两部规章以及其他相关行政法律法规的规定，行政机关解除特许协议的程序主要包括以下方面。

（1）立案。上述两部规章分别于第21条、第22条和第41条、第42条规定，行政机关应当"对特许经营者执行法律、行政法规、行业标准、产品或服务技术规范，以及其他有关监管要求进行监督管理，并依法加强成本监督审查"，以及对于特许经营企业经营状况定期评估。此外，根据公众参与原则，"社会公众有权对特许经营活动进行监督，向有关监管部门投诉，或者向实施机构和特许经营者提出意见建议"。当行政机关通过上述两种途径发现存在需要提前解除特许经营协议的情况时，应当启动解除程序，指派工作人员承办该案件，人员的指定需要实行回避。

（2）调查及通知。调查的内容包括特许经营企业履行合同的事实以及解除协议的法律依据。承办人员在收集相关证据后，应写出调查终结报告，内容包括当事人的基本情况、主要事实、处理依据、处理决定建议等。调查结束后，应当及时制作案件调查报告，将解除协议所依据的具体事实理由、相关日期、其他需要经营企业配合的事项及时通知特许经营者，并告知当事人依法享有的权利。需要注意的是，根据《市政公用事业特许经营管理办法》第26条规定，"社会公众对市政公用事业特许经营享有知情权、建议权。直辖市、市、县人民政府应当建立社会公众参与机制，保障公众能够对实施特许经营情况进行监督"。因此调查报告也要向社会公众公开。在"六盘水传奇广告有限责任公司与盘水市钟山区城市管理局合同纠纷案"中，[2]广告公司

---

〔1〕 参见温贵能："强制收回特许经营权的效力性认定和合法性评价"，载《人民司法（案例）》2018年第8期。

〔2〕 贵州省高级人民法院（2016）黔民终475号裁定书.

与区城市管理局约定由广告公司出资购置高端"城市美容箱"，并授权广告公司在箱上发布一定期限的广告，后市城市管理局根据六盘水党办发〔2013〕14号文件要求，"在未通知原告的情况下，对原、被告合作安装的城市美容箱进行拆除"，显然没有遵循通知的程序，因此被法院确认违法。

（3）协商听证。英国古老的自然公正原则有两个最基本的程序规则，一是任何人不能成为自己案件的法官，二是听取另一方意见，这意味着任何人或团体在行使权利可能使别人受到不利影响时必须听取对方意见，每一个人都有为自己辩护和防卫的权利，[1]这一原则在《基础设施和公用事业特许经营管理办法》中亦有所体现，其中第38条规定，"出现特许经营协议约定的提前终止协议情形的，在与债权人协商一致后，可以提前终止协议"。行政机关在通知经营者有关事项后，应当与经营者进行协商，若双方能够协商一致，则可以签订协议，按规定处理后续事务；若双方不能协商一致的，则根据《市政公用事业特许经营管理办法》第25条规定，"对获得特许经营权的企业取消特许经营权并实施临时接管的，必须按照有关法律、法规的规定进行，并召开听证会"。召开听证会，听取企业的陈述申辩，根据需要，政府可决定是否强制收回特许经营权。在"英德中油燃气有限公司诉英德市人民政府、英德市英红工业园管理委员会案"中，广东省高级人民法院认为，由于英德市人民政府、住建局解除燃气特许经营协议"未有证据证明涉案特许经营权被通知解除之前，曾就此召开听证会，听取中油中泰公司的陈述、申辩意见"，"未提供证据证明，涉案解除符合《英德市管道燃气特许经营协议》所约定的合同解除条件或者符合行政机关行使法定优益权的条件"，"未提供证据证明其已对中油中泰公司、英德中油公司作出过合理弥补"。[2]因此《关于解除〈英德市管道燃气特许经营协议〉的通知》不能成立解除。

（4）决定解除协议，评估、接管项目。根据协商或听证的结果，行政机关最终通过签订协议或作出行政决定的方式解除协议，收回特许经营权。在此之后，《基础设施和公用事业特许经营管理办法》第39条规定，"特许经营期限届满终止或提前终止的，协议当事人应当按照特许经营协议约定，以及

〔1〕 参见王名扬：《美国行政法》，中国法制出版社1995年版，第151~157页。
〔2〕 广东省高级人民法院（2017）粤行终559号行政判决书。

有关法律、行政法规和规定办理有关设施、资料、档案等的性能测试、评估、移交、接管、验收等手续"。行政机关应当与经营者共同商定选择有关会计师事务所等中介机构对项目进行评估，涉及国有资产的还应有国资管理部门介入，评估结果作为后续处理的参考。此外，《市政公用事业特许经营管理办法》还规定"在危及或者可能危及公共利益、公共安全等紧急情况下，临时接管特许经营项目"，从而保证市政公用产品和服务的连续与稳定。

三、政府特许经营行政诉讼案件中的法律适用

（一）对协议性质认定的法律适用

从现有的法院判例来看，将政府特许经营协议认定为行政协议的案例相较于认定为民事合同的而言，其裁判理由相对较少，在《行政协议解释》出台前，通常是直接援引《行政诉讼法》第 12 条和《适用解释》（2015）第 11 条。这部分案件涉及了合同效力认定、解除权行使、侵权责任纠纷等争议，在法律适用问题上，法院一般依据《适用解释》（2015）第 14 条之规定适用《合同法》等相关民事法律规范。

尽管《行政诉讼法》及相关司法解释将政府特许经营协议认定为行政协议，从民事合同角度出发的研究依然有其价值，比如上文提到的"巴中市人民政府与四川巴万高速公路有限公司申请确认仲裁协议效力纠纷案"，这些案例中法院没有依据《行政诉讼法》将其认定为行政协议，而是从目的、意思、内容、主体等角度对协议进行实质性审查，最终将涉案协议认定为民商事合同。在这起案件中，法院认为：首先从合同目的看，该协议具有使签约双方获取一定经济利益的目的，并不是巴中市人民政府和达州市人民政府完全无偿、单一地向社会公众提供的公共服务；从意思要素来看，巴万高速公路有限公司作为协议的相对方对在项目建设过程中订立合同及决定合同内容等方面享有充分意思自治的权利，并不受巴中市人民政府和达州市人民政府单方行政行为的强制，同时协议还包括了双方具体的权利义务及违约责任等内容，均体现了签约双方当事人平等、等价协商一致的合意；从合同的内容要素来看，认为协议涉及的相关行政审批和行政许可等其他内容，均为协议履行行为的一部分，属于该协议的组成部分，不能仅以此认定涉案协议的性质。因

此，涉案协议应当认定为民事合同。当然，不同法院对于不同案件中认定民事协议的要素的支撑点也有所不同。

（二）对协议效力审查及解除上的法律适用

目前法院审理的涉及政府特许经营协议的案件除了合同纠纷外，还包括行政许可、行政复议、侵权责任纠纷、借款合同纠纷、建筑施工合同纠纷、确认合同效力纠纷等方面。总体而言，包括了协议签订、履行、解除全过程以及合同主体双方与其他主体之间的各种法律关系。下文仅就《行政诉讼法》中没有规定的效力问题和协议解除后的争议进行简要的分析。

（1）对于合同效力问题，与《适用解释》（2015）一致，《行政协议解释》第 12 条第 2 款明确了人民法院可以适用民事法律规范确认行政协议无效，因此法院一般综合适用合同法中的效力条款以及行政法相关规定进行处理。从收集的一些案例来看，导致协议无效的主要是行政法上针对合同签订前的一些程序性问题，如作为协议一方的行政机关必须有合法的权限。在"自贡市华燃天然气有限责任公司诉荆门市人民政府行政复议纠纷案"中，湖北省高级人民法院认为，"《框架协议书》实质上是一份特许经营协议"，"京山县城市管理局没有经京山县人民政府的批准，与上诉人签订《框架协议书》，违反法定程序，被上诉人据此作出确认该《框架协议书》违法的复议决定并无不当"，因此合同被判定无效。[1]再比如行政机关应先通过招标、竞争性谈判等方式选择经营者，对此不同法院的法律适用和处理的结果存在一定差异，被法院认定无效且撤销的判例主要依据《市政公用事业特许经营管理办法》第 8 条、《基础设施和公用事业特许经营管理办法》第 15 条和《行政许可法》第 53 条。

另一部分案例中，法院则考虑到撤销会对公共利益造成重大损害，仅确认违法，对于这部分案件法院主要依据《行政许可法》第 69 条第 3 款、《行政诉讼法》第 74 条第 3 项，如在"田阳新山新能燃气有限责任公司与田阳县人民政府撤销具体行政行为纠纷案"中，广西壮族自治区百色市中级人民法院考虑到当时绝大部分县（区）都是通过招商方式以政府授权形

---

[1] 湖南省高级人民法院（2015）鄂行终字第 00079 号行政判决书。

式取得管道燃气特许经营权的背景，基于公共利益和市场稳定的考量，而不予以撤销。[1]

此外，还有一些法院依据《最高人民法院关于适用〈中华人民共和国合同法〉若干问题的解释（二）》第 14 条的规定，认为除了《合同法》第 52 条规定的情形外，只有在违反了法律、行政法规强制性规定的情况下，才能认定合同无效。由于涉及的招标等程序的两部规范文件均为部门规章，并不在法律、行政法规的范围之内，因此协议有效，在"武汉中石油昆仑燃气有限公司与武汉市江夏区城市管理委员会行政合同纠纷案"中，[2]法院即采取了此观点，体现了对行政相对人的信赖保护原则。

（2）在解除协议的问题上，对于合同解除的异议一般包括认为政府方解除合同违约以及认为政府方签订协议违法要求解除，大部分案例中经营企业对于政府依据合同法及相关民事法律规范解除协议没有太多争议，更多的纠纷来自于行政优益权，这也是学界所认可的行政合同与民事合同的最大区别。行政优益权的行使需要关注三点，首先，行使行政优益权的情形有如下三种：①协议继续履行将导致重大的公益损失；②情势变更；③行政协议的基础丧失。[3]其次，行使权力应遵循法定程序，在"新疆兴源建设集团有限公司、和田天瑞燃气有限责任公司与和田市人民政府、和田市住房和城乡建设局行政合同案"[4]中，法院认可"在特定条件下，行政主体对行政合同有单方面的变更或者解除权"，但认为由于解除特许经营协议、取消其特许经营权，属于对相对人的权益产生重大影响的行政处罚事项，行政机关在作出《合同解除通知函》之前，应当依法告知违法的事实、适用的法律以及拟作出的行政处罚，听取陈述、申辩，并告知其有要求举行听证的权利，经营者要求听证的，应当组织听证。若行政机关的解除行为已不具有可撤销性，那么还存在政府违法解除协议的赔偿问题，《行政协议解释》对于解除协议后行政机关需要赔偿的条件作出了进一步的规定。最后，法院对于行政机关行使优益权案件的审理规定也进行了明确，包括对行政优益权行为的合法性审查、

---

[1] 广西壮族自治区百色市中级人民法院（2014）百中行初字第 1 号行政判决书。

[2] 湖北省武汉东湖新技术开发区人民法院（2015）鄂武东开行初字第 00022 号行政判决书。

[3] 江必新："行政协议的司法审查"，载《人民司法》2016 年第 34 期。

[4] 新疆维吾尔自治区高级人民法院（2015）新行终字第 29 号行政判决书。

对行政优益权行为的裁判方式以及行政机关依法行使行政职权造成损害的补偿等。

（3）对于协议解除之后的纠纷，《行政诉讼法》没有明确是否仍应适用行政诉讼法律规范进行处理，从一些案例看，如"北京北方电联电力工程有限责任公司与乌鲁木齐市交通运输局其他合同纠纷案"中，对协议终止后涉案工程回购款的支付依据问题，最高人民法院认为：有关回购原因的行政行为与回购争议本身相互独立，各方当事人在回购款的支付问题上，处于平等的法律地位，不能排除民事法律规范的适用。[1]再如"乌鲁木齐市交通运输局、乌鲁木齐南山环线客运有限公司合同纠纷再审审查与审判监督案"中，最高人民法院认为该案是针对解除《特许经营协议》后双方是否履行约定义务而产生的纠纷，不是对是否应解除政府《特许经营协议》而产生的争议，依据《民事诉讼法》的相关规定审理并无不当。[2]可见法院审理此类案件，一般会通过民事诉讼、运用民事法律规范进行处理。

由上述分析可知，《行政诉讼法》仅仅将政府特许经营协议的部分纠纷列入了行政诉讼受案范围，法律规定的空白导致实践中既存在通过行政诉讼处理，也存在通过民事诉讼处理的案例，从而造成法律适用的不确定性。基于提高司法效率与公正判决的考虑，行政诉讼法有关行政协议诉讼的规定需要进一步的完善。

【后续影响及借鉴意义】

"昆仑燃气公司诉寿光市人民政府、潍坊市人民政府解除政府特许经营协议案"发布于2018年第9期《最高人民法院公报》，虽然《最高人民法院公报》不具备指导性案例的参照效力，[3]但对于行政机关收回政府特许经营协议一类的案件起到一定的参考作用。

行政协议的双重属性昭示着行政法属性与民法属性的结合，此种兼容并不意味着就是完全的融合，两种法律关系的基本原则与出发点有着巨大差距。

---

〔1〕　最高人民法院（2014）民二终字第40号民事裁定书。
〔2〕　最高人民法院（2014）民二终字第40号民事裁定书。
〔3〕　"黄木兴与四川中南明大置业投资有限公司等借款合同纠纷申请案"最高人民法院（2014）民申字第441号。

《行政诉讼法》在修订过程中关注到了政府特许经营协议的公共属性及政府管理的职责，将相关争议纳入行政诉讼受案范围，并明确规定政府特许经营协议属于行政协议的范畴，正如美国学者阿尔弗雷德·阿曼曾提出的，"通过行政法使市场更负责"，要让市场主体接受必要的公法约束以确保公共利益。[1]但通过"中国裁判文书网"检索后发现，在新法实施后仍有大量政府特许经营协议以政府合同为名进入了民事诉讼。[2]如上述"河南新陵公路建设投资有限公司与辉县市人民政府管辖纠纷案"中，法院通过对主体地位、协议目的、内容三个方面进行分析，认定了协议的民事契约性质。笔者认为，该案中将民事契约作为涉案协议性质和法律关系主要方面的观点值得商榷。如有关协议目的，法院认为该公路建设项目具有营利性质，并非向社会公众无偿开放，因而双方之间是民事法律关系。但笔者认为该观点与行政协议的整个立法与理论存在冲突，个人利益和公共利益之间并不是非黑即白的关系，如《基础设施和公共事业特许经营管理办法》在第1条和第3条就规定，该办法的立法目的是"为鼓励和引导社会资本参与基础设施和公用事业建设运营"，并允许特许经营者"约定其在一定期限和范围内投资建设运营基础设施和公用事业并获得收益"。另外，法院认为协议主要内容是履行协议规定的权利义务，这一点并未体现公法性质。但通过分析协议条款可知，该公路项目属于公共基础设施，其中关于投融资、建设、经营管理等内容涉及行政机关的种种行政职权，也对公共利益产生重大影响。

而对于行政机关特许经营协议解除权的行使，本案在实体与程序的处理方面也提供了一个较好的参照。本案中山东省高级人民法院明确了协议的行政属性，在不违反行政强制性规定的情况下依法适用民事法律规范，在回归传统法律设计的平等原则的基础上，[3]一定程度上缓解了将特许协议确认为行政协议给私人资本带来的风险。[4]对于寿光市政府未履行听证程序的行为，

---

〔1〕 Alfred C. Aman Jr, "Privatization And The Democracy Problem In Globalization: Making Markets More Accountable Through Administrative Law", *Fordham Urban Law Journal*, 2001, 28.

〔2〕 参见郭一君、付士成："政府特许经营协议的法律属性分析——以 H 省 H 市人民政府与 XL 公司合同纠纷案的管辖裁定为典型"，载《社会科学论坛》2017 年第 11 期。

〔3〕 参见于安："论政府特许经营协议"，载《行政法学研究》2017 年第 6 期。

〔4〕 参见张晓君："略论 BOT 特许权协议的法律性质"，载《法学家》2000 年第 3 期。

山东省高级人民法院明确了其违法性，支持了上诉人的主张，弥补了片面的实体正义，独立构成了法的正义的另一面。[1]同时，一般行政案件，如重大环评、行政处罚、行政许可等，未履行听证等影响当事人实际权利义务的程序上的违法行为，法院一般将予以撤销，但本案中，法院考虑到了燃气项目对于区域内公共利益的影响，选择确认违法判决但不撤销该行政行为，体现了法官在裁判过程中作出的公用事业所蕴含的公共利益应是优先实现利益的价值判断，[2]同时，法院责令寿光市政府依法采取必要的补救措施，兼顾了当事人的正当权利。

现代国家已经进入混合行政时期，公权力与私权利相互依存、相互影响的现象将会日益凸显，那么行政协议将是行政法律规范的核心内容。[3]在未来的一段时间，我国将会面临着建设和发展公用事业、建设基础设施的巨大资金压力，政府特许经营融资方式将会得到更加广泛的实施应用，《行政诉讼法》和《适用解释》（2015）、《市政公用事业特许经营管理办法》以及《基础设施和公用事业特许经营办法》等显然不足以满足实践中政府特许经营协议纠纷解决的需求，《行政协议解释》能否有效应对这些纠纷还有待时间的检验。总之，应综合考量社会公共利益与市场经济的趋利性，找出最优先保护的价值，从而不断地在立法上对政府特许经营协议作出更完善的规定。

（指导教师：蔡乐渭　中国政法大学法学院副教授）

---

〔1〕　参见高树德、宋炉安："行政程序价值论——兼论程序法与实体法的关系"，载《行政法学研究》1998 年第 4 期。

〔2〕　参见温贵能："强制收回特许经营权的效力性认定和合法性评价"，载《人民司法》2018 年第 8 期。

〔3〕　Harlow C, Rawlings R, *Law and administration*, Cambridge University Press, 2006.

三 行政程序

行政程序重开的条件
——王建设诉兰考县人民政府不履行法定职责案

牛朔旸 *

【案例名称】

王建设诉兰考县人民政府不履行法定职责案［最高人民法院（2017）最高法行申 6100 号］

【关键词】

行政程序重开　第二次裁决　行政诉讼

【基本案情】

2015 年 1 月 13 日，王建设向开封市祥符区人民法院提起行政诉讼，请求撤销兰考县人民政府（以下简称兰考县政府）于 1993 年 7 月 22 日向王建强颁发的兰国用（城土）字第×××××号国有土地使用证。在审理过程中，王建设自愿撤回起诉。2015 年 3 月 11 日，王建设向兰考县政府提出申请，将兰国用（城土）字第×××××号国有土地使用证土地使用权人由王建强变更登记为王建设。2015 年 3 月 18 日，王建设向兰考县政府提出申请，注销王建强持有的国有土地使用证。兰考县政府对王建设的申请事项未予受理答复。王建设

---

* 牛朔旸，中国政法大学法学院宪法学与行政法学专业 2019 级硕士研究生。

不服，诉至一审法院，请求法院判令兰考县政府在 30 日内作出是否注销王建强国有土地使用证的行政行为。另查明，王建设未能提供已向兰考县政府递交要求履行法定职责申请的证据，但庭审中兰考县政府对王建设已向其提出过申请的事实予以认可。

一审法院经审理后认为：根据《河南省实施〈土地管理法〉办法》第 11 条的规定，兰考县政府具有注销土地证书的法定职责。王建设向兰考县政府提出注销土地证书申请后，兰考县政府应当对王建设所申请事项予以受理、进行审查，并在法定期限内对申请事项作出处理、答复。兰考县政府未对王建设申请事项履行法定职责显属不当，王建设要求兰考县政府履行法定职责的理由成立。依照《行政诉讼法》第 72 条规定，作出（2015）汴行初字第 70 号行政判决：兰考县政府于本判决生效后 60 日内对王建设申请事项履行法定职责。

兰考县政府不服，提起上诉。二审法院认为：《行政诉讼法》第 46 条第 2 款及相关司法解释，对因不动产提起诉讼的案件自行政行为作出之日最长保护期限规定为 20 年，超过该期限人民法院不予受理。王建设曾对王建强持有的由兰考县政府于 1993 年 7 月 22 日颁发的国有土地使用证，于 2015 年 1 月 13 日提起过行政撤销之诉，后又撤回起诉。现王建设又提起行政诉讼，请求人民法院判令兰考县政府作出是否注销该国有土地使用证的行政行为。虽然王建设没有使用直接提起撤销兰考县政府颁发国有土地使用证的方法，但他通过诉讼要求法院判令兰考县政府注销上述土地使用证，实质上仍然超过了法律规定的通过诉讼请求保护其权利的诉讼时效。在王建设的起诉超过法律规定时效的情况下，一审法院判令兰考县政府针对王建设的请求履行职责，属适用法律、法规错误，依法应予纠正。兰考县政府的上诉理由成立，予以支持。依据《行政诉讼法》第 89 条第 1 款第 2 项、《适用解释》（2015）第 3 条第 1 款第 2 项之规定，裁定撤销河南省开封市中级人民法院（2015）汴行初字第 70 号行政判决；驳回王建设的起诉。

王建设对二审裁定不服，向最高人民法院申请再审。

本案涉及的法律规范条文有：

《土地登记办法》第 59 条第 1 款规定："土地权利人认为土地登记簿记载的事项错误的，可以持原土地权利证书和证明登记错误的相关材料，申请更正登记。"

《河南省实施〈土地管理法〉办法》第 11 条规定："土地登记和颁发土地证书后发现有错登、漏登或有违法情节的，原登记发证机关应当依法更正，收回或注销原发土地证书，换发新的土地证书。"

【裁判要旨】

一、行政行为对当事人与行政机关均具有约束力

行政行为是行政机关行使行政职权、进行行政管理的行为，一经作出，即产生行政法律效果。虽然行政行为的作出是单方面的，但约束力却是双方面的。对于当事人而言，一旦法律救济的期限届满、自我放弃法律救济手段，或者因其他情形导致法律救济途径穷尽，行政行为即具备不可撤销性。行政行为在其存续期间，对于行政机关同样具有约束力。这是由行政行为的处理性特征所决定的——过于随意的处理是不理智和没有意义的，从法的安定性出发，也不允许行政机关朝令夕改。

二、当事人请求行政机关重开行政程序应当受到严格的条件限制

行政行为的约束力只存在于行政行为的存续期间。行政机关虽然受行政行为的约束，但是在特定条件下可以在法律救济程序之外自行撤销或者废止行政行为。当事人虽然因法律救济期限届满等原因，不能再通过诉讼途径请求撤销或者废止行政行为，但却可以请求行政机关重开行政程序，对行政行为自行撤销或者废止。不过，行政程序的重开受到严格的条件限制，这些条件包括：作出行政行为根据的事实或法律状态发生变化，行政行为作出后出现了足以推翻行政行为的新的证据。如果当事人仅仅是沿袭之前的主张，行政机关作出的拒绝答复或者不予答复在性质上就系驳回当事人对行政行为提起申诉的重复处理行为，不属于行政诉讼的受案范围。

【裁判理由与论证】

最高人民法院认为再审申请人王建设的再审申请不符合《行政诉讼法》第 91 条规定的情形，裁定驳回再审申请。

在判决理由部分，最高人民法院对于再审申请人的再审申请理由予以回

应，再次确认二审裁定认定事实清楚、适用法律正确。

一、行政机关的不予答复行为是否属于重复处理行为

最高人民法院认为，"再审申请人在自愿撤回起诉后，先后于 2015 年 3 月 11 日和 18 日，分别向行政机关提出变更和注销登记申请，但这两次申请都非基于新的事实和法律状态，也没有提出新的证据。在此情况下，行政机关不予答复本身也属不可诉的重复处理行为"。该案属于再审申请人沿袭先前主张的情形，由于再审申请人并未提出足以推翻行政行为的新证据，行政机关的不予答复行为就具备不属于行政诉讼受案范围的"重复处理行为"属性。

二、再审申请人是否利用诉讼请求规避起诉期限

二审法院认为，"诉讼时效是法律对于当事人通过诉讼程序请求保护其权利的时间限制"，又因为《行政诉讼法》"对因不动产提起诉讼的案件自行政行为作出之日最长保护期限规定为 20 年，超过该期限人民法院不予受理"，主张"王建设没有使用直接提起撤销兰考县人民政府兰国用（城土）字第××××号国有土地使用证的方法，但他通过诉讼要求法院判令兰考县人民政府注销上述土地使用证，实质上仍然超过了法律规定的通过诉讼请求保护其权利的诉讼时效"。

在本案进入再审申请阶段后，对于再审申请人提出"要求再审被申请人履行法定职责"的诉讼请求及其"只要求再审被申请人给一个结论"的辩称，最高人民法院认为，"虽然表面看来，当事人的诉讼请求是要求判令行政机关履行对其申诉的答复职责，而非直接要求人民法院撤销行政行为，但通过诉讼所要达到的终极目的与直接要求撤销并无实质不同，这就存在利用一个新的诉讼种类规避起诉期限的可能，人民法院对此不予立案或者驳回起诉，并无不妥"。

【涉及的重要理论问题】

由于行政行为具有形式存续力效力，行政行为原则上自作出后经通知相对人生效。对于存续力之否定，除行政机关依职权撤销、废止之外，还存在"行政程序的重开"制度，意在解决行政行为合法性与法安定性原则之间的紧张关系。

行政程序的重开制度通过申请合法性要件全部满足与适法性要件的择一具备，合理设置重开条件、有效选择符合的申请，以保证程序重开与重复处理行为、新行政行为之间存在合理区别。关于行政程序的重开，德国、奥地利等国家与地区在行政程序法中都有相应规定，而如何在我国统一的行政程序法缺位的情况下为建立相应制度提供探索思路，是本文所要解决的问题。[1]

一、行政行为存续力效力的例外

在法安定性原则与行政行为合法性原则之间、相对人的信赖利益保护与重要权利保障之间存在着一定冲突，而行政程序重开制度具有平衡两方势力、调和个案正义的功能。行政程序重开的根本目的为对抗行政行为的存续力，作为存续力效力的例外存在。

（一）行政行为的存续力效力

基于法安定性原则的考虑，除无效行政行为外，行政行为原则上自作出后即产生效力。行政行为的效力是指行政行为发生的法律上的效果。我国早期行政法学教材大多采行政行为效力的"三效力"说，认为行政行为效力由拘束力、确定力和执行力构成。[2]但之后也有部分学者发展出将公定力概念并入现有"三效力"说的"四效力"说，后成为我国行政法学界的通说。[3]"确定力"来源于司法裁判的既判力理论，起初是诉讼法上的概念，是指当事人在判决作出后不得通过普通手段更改其效力，法院对同一诉讼案件不得重新开启另一审判程序。[4]行政法学者借鉴诉讼法上确定力概念，缔造出行政行为的"存续力"效力。德国行政法学者普遍认为行政行为效力为存续力、

---

〔1〕 《德国联邦行政程序法》第51条，《奥地利普通行政程序法》第69条、第70条。

〔2〕 代表性的著作有法学教材编辑部《行政法概要》编写组编：《行政法概要》，法律出版社1983年版，第121~122页；罗豪才主编：《行政法论》，光明日报出版社1988年版，第154~155页；张尚鷟主编：《走出低谷的中国行政法学——中国行政法学综述与评价》，中国政法大学出版社1991年版，第153~154页。

〔3〕 代表性的著作有罗豪才主编：《行政法学》（新编本），北京大学出版社1996年版，第112~114页；叶必丰：《行政法学》，武汉大学出版社1996年版，第130~135页；应松年主编：《行政法学新论》，中国方正出版社1998年版，第239~240页；姜明安主编：《行政法与行政诉讼法》，北京大学出版社、高等教育出版社1999年版，第154~157页。

〔4〕 参见叶必丰："行政行为确定力研究"，载《中国法学》1996年第3期。

构成要件效力、确认效力与执行力。其中，存续力指行政决定经过送达程序后，即有持续存在的法效力。[1]行政行为的存续力效力可以分为形式存续力和实质存续力。形式存续力也被称为"不可争力"，当相对人超过法定期限而对行政行为未能提起救济，或者虽然提起救济但被驳回。实质存续力也称为"不可变更力"，指行政机关对于已经产生效力的行政行为不得随意撤销、废止，只有在具备法定条件的情况下才可以变更其效力。[2]

形式存续力效力指向相对人，意在排除其通过一般救济程序质疑具备存续力行政行为的合法性，并不拘束行政机关行使法定撤销权。由于行政行为存在由行政机关先单方面作出、后送达相对人生效的"天然特征"，实质存续力先于形式存续力产生，且因形式存续力的产生更加强化。[3]

存续力的法律基础除了法安定性原则，还有信赖保护的需要。除了要求行政行为合法而不侵害相对人的权益外，由于行政权具有调整公民日常生活的能动性，公民对已经作出并发生效力的行政行为产生合理信赖，要求行政机关不随意变更行政行为，旨在保护公民规划自身生活的稳定秩序。

（二）行政行为存续力的例外

行政行为之存续力并非不可挑战。由于受到依法行政原则的约束，已经产生存续力效力的行政行为仍可因为保护相对人的权益与保障行政行为的合法性受到行政机关的重新审查，可谓之"调和法安定性与合法性间之冲突"。[4]许多学者更是将行政程序的重开与再审制度相类比，以证明其制度的必要性与合理性。[5]虽然随着"依法行政"的提出，行政行为的质量显著提高，与"行政行为大

---

[1] 章剑生：《现代行政法总论》，法律出版社 2019 年版，第 154 页。

[2] 参见赵宏："行政行为效力问题研究"，中国政法大学 2002 年硕士学位论文。

[3] 张文郁："行政处分之形式存续力和依法行政原则之维护"，载《月旦法学杂志》2002 年第 88 期。

[4] 参见傅玲静："论行政程序之重新进行——以遗产税之核课与剩余财产差额分配请求权价额之扣除为例"，载《月旦法学杂志》2007 年第 147 期。

[5] 洪家殷："论行政处分程序之再度进行——以德国一九七六年行政程序法第 51 条之规定为中心"，载《政大法学评论》1992 年第 45 期；傅玲静："论行政程序之重新进行——以遗产税之核课与剩余财产差额分配请求权价额之扣除为例"，载《月旦法学杂志》2007 年第 147 期；张运昊："论行政程序重启的容许性——基于王建设诉兰考县人民政府不履行法定职责一案的分析"，载《行政法学研究》2019 年第 4 期。

多通过非正式程序作出，没有判决那样的正确性请求权"的时代不同，但既然具有既判力的判决都能通过再审程序得到变更，具有更大弹性且不如判决缜密的行政行为自然得以重新审查。[1]

作为经过最高人民法院再审程序的判例，"王建设诉兰考县人民政府不履行法定职责案"是说明解释行政程序重开的首个判例，因涉及对行政程序重开的核心内容，受到各地法院的认可与借鉴。本文旨在进一步明确行政程序重开的性质和启动条件，以及如果符合条件得到受理，行政机关该如何处理、法院又该如何针对不同阶段的处理行为选择相应的诉讼标的与诉讼类型。

二、行政程序重开性质之厘清

行政程序重开根据启动主体的不同，可分为广义行政程序重开与狭义行政程序重开，两者都是以协调"法安定性与合法性之间冲突"为要义。就程序设计而言，德国存在二阶段审查说与三阶段审查说。另外，准确区分行政程序重开决定、重复处理行为与新行政行为的作出，对行政程序重开的制度定位存在重要意义。

（一）行政程序重开的内涵

行政程序重开发端于德国，最初争议焦点为程序重开的意义。[2]除了《德国联邦行政程序法》第51条规定的"程序再度进行"，一般还承认行政机关可以依据裁量权自行启动行政程序。[3]自此，行政程序重开产生广义与狭义之别。广义的行政程序重开指主管机关依职权决定是否应该撤销或者废止已经产生存续力的行政行为，不以当事人提出重开申请与满足特定条件为必要。狭义的行政程序重开则特指《德国联邦行政程序法》第51条规定的由相

---

〔1〕 ［德］哈特穆特·毛雷尔：《行政法学总论》，高家伟译，法律出版社2000年版，第300页。

〔2〕 有关具体争议，参见洪家殷："论行政处分程序之再度进行——以德国一九七六年行政程序法第51条之规定为中心"，载《政大法学评论》1992年第45期。

〔3〕 Vgl. BVerwG, Buchholz 316 S. 36 VwVfG Nr. 1, S. 6; Selmer, JuS 1987, 365. 转引自洪家殷："论行政处分程序之再度进行——以德国一九七六年行政程序法第51条之规定为中心"，载《政大法学评论》1992年第45期。

对人提出、需要满足特定条件的程序。[1]与狭义的程序重开不同，广义的程序重开中行政机关并不存在依照相对人请求进行程序重开的义务，是否重开行政程序属于其裁量范围。

广义的程序重开与狭义的程序重开在制度意义上互不影响。如果相对人仅仅向主管机关提出对先前行政行为的异议，并未言明意图启动行政程序的重开，行政机关有向其阐明狭义行政程序重开的程序义务，以最大限度保障相对人的程序权利。倘若当事人所提出的异议请求不符合狭义程序重开的程序启动要件，行政机关不得以不符合狭义程序重开程序所需条件予以拒绝，而是应当将其纳入广义行政程序重开的考量范围，基于裁量权判断是否需要启动依职权撤销或者废止行政行为。

本文以狭义行政程序重开为研究中心，下文所讨论的"行政程序重开"，皆是在狭义意义上而言。

（二）行政程序重开决定的界限

行政程序重开的程序存在不同阶段，分别与重复处理行为与新行政行为的作出具有一定辨析难度。然而，对行政程序重开在程序审查阶段与实体审查阶段清晰界定，决定了程序重开制度本身最适宜的空间。

关于行政程序重开具体的程序架构，德国学说分为二阶段审查说与三阶段审查说。三阶段审查说遵循"先程序后实体原则"区分不同层次的审查顺序，依次为审查申请合法性、审查申请适法性与实体审查作出第二次决定。[2]而多数德国学者支持的二阶段审查说则是坚持对程序重开为程序性审查，分为"是否重新进行行政程序"的程序性审查与重启行政程序后"如何作出实体决定"的实体性审查。[3]由于此处不涉及审查申请合法性与申请适法性的区分，故采二阶段审查说以区分不同阶段的相近而又相异的概念。

---

〔1〕 参见傅玲静："论行政程序之重新进行——以遗产税之核课与剩余财产差额分配请求权价额之扣除为例"，载《月旦法学杂志》2007 年第 147 期。

〔2〕 参见洪家殷："论行政处分程序之再度进行——以德国一九七六年行政程序法第 51 条之规定为中心"，载《政大法学评论》1992 年第 45 期。

〔3〕 参见傅玲静："论行政程序之重新进行——以遗产税之核课与剩余财产差额分配请求权价额之扣除为例"，载《月旦法学杂志》2007 年第 147 期。

1. 程序审查阶段：区别于重复处理行为

重复处理行为，是指行政法律关系已经由先前行政行为确定，针对相对人的申请，行政机关仅仅以重审先前决定予以答复。由于并没有改变原行为的理由、依据，而仅仅是简单的叙述说明，行政机关的重审并非产生新的法律效果的实质决定，也不具备司法救济的可能性与必要性，反之，若允许对重复处理行为提起诉讼，也就使得行政诉讼法上起诉期限的规定失去意义。[1]而行政程序重开的审查处理行为，也被称为"第二次裁决"，是指行政机关对相对人重复提出的申请重新作出实体审查，并作出实体决定。我国台湾地区学者李建良认为，即使实质内容与先前作出的行政行为内容相同，因其产生了公法效果，"仍为一项新的行政处分"。[2]

本案再审申请人并未启动行政程序的重开，行政机关未借由行政程序的重开作出实体决定，因此不属于"在程序重开阶段的处理行为"。但兰考县政府对王建设的申请事项未予受理答复，本质上是行政机关不作为。因此，兰考县政府除之前由狭义行政程序重开申请转化为广义行政程序重开申请应予以答复释明之外，应当对当前王建设的重复申请进行答复。本案将行政机关不作为认定为重复处理行为仍存在不恰当之处。[3]

2. 实体审查阶段：区别于新行政行为

行政程序重开以行政行为根据的事实或法律状态发生变化、行政行为作出后产生新证据等为条件。但产生新的事实或法律状态、产生新的证据同时也是相对人提起新的申请，要求作出新的行政行为的条件，因此产生区别问题。

由于行政程序重开属于存续力效力的例外情形，因此受到严格的限定，要满足一系列的复合条件，不仅要求新的状态或证据，还要求对相对人的"有利性"，因此并不是所有相对人都能轻易启动。若符合重开条件，仍要受到行政机关本身对于该申请事项的裁量权的限制。其内容往往要求撤销或变更原行政行为，是对原决定的修改。而要求行政机关作出新的行政行为，往

---

[1] 参见赵德关："试论行政法上的重复处理行为"，载《行政法学研究》2000年第4期。
[2] 李建良："重复处分与第二次裁决"，载《月旦法学杂志》1997年第30期。
[3] 参见葛翔、张静："行政程序重开的原理及其本土化运用"，载上海市法学会编：《上海法学研究》2019年第15卷，第195页。该文提出此时将行政机关不作为拟制为行政决定与通说不符。

往依据申请对象的不同需要、依据不同的条件，所作出的行政行为是一个全新的行为，本质上属于"第一次决定"。我国台湾学者洪家殷提出，"先前已被拒绝之申请，于极短时间内再度被提起，依通常情形判断，在如此短之期间内不会有事实或法律状态之变更，且由申请人之陈述中亦未发现有变更之可能时，则不构成上述之新程序"，意为通过提出申请的时间间隔判断。[1]笔者认为时间间隔标准较为笼统，不足以区别。鉴于程序重开申请与新行政行为申请各自都有明确的成立要件，应当根据满足要件的不同直接进行区分。换言之，有申请人同时满足程序重开申请条件与新行政行为申请条件的可能，若两者冲突，应由当事人自行选择。

三、行政程序重开的受理要件

行政程序重开于现有明文规定中以"程序制度"出现，在1976年《德国联邦行政程序法》中首次公布实施，后受到奥地利等国家及地区肯定。[2]二阶段审查说认为程序重开审查过程可以被明确区分为审查"申请合法性"与"申请适法性"。但也有学者认为以上两个审查阶段不仅在实际适用中难以被完全分割，而且是对以上两种审查适用时机的误读。将程序重开的审查顺序与各个阶段的要件明确化，能够给程序重开申请人的程序权利提供更高层面的保护、赋予行政机关各阶段明确的程序义务，有效避免少数符合程序重开条件的个案受到行政机关笼统的"不符合申请重开条件"的答复。因此，对于行政程序重开审查阶段学说的选择，其背后是程序架构的搭建，也是决定程序重开影响申请人权益的关键。

（一）狭义行政程序重开的要件

鉴于《德国联邦行政程序法》是行政程序重开制度的首次明文规定，而我国台湾地区移植德国制度时作出了相应改动，分析两者就程序重开要件作出的制度规定，可以对行政程序重开的申请要件有所明确。

---

〔1〕 Vgl. Stelkens/Sachs in: Stelkens/Bonk/Leonardt, VwVfG，§51 Rn. 38. 转引自洪家殷："论行政处分程序之再度进行——以德国一九七六年行政程序法第51条之规定为中心"，载《政大法学评论》1992年第45期。

〔2〕 翁岳生："西德一九七六年行政手续法"，载《台大法学论丛》1978年第2期。本文凡涉及《德国联邦行政程序法》的译文，均采该版本翻译。

1. 申请合法性要件

如前文所述，行政程序重开本身是一项行政程序法内的程序制度，我国虽然没有一部统一的行政程序法，但行政程序重开也需符合最基本的程序要件，如行政程序重开申请人必须具有参与程序的当事人能力与行为能力、被提出重开申请的行政机关符合管辖等。[1]

在满足基本程序要件后，分析比较《德国联邦行政程序法》第51条与我国台湾地区"行政程序法"第128条的规定，就审查申请合法性要件而言，需同时满足以下特别要件：（1）关系人向行政机关提出申请，此处关系人指保护规范效力所及而得以自己名义提起行政诉讼的法律上利害关系人，包括行政行为的相对人与利害关系人。[2]（2）原行政行为不得请求撤销。（3）关系人要求撤销、废止或变更原行政行为。[3]（4）关系人对提出程序重开的理由不存在重大过失，即基于法安定性与程序经济的考量进行限制，排除因为关系人重大过失情形未能在原程序与法律救济中主张重新申请。[4]（5）关系人于法定救济期间申请程序重开，一般于法定救济期届满后、知悉程序重开理由之日起3个月内起算。我国台湾地区还规定自法定救济期间经过后超过5年的不得申请。

而在"原行政行为不得请求撤销"要件的规范设计上，德国采用"已确定之行政处分"表述该要件，我国台湾地区则用"行政处分于法定救济期间经过后"限定。由此产生的何为"法定救济期间"的不同理解问题，使得我国台湾地区产生理解德国法中"已确定而不具争讼性的行政处分"所带来的解释分歧，即"法定救济期间"是仅指行政行为的救济期间，还是包括诉愿

---

[1] 傅玲静："论行政程序之重新进行——以遗产税之核课与剩余财产差额分配请求权价额之扣除为例"，载《月旦法学杂志》2007年第147期。

[2] Kopp/Ramsauer, a. a. O.（Fn. 8），Rn. 14. 转引自傅玲静："论行政程序之重新进行——以遗产税之核课与剩余财产差额分配请求权价额之扣除为例"，载《月旦法学杂志》2007年第147期。

[3] 其中德国规定原文为"废弃或变更"原行政行为，"废弃"为"撤销"与"废止"的上位概念，意指无须经过法定程序，只要生效行政行为被行政机关或法院排除即满足"废弃"概念。参见洪家殷："论行政处分程序之再度进行——以德国一九七六年行政程序法第51条之规定为中心"，载《政大法学评论》1992年第45期。

[4] Bader/Ronnelenfitsch, Verwaltungsverfahrensgesetz, 2010, §51, Rn. 56.

以及行政诉讼阶段的法定救济期间？[1]回归德国规定的本意，第一次决定纵使经过有确定力的判决确认，不应妨碍程序的重新开始。[2]无论是已经经过实体判决的行政行为，还是超过法定救济期限、提起诉讼后自愿撤回诉讼等无法通过再审满足请求的情形，都满足"已确定行政处分"的"不可争讼性"。有学者分析，我国台湾地区产生以上争议的实质原因，是"行政处分于法定救济期间经过后"的法条文字与"具有形式存续力的行政处分"的学理概念的落差。

2. 申请适法性要件

由于"行政程序重开"规定具备较强的例外属性，申请合法性要件为绝对列举，缺一不可。而对于申请适法性要件，只要满足《德国联邦行政程序法》第51条第1款中的任一情形，即满足申请适法性要件：（1）行政处分所根据之事实或法律状态，事后发生有利于关系人之变更者。（2）有新证据方法存在，使关系人将因而受较有利之决定者。（3）有类似《德国民事诉讼法》第580条之再审原因存在时。

我国台湾地区将"事实或法律状态发生变更"规定为针对具有持续效力的行政处分，并将"事实或法律状态"限缩为"事实状态"发生变更，被认为是立法疏忽；并将"存在新证据"要件限定为针对不具有持续效力的行政处分。将状态的变更与新证据的产生按照行政行为是否具有持续效力固化规定，会产生无形中限缩程序重开的效果。不产生持续效力的行政行为，不一定不产生事实或法律状态的有利变更，例如，由于不可抗力使得某人的资格类许可被注销，而其后法定事由消灭，关系人当然可以请求行政程序的重开。[3]

（二）最高人民法院就程序重开实体规则的创制

我国虽然没有就行政程序重开制度展开热烈讨论，但是随着判决公布后，越来越多的法院判例沿用本案的裁判要旨，我们也可以从中分析我国行政程

---

〔1〕 林树埔："'行政程序法'第128条程序重开之理论与实务"，载《法令月刊》2010年第2期。

〔2〕 洪家殷："论行政处分程序之再度进行——以德国一九七六年行政程序法第51条之规定为中心"，载《政大法学评论》1992年第45期。

〔3〕 参见傅玲静："论行政程序之重新进行——以遗产税之核课与剩余财产差额分配请求权价额之扣除为例"，载《月旦法学杂志》2007年第147期。

序重开的实体要件及相应不足。

1. 申请合法性要件缺失、适法性要件关系不明确

本案判决提及王建设案不符合程序重开的申请适法性要件，而对于申请合法性要件没有涉及，使得我国对于在德国等国家与地区都产生争议的"原行政行为不得请求撤销"要件的态度未有明确。

本案判决认为程序重开的适法性要件包括"作为行政行为根据的事实或法律状态发生变化，行政行为作出后出现了足以推翻行政行为的新的证据"，即肯定了《德国联邦行政程序法》第51条第1款的前两项内容。但该判决不仅未涉及对"关系人有利的"状态变化或新证据，而且对"状态发生变化"与"产生新证据"之间的关系也未能予以明确。

2. "缺乏继续存在的利益"适法性要件含义不明确

最高人民法院在2019年发布的"池军诉江苏省人力资源和社会保障厅劳动保障行政审批案"判决中，又明确列举了"行政行为缺乏继续存在下去的利益"的申请适法性要件："不过，行政程序的重开应该受到严格的条件限制，例如作为行政行为根据的事实或法律状态发生变化，或者缺乏继续存在下去的利益，又或者行政行为作出后出现了足以推翻行政行为的新的证据。"[1]判断何种利益属于"缺乏继续存在的利益"，则成为理解该要件的难题。若理解此处"利益"为相对人的个人利益，仅仅由于行政行为使得相对人不利而重启程序并不足以推翻存续力，反而是对法安定性的破坏，其作为标准模糊涵盖范围过广，不足以与"出现新事实或法律状态""出现新证据"等适法性要件并列。若此处"利益"为公共利益，行政机关某项行政行为由于涉及社会集体利益而需要重新审慎思考，则只需要依职权决定是否应该撤销或者废止已经产生存续力的行政行为自行纠正即可。由此，笔者认为"缺乏继续存在的利益"标准在表述上较为笼统，不能融入现有的行政程序重开制度体系，因此不具备判断申请是否具有重开适法性的能力。

3. "存在再审原因"适法性要件缺失

现关于程序重开的法院判决中并未提及"再审原因"出现的情形。由于行政程序的重开经常借助再审制度的存在证明其必要性，且结合行政程序不

---

〔1〕 最高人民法院（2017）最高法行申5895号行政裁定书。

惜对抗存续力以消除违法行政行为的制度目的，出现再审原因情形也应当是符合适法性要件的情形之一。本文认为，应当结合行政行为的瑕疵样态并对照再审启动要件，判断是否符合"存在再审原因"的情形。

申请人要求重开行政程序，其目的在于启动之前结束的程序以消灭先前违法的行政行为，并作出一个新的行政行为。违法行政行为依据瑕疵样态，分为无效行政行为与可撤销行政行为，其中无效行政行为由于明显重大违法而自始无效，相对人也可以在任何时候请求行政机关宣布其无效，对其救济不受时限限制。[1]无效行政行为不等同于已经消灭效力的行政行为，其虽然不产生效力，但仍存在，其一旦作成就产生相应的"法秩序"，因此需要一套合适的机制使其影响消灭。[2]对于无效行政行为，应当适用行政程序的重开以及时宣布其不产生效力。

就可撤销行政行为的瑕疵样态而言，需要结合我国《行政诉讼法》第70条行政行为的违法情形与第91条行政诉讼的再审情形，对照再审情形中涉及行政行为违法的重叠内容进行讨论。其中第91条第2项、第3项涉及原判决证据法律效力，可与"主要证据不足"的违法情形对应；第91条第4项涉及原判决适用法律错误，可与"适用法律、法规错误"的违法情形对应；第91条第5项涉及违反诉讼程序，可与"违反法定程序"的违法情形对应。因此，可撤销行政行为的程序重开再审理由，包括证据不足、法律适用错误以及违反程序三种情形。[3]

本案最高人民法院裁定在提及"产生新证据"情形时，用"行政行为作出后出现了足以推翻行政行为的新的证据"来限定，可以给我们提供参考方向。我们可以借"足以推翻行政行为"以限定上述三种再审理由情形，以能够颠覆行政行为存废为标准。

4. 统一的行政程序法缺位与单行法中的分散规定

在本案中，再审申请人在二审时主张，根据《河南省实施〈土地管理法〉

---

〔1〕 参见赵宏："行政行为效力问题研究"，中国政法大学2002年硕士学位论文。

〔2〕 行政行为的消灭指行政行为曾存在，而后丧失效力。参见洪家殷："行政处分之消灭"，载《月旦法学杂志》2002年第84期。

〔3〕 参见高鸿："行政程序重开的条件、处理及司法审查"，载《中国法律评论》2019年第3期。虽仅分析了行政行为的违法情形，仍得出了比较一致的答案。

办法》第11条，原登记发证机关只要发现发证行为不正确，就有更正、收回或注销原证书的义务，似乎是再审申请人要求行政机关履行职责的依据，且在事实上起到了启动行政程序重开的效果。我国虽无统一的行政程序法，但在部分单行法律法规中存在涉及行政程序重开内容的规定。如《行政许可法》第49条规定，若被许可人要求变更许可事项符合标准、条件，行政机关应当依法办理变更手续。单行法具体的法条都可能涉及行政程序的重开问题，但是其规定都应理解为在遵循程序重开基本制度法理之外的特别补充，而非分散在各个单行法中的单独规定。

在"安徽省农垦建筑工程有限公司诉合肥市房地产管理局不履行法定职责案"中，最高人民法院作出如下答复："公民、法人和其他组织在起诉期限届满后，又以行政机关拒绝改变原行政行为为由，起诉行政机关不履行法定职责的，人民法院一般不受理。但法律规范明确规定行政机关在出现新的证据等法定事由后应当改变原行政行为的除外。"[1]有学者将"法律法规明确规定出现新的证据等法定事由"的答复，理解为最高人民法院"谨慎地将法律的明确规定作为程序重开的条件"。[2]笔者认为，部分单行法对行政程序重开的明确规定，是对行政程序重开要件的具体表述，如关于不动产变更登记，要求权利人提交部分材料证明登记事项有误，就是对"出现新的证据"的进一步限定，但如果立法没有明确表达行政程序重开的要件，并不等于法律法规默认当事人可以任意要求重开程序。

四、行政程序重开的制度构建与诉讼衔接

由于行政程序重开在我国并未形成完整的制度，在明确程序重开要件之后，需要对程序重开制度本身进行构建以明确程序重开具体的处理过程。此外，为了更好地保障关系人启动程序重开的权利，行政程序重开制度与诉讼的衔接也需要进一步明确。

（一）行政程序重开申请的处理

正如前文所述，若关系人提出一个满足所有申请合法性要件与任一申请

---

〔1〕 最高人民法院《关于当事人在起诉期限届满后另行提起不履行法定职责之诉能否受理问题的答复》〔（2015）行他字第1号〕。

〔2〕 高鸿："行政程序重开的条件、处理及司法审查"，载《中国法律评论》2019年第3期。

适法性要件的启动申请时，行政机关必须重新处理该项行政事务，维持原决定，或作出变更、撤销、废止原决定的第二次行政行为。具体而言，因满足"事实或法律状态变更"或"出现有利新证据"的申请适法性要件时，由于在事实认定与法律产生一定的新情况变动，需要对原事实证据、法律适用进行部分事实和法律替换，由行政机关重新作出申请的行政行为。而对于满足"存在再审原因"适法性要件的申请既可能因为主要证据不足，也可能因为违反程序或法律适用错误对关系人权益造成影响，因此应当根据具体的原因重新调查证据、举行听证等。申请人也应当对行政机关作出第二次行政行为予以配合。

对于在法律法规中明确规定重开要件的，结合程序重开一般要件应当启动程序重开的，此时行政机关裁量空间为零，必须启动程序。而如果行政机关就是否重开存在裁量空间，则需要进行先申请合法性要件、后申请适法性要件的严格审查。对于不符合申请合法性要件的，行政机关可以在对申请人实体请求内容不予审查的情况下予以程序性驳回，作出内容为"拒绝行政程序重开"的驳回申请决定。由于行政机关在程序上的驳回决定在事实上已经造成申请人无法请求行政机关启动第二次程序，并无法要求行政机关作出对其有利的第二次决定的法规制效果，申请人若对此不服，自然得以请求行政救济与司法救济。

如果申请符合合法性要件，行政机关不需要另外作出对申请人申请符合合法性要件的确认行政行为，而是可以直接进入是否具备申请重开适法性要件的审查环节。对于不满足适法性要件的申请，行政机关也应当作出内容为"重新启动行政程序不具适法性"的驳回决定，申请人同样可以请求救济。而对于同时符合合法性要件与适法性要件的申请，为了标志关系人就行政程序重开的申请满足启动要件、成功启动新的行政程序，应当要求行政机关作出符合合法性审查与适法性审查的确认宣示，以督促行政机关运用程序重开制度。在行政机关作出第二次决定之前，原行政行为即第一次行政行为的效力不受影响，仍然有效。

此时行政机关经实体审查可能作出三种类型的第二次决定，分别是拒绝申请人请求、支持申请人部分请求或支持申请人全部请求。值得注意的是，行政程序重开是为了使关系人不断争取自身权益而对抗行政行为存续力，因此在行政程序重开的要件中不乏有"有利于关系人的事实或法律状态的变更"与"使得关系人受有利决定的新证据方法"的限定。除"拒绝申请人请求"情形外，行政机关的第二次决定的内容必然有利于申请人，因行政机关支持或部分支持申请人的请求。行政机关第二次决定的内容可以分为：

1. 撤销或废止负担行政行为

行政机关可能作出撤销或废止负担行政行为的决定，或作出拒绝撤销或废止负担行政行为的"拒绝申请人请求"决定。其中，前者被称为"积极第二次决定"，后者被称为"消极第二次决定"。

2. 作出授益行政行为

行政机关也可能作出属于"积极第二次决定"的授益行政行为，或作出拒绝作出授益行政行为的"消极第二次决定"。消极与积极的根据在于是否拒绝修改第一次行政决定，而非表现为行政作为或不作为。

（二）行政程序重开制度与诉讼的衔接

行政程序重开制度与诉讼的衔接决定了程序重开制度能否切实地在法律实践中运用。申请人甚至是受到行政机关第二次决定不利影响的第三人如何根据自身所处的审查阶段，选择相应的诉讼类型是对其程序权利的有力保障。同时，法院审理程序重开相关诉讼也应当明确各个诉讼类型下不同的审查重点，才能将程序重开制度更好地融入实践。

对于部分单行法律法规涉及行政程序重开内容的规定的，在符合单行法律法规特别强调的要件之外，依前文所述还需符合程序重开的一般法理。申请人收到行政机关内容为"拒绝行政程序重开"的驳回，以行政机关违反涉及程序重开的部分单行法律法规为由起诉行政机关未按照法律法规履行相应行政职责，属课予义务之诉，其诉讼标的为申请人所请求的具体行政行为，审查的重点围绕行政程序是否符合该单行法律法规所规定的具体程序重开的条件与在整体程序重开申请是否违背程序重开一般要件，其判决内容为要求行政机关启动或不应启动行政程序的重开。

对于单行法律法规中未详细规定程序重开要件，由行政机关保有是否重开行政程序裁量空间的情形，申请人在向行政机关提出重开申请后，被行政机关驳回，申请人应向法院提出课予义务之诉，要求行政机关再度进行行政程序，此时法院审查的重心是该申请是否具备行政程序重开的所有合法性要件。若行政相对人的申请符合程序重开的要件，该申请进入程序重开适法性要件的审查阶段。因适法性要件只需满足其中之一即可，而行政机关认为申请人不具备程序重开的任何一个适法性要件，据此行政机关作出内容为"重开行政程序不具适法性"的驳回决定。此时，申请人仍可向法院提出要求行政程序重开的课予义务之诉，审查重点为行政机关的适法性要件审查是否满足任一适法性要件。

如果行政机关经过合法性要件和适法性要件审查，判断申请符合行政程序重开的所有要件，进入对原行政行为的重新审查，申请人对行政机关作出的第二次决定不满向法院寻求救济，法院审查的重点为行政机关作出的替代原行政行为的新行政行为。根据行政机关第二次决定内容的不同，申请人选择的诉讼类型较为多样，如要求撤销负担行政行为的撤销之诉、要求作出授益行政行为的课予义务之诉、确认行政行为无效的确认之诉等。[1]其中，申请人应当针对行政机关的第二次决定提出诉讼请求，而非针对原行政行为。[2]此外，如果行政机关经过程序重开制度作出的第二次决定涉及第三人效力，如第二次决定排除了第三人的授益、增加了第三人的负担，也应当允许第三人提起撤销之诉。

本案再审申请人由于缺少新的证据，不符合启动行政程序重开的申请要件，未能成功启动行政程序以变更国有土地使用证土地使用权人。最高人民法院在我国缺少行政程序重开的相关规定时，运用解释技术填补漏洞，驳回其再审申请的做法值得肯定。

【后续影响及借鉴意义】

我国对行政程序重开制度的态度并不明晰，而"王建设诉兰考县人民政府不履行法定职责案"判决是首次对程序重开制度要件的部分明确，是辨别申请行政程序重开与重复处理行为的第一次尝试，也是之后其他法院类似案例的裁判范本。

---

〔1〕 转引自葛翔、张静："行政程序重开的原理及其本土化运用"，载上海市法学会编：《上海法学研究》2019 年第 15 卷，第 202 页。

〔2〕 参见高鸿："行政程序重开的条件、处理及司法审查"，载《中国法律评论》2019 年第 3 期。

　　行政行为的作出需要进行是否有益公益的考量，而程序重开制度正是对行政行为的存续力效力维护的公益和私益，与启动程序重开的申请人和第三人的利益之间进行衡量，起到对法安定性与合法性之间紧张关系的缓解作用。其制度之本意，不仅是赋予关系人重启程序的主动性，以要求行政机关具有根据新事实或法律状态的变化修改决定的灵活性，建立起行政权力的"他律性监督机制"，更是督促行政机关具备更为谨慎地作出原行政行为的纠错性，建立起行政权力的"自律性监督机制"。承认行政程序能够在特定条件下再次启动，就是承认行政法律关系是能够适时而变的"可调整的行政法关系"，使得行政机关注重与公民之间的协商与合作，注重协调多个利益之间的矛盾。

　　行政程序重开制度不仅主张行政行为作出的灵活性，本身也是对申请人程序权利的灵活配置。比如，申请人无须精确了解程序重开的广义与狭义之别，而由行政机关自行对广义程序重开与狭义程序重开之间进行转移变通。作为行政程序法体系中的制度之一，程序重开制度对关系人的程序利益保护更为周密。与最高人民法院所代表的司法一端积极构建行政程序重开制度相关实体规则，判断是否符合要件不同的是，立法尚未就部分单行法中关于相应程序重开制度规定如何适用，以及其与程序重开制度的一般法理之关系进行明确。随着我国制定行政程序法典的条件日趋成熟，行政程序重开制度完全符合行政程序法"最低限度程序公正标准"的直接立法目的，能够为我国将来行政程序法的制度构建提供必要借鉴，规范行政权力行使、促进行政机关积极作为的行政程序法体系建设。

（指导教师：张力　中国政法大学法学院副教授）

行政审批期限制度：学理构造和实际效果
——中山市黄圃镇兆丰村第七股份合作经济社
诉中山市国土资源局、中山市人民政府土地登记案

张冬阳 *

【案例名称】

中山市黄圃镇兆丰村第七股份合作经济社诉中山市国土资源局、中山市人民政府土地登记案 [广东省中山市中级人民法院（2015）中中法行终字第26号行政判决书]

【关键词】

土地登记　履行法定职责　受理拟制　行政程序

【基本案情】

广东省中山市第二人民法院一审查明的事实如下：2014年4月28日，王标能、梁福林、黄德明等83人以中山市黄圃镇兆丰村第七股份合作经济社（以下简称第七社）的名义向中山市国土资源局（以下简称市国土局）及中山市人民政府（以下简称市政府）邮寄了自行制作的移交集体土地所有证申请书，认为根据国土资发（2011）60号《关于加快推进农村集体土地确权登记发证工作的通知》及粤国土资地籍发（2011）136号《关于加快推进农村集体土地确权登记发证工作的贯彻意见》的规定，市国土局及市政府应在2012年底前完成农村集体土地所有权登记发证工作，并向每个具有所有权的

---

* 张冬阳，中国政法大学法学院讲师，法学博士。

集体经济组织颁发集体土地所有证，但第七社至今未收到市国土局及市政府向第七社移交的 145 亩耕地所有权的集体土地所有证正本，又因村委会不愿意为第七社主张上述权利，遂第七社推选王标能、梁福林、黄德明作为代表主张权利，要求市国土局及市政府为其 145 亩耕地移交土地所有证。2014 年 5 月 8 日，市国土局作出复函，告知第七社如需办理集体土地所有权证，应当提交相应的申请材料，具体事宜到市国土局黄圃分局咨询。随后，市国土局向第七社送达了前述复函。第七社认为市国土局、市政府系行政不作为，诉至原审法院，请求确认市国土局、市政府拖延为第七社 145 亩耕地颁发集体土地所有证的行为违法；且市国土局、市政府在一定期限内为第七社 145 亩耕地颁发集体土地所有证。

中山市第二人民法院另查明：第七社有农业人口 101 人，其中有 83 户同意推选王标能、梁福林、黄德明为代表，以第七社名义循司法程序确认政府部门拖延履行法定职责，未及时为第七社土地颁发集体土地所有证的行为违法。

一审法院认为，根据《国家土地管理局土地登记规则》（以下简称《土地登记规则》）第 11 条和《土地登记办法》第 12 条的规定，市国土局认为申请材料不齐全的，应当向第七社告知应当补正的全部材料，但市国土局未向第七社直接告知，而让第七社到市国土局黄圃分局咨询，实属瑕疵。第七社可经咨询后再次提出申请并依法提交齐全的材料。故驳回第七社的诉讼请求。第七社不服提起上诉。

本案涉及的法律条款有：

《土地登记规则》第 11 条规定："申请土地登记，申请者须向土地管理部门领取土地登记申请书。土地登记申请书应当载明下列基本事项，并由申请者签名盖章：（1）申请者名称、地址；（2）土地座落、面积、用途、等级、价格；（3）土地所有权、使用权和土地他项权利权属来源证明；（4）其他事项。"

《土地登记办法》第 12 条规定："对当事人提出的土地登记申请，国土资源行政主管部门应当根据下列情况分别作出处理：（1）申请登记的土地不在本登记辖区的，应当当场作出不予受理的决定，并告知申请人向有管辖权的国土资源行政主管部门申请；（2）申请材料存在可以当场更正的错误的，应当允许申请人当场更正；（3）申请材料不齐全或者不符合法定形式的，应当当场或者在五日内一次告知申请人需要补正的全部内容；（4）申请材料齐全、符合法定形式，或者申请人按照要求提交全部补正申请材料的，应当受理土地登记申请。"

《行政许可法》第32条第1款第4项规定，"行政机关对申请人提出的行政许可申请，应当根据下列情况分别作出处理……（4）申请材料不齐全或者不符合法定形式的，应当当场或者在五日内一次告知申请人需要补正的全部内容，逾期不告知的，自收到申请材料之日起即为受理"。

【裁判要旨】

市国土局违反《土地登记办法》第12条第3项的规定，未向第七社直接告知，而让第七社到市国土局黄圃分局咨询，属程序作为不合法，应视为不作为。参照《行政许可法》第32条第1款第4项的规定，二审法院依法认定，市国土局对于第七社提交的自行制作的颁发集体土地所有权申请书，未在五日内一次告知需要补正的全部内容属不作为违法。原审法院仅认定为瑕疵处理错误，本院依法予以纠正。

【裁判理由与论证】

广东省中山市中级人民法院经二审，认定市国土局对于第七社提交的自行制作的颁发集体土地所有权申请书未在五日内一次告知需要补正的全部内容属于行政不作为违法。同时判决市国土局在判决生效之日起五日内一次性告知第七社需要补正的全部内容。

在判决理由部分，广东省中山市中级人民法院首先认定农村集体土地所有权初始登记具有行政许可性质。法院对行政机关是否存在不履行法定职责的行为进行了全面审查。

一、第七社提出的管辖异议

广东省中山市中级人民法院认为，第七社在一审判决后提出本案级别管辖的异议，不仅与其起诉之衷不符，且并未依照最高人民法院《关于执行〈中华人民共和国行政诉讼法〉若干问题的解释》[已失效，以下简称《执行解释》（2000）]第10条"当事人提出管辖异议，应当在接到人民法院应诉通知之日起10日内以书面形式提出"的规定，在法定期限内提起，其已丧失提出管辖权异议的权利。故法院不予采纳该主张。

二、行政机关职责的认定

广东省中山市中级人民法院认为,《中华人民共和国土地管理法实施条例》第4条"农民集体所有的土地,由土地所有者向土地所在地的县级人民政府土地行政主管部门提出土地登记申请,由县级人民政府登记造册,核发集体土地所有权证书,确认所有权"的规定表明,土地行政管理部门具有受理集体所有土地所有权初始登记职责,市政府具有核发集体土地所有权证的职责。在具体事务处理上,"因市政府并不具有受理集体所有土地所有权初始登记的职责,由市政府的组成部门、同时亦是法定土地登记受理部门的市国土局对申请进行答复,符合相关法律、法规的规定"。

三、申请处理的合法性

广东省中山市中级人民法院认为,土地登记系依申请的行为,参照《土地登记规则》第11条的规定,第七社申请土地登记应向市国土局领取土地登记申请书,并载明该规定要求载明的事项,但第七社仅提交了《移交集体土地所有证申请书》不符合前述规定所要求载明的基本事项,故市国土局认为第七社的上述申请未明确土地的具体范围,未为其进行土地登记并无不妥。但是,《土地登记办法》第12条第3项要求"对当事人提出的土地登记申请,国土资源行政主管部门应当根据下列情况分别作出处理……(3)申请材料不齐全或者不符合法定形式的,应当当场或者在五日内一次告知申请人需要补正的全部内容","市国土局没有向第七社直接告知,而让第七社到市国土局黄圃分局咨询,属程序作为不合法,应视为不作为"。该行为"违反参照"《行政许可法》第32条第1款第4项的规定,二审法院认为这属于不作为违法。而原审法院仅认定为瑕疵处理错误,应当予以纠正,并判决市国土局一次性告知第七社需要补正的全部内容。

【涉及的重要理论问题】

促进行政机关提高办事效率的手段之一是行政许可的期限制度；[1]通过为行政许可实施程序提出时间上的限制，保证行政机关审批的高效，防止其以拖延时间的方式侵害行政相对人的合法权益。为此，立法者不仅在单行法中规定审批期限，也在《行政许可法》中作出详细的规定。

行政实践层面也越来越重视审批期限的运用，为了促进科技产业创新、加快投资项目落地，中央和地方政府都试图从时间因素上加快行政程序。"压缩审批时限"成为各地改革过程中不可缺少的允诺或者成效，如"原则上各审批部门审批办文时间要缩短50%以上"，[2]"全流程（从立项到竣工验收和公共设施接入服务）审批时间控制在90个工作日之内"。[3]

与在立法和实践中成为常见调控工具相比，行政审批期限制度在学理层面上的研究较少。行政审批期限制度作为提高行政效率的调控工具，在立法和实践层面的运用如此频繁，应当从行政法理和实践层面对其进行深化研究，以便提出有针对性的改良建议。

一、行政审批期限制度的体系化

行政审批期限也即行政审批的时间，应该包括两个组成部分：一是审批本身的必要时间，即根据审批事项的复杂性和对社会影响大小所决定的实质审查时间；二是社会平均需求量决定的排队等候时间，即政府根据社会对于审批的需求量进行批量生产，使相对人需要排队等待的时间。[4]《山东省行政程序规定》第10条规定："行政机关实施行政行为，应当遵守法定期限或者承诺期限，为公民、法人和其他组织提供高效、优质服务。"参照该规定，可以将行政执法活动中的期限分为承诺期限和法定期限。

---

〔1〕 参见汪永清主编：《中华人民共和国行政许可法教程》，中国法制出版社2003年版，第142页。

〔2〕 "改革试点工作稳步推进 广东全面深化改革取得新突破"，载《南方日报》2014年5月9日，第A06版。

〔3〕 "日照市优化营商环境100条"，载《日照日报》2019年8月16日，第B02版。

〔4〕 刘振刚："对行政审批制度改革几层关系的辨析"，载《北京日报》2014年1月6日，第18版。

（一）承诺期限

在"放管服"改革背景下，越来越多的政府部门利用承诺期限来推动提升行政审批效率。行政机关在承诺期限的作出上表现多样：可以在受理行政相对人许可申请时对审批期限作出承诺；也可以在制定的"办事指南"中承诺；或者是在新闻媒体上向公众作出承诺。因承诺期限被用来推动行政机关提高行政审批效率，比起法定期限，承诺期限往往会更短。例如，根据《行政许可法》第 42 条，建设工程规划许可证法定审批期限为二十个工作日。温州市规划局在《温州晚报》第 8 版上发布的《温州市规划局及有关下属单位即办制》显示其对外承诺的办理建设工程规划许可证（房屋类）的办理时限为三个工作日。[1]

问题在于这些承诺期限对承诺机关是否具有法律约束力。《烟草专卖许可证管理办法实施细则（试行）》第 37 条规定："烟草专卖局审批发放烟草专卖零售许可证，应当自受理之日起 20 日内作出行政许可决定。对外承诺缩减期限的，以承诺期限为准。"《山东省行政程序规定》第 95 条则明确指出，"行政机关在法定期限或者承诺期限内，非因法定理由或者其他正当理由未启动行政执法程序的，属于不履行法定职责。行政机关在法定期限或者承诺期限内，非因法定理由或者其他正当理由，虽然启动行政执法程序但是未及时作出行政执法决定的，属于拖延履行法定职责"。从上述规范似乎能够肯定承诺期限的法律约束力，即承诺期限的作出约束行政机关后续的行政执法活动：行政机关没有在承诺期限内作出行政许可决定的，行政相对人可以提起行政诉讼。

不过上述结论与我国《行政诉讼法》和司法实践并不一致。《行政诉讼法》第 12 条规定，"人民法院受理公民、法人或者其他组织提起的下列诉讼：……（3）申请行政许可，行政机关拒绝或者在法定期限内不予答复，或者对行政机关作出的有关行政许可的其他决定不服的"，法定期限内不予答复成为法院受理行政许可决定案件的前提条件。这就意味着许可申请人在承诺期限内没有得到行政机关的答复时提起的行政诉讼，将不会被法院受理。

司法实践中，承诺期限在法院审查判断行政机关是否履行法定职责时也

---

[1] 浙江省温州市龙湾区人民法院（2011）温龙行初字第 73 号行政判决书。

没有起到决定性的作用。例如，四川省高级人民法院的一起申请探矿权变更审批案件中，行政机关收件通知书上载明"法定时限40个工作日，承诺时限28个工作日"。四川省高级人民法院认定程序瑕疵时以40个工作日时限为审查标准。[1]同样未提及承诺期限，而以法定期限来判断行政机关履行职责情况的还有其他各地法院的裁判。[2]个别裁判则明确指出，"因该承诺时限意在提高工作效率，并无法律意义上的强制效力"。[3]无论是《行政诉讼法》起诉条件上的限制，还是司法裁判不将承诺期限作为审查标准，都表明行政机关在行政审批期限缩减的承诺目前不具有法律约束力，许可申请人没有请求行政机关遵守承诺期限的请求权。承诺期限也就只具有信号作用，成为软性的调整工具。

（二）法定期限

立法者对行政许可程序规定了不同长短和类型的期限。根据这些法定期限所引发的法律效果，可以将其分为缺乏直接制裁效果的法定期限和带有直接制裁效果的法定期限。

1. 缺乏直接制裁效果的法定期限

法定期限缺乏直接制裁效果是指行政机关在法定期限内没有履行行政许可程序中应当履行的职责，但不产生直接的制裁效果。虽然根据《行政许可法》第72条和第74条的规定，行政机关及其工作人员在违反所列情形时会被上级行政机关或者监察机关责令改正甚至给予行政处分，但是这仍然是内部的法律责任。许可申请人必须通过提起行政复议或者行政诉讼的方式来救济自身权利。

缺乏直接制裁效果的法定期限最为重要的例子是《行政许可法》第42条所规定的行政许可一般期限："除可以当场作出行政许可决定的外，行政机关

---

〔1〕 四川省高级人民法院（2016）川行终782号行政判决书。

〔2〕 浙江省杭州市滨江区人民法院（2010）杭滨行初字第3号行政判决书："被告在受理原告的申请后，应当在法定期限内作出决定而未作出，不符合法律的规定。"浙江省温州市龙湾区人民法院（2011）温龙行初字第73号行政判决书："原告及第三人向被告提出原拆原建申请的时间是2013年1月5日，而被告作出具体行政行为的时间是2013年2月6日，被告未向原告告知申请延长期限的理由，亦违反了法律规定。"

〔3〕 四川省成都市中级人民法院（2007）成行终字第45号行政判决书。

应当自受理行政许可申请之日起二十日内作出行政许可决定。二十日内不能作出决定的，经本行政机关负责人批准，可以延长十日，并应当将延长期限的理由告知申请人。"行政机关在上述法定期限内如果没有对行政许可申请作出答复，许可申请人可以申请行政复议或者提起限期履行法定职责的诉讼。

行政许可的一般期限与许可申请人对行政机关不答复行为提起诉讼的时间点密切相关。根据《行政诉讼法》第47条的制度设计，如果法律法规没有对行政机关履行职责的期限作出规定，申请人必须在行政机关接到申请之日起的两个月之后方能起诉；如果法律法规对行政机关履行职责的期限作出明确规定，例如正常情况下20个工作日，延长期限10个工作日，按照全国人大常委会法工委的意见，行政机关拒不回复的，申请人最长30个工作日起便可对行政机关的不答复行为提起诉讼。[1]如果申请满足准予行政许可的前提条件，但行政机关没有在法定期限内作出答复，因外在因素使得申请人无法取得许可时，行政机关应当赔偿由此造成的损失。[2]

2. 带有直接制裁效果的法定期限

法定期限带有直接制裁效果是指法定期限的经过产生特定法律结果，直接对行政机关和许可申请人产生约束力。根据约束力在程序和实体上的体现，可以将这种类型的法定期限区分为具有程序制裁效果的法定期限和具有许可拟制效力的法定期限。

（1）具有程序制裁效果的法定期限。

具有程序制裁效果的法定期限体现在我国《行政许可法》第32条行政许可申请的处理上，其中第4项规定，申请材料不齐全或者不符合法定形式的，应当当场或者在5日内一次性告知申请人需要补正的全部内容，如果逾期不告知，自收到申请材料之日起即为受理。这种称为"受理拟制"的制度能够在一定程度上督促行政机关尽快完成审查并将申请材料上存在的缺陷告知申请人。其中隐含着一个为期5天的受理期限，[3]行政机关必须在该期限内审查完毕并予以通知补正；如果没有通知则视为已经受理，行政机关就应当在

---

〔1〕 参见信春鹰主编：《中华人民共和国行政诉讼法释义》，法律出版社2014年版，第125页。

〔2〕 张家界市中级人民法院（2009）张中行终字第4号行政裁定书。

〔3〕 立法者规定这一受理期间可能导致对行政机关不作为的担心。参见汪永清主编：《中华人民共和国行政许可法教程》，中国法制出版社2003年版，第112页。

《行政许可法》第 42 条规定的期限内作出行政许可决定。

司法实践中，即使法院意识到行政机关违反了《行政许可法》第 32 条第 1 款第 4 项，也不会判决行政机关限期履行法定职责，作出行政许可决定，而是仅认定为程序瑕疵，[1]或者确认行政机关未明确告知需要补正的全部内容不作为违法，要求其限期一次性告知需要补正的全部内容。[2]立法者为督促行政机关提高行政效率所设立的受理拟制制度由此丧失了程序制裁效力，成为法律的"摆设"。但从依法审批的要求来看，如果申请人确实遗漏了重要的申请材料，即使发生受理拟制效力，行政机关在缺乏该材料的情况下也无法作出行政许可决定，申请人最终仍需要补正。[3]总体而言，受理拟制制度所能带来的行政效率提升功用极为有限。

（2）具有许可拟制效力的法定期限。

拥有最强调控效力的则是具有许可拟制效力的法定期限，即法定期限的经过产生许可的拟制效力。这种被称为"拟制许可"的制度被立法者广泛运用在行政管理领域，用于提高行政审批效率。《行政许可法》第 50 条第 2 款规定："行政机关应当根据被许可人的申请，在该行政许可有效期届满前作出是否准予延续的决定；逾期未作决定的，视为准予延续。"根据制度设计，该规定"有利于促使行政机关对申请及时作出答复，使申请人的法律地位早日得以确定"。[4]除了对行政许可延续的拟制，还可以是对初次行政许可的拟制，如 2019 年修订的《中华人民共和国药品管理法》（以下简称《药品管理法》）第 19 条第 1 款第 2 句规定："国务院药品监督管理部门应当自受理临床试验申请之日起六十个工作日内决定是否同意并通知临床试验申办者，逾期未通知的，视为同意。"药物临床试验作为药品上市的一个环节，我国政府希望借此优化临床试验审批程序，推进新药的研发速度。[5]拟制行政许可制度通过强行拟制以严格控制单个事项的审批时限，不仅能够直接"制裁"行

---

〔1〕 安徽省高级人民法院（2010）皖行终字第 00074 号行政判决书。

〔2〕 广东省中山市中级人民法院（2015）中中法行终字第 26 号行政判决书。

〔3〕 Christian Hullmann/Mirko Zorn, Probleme der Genehmigungsfiktion im Baugenehmigungsverfahren, NVwZ 2009, 756, 758.

〔4〕 张春生、李飞主编：《中华人民共和国行政许可法释义》，法律出版社 2003 年版，第 170 页。

〔5〕 杨悦："改革创新 控制风险 提高效率"，载《中国医药报》2017 年 5 月 31 日，第 4 版。

政机关拖延审批期限，还能让被许可人及时从事行政许可所允许事项。

二、作为调控工具的行政审批期限制度

与在立法和实践中成为常见调控工具相比，行政审批期限制度在学理上仍然处于不受关注的地位，这与行政法学的研究方法有着密切的关系：自奥拓·迈耶以来，受法实证主义的影响，行政法学遵循国家科学的法学方法，致力于塑造法学概念，聚焦于行政行为合法性审查，赋予公民权利救济。[1]以行政行为司法审查为中心的行政法学将重要的行政活动浓缩为特定的法律类型，并作出"二进制代码"的划分（公法与私法、合法与违法、内部法与外部法）。

所有的法律都以调控效果为目的。为了实现最好的调控效果，法的作用程度和解决问题的能力逐渐成为现代国家行政关注的重点。[2]行政法由此被理解为"产生所希望效用以及避免所不希望效用的法律工具"，行政活动不断地被施加新的要求，除了传统的恣意禁止、法安定性和比例性原则，还被加入行政效率、可接受性、经济性、透明性和创新性等标准。[3]而个别标准，如行政效率已经被我国立法者明确写入《行政许可法》之中，在司法裁判[4]和学说理论[5]中都被肯定为行政机关履行行政职责时均应遵循的基本原则。作为提高行政效率工具的行政审批期限虽然发挥着判断行政机关是否依法履行职责的作用，[6]但是在实践中囿于法律规定或者司法审查无法实现其真正的效力。以承诺期限为例，法院固然认为旨在提高行政机关工作效率的承诺

---

〔1〕 Winfried Brohm, Die Dogmatik des Verwaltungsrechts vor den Gegenwartsaufgaben der Verwaltung, VVDStRL 30 (1972), S. 245, S. 254.

〔2〕 Martin Eifert, Das Verwaltungsrecht zwischen klassichem dogmatischen Verhältnis und steuerungswissenschaftlichen Anspruch, VVDStRL 67 (2008), S. 294.

〔3〕 Eberhard Schmidt-Aßmann, Verfassungsprinzipien für den Europäischen Verwaltungsverbund, in: Hoffmann-Riem/Schmidt-Aßmann/Voßkuhle (Hrsg.), Grundlagen des Verwaltungsrechts. Band 1, 2012, § 5 Rn. 5

〔4〕 参见沈岿："论行政法上的效能原则"，载《清华法学》2019 年第 4 期。

〔5〕 参见李洪雷：《行政法释义学：行政法学理的更新》，中国人民大学出版社 2014 年版，第 108 页。

〔6〕 例如，遵义县人民法院（2018）黔 0321 行初 116 号行政判决书中认为："被告作为实施高危险性体育项目经营许可的行政机关，在接受原告的申请后，在原告提供的材料符合《全民健身条例》和《许可办法》规定的情况下，理应按照其承诺在规定的期限内对原告实施许可。被告以相关部门未及时反馈相关材料而超过期限进行抗辩，有违行政效率原则。"

期限应当得到遵守，但此类案件的起诉条件和审查标准仍然以法定期限为准，这一结论对于实现行政效率和建设诚信政府并无益处。

具有许可拟制效力的法定期限在司法实践中则面临着更为尴尬的境地，面对申请人主张适用《行政许可法》第 50 条第 2 款行政许可延续拟制的诉讼请求，法院要么以审判权尊重行政权为由否定拟制效力的发生：在"双峰县惠安出租车服务有限责任公司等与双峰县交通运输局不履行法定职责案"中，一审和二审法院虽然都确认被告逾期未作决定属于不履行法定职责，但是对于行政许可是否得到拟制延续，均表示"申请是否符合准予行政许可的条件，应由被告依照有关规定审查和裁量"或者"司法不能代替行政"。[1]或者以保护公共利益为由否定拟制效力的发生："在实践中对于涉及重大公共利益和重大公共安全的许可事项，并不等同于对任何行政机关时间上的拖延即视为默视批准，而必须经过实质要件的审查。"[2]立法者通过拟制机制保障行政审批程序畅通和迅速化的良好意图在实践中经常落空。

在行政管理实践越来越以调控效果为导向的今天，法治的保障亦不能缺失。根据行政管理学者的考察，我国改革开放 30 余年来，"政府效率虽然得到提升，但市场监管质量和法治建设依然有较大的完善空间"。[3]调控工具和手段固然多种多样，但行政法律规范有着其自身的特性和作用条件，调控工具应当符合法的安定性和可预测性，这些要求必须融入比例性的检测之中。[4]个别标准对于行政活动来说虽然极为重要，但不能为了这些标准的实现而相对化依法行政原则，这为法律优先原则所不允许。行政审批制度改革实践中，通过压缩审批时限加快行政程序的要求经常与法律法规的刚性要求产生冲突。[5]例如，《环境影响评价公众参与办法》第 22 条和其前身均要求行政机关受理建设项目环境影响报告书后，应当向社会公开相关信息，公开期限不

---

〔1〕 湖南省娄底市中级人民法院（2017）湘 13 行终 464 号行政判决书。

〔2〕 浙江省湖州市中级人民法院（2009）浙湖行终字第 25 号行政判决书。

〔3〕 张弘、王有强："政府治理能力与经济增长间关系的阶段性演变"，载《经济社会体制比较》2013 年第 3 期。

〔4〕 Indra Spiecker genannt Döhmann, Das Verwaltungsrecht zwischen klassischem dogmatischem Verständnis und steuerungswissenschaftlichem Anspruch, DVBl 2007, 1083.

〔5〕 参见唐明良、骆梅英："地方行政审批程序改革的实证考察与行政法理——以建设项目领域为例"，载《法律科学（西北政法大学学报）》2016 年第 5 期。

得少于 10 个工作日。但实践中该法定公开期限往往被行政机关有意缩短，法院对此仅能予以指正，认为"该问题属于公告环节中的瑕疵问题，并不足以影响本案被诉具体行政行为的合法性"。[1] 由于行政审批期限的法律规定是根据审批事项的复杂性和对社会影响大小所作出的，实际操作中，除了书面材料审查还需要现场勘查。[2] 过于强调行政效率还容易导致行政机关在环境影响评价审批过程中不能尽到审慎审查义务。[3] 过度地使用行政效率使得行政程序被赋予的信息搜集加工、提高决策可接受性和补偿有限司法审查的功能不能得到真正实现，继而威胁到法治原则。[4]

三、拟制行政许可：出路还是歧路？

具有许可拟制效力的法定期限因拥有最强的调控效力，被越来越多地引入行政审批制度改革中。早在罗马法时期就已经产生法律拟制制度，行政法领域内拟制现象并不少见。1989 年的《集会游行示威法》第 9 条规定："主管机关接到集会、游行、示威申请书后，应当在申请举行日期的二日前，将许可或者不许可的决定书面通知其负责人。不许可的，应当说明理由。逾期不通知的，视为许可。"《行政许可法》第 50 条和《药品管理法》第 19 条也都规定了拟制行政许可。作为一种调控工具，行政许可被用来控制危险、配置资源和提供信息。[5] 被立法者置于审批保留之下的事项在没有得到行政机关明确肯定的决定时，申请人原则上不可以从事相关活动（《行政许可法》第81 条）。由于拟制将特定法律后果施加于事实上不具备前提条件的情形之上，拟制总需要法律的明确规定，构成例外情形。[6] 为了展示拟制行政许可制度

---

〔1〕 陕西省西安市中级人民法院（2014）西中行终字第 00115 号行政判决书。

〔2〕 参见孙彩红："地方行政审批制度改革的困境与推进路径"，载《政治学研究》2017 年第 6 期。

〔3〕 四川省乐山市中级人民法院（2018）川 11 行终 144 号行政判决书。

〔4〕 Michael Fehling, Der Eigenwert des Verfahrens im Verwaltungsrecht, VVDStRL70 (2011), S. 280, S. 286.

〔5〕 参见汪永清主编：《中华人民共和国行政许可法教程》，中国法制出版社 2003 年版，第 10 页。

〔6〕 《行政许可法》第 42 条规定："除可以当场作出行政许可决定的外，行政机关应当自受理行政许可申请之日起二十日内作出行政许可决定。"立法者并未对初次颁发行政许可作出拟制，但保康县人民法院（2016）鄂 0626 行初 20 号行政判决书认为，"后原告又向城建规划部门申请办理《建设工程规划许可证》，城乡规划部门在法定期限内不作出决定，应视为城乡规划部门许可原告薛祥秀建房"，这种判断显然不正确。

所面临的困境，这里以有着长期行政实践的《行政许可法》第 50 条第 2 款为切入点。

（一）制度背景

《行政许可法》第 50 条第 2 款对行政许可延续的拟制性规定在立法阶段就存在着分歧。否定逾期未作决定"视为准予延续"的观点认为：[1]首先，各种行政许可的功能、适用条件不一，相应的行政程序也有差别。随着时间的变化和生产经营的开展，被许可人的各种条件会发生变化。初次取得行政许可并不能推导出其永远符合法定条件。其次，政府有权适时改变规制政策，对行政许可条件作出更加严格的要求，视为准予延续则会妨碍行政机关的政策制定。最后，行政机关未能在行政许可有效期内作出决定的原因很多，可以是不作为，也可能是事出有因且合法合理。亦有学者认为，行政机关逾期未作决定的，申请人可以依法寻求救济，提起诉讼；现有规定与行政许可立法精神产生冲突。[2]

然而上述观点并不必然否定行政许可拟制延续制度的合理性：首先，行政救济程序的冗长性和救济结果的滞后性使得其制约效果有限。根据最高人民法院《关于审理行政许可案件若干问题的规定》第 6 条规定，行政机关受理行政许可申请后，在法定期限内不予答复，申请人可以向法院起诉；适用拟制延续时，若无特别法规定，30 日后被许可人即可继续从事原有行政许可所允许的事项，与行政救济相比后者更为方便直接。其次，行政许可拟制延续制度并不妨碍行政机关制定政策的权力。行政机关根据社会发展和环境保护严格化行政许可的条件和标准时，完全可以在审批期限内作出不予准予延续的决定，以维护政策的制定和执行。再次，从我国行政许可法立法精神上来看，行政许可延续的拟制也是立法之意。作为《行政许可法（草案）》的起草者，国务院在说明行政许可程序相关规定时解释道："按照效能与便民的原则，草案总结成功实践经验，借鉴国外同行做法，从行政机关和老百姓两

---

〔1〕 参见汪永清主编：《中华人民共和国行政许可法释义》，中国法制出版社 2003 年版，第 173 页。

〔2〕 参见王太高："论我国行政许可延续立法之完善"，载《法商研究》2009 年第 5 期。

个方面对实施行政许可的一般程序作了规定。"〔1〕引入具有许可拟制效力的法定期限可以作为实现这一立法原则的调控手段来运用：通过赋予法定期限拟制许可效力，一方面可以促使行政机关为了防止拟制效力的发生在法定期限内作出行政许可决定，另一方面避免了冗长的行政程序时间，申请人可以及时从事行政许可所允许事项。〔2〕最后，行政许可拟制延续制度绝不是我国立法者缺乏依据的贸然之举。2003 年 1 月，天津市南开区率先在全国施行"超时默许"机制，即如果审批部门在公开承诺的期限内既不作决定，又无法定事由准许延长期限，逾期未回复的，微机网络警示 24 小时，如果仍未办结，则由事先授权的微机网络系统自动生成并打印出许可证，从而完成"超时默许"。这一做法给执法者带来巨大的内心压力，使其不断增强责任心，在全国其他地方行政管理中得到借鉴应用。〔3〕尽管立法者最后只将拟制机制适用于延续申请，不适用于行政许可的初次申请和许可，但无疑是对地方行政审批机制创新的肯定。

（二）实施困境

1. 被许可人的法安定性

行政机关逾期未作决定使得拟制效力发生，延续申请人尽管能够继续从事原行政许可所允许的事项，开展生产经营，但缺乏相关证件和凭证。在行政管理实践中，行政许可证件不仅可以让被许可人的行为有明确、稳定的法律保护，也便于行政机关的监管。〔4〕对于被许可人来说，缺乏相关证明也就意味着行政机关可以对是否真正发生拟制效力产生怀疑，从而威胁到被许可人的法安定性。更为严重的是，法律在拟制行政许可准予延续时，送达行为也被一同拟制，然而这种拟制只对被许可人产生效力，利害关系人无从知晓。当行政机关作出行政行为时没有告知利害关系人，导致后者迟迟不知道已经

〔1〕 参见国务院法制办公室于 2002 年 8 月 23 日发布的《关于〈中华人民共和国行政许可法（草案）〉的说明》。

〔2〕 Ulrich Stelkens/Melanie Payrhuber, Unbewusstes „Gold Plating" bei der Umsetzung der Dienstleistungsrichtlinie durch extensive Auslegung des § 42a VwVfG?, NVwZ 2018, 195, 198.

〔3〕 参见包雅钧："从天津市南开区'超时默许'机制看行政审批创新"，载《天津行政学院学报》2006 年第 6 期。

〔4〕 参见汪永清主编：《中华人民共和国行政许可法教程》，中国法制出版社 2003 年版，第 134 页。

作出的行政行为，应当适用《行诉解释》（2018）第 65 条的规定，[1]即公民、法人或者其他组织不知道行政机关作出的行政行为内容的，其起诉期限从知道或者应当知道该行政行为内容之日起计算，但最长不得超过《行政诉讼法》第 46 条第 2 款规定的起诉期限。换言之，被许可人虽然能够继续从事行政许可所允许的事项，但由于拟制效力的发生是无形的，缺乏正常情形下所必须进行的送达，被许可人必须考虑到之后 5 年里利害关系人提起撤销之诉。这不但给被许可人的投资和营业蒙上不确定的色彩，也使得行政审批程序加速成为空谈。

2. 拟制制度的合宪性问题

行政许可的拟制在宪法层面上受到更多的质疑，这主要是多边行政法律关系中拟制制度的适用。在建设项目的审批中，行政许可涉及的不仅仅是行政机关和相对人之间的法律关系，还会涉及公众参与和环境保护等公共利益。对于如此复杂的行政活动，如果没有或者有缺陷地进行事前审查，行政程序被赋予的利益权衡和风险分析得不到实现，很可能给公共利益造成严重的损害。以采矿权延续超期审批为例，适用《行政许可法》第 50 条第 2 款很可能导致"制度层面激励非法采矿"。[2]德国学者一致的观点是，待批建设项目或者事项如果会使他人生命身体或者环境保护置于高度风险之中，立法者就不应当在这些领域中引入拟制制度。简而言之，应当在事实和规范层面上简单的双边行政法律关系领域中引入行政许可拟制制度。[3]立法者在判断识别此类简单双边行政法律关系时，也应当考虑相关事项是否还有保留行政许可的必要。

3. 拟制制度的固有缺陷

更为棘手的是，拟制行政许可制度本身所存在的问题可能削弱其在实践中的运用。首先，从经济学角度上来看，比起将许可授予给不符合条件的申请来说，行政机关更倾向于拒绝符合条件的申请，因为否决的成本没有肯定

---

〔1〕 北京市高级人民法院（2018）京行终 3763 号行政判决书。

〔2〕 参见宦吉娥、王艺："采矿权延续超期审批默示准予制度研究"，载《浙江理工大学学报（社会科学版）》2017 年第 3 期。

〔3〕 Jan Ziekow, Möglichkeiten zur Verbesserung der Standortbedingungen für kleinere und mittlere Unternehmen durch Einführung von Genehmigungsfiktionen, 2008, S. 38.

的成本那么明显，并且这些成本大部分都由其他主体承担了。[1]这种错误成本分析同样适用于行政许可的拟制。德国学者对行政实践的实证研究发现，当发现行政审批程序无法在法定期限内结束，为了防止拟制效力的发生，行政机关会倾向于拒绝申请，形成所谓的"循入拒绝"情形。[2]申请人对此只能再花费时间和精力寻求救济，立法者的良好初衷反而给申请人带来额外负担。其次，比起行政机关明确作出准予行政许可决定的情形，行政机关逾期未作决定时，被许可人不能确定行政机关是否真正地审查了自身申请，抑或是行政机关人员精力有限无法及时地作出审查决定。这种不确定性使得被许可人不会主张适用《行政许可法》第 50 条第 2 款，而是再次向行政机关提出申请。最后，即使法律赋予被许可人针对行政机关补办准予延续行政许可的请求权，如果行政机关以拟制效力没有发生为由拒绝补办准予延续的手续，申请人仍然不可避免地需要采取行政复议和诉讼的方式寻求权利救济，这样一来程序加速的目标再次落空。法律赋予申请人的请求权只能在一定程度上缓解其法安定性上的不足，但不能从根本上予以消除。[3]

4. 配套制度的缺失

与拟制效力发生相关联的还有当事人在诉讼类型选择上的困境。面对行政机关逾期未作决定的事实，申请人往往提起履行法定职责之诉，要求行政机关延续行政许可。根据《行政许可法》第 50 条第 2 款的制度设计，行政机关逾期未作决定，拟制效力已经发生，延续申请视为得到准予，被许可人再提起履行法定职责之诉，缺乏权利保护的必要性。[4]但是，为了确定自身法律地位，被许可人对拟制效力的发生和范围有着确认利益，然而我国《行政诉讼法》并没有像《德国行政法院法》第 43 条第 1 款规定确认法律关系之诉，导致无法给公民提供有效的权利救济。[5]

---

〔1〕 张卿：《行政许可：法和经济学》，北京大学出版社 2013 年版，第 193 页。

〔2〕 Jan Ziekow, Möglichkeiten zur Verbesserung der Standortbedingungen für kleinere und mittlere Unternehmen durch Einführung von Genehmigungsfiktionen, 2008, S. 103.

〔3〕 Christian Hullmann/Mirko Zorn, Probleme der Genehmigungsfiktion im Baugenehmigungsverfahren, NvWZ 2009, 756, 757.

〔4〕 参见王贵松："论行政诉讼的权利保护必要性"，载《法制与社会发展》2018 年第 1 期。

〔5〕 陕西省西安市中级人民法院（2009）西行终字第 74 号行政判决书中，一审法院认为许可证已经依法延续，再请求颁发已无必要；二审则确认行政机关不作为违法，责令其书面答复。

（三）完善路径

《行政许可法》第50条第2款在法理和实践层面上所遇到的困境妨碍到了拟制行政许可制度功效的发挥。在制度完善方面，《药品管理法》第19条所引入的药物临床试验审批拟制能够提供诸多参考之处。拟制制度被引入药物临床试验审批程序中，根本性问题在于我国临床试验审批程序复杂冗长、审评时间较为漫长。[1]2017年中共中央办公厅、国务院办公厅在《关于深化审评审批制度改革鼓励药品医疗器械创新的意见》中提出，为了优化临床试验审批程序，"受理临床试验申请后一定期限内，食品药品监管部门未给出否定或质疑意见即视为同意，注册申请人可按照提交的方案开展临床试验"。因期限的经过发生准予行政许可的法律效力，这项意见对包括许可申请和许可决定在内的行政程序提出更高要求。为此，2018年国家药品监督管理局《关于调整药物临床试验审评审批程序的公告》（以下简称《公告》）作出了更加细化的规定。

1. 临床试验申请

为了启动行政许可审查程序，公民和法人必须向行政机关提出许可申请，作为一个法律行为，许可申请只有在有效时才能发生启动审查程序的法律后果。即申请人的申请应当达到充分明确的程度，在申请中指明具体项目上的特定许可。尽管《药品管理法》第19条只提及"临床试验申请"，但行政机关对申请事项的合法性审查离不开完整的申请材料。《公告》特别设立了沟通交流会议制度：沟通交流会议之前，行政机关通过网络对申请人的问题进行解答；申请人认为尚有问题的，召开沟通交流会议时，行政机关再就申请人的关键技术问题和资料数据是否完备作出分析。沟通交流会议并不是必经程序，只要申请人在准备和申请阶段认为无需召开会议，即可按照相关要求提交申请和申报资料。但作为较为正式的预申请制度能够减少申请人信息不足、没有提供完备材料而造成事后通知的成本，加速后续的受理和审评审批。

《公告》要求药审中心在收到申报资料后5日内完成形式审查；符合要求或按照规定补正后符合要求的，发出受理通知书。至于药审中心逾期没有告

---

[1] 参见杨悦：《药物临床试验动态管理改革与创新》，中国医药科技出版社2018版，第17页。

知申请人补正是否产生受理拟制效力，《公告》并未说明。如果将《公告》的药物临床试验审批程序作为特殊规定来看，《行政许可法》第32条第1款第4项的受理拟制就可以作为补充性程序要求。尽管如此，应当否定受理拟制在这里的适用。首先，从加速审批程序角度上看，即使发生受理拟制效力，如果发现申报资料遗漏且影响到审查的依法进行，申请人最终仍需要予以补正。其次，原则上行政机关应当自受理行政许可申请之日起特定期限内作出决定。《公告》则规定，审批期限的开始从受理缴费之日起计算（"自受理缴费之日起60日内"）。受理拟制无法替代受理缴费，也就无法进入后续的审批程序，对于申请人来说拟制申报材料完备并无实际效用。

2. 拟制效力的外化

根据《公告》，在60日内未收到药审中心否定或质疑意见的，申请人可以按照提交的方案开展临床试验。临床试验开始时，申请人应登录药审中心门户网站，在"药物临床试验登记与信息公示平台"进行相关信息登记。上述规定只是要求申请人信息登记，但处于竞争关系的利害关系人无法知晓，问题在于如何让拟制效力进行外化。

鉴于被许可人和利害关系人对拟制效力是否发生这个问题存在着利益，《德国联邦行政程序法》第42a条第3款规定："按照该法第41条第1款行政行为应当送达的人员在提出请求时，必须向其出具拟制许可发生的书面证明。"德国立法者在立法理由中解释道："受益人手里缺乏能够证明拟制许可的文档。受影响第三人或者其他参与人亦对拟制许可的书面确认存有利益。"[1] 该款规定不仅赋予受益人请求权，还赋予了正常情形下应当送达行政行为第三人相应的请求权。拟制效力发生后即产生拟制证书请求权，至于拟制决定是否实体合法则无关紧要。行政机关在处理被许可人拟制证书颁发请求时，只能审查拟制效力发生是否，而不能审查实体审批条件是否具备。即使拟制决定在实体上是无效的，拟制证书请求权依然不消灭。[2] 拟制证书的出具能够消除当事人在拟制效力是否发生问题上的疑问，同时确认拟制效力发生的时间节点。拟制证书的送达时间构成了受影响第三人提起撤销之诉"知道行

---

〔1〕 BT-Drs. 16/10493, S. 16.

〔2〕 Ulrich Stelkens, in: Bonk/Sachs/Stelkens（Hrsg.），VwVfG, 8. Aufl. 2014，§ 42 Rn. 93.

政机关作出的行政行为内容"的最晚时刻。否则只有权利失效的情况下才能排除撤销。通过请求行政机关向受影响第三人送达拟制证书，被许可人可以限制他人撤销行政决定的可能性，从而提升法安定性。[1]

我国个别地方政府在实施《行政许可法》的过程中也发现了拟制效力外化的问题，立法明确要求行政机关为被许可人补办手续。如《上海市行政许可办理规定》[2]第16条第3款规定："行政机关逾期未作出决定，依法视为准予延续的，行政机关事后应当及时补办准予延续的手续。"同样规定的还有《甘肃省实施行政许可程序暂行规定》[3]第21条第3款。对于拟制临床试验许可的效力外化问题，国家药品监督管理局药审中心在实践中通过信息公开的方式，设立"临床试验默示许可"栏目来公开借助法律拟制所获得的行政许可。出于维护被许可人和第三人法的安定性考量，该做法应当被写入《药品管理法》第19条之中。

3. 引入拟制临床试验许可的合宪性

鉴于拟制行政许可制度可能会给重大公共利益带来不可挽回的损失，立法者在特定行政管理领域对该制度的引入必须采取谨慎态度，必须权衡拟制制度带来的效用和违法许可拟制所伴随的风险，从而作出更加细致和具有针对性的法律规定。临床试验审批领域引入拟制行政许可制度时也不例外。药物临床试验是未上市药物在人体上进行的试验，试验的潜在安全性风险会直接给受试者的人身安全带来危害；而临床试验是药品上市的一个关键环节，审评时间如果过长，对于急需治疗的患者来说是生命健康的损失，对于申请人来说意味着限制创新和竞争等社会经济利益的损失。拟制临床试验许可的引入则试图建立一个政策平衡点，在适度简化和加速审批程序的同时，推动新药研发进度和应用。不过，这也要求行政机关改变以往"重审批、轻过程控制"的监管模式，强化事中监管和风险控制。[4]

---

〔1〕 BT-Drs. 16/10493, S. 16.

〔2〕 2004年12月13日上海市人民政府令第39号发布，自2005年2月1日起实施。

〔3〕 2006年5月15日甘肃省人民政府令第29号公布，自公布之日起实施。

〔4〕 杨悦：《药物临床试验动态管理改革与创新》，中国医药科技出版社2018版，第11页。

【后续影响及借鉴意义】

我国行政审批制度改革中突出变化之一是提高行政审批效率，各级政府从行政审批期限制度着手压缩审批时间、承诺更短期限和引入拟制审批制度。对于这一领域的改革，法治思维和实效观察应当同时进行。无限度地压缩行政审批的必要时间导致行政审批期限形式化问题严重，甚至与法律法规的刚性要求相冲突。实践中，一些行政机关对更短审批期限的承诺没有发挥其应有的功用，成为"华而不实"的宣传口号。而拟制行政许可制度因制度设计缺陷和本身存在的问题，在行政实践中不仅不能督促行政机关及时履行职责，反而给利害关系人的权利造成更多威胁。《药品管理法》对拟制行政许可制度的引入也只是解决了部分问题，更多的则是需要从《行政许可法》和《行政诉讼法》层面上予以完善。行政审批期限作为提高行政效率的调控工具有着自身的界限，应当通过更多的实证来考察改革效果，确保行政审批质量。行政审批制度改革要严防这样一种趋势：把工业国家从实证法的限制中解脱出来，工业领域相对于规范领域具有优先性。[1]

---

〔1〕 Ingeborg Maus, Bürgerliche Rechtstheorie und Fachismus zur sozialen Funktion und aktuellen Wirkung der Theorie Carl Schmitts, 2. Aufl. 1980, S. 78.

四 信息公开

行政机关对信息的检索义务及举证责任
——罗元昌诉重庆市彭水苗族土家族自治县
地方海事处政府信息公开案

胡斌 *

【案例名称】

罗元昌诉重庆市彭水苗族土家族自治县地方海事处政府信息公开案［重庆市第四中级人民法院（2015）渝四中法行终字第00050号］

【关键词】

行政 政府信息公开 信息不存在 检索义务

【基本案情】

罗元昌是兴运2号船的船主，在乌江流域从事航运、采砂等业务。2014年11月17日，罗元昌通过邮政特快专递向彭水县地方海事处邮寄书面政府信息公开申请书，具体申请的内容为：（1）公开彭水苗族土家族自治县港航管理处（以下简称彭水县港航处）、彭水县地方海事处的设立、主要职责、内设机构和人员编制的文件。（2）公开下列事故的海事调查报告等所有事故材料：鑫源306号在2008年5月1日、2010年7月11日的2起安全事故，鑫源308号在2008年5月13日、2008年7月1日的2起安全事故，兴运2号在

* 胡斌，中国政法大学法学院讲师，法学博士。

2008年5月18日、2008年9月30日的2起安全事故，长鸿2号在2008年6月18日、2008年8月6日的2起安全事故，高谷5号在2008年9月11日、2009年5月1日的2起安全事故，高谷6号在2008年8月19日的安全事故，高谷8号在2009年5月12日的安全事故，高谷16号在2009年7月30日的安全事故，高谷18号在2009年2月1日的安全事故，高谷19号在2009年6月30日的安全事故，高谷28号在2009年5月1日的安全事故，荣华号在2008年9月1日的安全事故。

彭水县地方海事处于2014年11月19日签收后，未在法定期限内对罗元昌进行答复，罗元昌于2015年1月8日向彭水县人民法院提起行政诉讼。2015年1月23日，彭水县地方海事处作出（2015）彭海处告字第006号《政府信息告知书》，载明的主要内容有两项：一是对申请公开的彭水县地方海事处的内设机构名称等信息告知罗元昌获取的方式和途径；二是对申请公开的海事调查报告等所有事故材料经查该政府信息不存在。彭水县人民法院于2015年3月31日对该案作出（2015）彭法行初字第00008号行政判决，判决确认彭水县地方海事处在收到罗元昌的政府信息公开申请后未在法定期限内进行答复的行为违法。2015年4月22日，罗元昌以彭水县地方海事处作出的（2015）彭海处告字第006号《政府信息告知书》不符合法律规定，且与事实不符为由，提起行政诉讼。在庭审中，罗元昌明确其诉讼请求，请求撤销彭水县地方海事处作出的（2015）彭海处告字第006号《政府信息告知书》；彭水县地方海事处向罗元昌公开海事调查报告等涉及兴运2号船的所有事故材料。

庭审中，罗元昌陈述发生事故后已向彭水县地方海事处电话报告，彭水县地方海事处陈述就罗元昌诉称的海损事故，罗元昌未向彭水县地方海事处报告，也未提交海事调查报告书，罗元昌亦无事实方面的证据证明曾发生海损事故，且彭水县地方海事处已对档案室的所有海损事故卷宗进行查询，确无罗元昌诉称的海事调查报告等所有事故材料。

一审法院认为：根据2007年《政府信息公开条例》的规定，彭水县地方海事处作为行政机关，具有受理并处理向其提出的政府信息公开申请的法定职责。最高人民法院《关于审理政府信息公开行政案件若干问题的规定》（以下简称《信息公开案件司法解释》）第5条第5款规定："被告主张政府信息不存在，原告能够提供该政府信息系由被告制作或者保存的相关线索的，可以申请人民法院调取证据。"但在本案中，罗元昌并未提供其申请公开的政府信息由彭水县地方海事处制作或保存的相关线索。罗元昌提供的《乌江彭水水电站断航碍航问题调查评估报告》中第33页《彭水水上交通事故汇总表》，只是一个统计表，并不能直接证明海事调查报告等所有事故材料存在以及由彭水县地方海事处制作或保存，罗元昌亦未提交其他证据证明其申请公开的海事调查报告等信息由彭水县地方海事处制作或保存，彭水县地方海事处对罗元昌的政府信息公开申请已经履行了法定告知义务。根据《信息公开案件司法解释》第12条之规定，"有下列情形之一，被告已经履行法定告知或者说明理由义务的，人民法院应当判决驳回原告的诉讼请求：（1）不属于政府信息、政府信息不存在、依法属于不予公开范围或者依法不属于被告公开的……"故罗元昌的诉讼请求不能成立，依法应予驳回。

综上，依照2007年《政府信息公开条例》第21条第3项、2014年《行政诉讼法》第69条、《信息公开案件司法解释》第12条第1项的规定，判决驳回罗元昌的诉讼请求。案件受理费50元，由罗元昌负担。

罗元昌不服提起上诉称：罗元昌提供的《乌江彭水水电站断航碍航问题调查评估报告》中明确载明，《彭水水上交通事故汇总表》据彭水县港航管理处提供，而彭水县港航处与彭水县地方海事处为一套班子两块牌子，即《彭水水上交通事故汇总表》来源于彭水县地方海事处。该表虽为统计表，但是由彭水县地方海事处统计而来，彭水县地方海事处必然有统计的原始依据，但彭水县地方海事处未能就统计的原始依据和过程进行说明。彭水县地方海事处当庭认可其有值班电话记录、救援记录等，每月和年度都要进行事故统计，却一直辩称没有罗元昌诉称的事故资料，但又没有举证证明，故彭水县地方海事处应当承担举证不能的责任。一审判决认定《彭水水上交通事故汇总表》仅是一个统计表，但该表来源于《乌江彭水水电站断航碍航问题调查评估报告》，而该报告系重庆市发改委、重庆市交委委托重庆江河工程咨询中心有限公司、重庆西科水运工程咨询中心并经市港航局、彭水县地方海事处等参与形成，相关证人和单位清楚评估报告相关资料的来源，一审法院却违法不准许出庭，请二审法院依法予以纠正，通知证人出庭，并对相关单位和人员进行调查取证。综上，罗元昌所有的船舶发生事故是客观事实，且罗元昌已经提供明确线索，彭水县地方海事处作为彭水唯一的船舶管理机构，对罗元昌申请公开的安全事故清楚，保存有相关资料却不予公开，明显违法，故一审法院事实认定错误，适用法律错误，判决错误，特向贵院提起上诉，请求判决撤销彭水县人民法院于 2015 年 6 月 5 日作出的（2015）彭法行初字第 00039 号行政判决，依法改判撤销彭水县地方海事处作出的（2015）彭海处告字第 006 号《政府信息告知书》，并改判彭水县地方海事处立即向罗元昌公开申请公开安全事故的所有政府信息；判决本案一审、二审诉讼费由彭水县地方海事处承担。

被上诉人彭水县地方海事处答辩称：罗元昌在行政诉状中诉称的所列事实没有根据，理由不能成立。彭水县地方海事处已将罗元昌申请的事项以（2015）彭海处告字第 006 号《政府信息告知书》邮寄给罗元昌的特别委托代理人，已经履行了告知义务。一审法院作出的判决事实清楚，证据充分，程序合法，适用法律正确，请求判决驳回罗元昌的上诉请求，维持原判。

本案涉及的法律规范条文有：

《信息公开案件司法解释》第 12 条规定："有下列情形之一，被告已经履行法定告知或者说明理由义务的，人民法院应当判决驳回原告的诉讼请求：（1）不属于政府信息、政府信息不存在、依法属于不予公开范围或者依法不属于被告公开的；（2）申请公开的政府信息已经向公众公开，被告已经告知申请人获取该政府信息的方式和途径的；（3）起诉被告逾期不予答复，理由不成立的；（4）以政府信息侵犯其商业秘密、个人隐私为由反对公开，理由不成立的；（5）要求被告更正与其自身相关的政府信息记录，理由不成立的；（6）不能合理说明申请获取政府信息系根据自身生产、生活、科研等特殊需要，且被告据此不予提供的；（7）无法按照申请人要求的形式提供政府信息，且被告已通过安排申请人查阅相关资料、提供复制件或者其他适当形式提供的；（8）其他应当判决驳回诉讼请求的情形。"

2014 年《行政诉讼法》第 74 条第 2 款第 2 项规定，"行政行为有下列情形之一，不需要撤销或者判决履行的，人民法院判决确认违法：……（2）被告改变原违法行政行为，原告仍要求确认原行政行为违法的"。

2007 年《政府信息公开条例》第 13 条规定："除本条例第 9 条、第 10 条、第 11 条、第 12 条规定的行政机关主动公开的政府信息外，公民、法人或者其他组织还可以根据自身生产、生活、科研等特殊需要，向国务院部门、地方各级人民政府及县级以上地方人民政府部门申请获取相关政府信息。"

2007 年《政府信息公开条例》第 21 条规定："对申请公开的政府信息，行政机关根据下列情况分别作出答复：（1）属于公开范围的，应当告知申请人获取该政府信息的方式和途径……"

2007 年《政府信息公开条例》第 26 条规定："行政机关依申请公开政府信息，应当按照申请人要求的形式予以提供；无法按照申请人要求的形式提供的，可以通过安排申请人查阅相关资料、提供复制件或者其他适当形式提供。"

【裁判要旨】

在政府信息公开案件中，被告以政府信息不存在为由答复原告的，人民法院应审查被告是否已经尽到充分合理的查找、检索义务。原告提交了该政府信息系由被告制作或者保存的相关线索等初步证据后，若被告不能提供相反证据，并举证证明已尽到充分合理的查找、检索义务的，人民法院不予支持被告有关政府信息不存在的主张。

【裁判理由与论证】

2007 年《政府信息公开条例》第 13 条规定："除本条例第 9 条、第 10 条、第 11 条、第 12 条规定的行政机关主动公开的政府信息外，公民、法人或者其他组织还可以根据自身生产、生活、科研等特殊需要，向国务院部门、地方各级人民政府及县级以上地方人民政府部门申请获取相关政府信息。"因此，二审法院认为彭水县地方海事处作为行政机关，负有对罗元昌提出的政府信息公开申请作出答复和提供政府信息的法定职责。本案的争议焦点是彭水县地方海事处作出的（2015）彭海处告字第 006 号《政府信息告知书》是否合法。

2007 年《政府信息公开条例》第 2 条规定："本条例所称政府信息，是指行政机关在履行职责过程中制作或者获取的，以一定形式记录、保存的信息。"本案中，罗元昌申请公开彭水县港航处、海事处的设立、主要职责、内设机构和人员编制的文件的信息，属于彭水县地方海事处在履行职责过程中制作或者获取的，以一定形式记录、保存的信息，当属政府信息。在一审审理期间，彭水县地方海事处已为罗元昌提供了彭水编发（2008）11 号《彭水苗族土家族自治县机构编制委员会关于对县港航管理机构编制进行调整的通知》的复制件，该通知已明确载明了彭水县港航处、海事处的机构性质、人员编制、主要职责、内设机构等事项，罗元昌已知晓，二审法院予以确认。

罗元昌申请公开涉及兴运 2 号船等船舶发生事故的海事调查报告等所有事故材料的信息，根据《中华人民共和国内河交通事故调查处理规定》的相关规定，船舶在内河发生事故的调查处理属于海事管理机构的职责，其在事故调查处理过程中制作或者获取的，以一定形式记录、保存的信息属于政府信息。彭水县地方海事处作为彭水县的海事管理机构，负有对彭水县行政区域内发生的内河交通事故进行立案调查处理的职责，其在事故调查处理过程中制作或者获取的，以一定形式记录、保存的信息属于政府信息。根据 2007年《政府信息公开条例》第 21 条规定："对申请公开的政府信息，行政机关根据下列情况分别作出答复：（1）属于公开范围的，应当告知申请人获取该政府信息的方式和途径……"第 26 条规定："行政机关依申请公开政府信息，应当按照申请人要求的形式予以提供；无法按照申请人要求的形式提供的，可以通过安排申请人查阅相关资料、提供复制件或者其他适当形式提供。"本案中，罗元昌提交了兴运 2 号船于 2008 年 5 月 18 日在彭水高谷长滩子发生整船搁浅事故以及于 2008 年 9 月 30 日在彭水高谷煤炭沟发生沉没事故的相关线索，而彭水县地方海事处作出的（2015）彭海处告字第 006 号《政府信息告知书》第 2 项告知罗元昌申请公开的该项政府信息不存在，仅有彭水县地方海事处的自述，没有提供印证证据证明其尽到了查询、翻阅和搜索的义务。且在一审庭审中，双方也未书面申请法院提交调取该政府信息，故彭水县地方海事处作出的（2015）彭海处告字第 006 号《政府信息告知书》违法，应当予以撤销。在本案二审审理期间，彭水县地方海事处主动撤销了其作出的（2015）彭海处告字第 006 号《政府信息告知书》。罗元昌仍坚持诉讼。根据2014 年《行政诉讼法》第 74 条第 2 款第 2 项规定，"行政行为有下列情形之一，不需要撤销或者判决履行的，人民法院判决确认违法：……（2）被告改变原违法行政行为，原告仍要求确认原行政行为违法的"。一审法院确认彭水县地方海事处作出的本诉政府信息告知行为违法。

综上，一审法院适用法律错误，依法予以撤销，因彭水县地方海事处已主动撤销本诉行政行为，本案作为新证据改判。彭水县地方海事处作出的本诉行政行为违法。上诉人罗元昌请求撤销一审判决的上诉请求成立，予以支持。依照 2014 年《行政诉讼法》第 74 条第 2 款第 2 项、第 89 条第 1 款第 2 项之规定，判决如下：

（1）撤销彭水苗族土家族自治县人民法院作出的（2015）彭法行初字第 00039 号行政判决；

（2）确认彭水苗族土家族自治县地方海事处于 2015 年 1 月 23 日作出的（2015）彭海处告字第 006 号《政府信息告知书》这一行政行为违法。

【涉及的重要理论问题】

2018 年 12 月，经最高人民法院审判委员会审定，该案件被确定为指导性案例。本案主要聚焦"政府信息不存在"案件中行政机关检索义务和举证责任问题，具有典型意义。从实践来看，"政府信息不存在"往往成为行政机关不公开信息的主要理由，[1]因而"政府信息不存在"案件在信息公开复议或者诉讼案件中也占有较大比重。本案涉及的理论问题主要包括"政府信息不存在"的内涵、行政机关对政府信息不存在的机关义务、政府信息不存在的举证责任、政府信息不存在案件的判决方式以及因行政机关过错导致"政府信息不存在"的监督和救济等问题。

一、"政府信息不存在"的内涵界定

《政府信息公开条例》并未对"政府信息不存在"的内涵进行界定，只是将"信息不存在"作为答复申请人的一种法定方式，即信息不存在的，可以不向申请人提供信息。[2]然而，在行政执法和司法实践中，这个看似众所周知的"政府信息不存在"的概念常常会引发不同理解，因此需要进一步界定和厘清。[3]比如，行政机关曾经"制作、获取但未保存或已销毁信息"是否属于"信息不存在"，实践中便有争议。在"郑某诉上海市人民政府政府信息公开案"中，复议机关即认为"曾经制作，未保存的信息"亦属于"政府信息不存在"的情形。但有研究者则认为这不属于"信息不存在"的情形，

---

〔1〕 万静："信息不存在成不公开主要理由"，载《法制日报》2013 年 10 月 17 日，第 6 版。

〔2〕 2019 年《政府信息公开条例》第 36 条规定："对政府信息公开申请，行政机关根据下列情况分别作出答复：……（4）经检索没有所申请公开信息的，告知申请人该政府信息不存在……"

〔3〕 殷勇："'政府信息不存在'情形下的司法审查"，载《法学》2012 年第 1 期。

强调"信息不存在"应当仅限于"从未制作或者获取的信息"。[1]该论者得出这一结论的重要依据是国务院法制办编写的《中华人民共和国政府信息公开条例读本》的表述:"申请公开的政府信息不存在的,也就是这一政府信息自始至终不曾产生,根本谈不上是否应当公开,对此,行政机关应当告知申请人该政府信息本身不存在",[2]并将该解读视为"立法者原意"。[3]

本文认为,从现实来看,将"信息不存在"限缩为"自始不存在信息"显然是不合适的。因为"信息不存在"本质上属于一种客观事实或者结果,即行政机关没有信息可以提供从而免除其公开信息的义务或者阻却其不公开信息的违法性。"自始不存在"只是"信息不存在"的一种原因,而不是唯一原因。而且一项信息是否"自始不存在"有时候难以判断,因而,没有必要将"政府信息不存在"限缩为"自始不存在",只要行政机关经过审慎查找无法发现该信息,导致客观上无法提供信息,则应视为"信息不存在"。当然,根据原因不同,可以将政府信息不存在分为以下几种情况:第一,信息自始不存在而导致的"信息不存在",即行政机关从未制作或获取相关信息(这种情形又分为行政机关应当制作或获取而没有制作或获取;行政机关无职责制作或者获取该信息两种情况)。[4]第二,曾经存在的信息,因为未保存或者到期销毁而导致的"信息不存在",即虽然行政机关曾经制作或者获取相关信息,但因为主客观原因,不再拥有该信息的状态。第三,经过全面审查查找,无法发现请求信息,视为"信息不存在"。最后一种情况并不代表信息真的不存在,只是因为客观原因无法找到,法律上拟制为"信息不存在"。回到本案,按照被告的答辩意见,其所主张的"信息不存在"属于因行政机关未制作或者未获取而导致信息自始不存在的状态。

将"信息不存在"的情形进行分类的意义在于:第一,不同的情形,行政机关答复的内容应当有所区别;第二,不同的情形,政府的举证责任亦有所不同;第三,不同的情形,法院的判决形式也应当体现差异。

---

[1] 殷勇:"'政府信息不存在'情形下的司法审查",载《法学》2012年第1期。

[2] 曹康泰主编:《中华人民共和国政府信息公开条例读本》人民出版社2007年版,第110页。

[3] 殷勇:"'政府信息不存在'情形下的司法审查",载《法学》2012年第1期。

[4] 参见周勇:"'政府信息不存在'案件中证明困境的解决路径探析",载《行政法学研究》2010年第3期。

二、"政府信息不存在"的机关义务

"政府信息不存在"如果是客观事实，则自然免除行政机关的公开义务，因为不能强求行政机关提供一个不存在的东西。但现实中，行政机关有可能"恣意"或者"懈怠"，明明保存着被申请信息却谎称"信息不存在"，或者"嫌麻烦"仅凭主观记忆或者理解，不经查找或者不认真查找相关信息便称"信息不存在"，或者未依法制作、获取或者保存证据，以上情形均会对申请人的知情权造成侵害。为了杜绝上述三种情况，避免"政府信息不存在"成为行政机关怠于履行信息公开职责的"保护伞"，有必要为行政机关及其工作人员设定相应的程序性义务。根据《政府信息公开条例》及相关法理，行政机关宣告某项信息不存在之前应当遵循以下义务。

首先，审慎、全面检索义务。行政机关及其工作人员在收到申请后，应当根据申请人的描述，尽最大努力进行检索。这一义务已经为 2019 年新修订的《政府信息公开条例》第 36 条第 1 款第 4 项确认，根据该条规定，只有经过检索没有发现信息，才能答复信息不存在。一方面，应当穷尽检索方法，综合运用网上查阅、档案室查阅等方法进行检索，内网随便输入关键词便完成检索，无疑是"懒政"的体现。另一方面，应尽可能扩大检索的范围，纸质资料、电子资料均应纳入检索的范围。

其次，说明理由义务。2007 年《政府信息公开条例》要求行政机关对决定不予公开的信息的情况说明理由，但对于"信息不存在"并未要求说明理由，立法者或许认为，信息不存在就是充分的理由，因为不可能让行政机关做客观不能的事情。但现实中，往往是行政机关"信息不存在"的简答答复容易引起申请人的猜疑，从而引起纠纷。因而即使行政机关答复"信息不存在"也需要说明理由。对于"信息不存在"的情况，行政机关负有说明理由的义务，这一点已经被司法实践确认。[1] 行政机关说明理由的内容主要应当

---

〔1〕 例如，在"周力群与北京市海淀区苏家坨镇人民政府信息公开案"中，法院认为，"《中华人民共和国行政诉讼法》第 32 条规定：'被告对作出的具体行政行为负有举证责任，应当提供作出该具体行政行为的证据和所依据的规范性文件。'在政府信息公开行政案件的诉讼中，行政机关主张政府信息不存在的，应当说明理由，并提供相应的证据"。参见北京市海淀区人民法院（2014）海行初字第 87 号行政判决书。

包含以下内容：第一，政府信息不存在的原因。或者是由于该信息不属于本机关职责，所以不存在该信息；或者是虽然该信息属于机关职责，但当时未制作或者未保存该信息；或者是虽然当时制作或者保存了该信息，但该信息已经遗失或按规定销毁；或者因为搬迁或者其他原因，信息已经遗失。总之，应当将"政府信息"为何不存在告知申请人，从而使申请人相信行政机关的说法。第二，积极履行检索义务的说明。行政机关在进行说明时，不宜简单地表述为"经查，申请信息不存在"，而应当将检索工具和过程向申请人说明，从而使申请人相信行政机关确实履行了检索义务。

最后，积极履行重新制作或者获取信息义务。如果检索发现信息确实不存在，但信息不存在是因为行政机关未能依法制作、获取或者保存信息导致，即因为行政机关怠于履行职责导致，则应当尽可能重新制作、获取或者恢复相关信息，信息已经难以制作、获取、恢复或者成本过高除外。增加这一项义务是为了督促行政机关积极履行信息管理职责，尽量防范因行政机关过错导致的"信息不存在"情况的发生。这里需要指出的是要求行政机关积极履行职责与2019年《政府信息公开条例》第38条〔1〕并不矛盾，该条是对申请人信息申请权范围的一种限制，是为了防止申请人滥用信息申请权而进行的制度设计，并不免除行政机关的法定职责。未来《政府信息公开条例》有必要加入该义务。

为行政机关设定检索义务和说明理由义务，意味着行政机关对于"信息不存在"的判断是基于理性权衡，而非恣意和懒惰。一旦发生争议，进入行政复议或者行政诉讼程序，行政机关需要提供证据证明自己已经恰当地履行了上述义务。从这个意义上说，因"信息不存在"而引发的诉讼中，行政机关不是为"信息不存在"这一否定事实进行举证，而是为自己已经合理履行了法定义务而举证。因此与行政机关为自己行为的合法性承担举证责任的规则并不矛盾。

回到本案，彭水苗族土家族自治县地方海事处在收到罗元昌信息申请后，应当审慎、全面地进行检索，在确认所申请信息不存在时，应当判断该信息是否为依法应当主动制作和获取的信息，如果是，则要判断该信息是否具有

---

〔1〕 2019年《政府信息公开条例》第38条规定："行政机关向申请人提供的信息，应当是已制作或者获取的政府信息。除依照本条例第37条的规定能够作区分处理的外，需要行政机关对现有政府信息进行加工、分析的，行政机关可以不予提供。"

重新制作和获取的可能性，如果有则重新制作和获取，如果没有则应当告知申请人信息不存在，并且说明理由，说明理由应包括检索过程和造成"信息不存在"的原因等内容。

三、"政府信息不存在"的举证责任与证明标准

按照传统证据理论对于否定性事实，主张者一般不需要承担举证责任。但部分研究者认为，"信息不存在"案件中，由于行政机关处于优势地位，因而应当突破这一原则，要求行政机关对"信息不存在"承担主要举证责任。[1] 实际上这种理解是有偏差的，法律不应强迫行政机关证明"否定性事实"，因为这几乎是无法完成的任务。行政机关在"信息不存在"案件中，所承担的举证责任，不是证明"信息不存在"这一事实，而是要对自己已经合理地履行了"检索义务""说理义务"进行举证，从而证明自己的行为具有合法性。换言之，行政机关为履行义务的合法性和适当性举证，只是侧面印证"信息不存在"的事实成立，而不是直接对该事实的证成。因为即使经过合理的检索，业已存在的信息也可能找不到。因而此时的举证责任设置并没有打破"否定事实主张者免于举证"的基本原理。当行政机关举证自己已经履行了检索义务，那么法院可以据此推定"信息不存在"的主张成立。相反，如果认为行政机关举证责任直接针对"信息不存在"这一事实，则可能出现一种尴尬的情况：行政机关举证责任失败，法院就要认定该信息存在，这显然是不合适的。因为，现实社会的复杂性决定了"可能出现的情况"下，行政机关没有履行检索义务，但信息确实不存在，此时，法院因为行政机关举证不能便认定"信息存在"，则将自己陷入非常被动的局面。总之，行政机关对自己履行义务的合法性、适当性承担举证责任，不是对"信息不存在"承担举证责任，其如果举证不能，法院可以认定行政机关的行为违法，但不能直接得出"信息存在"的结论。

如果行政机关能够证明已经合理适当地履行了法定义务，则法院可以认为行政机关的主张成立。这时候主要看申请人是否能够提出证明"信息存在"的证据或者是否申请法院调取证据。

---

[1] 参见陈振宇："政府信息不存在情形下的举证责任分配"，载《人民司法》2010 年第 24 期。

综上，"信息不存在"诉讼中，举证责任的分配规则是：行政机关对履行义务的合法性和适当性承当举证责任；申请人对"信息存在"承担举证责任。

在确立双方举证责任的基础上，有必要探讨双方举证的证明标准。[1]证明标准是指负有举证责任一方证成所主张事实应向法院提供证据材料必须达到的程度。[2]行政诉讼证明标准可以从两个方面进行理解。

"对于当事人而言，行政诉讼证明标准是指按照《行政诉讼法》的规定承担举证责任的人提供证据对案件事实加以证明在质和量所要达到的程度。从法院的角度而言，证明标准是人民法院对证据进行衡量、判断，查明行政案件的事实真相，尤其是被诉行政行为是否符合案件事实真相和法律真实的标准。"[3]

从司法实践来看，行政诉讼中常用的证明标准主要分为三类：明显优势证明标准、优势证明标准和排除合理怀疑标准，且以明显优势标准为基本的证明标准。[4]当事人举证符合证明标准，才能得到法院的支持。由于行政机关和行政相对人之间行动能力和地位不同，因而二者的举证应适用不同的证明标准。具体而言：

首先，行政机关的举证应适用"排除合理怀疑"标准。因"政府信息不存在"而发生的争诉中，政府对履行检索义务的举证应当适用更为严格的证明标准，以防止行政机关怠于履行职责。具体而言，政府履行审慎、全面检索义务的证明标准宜采取"排除合理怀疑"的标准，即法院通过审查证据材料能够排除合理怀疑，便可以认定行政机关履行了检索义务。之所以强调行政机关对履行检索义务的举证适用更为严格的证明标准，是因为检索行为具有较大的隐蔽性、裁量性且受主观因素影响较大，适用较高的证明标准可以倒逼行政机关更加认真地履行检索义务。对于法院而言，则应当对行政机关是否审慎、全面履行检索义务进行严格审查。结合司法实践主要考量以下因素：第一，检索的范围是否具有全面性。行政机关检索的范围是否涵盖其所

---

〔1〕 参见龙云辉："现代型诉讼中的证明负担减轻——日本的理论研究成果及对我国的启示"，载《法律科学（西北政法大学学报）》2008 年第 3 期。

〔2〕 姜明安主编：《行政法与行政诉讼法》，北京大学出版社、高等教育出版社 2011 年版，第477 页。

〔3〕 江必新、梁凤云：《行政诉讼法理论与实务》（上卷），北京大学出版社 2009 年版，第 530 页。

〔4〕 孔祥俊：《行政诉讼证据规则与法律适用》，人民法院出版社 2005 年版，第 229~241 页。

能查阅的所有信息，如果没有涵盖所有信息，则可能存在遗漏。第二，检索方式和工具的全面性。行政机关是否运用了综合的手段，如果只是网上查找或者只是阅读档案，则可能存在遗漏。第三，通过检索的用时和频次印证工作人员态度。检索的用时和频次能够反映出检索人的态度，检索用时过少、频次过低，反映检索人员态度不积极，相反"若有证据证明检索工作人员的工作态度是为了尽其可能帮助申请人获取信息的话，其检索结果便更具有合理性"。[1]说明理由义务的履行宜适用优势证据标准，即行政机关提交其曾向申请人说明理由的材料便可以认定。

其次，降低原告的证明标准。当行政机关有较为充分的证据证明其全面、审慎地履行了检索义务，仍未发现所申请信息存在，法院便可以推定"信息不存在"。此时原告需要对"信息存在"提供证明，才能阻却法院的上述推定。当然，由于申请人并非专家，地位较弱且在行政机关之外，因而不能对其提供的证据过分苛责，有必要降低原告的证明负担。理论上，降低弱势证明方证明负担的方法有两个：一是降低负有证明责任方的举证证明标准。[2]二是赋予举证者权利或设定对方义务，实现举证能力补强。[3]这两种方法也可以引入信息公开诉讼中。具体而言，第一，只要申请人能够提出盖然性的证据，使法官相信"信息存在"具有较大的可能性，那么便应当要求行政机关提出反证或者依职权主动调取信息。[4]因为在双方地位和举证能力悬殊的情况下，申请人能够提出盖然性证据，实属不易且极有可能信息真的存在，因此法官应当作出相对有利于申请人的判断，避免申请人因举证能力不足，而使本来存在的信息被认定为不存在。第二，增加申请者要求行政机关给予配合的权利，使申请人举证能力得到补强。申请人在搜集证据时，有权获得行政机关的配合，如果行政机关故意不配合或者阻挠证据的收集，则可以认

---

〔1〕 殷勇："'政府信息不存在'情形下的司法审查"，载《法学》2012年第1期。

〔2〕 参见龙云辉："现代型诉讼中的证明负担减轻——日本的理论研究成果及对我国的启示"，载《法律科学（西北政法大学学报）》2008年第3期。

〔3〕 郑涛："政府信息不存在诉讼之证明责任分配探析"，载《清华法学》2016年第6期。

〔4〕 譬如在日本公害案件中，只要受害方提供一定程度盖然性的证据材料，则加害方就必须提出反证，否则不能免责。参见龙云辉："现代型诉讼中的证明负担减轻——日本的理论研究成果及对我国的启示"，载《法律科学（西北政法大学学报）》2008年第3期。

为申请人举证的行政机关不利的事实成立。[1]

回到本案，原告罗元昌提供的《乌江彭水水电站断航碍航问题调查评估报告》中第33页《彭水水上交通事故汇总表》，表明被告对于上述事故知晓并且进行了处理，因而其拥有上述事故资料具有高度盖然性，此时，法院此时应当要求行政机关对此证据进行反证或者主动调查取证，以确认该信息的状态。本案中，一审法院对于原告举证的《评估报告》之证明标准显然要求过高。

四、"政府信息不存在"的判决类型

关于"政府信息不存在"案件的判决类型，《信息公开案件司法解释》只规定了"驳回诉讼请求"的判决类型。[2]然而，司法实践中，经法院审理，"政府信息不存在"的案件可能出现以下情形：第一，行政机关审慎、全面地履行了检索义务，未发现所申请信息的存在，在答复相对人时履行了说明理由义务，且申请人未提供值得信赖的能够证明该信息存在的证据。第二，行政机关审慎、全面地履行了检索义务，未发现所申请信息的存在，但未合法答复或者答复时未说明理由，申请人未提供值得信赖的能够证明信息存在的证据。第三，行政机关未履行或者未适当履行检索义务，但有证据证明信息确实不存在。第四，行政机关未履行或者未适当履行检索义务，但申请人提供了信息可能存在的证据。第五，行政机关未履行或者未适当履行检索义务，也无证据表明政府信息存在或者不存在。

法院应当根据不同的情形作出判决：对于第一种情形，法院应判决驳回诉讼请求，因为此种情形下法院应推定"政府信息不存在"，因而无法支持申请人的诉讼请求。对于第二种情形，法院应当判决确认行政机关行为违法，因为行政机关未履行说明理由义务，属于程序违法。对于第三种情形，法院应判决确认行政机关违法。因为既然信息确实不存在，无法要求行政机关公开，但其未履行法定职责，构成程序违法。对于第四种情形应当撤销或者部分撤销答复，并判决被告在一定期限内公开。尚需被告调查、裁量的，判决

---

〔1〕 参见郑涛："政府信息不存在诉讼之证明责任分配探析"，载《清华法学》2016年第6期。

〔2〕《信息公开案件司法解释》第12条规定："有下列情形之一，被告已经履行法定告知或者说明理由义务的，人民法院应当判决驳回原告的诉讼请求：（1）不属于政府信息、政府信息不存在、依法属于不予公开范围或者依法不属于被告公开的……"

其在一定期限内重新答复。[1]因为此时行政机关表面上声称"信息不存在"，实为"拒绝答复"。至于是选择一定期限内公开，还是重新答复，则要看涉案信息的属性，如果是涉及国家秘密、商业秘密和个人隐私的信息，应当留给行政机关裁量，因而宜判决"重新答复"，除此之外，则可以要求行政机关直接"公开信息"。对于第五种情形应当判决撤销行政机关答复，判决其履行检索义务。因为此时信息是否存在仍然无法确定，应当要求行政机关继续履行检索义务。在这种情况下，不排除被告可以再次作出"政府信息不存在"答复的可能性，如表1所示。[2]

表1　"政府信息不存在"案件的判决类型

具体情形		判决类型
合法	适当履行检索、说理义务，无证据证明信息存在	驳回诉讼请求
违法	适当履行检索义务、未履行说理义务，无证据证明信息存在	确认违法
	未履行检索义务或者未适当履行检索义务，但有证据证明信息确实不存在	确认违法
	未履行或者未适当履行检索义务，但申请人提供了信息可能存在的证据	撤销答复并责令履行或者重新答复
	未履行或者未适当履行检索义务，也无证据表明政府信息存在或者不存在	撤销答复，责令重新答复

回到本案，二审法院经审查认定被告收到申请人申请后并没有积极履行检索义务，且原告提供的证据表明该信息可能存在，因而法院应当作出撤销被告答复，责令其重新答复的判决。当然，由于行政机关在庭审过程中已经撤销了原来的答复，因而二审法院作出确认违法的判决是正确的。但仅是确认违法，而没有要求行政机关重新答复，可能出现行政机关不再答复的"扯

---

〔1〕《信息公开案件司法解释》第9条第1款规定："被告对依法应当公开的政府信息拒绝或者部分拒绝公开的，人民法院应当撤销或者部分撤销被诉不予公开决定，并判决被告在一定期限内公开。尚需被告调查、裁量的，判决其在一定期限内重新答复。"

〔2〕参见殷勇："'政府信息不存在'情形下的司法审查"，载《法学》2012年第1期。

皮现象"。因而从"案结事了",更好保护申请人知情权角度,法院在确认行政机关违法的同时,也可以责令行政机关履行答复的职责。[1]

五、因行政机关过错导致"信息不存在"的监督与救济

实践中,有些政府信息不存在是因为行政机关过错导致,比如,负有法定职责的机关应当制作或获取信息而未获取,或者虽然曾经制作或者获取但因为工作失误而导致信息毁损或者灭失。这种情况导致的"信息不存在"客观上也能阻却信息公开义务,但如果放任行政机关的此种行为显然不利于规范政府信息工作,且可能促使行政机关"销毁信息"或者"怠于履行保存职责"。因而,有必要完善因行政机关过错导致"信息不存在"的监督和救济机制。

首先,因行政机关过错而导致"信息不存在"的,行政机关在答复时,应当对导致"信息不存在"的理由进行说明,即行政机关应当向相对人告知造成信息不存在的原因是因工作过错,并向申请人表示歉意。这样做一方面可以一定程度上得到申请人的谅解,另一方面也可以督促行政机关认真履行职责,优化信息档案管理制度。

其次,法院经审查发现"信息不存在"是由于行政机关自身过错导致,可以分别针对以下情况处理:第一,如果原告一并请求法院判决行政机关履行制作、获取信息的义务,法院经审查认为行政机关履行该职责仍有可能,则可以判决行政机关在一定期限内重新制作或者获取信息,并向申请人公开。第二,如果原告并没有提出要求行政机关履行职责的诉讼请求,法院可以在驳回原告申请信息公开请求的同时,向行政机关提出司法建议,要求行政机关认真履行信息制作、获取以及保存的职责。第三,为了强化行政机关履职,未来最高人民法院出台司法解释时应增加一项特殊规则:如果拟申请信息对于申请人意义重大或者紧迫,且行政机关仍有可能重新制作或者获取,那么法院也可以径行判决行政机关履行制作或者获取信息的职责,并及时向相对人公开信息。这样做既可以保障公民的信息权,也可以发挥监督行政机关履

---

[1] 2014年《行政诉讼法》第76条规定:人民法院判决确认违法或者无效的,可以同时判决责令被告采取补救措施;给原告造成损失的,依法判决被告承担赔偿责任。

行职责的作用。

再次，申请人发现"信息不存在"是由行政机关过错导致的，可以要求行政机关重新制作或者获取该信息，行政机关能够重新制作或者获取而不履行职责的，申请人可以申请行政复议或者提起行政诉讼，要求行政机关履行法定职责。[1]申请人既可以在"信息不存在"案件中一并提出要求行政机关履行法定职责的要求，也可以单独提出要求行政机关履行法定职责的复议或者诉讼。关于申请人能否在"信息不存在"案件中增加"要求行政机关履行制作或者获取信息"诉讼请求的问题，按照最高人民法院司法解释规定，原则上不可以，除非有正当理由。[2]本文认为，如果在诉讼之前申请人并不知道"信息不存在"为行政机关过错所致，在庭审中发现了新的事实得以确认，应当允许申请人增加要求行政机关履职的诉讼请求，这样能够更好地实现"案结事了"，督促行政机关履行法定职责。

回到本案，被告有制作或获取并保存事故信息的职责，如果因为其工作失误没有制作、获取事故信息或者没有依法保存相关信息，且该信息对于申请人意义重大（可能作为保险理赔的依据），行政机关应当依法重新制作或者获取事故信息，但该信息已经无法重新制作或者恢复的除外。

【后续影响及借鉴意义】

本案经最高人民法院审定，被确定为指导性案例。按照最高人民法院2010年颁布的《关于案例指导工作的规定》第7条规定，最高人民法院发布的指导性案例，各级人民法院审判类似案例时应当参照。因而本案实际上为今后各级法院审理同类案件提供了基本指导原则，而且法院在审理同类案件时原则上应当遵循该案的审判原则，除非有充分的理由认定该原则不适用此类案件。根据该案确定的审判原则，行政机关在接到相对人信息申请时，应当对所申请的信息进行审慎、全面的检索，只有经过检索无法找到相关信息或者有确切证据证明信息不存在时，才能向申请人作出信息不存在的答复。而如果申请人对行政机关"信息不存在"答复不服提起诉讼的话，法院应当

---

〔1〕 徐敏："我国信息公开诉讼中的'信息不存在'"，载《理论视野》2016年第9期。

〔2〕《行诉解释》（2018）第70条规定：起诉状副本送达被告后，原告提出新的诉讼请求的，人民法院不予准许，但有正当理由的除外。

要求行政机关举证其曾经履行审慎、全面的检索义务，举证责任的分配规则是：行政机关对履行义务的合法性和适当性承当举证责任；申请人对"信息存在"承担举证责任。如果行政机关未能履行检索义务，则法院可以根据案情，作出确认违法或者撤销答复责令重新答复的判决。以本案为例，二审法院经审查认定被告收到申请人申请后并没有积极履行检索义务，且原告提供的证据表明该信息可能存在，因而法院应当作出撤销被告答复，责令其重新答复的判决。

行政诉讼法

五　受案范围

内部行政行为的外部化及其可诉性

——魏永高、陈守志诉来安县人民政府收回土地使用权批复案[1]

韩利楠*

【案例名称】

魏永高、陈守志诉来安县人民政府收回土地使用权批复案［安徽省滁州市中级人民法院（2011）滁行初字第00006号、安徽省高级人民法院（2012）皖行终字第00014号］

【关键词】

受案范围　批复　内部行政行为　内部行政行为外部化　可诉性标准

【基本案情】

2010年8月31日，安徽省来安县国土资源和房产管理局向来安县人民政府报送《关于收回国有土地使用权的请示》，请求收回该县永阳东路与塔山中路部分地块土地使用权。9月6日，来安县人民政府作出《关于同意收回永阳

---

[1]　其他来源：最高人民法院关于发布第5批指导性案例的通知（法〔2013〕241号）（2013年11月8日）；《最高人民法院公报》2014年第5期。

*　韩利楠，中国政法大学法学院宪法学与行政法学专业2017级硕士研究生。

东路与塔山中路部分地块国有土地使用权的批复》。来安县国土资源和房产管理局收到该批复后，没有依法制作并向原土地使用权人送达收回土地使用权的决定，而直接交由来安县土地储备中心付诸实施。魏永高、陈守志的房屋位于被收回使用权的土地范围内，魏永高、陈守志对来安县人民政府收回国有土地使用权的批复不服，提起行政复议。2011年9月20日，滁州市人民政府作出《行政复议决定书》，维持来安县人民政府的批复。魏永高、陈守志仍不服，向安徽省滁州市中级人民法院提起行政诉讼，认为该批复程序及实体均违法，严重侵害了其合法权益，请求法院确认该批复违法并予以撤销。

一审法院认为，根据《执行解释》（2000）第1条第2款第6项规定，对公民、法人或者其他组织权利义务不产生实际影响的行为，不属于人民法院行政诉讼的受案范围。本案中，原告起诉被告作出的《关于同意收回永阳东路与塔山中路部分地块国有土地使用权的批复》，因该批复是内部行政行为，对原告权利义务不产生实际影响，原告对该批复起诉，不属于人民法院行政诉讼的受案范围，原告起诉不符合《行政诉讼法》（1989）第41条的规定，遂裁定驳回原告魏永高、陈守志的起诉。魏永高、陈守志不服该裁定，后向安徽省高级人民法院提起上诉。

二审法院经审理认为，根据《安徽省国有土地储备办法》第11条规定的以收回方式储备国有土地应当遵循的程序，来安县国土资源行政主管部门在来安县人民政府作出批准收回国有土地使用权方案批复后，应当下达收回土地使用权通知，该通知系对外发生法律效力的文书。鉴于来安县国土资源行政主管部门没有向土地使用权人下达土地使用权收回通知，而是直接将来安县人民政府的批复付诸实施，且该批复已经过复议程序，因此，魏永高、陈守志对该批复不服提起诉讼，人民法院应当依法受理。故裁定撤销原一审裁定，并指令安徽省滁州市中级人民法院继续审理本案。

本案涉及的法律条款有：

1989年《行政诉讼法》第11条规定："人民法院受理公民、法人和其他组织对下列具体行政行为不服提起的诉讼：（1）对拘留、罚款、吊销许可证和执照、责令停产停业、没收财物等行政处罚不服的；（2）对限制人身自由或者对财产的查封、扣押、冻结等行政强制措施不服的；（3）认为行政机关侵犯法律规定的经营自主权的；（4）认为符合法定条件申请行政机关颁发许可证和执照，行政机关拒绝颁发或者不予答复的；（5）申请行政机关履行保护人身权、财产权的法定职责，行政机关拒绝履行或者不予答复的；（6）认为行政机关没有依法发给抚恤金的；（7）认为行政机关违法要求履行义务的；（8）认为行政机关侵犯其他人身权、财产权的。除前款规定外，人民法院受理法律、法规规定可以提起诉讼的其他行政案件。"

《执行解释》（2000）第 1 条第 2 款第 6 项规定："公民、法人或者其他组织对下列行为不服提起诉讼的，不属于人民法院行政诉讼的受案范围……（6）对公民、法人或者其他组织权利义务不产生实际影响的行为。"

《安徽省国有土地储备办法》第 11 条规定："以收回方式储备国有土地应当遵循下列程序：（1）拟订方案。以收回方式储备国有土地的，土地储备机构应当拟订国有土地使用权收回方案。其中，以有偿方式收回划拨土地使用权的，应当参照当地征收土地补偿标准，确定补偿数额；以有偿方式收回出让土地使用权的，根据使用土地年限和土地开发情况，确定补偿数额。以有偿方式收回本办法第 8 条第 4 项规定的土地使用权的，按照征收土地补偿标准，确定补偿数额。储备国有土地收回方案涉及省属单位的，该方案应当报省人民政府国土资源行政主管部门确定。（2）方案审核。土地储备机构应当将国有土地使用权收回方案报县（市）以上地方人民政府国土资源行政主管部门；国土资源行政主管部门收到收回方案后，应当举行听证，并根据听证会意见对收回方案予以审核。（3）报经批准。审核同意的国有土地使用权收回方案，由县（市）以上地方人民政府国土资源行政主管部门报依法有批准权的人民政府批准。（4）土地使用权收回通知。县（市）以上地方人民政府国土资源行政主管部门应当根据有批准权的人民政府的批准决定，向土地使用权人下达土地使用权收回通知。（5）补偿费用支付。以有偿方式收回土地使用权的，土地储备机构应当自土地使用权收回通知下达后 30 日内，将补偿费用全额支付给原土地使用权人或者与原土地使用权人签订土地使用权补偿协议。（6）注销登记。以无偿方式收回土地使用权的，县（市）以上地方人民政府国土资源行政主管部门应当在下达土地使用权收回通知的同时，办理土地使用权注销登记手续，注销土地使用权证书；以有偿方式收回土地使用权的，县（市）以上地方人民政府国土资源行政主管部门应当在土地储备机构将补偿费用全额支付给原土地使用权人或者与原土地使用权人签订土地使用权补偿协议后，办理土地使用权注销登记手续，注销土地使用权证书。"

【裁判要旨】

地方人民政府对其所属行政管理部门的请示作出的批复，一般属于内部行政行为，不属于人民法院行政诉讼的受案范围。但行政管理部门直接将该批复付诸实施并对行政相对人的权利义务产生了实际影响，行政相对人对该批复不服提起诉讼的，人民法院应当依法受理。

【裁判理由与论证】

本案经历一审、二审，争议焦点主要集中在来安县人民政府作出的《关于同意收回永阳东路与塔山中路部分地块国有土地使用权的批复》是否属于人民法院行政诉讼的受案范围。这一争议焦点可以分解为两个问题，一是来安县人民政府作出的该批复行为性质的界定，二是该批复行为是否可诉。对于以上两个问题，一审和二审法院持截然不同的态度。

一、批复行为的性质界定

在本案一审程序中，原告魏永高、陈守志诉称，其在来安县新安镇×××路×××号和来安县新安镇×××新村×××号分别拥有国有土地使用权，并在该土地上有合法的房屋。通过信息公开申请，其于 2011 年 6 月 25 日得知被告作出来政秘（2010）93 号《关于同意收回永阳东路与塔山中路部分地块国有土地使用权的批复》，同意收回原告房产所属地块国有土地使用权。也即因原告已经知悉该批复的内容，该批复应对原告产生效力。但一审法院认为，来安县人民政府所作"批复是内部行政行为，对原告权利义务不产生实际影响"。

在二审程序中，魏永高、陈守志上诉称，来政秘（2010）93 号批复系独立的具体行政行为，而非内部行政行为。来安县人民政府则答辩称，其依据《土地管理法》《安徽省国有土地储备办法》等法律法规规定的程序，作出收回国有土地使用权的批复，系其对所属部门工作请示作出的答复，属于内部行政行为。

对于本案中的批复性质为何，二审法院在裁定书中并未给出明确答复。二审法院在裁定书中认为："根据《安徽省国有土地储备办法》第 11 条规定……

来安县国土资源行政主管部门在来安县人民政府作出批准收回国有土地使用权方案批复后，应当下达收回土地使用权通知，该通知系对外发生法律效力的文书。"换言之，在二审法院看来，原则上收回土地使用权的通知才属于对外发生法律效力的行政行为，而该批复由于未直接向相对人送达，对相对人的权利义务尚未产生影响，故一般应属于内部行政行为。不过，"鉴于来安县国土资源行政主管部门没有向土地使用权人下达土地使用权收回通知，而是直接将来安县人民政府的批复付诸实施，且该批复已经过复议程序，因此，魏永高、陈守志对该批复不服提起诉讼，人民法院应当依法受理"。结合1989年《行政诉讼法》第11条关于受理范围的规定，可知二审法院在此虽并未明确批复这一内部行政行为的外化，但却通过认为本案的批复可诉，而间接承认了本案中的批复应属于内部行政行为外化为具体的行政行为。

值得注意的是，最高人民法院在发布指导案例第22号的裁判理由中明确写道："直接交来安县土地储备中心根据该批复实施拆迁补偿安置行为，对原土地使用权人的权利义务产生了实际影响；原土地使用权人也通过申请政府信息公开知道了该批复的内容，并对批复提起了行政复议，复议机关作出复议决定时也告知了诉权，该批复已实际执行并外化为对外发生法律效力的具体行政行为。"最高人民法院直接承认了本案中批复行为的性质，即已外化为对外发生法律效力的具体行政行为。

二、批复行为的可诉性

由于对本案中批复行为的性质认识不同，关于该批复行为的可诉性问题，一审法院和二审法院同样存在分歧。

在一审程序中，原告魏永高、陈守志主张，本案批复的程序及实体违法，严重侵害了原告的合法权益，请求确认该批复违法并撤销该批复。但一审法院根据《执行解释》（2000）第1条第2款第6项的规定，即对公民、法人或者其他组织权利义务不产生实际影响的行为，不属于人民法院行政诉讼的受案范围。在裁定书中认为，"因该批复是内部行政行为，对原告权利义务不产生实际影响，原告对该批复起诉，不属于人民法院行政诉讼的受案范围"，裁定驳回原告的起诉，进而否定了该批复的可诉性。

在二审程序中，魏永高、陈守志上诉称，该批复系具体行政行为，且该批复与其有直接的利害关系，根据《行政复议法》第30条第1款的规定，法院应予以受理。来安县人民政府则答辩称，该批复系内部行政行为，对上诉人的权利义务不产生实际影响，影响上诉人权利义务的是由被上诉人所属工作部门实施的房屋征收补偿安置行为。

二审法院在裁定书中认为，根据《安徽省国有土地储备办法》的规定，行政机关收回储备国有土地的程序中包括上级的批复以及下级行政机关下达的通知，但"鉴于来安县国土资源行政主管部门没有向土地使用权人下达土地使用权收回通知，而是直接将来安县人民政府的批复付诸实施，且该批复已经过复议程序……"故认为该批复属于行政诉讼的受案范围，人民法院应当依法受理。据此可以看出，将该批复直接付诸实施的行为，以及该批复已经过复议程序是二审法院承认批复具有可诉性的必要条件。不过，之后最高人民法院在发布指导案例第22号的裁判理由部分，并未将批复经过复议程序作为该批复可诉性的必要条件，认为是否经过复议不是相对人提起行政诉讼的前置条件。[1]

综上，安徽省高级人民法院裁定撤销原一审裁定，并指令原一审法院继续审理本案。

【涉及的重要理论问题】

本案涉及内部行政行为外部化后的可诉性问题，对于这一问题，在魏永高案这一指导案例发布之前，我国《行政诉讼法》及相关司法解释并没有作出明确规定。在此情况下，一审法院采取通常意义上的观点认为批复因属于内部行政行为，故不属于行政诉讼的范围；二审法院则在本案中发现内部行政行为不可诉的例外，即若该内部行政行为"外化"则承认该行为可诉。根据一审法院和二审法院对这一争议焦点的分析，本案还涉及行政批复与内部行政行为的关系、内部行政行为外部化的标准及其可诉性、内部行政行为外部化案件中被告的确定、内部行政行为外部化后的性质等重要理论问题。

---

〔1〕 参见石磊："《魏永高、陈守志诉来安县人民政府收回土地使用权批复案》的理解与参照"，载《人民司法》2014年第6期。

一、行政批复与内部行政行为

（一）行政批复

关于行政批复当下尚无明确定义，根据《党政机关公文处理工作条例》第8条第12项的规定，即批复适用于答复下级机关请示事项。据此，可以将行政批复定义为上级行政机关用于答复下级行政机关请示事项的一种行政公文文体，具有针对性、权威性、指导性的特点。[1]行政批复系针对下级行政机关所请示问题而作的答复因而具有针对性，同时行政批复系上级行政机关对其下级行政机关所作，因而对于下级行政机关具有较强的约束性及指导作用。

虽然行政批复系针对下级行政机关的请示作出，但由于行政事务的复杂性，上级行政机关所作答复，因适用范围不同，其性质也会有所差异。若上级行政机关的批复不仅对请示的下级行政机关的案件适用，并且对此后其他相同情况的案件均适用，则该批复应属于抽象行政行为或者说属于规范性文件，比如《国务院关于证券投资基金管理公司有关问题的批复》（国函〔2004〕66号）。若上级行政机关的批复仅对下级行政机关的请示作出内部指示，并不作用于该下级行政机关以外的其他主体，则应承认该批复属于典型的内部行政行为。此外，也有观点根据行政批复的内容，将当下的行政批复分为指示类批复和审批类批复。[2]指示类批复指的是上级行政机关对下级行政机关上报的关于政策执行、法律适用、执法标准等问题请示的指导性答复，审批类批复则指的是上级行政机关基于法律、法规和规章规定的审批权限对下级行政机关报送事项作出的答复。由于指示类批复并非针对特定事件作出，其实质上是抽象的行政行为；而审批类批复则是针对特定事件作出，其约束的对象也较为特定，其应属于内部行政行为。

不论按照何种方式分类，行政批复要么属于一种抽象规范性文件，要么

---

〔1〕 参见杨丽晶："行政批复在我国行政诉讼中适用问题研究"，华东政法大学2015年硕士学位论文。

〔2〕 参见张夏艺，冯光，孙利平等："行政批复法律属性和效力问题研究"，载《中国卫生法制》2018年第6期；郑祎楠："论审批类行政批复行为的司法审查"，华东政法大学2018年硕士学位论文。

属于一种内部行政行为，因此对于行政批复性质的界定还需结合具体案件情形进行判断，比如请示与作出批复的主体间是否是上下级隶属关系、批复的具体内容、行政批复所要约束的对象等，而不能一律认为行政批复属于内部行政行为。

（二）内部行政行为

内部行政行为在我国属于学理上的概念，并不是一个法律概念。但这一概念可以在我国的法律和相关司法解释中找到相关踪迹，如我国 1989 年《行政诉讼法》第 12 条第 3 项的规定，行政机关对行政机关工作人员的奖惩、任免等决定不属于法院的受案范围；之后《执行解释》（2000）第 4 条进一步解释，"对行政机关工作人员的奖惩、任免等决定"，是指行政机关作出的涉及该行政机关公务员权利义务的决定。这两个法条中所规定的事项多被视为一种内部行政行为，不过由于法律并未明确承认这一概念，在学理上关于内部行政行为的内涵与外延存在较大的争议，尚未形成一个统一的观点。

有学者采取行为作用的对象标准，认为内部行政行为主要是指行政主体在内部行政组织管理过程中所作的只对行政组织内部产生法律效力的行政行为；[1]有学者采取隶属关系标准，认为内部行政法律关系主体双方之间存在命令与服从的隶属关系；有学者采取事务管理标准，认为内部行政行为是指行政机关对本机关内部行政事务管理所实施的行政行为；[2]有学者采取效力范围标准，认为如果涉及的是作为公务员特有权利义务的属于内部行政行为，若涉及的是作为一个普通公民的权利义务的则属于外部行政行为；[3]还有学者采用"机关标准"说，认为行政机关作用于机关以外的行为是外部行为，限于机关内部的行为是内部行为。[4]

以上种种学说均有一定的可取之处，不过在实践中对于内部行政行为的认定，若仅采取以上的一种观点可能有失偏颇，因此还需要从三个方面综合把握。首先，从主体方面来看，内部行政行为的主体为行政机关，其行为的

---

〔1〕 参见杨解君主编：《行政诉讼法学》，中国方正出版社 2002 年版，第 93 页；罗豪才主编：《行政法学》，北京大学出版社 2001 年版，第 80 页。

〔2〕 参见方世荣主编：《行政法学》，武汉理工大学出版社 2003 年版，第 113 页。

〔3〕 参见黄学贤、杨海坤：《新编行政诉讼法学》，中国人事出版社 2001 年版，第 90 页。

〔4〕 参见郝明金：《行政行为的可诉性研究》，中国人民公安大学出版社 2005 年版，第 495 页。

对象只能是公务员或者另一个行政机关或其他行政主体；其次，从行政行为所针对的事项及法律依据方面来看，内部行政行为的事项系纯粹的内部事项，其法律依据为内部的组织法；最后，从行政行为的内容和法律效果的性质来看，内部行政行为的内容是关于内部组织、人事、决策等方面，其法律效果都是影响对象的职务、职责和职权等。[1]

行政机关针对下级机关的请示所作批复能否构成内部行政行为，需要个案判断其是否符合内部行政行为的典型特征。不能因其名称为通知、批复、会议纪要、函等，就将其认定为内部行政行为，排除至行政诉讼的受案范围之外。此外，内部行政行为与外部行政行为的划分是相对的，特别是随着内部行政行为的外部化，一些表面上是由行政机关作出的内部行政行为，实则通过一定的方式或途径，对外部行政相对人发生效力，影响其合法权益。

二、内部行政行为的外部化标准

根据 1989 年《行政诉讼法》第 12 条第 3 项的规定，内部行政行为不属于行政诉讼的受案范围。而且一般来说，内部行政行为仅在行政机关内部发生影响，不对外部的行政相对人的权利义务产生影响。不过，在实践中，也存在下级行政机关直接将上级行政机关的批复付诸实施的做法，如魏永高案，此时若仍不将内部行政行为纳入行政诉讼的受案范围，则显然不利于行政相对人的保护，也不符合《行政诉讼法》的立法目的。而且在行政法理论中，内部行政行为的可诉性具有坚实的理论基础——权利救济理论。[2]因此，随着司法实践对内部行政行为外部化的承认，内部行政行为不可诉的观念进一步受到冲击。不过，对于内部行政行为外部化的具体标准，当下理论及实践尚未达成共识。

（一）内部行政行为外部化的学理标准

内部行政行为的外部化是指内部行政行为作出的本意是不对外产生法律

---

〔1〕 参见姜明安、李洪雷主编：《行政法与行政诉讼法教学案例》，法律出版社 2004 年版，第 69 页。

〔2〕 参见孙光宁："指导性案例：扩大行政诉讼受案范围的司法探索"，载《行政论坛》2015 年第 4 期。

效力，但其实施对行政机关以外的行政相对人产生了实际影响，其效力超出了机关内部的范围。[1]关于内部行政行为外部化的标准，学界有不同的认识，比如有观点将内部行为外部化的标准总结为涉权性要素，具体、确定和直接性要素，相对人知悉要素三种；[2]有观点认为内部行政行为的外化是指内部行政行为通过一定的途径和方式，对行政相对人的权利和义务产生了影响，从而对外发生作用的过程；[3]也有观点认为行政批复之所以可以纳入司法审查的范围，不是因为其由内部行政行为外化为外部行政行为，而是因为其本身对私权利造成了影响，并完成了送达。[4]

以上观点虽然各不相同，但都承认内部行政行为对行政相对人权利义务产生影响这一关键因素。内部行政行为原则上只作用于行政机关内部，不对外部行政相对人的权利义务产生影响，自然其并不符合《行政诉讼法》的受案范围。不过，一旦内部行政行为影响到外部行政相对人的权利义务，则其具有可诉性。

（二）内部行政行为外部化的司法实践标准

在最高人民法院指导案例第 22 号颁布之前，最高人民法院在一些案例中已经或多或少地阐释了内部行政行为外部化的标准。

在"赖恒安与重庆市人民政府不予复议行政纠纷上诉案"中（以下简称"赖恒安案"），[5]上诉人赖恒安因工资和职称问题与渝州大学产生纠纷，渝州大学根据重庆市教育委员会的要求，对赖恒安反映的问题再次进行调查研究，将"关于赖恒安同志反映的问题及处理情况"材料报给重庆市教育委员会。之后，重庆市教育委员会拟写了重教函（1996）21 号《"关于赖恒安同志反映的问题及处理情况"报告》，将渝州大学上报的材料呈报给四川省教育

---

〔1〕 石磊："《魏永高、陈守志诉来安县人民政府收回土地使用权批复案》的理解与参照"，载《人民司法》2014 年第 6 期。

〔2〕 参见刘飞、谭达宗："内部行为的外部化及其判断标准"，载《行政法学研究》2017 年第 2 期。

〔3〕 参见周律格："试论内部行政行为的外化和其可诉性"，载《湖北函授大学学报》2018 年第 10 期。

〔4〕 参见晏齐孟："行政批复行为可诉的原因——不是外化是对私权利产生现实的影响"，载《中共南京市委党校学报》2017 年第 4 期。

〔5〕 参见最高人民法院（1998）行终字第 10 号行政判决书。

委员会、国家教育委员会，并抄送了上诉人赖恒安。赖恒安不服，并就该报告向重庆市人民政府申请复议，但重庆市人民政府以该报告属于内部行政行为为由不予受理，后赖恒安向重庆市高级人民法院提起行政诉讼，一审法院认为该报告不是具体行政行为，判决维持行政复议裁定，赖恒安上诉至最高人民法院。最高人民法院认为，该报告从形式上看属于行政机关内部公文，但在抄送赖恒安本人后，即已具有具体行政行为的性质；由于该报告需待上级主管部门审批，其内容尚未最终确定，对赖恒安的权利义务并未产生实际影响，故该行为属不成熟的行政行为，不具有可诉性。并判决驳回上诉，维持原判。

在"延安宏盛公司诉延安市安监局生产责任事故批复案"（以下简称"延安宏盛案"）中，[1]延安宏盛公司承建一建设工程项目时发生事故，相关部门成立子长县"10·21"事故调查组对事故进行调查，并向延安市人民政府作出《子长县"10·21"建筑工地塔式起重机倒塌事故调查报告》（以下简称《事故调查报告》），后按照《生产安全事故报告和调查处理条例》的规定，报请延安市人民政府批复。延安市安监局按照该报告的事故责任认定作出了延市安监发（2008）16号《关于子长县"10·21"建筑工地塔式起重机倒塌事故调查报告的批复》（以下简称《批复》），《批复》同意《事故调查报告》中对事故原因的分析、事故性质和事故责任的认定。后子长县监察局将《批复》内容告知被上诉人延安宏盛公司，并向延安宏盛公司送达了《批复》的复印件。延安宏盛公司对《批复》提起行政复议，但复议机关对《批复》予以维持，后宏盛公司提起行政诉讼，一审法院判决撤销《批复》中的相关内容，并要求延安市安监局重新作出具体行政行为，延安市安监局不服提起上诉。二审法院认为，虽然《批复》未由延安市安监局正式送达延安宏盛公司，但作为事故调查成员单位之一的子长县监察局将《批复》作为谈话内容告知被上诉人延安宏盛公司，并送达了复印件，已将《批复》的内容外化，而《批复》中将延安宏盛公司列为责任单位，并要求给予处罚，为被上诉人设定了一定的义务，《批复》与被上诉人有利害关系，且陕西省安监

〔1〕 参见陕西省延安市中级人民法院（2008）延中行初字第6号行政判决书，陕西省高级人民法院（2009）陕行终字第28号行政判决书；最高人民法院行政审判庭编：《中国行政审判指导案例》（第1卷），中国法制出版社2010年版，第1~6页。

局复议决定亦告知延安宏盛公司可以提起行政诉讼，因此承认了《批复》的可诉性，判决驳回上诉，维持原判。

分析以上两个案例，可以发现内部行政行为外部化后可诉需要满足两个条件：一是相对人知悉行政行为内容使行政行为发生外部化效果；二是该内部行政行为影响了行政相对人的权利义务。[1]首先，相对人知悉属于内部行政行为外部化的一个要件。在"赖恒安案"中，最高人民法院认为，虽然报告形式上属于内部公文，但其在抄送给赖恒安后，成了具体行政行为，也即承认了相对人知悉是内部行政行为外部化的一个要件；在"延安宏盛案"中，法院认为虽然《批复》并未直接送达延安宏盛公司，但是第三人将《批复》作为谈话内容告知了延安宏盛公司，并送达了复印件，至此已经将《批复》的内容外部化。其次，行政行为影响相对人的权利义务系内部行政行为外部化后可诉性的另一个要件。在"赖恒安案"中，最高人民法院考虑到该报告尚需上级机关的批准，内容尚未最终确定，认为该报告尽管外化为具体行政行为，但其尚不具备可复议（可诉性）的条件。在"延安宏盛案"中，法院认为《批复》将宏盛公司列为责任单位，并要求给予处罚，其实是为延安宏盛公司设定了义务，影响了其权利义务，因此承认《批复》具有可诉性。

与上述两个案例不同的是，在最高人民法院指导案例第 22 号魏永高案中，二审法院认为下级行政机关对批复这一内部行政行为的直接执行，使原行为发生外部化的效果，并因该执行行为影响行政相对人的权利义务而具有可诉性，但并未提到行政相对人知悉这一要件。[2]也即在魏永高案中，二审法院认为下级行政机关将上级行政机关的批复直接执行，就发生内部行政行为外部化的结果。但根据行政行为生效的要件，行政行为效力的发生时间，一般为告知之时，这意味着行政行为只有在告知相对人后才能发生法律效力，且只能对所告知的人发生法律效力，只能依告知的内容为限度发生法律效力。[3]

---

〔1〕 参见徐键："论多阶段行政行为中前阶段行为的可诉性——基于典型案例的研究"，载《行政法学研究》2017 年第 3 期。

〔2〕 不过最高人民法院在该指导案例的裁判理由部分，还提到"原土地使用权人也通过申请政府信息公开知道了该批复的内容，并对批复提起了行政复议，复议机关作出复议决定时也告知了诉权，该批复已实际执行并外化为对外发生法律效力的具体行政行为"，似乎表明了相对人知悉这一要件，但这一点在二审裁定书以及指导案例的裁判宗旨部分均未体现。

〔3〕 参见叶必丰：《行政行为原理》，商务印书馆 2014 年版，第 292~293 页。

但在魏永高案中，该批复的内容并未告知外部行政相对人，也即该批复尚未对外生效，但法院却认为将批复付诸执行的行为导致了该批复的外部化。换言之，一个仅具内部效力的行为，因下级机关的执行这一事实行为对行政相对人的权利义务产生了影响，进而产生了外部化。而这一标准，在之后的一些案件中得到遵循。[1]虽然这种标准从事实层面对行政相对人进行了行政救济，符合《行政诉讼法》的立法目的，但若从行政程序层面观察，该标准是值得商榷的，因为该行为并未履行送达使相对人知悉这一生效程序，在一定程度上违反了正当法律程序的要求。

此外，在该指导案例发布后的一些案例中，法院也将相对人知悉作为内部行政行为外部化的一个条件，比如在"潘坤堂等与郑州市惠济区人民政府等行政批复行政纠纷上诉案"中，[2]二审法院认为，"基于内部行政管理关系所作内部批复意见，对外不发生法律效力，对公民、法人和其他组织的权利义务亦不产生法律影响。另外，本案被诉的批复文件亦没有向潘坤堂、王松岭或者其他公民、法人和其他组织进行送达，对潘坤堂和王松岭个人均不产生法律效力"。在"珠海市西区华昌实业公司诉珠海市人民政府土地行政批复纠纷案"中，法院采纳行政机关的答辩意见，[3]认为案涉批复属于内部行政行为，且该批复从未直接送达原告，该批复并未外化为直接对外发生法律效力的行政行为，对原告的权利义务明显不产生实际影响，缺乏外化的必要条件。

因此，结合司法实践以及学界的观点，应承认相对人知悉是内部行政行为外部化的一个必要条件。唯有相对人知悉内部行政行为，才能对外产生效力，此时其才产生外部化。而对行政相对人权利义务产生实际影响应是内部行政行为外部化可诉的一个重要条件，而非将其作为内部行政行为外部化的

---

〔1〕 比如在"唐光平等诉昌江黎族自治县人民政府等海域使用权纠纷案"中，唐光平等援引指导案例第 22 号作为其申请再审的一项理由，最高人民法院审查后认为，"该批复尚未付诸实施，昌江县海洋局并未依据该批复作出相应的行政行为……该批复在另案诉讼中被相关当事人所知悉，可以认为并不属于实质上的外化。故二审裁定认为该批复未对唐光平等四人的合法权益造成实际影响，该批复尚未外化，不具有可诉性，据此裁定驳回起诉，符合《最高人民法院关于执行〈行政诉讼法〉若干问题的解释》第 1 条第 2 款第 6 项和第 79 条第 1 项的规定"。参见最高人民法院 （2016） 最高法行申 5139 号行政裁定书。

〔2〕 参见河南省高级人民法院 （2016） 豫行终 1285 号行政判决书。

〔3〕 参见广东省珠海市中级人民法院 （2017） 粤 04 行初 5 号行政裁定书。

一个要件，也即只有该行为影响到私人的权利义务时，其才符合行政诉讼的受案范围。

三、内部行为外部化案件中被告的确定

内部行政行为外部化后，若其影响到相对人的合法权益，则相对人可以对该行为提起诉讼，但是在此类行为中，应如何确定被告？因为内部行政行为系由上级行政机关答复下级行政机关的请示，此时应以上级行政机关为被告？还是应以直接实施该内部行政行为的下级行政机关为被告？抑或是以上级行政机关和下级行政机关为共同被告？

根据《执行解释》（2000）第19条的规定，"当事人不服经上级行政机关批准的具体行政行为，向人民法院提起诉讼的，应当以在对外发生法律效力的文书上署名的机关为被告"。[1]也即在上级行政机关批准的情况下，诉讼程序中应以署名机关为被告，但在复议程序中则采取相反的规定，根据《中华人民共和国行政复议法实施条例》第13条的规定："下级行政机关依照法律、法规、规章规定，经上级行政机关批准作出具体行政行为的，批准机关为被申请人。"此外，《最高人民法院关于审理行政许可案件若干问题的规定》（法释〔2009〕20号）第4条规定："当事人不服行政许可决定提起诉讼的，以作出行政许可决定的机关为被告；行政许可依法须经上级行政机关批准，当事人对批准或者不批准行为不服一并提起诉讼的，以上级行政机关为共同被告；行政许可依法须经下级行政机关或者管理公共事务的组织初步审查并上报，当事人对不予初步审查或者不予上报不服提起诉讼的，以下级行政机关或者管理公共事务的组织为被告。"以上三种不同的规定，并未从法律层面，对内部行政行为外部化后诉讼中被告的选择予以明确的指引。

魏永高案中，根据《安徽省国有土地储备办法》的规定，在来安县人民政府作出批复之后，来安县国土资源和房产管理局应下发通知，该通知系影响相对人合法权益的行政行为，若相对人对此通知不服，则应以来安县国土

---

〔1〕 该司法解释已经被《最高人民法院关于适用〈中华人民共和国行政诉讼法〉的解释》（法释〔2018〕1号）废止，不过该条款被《最高人民法院关于适用〈中华人民共和国行政诉讼法〉的解释》第19条保留，即"当事人不服经上级行政机关批准的行政行为，向人民法院提起诉讼的，以在对外发生法律效力的文书上署名的机关为被告"。

资源和房产管理局为共同被告。但是在该案中，来安县国土资源和房产管理局却直接将该批复付诸实施，且案件的审理对象是批复的合法性，由于该批复的作出主体为来安县人民政府，所以被告为来安县人民政府。[1]同样地，在相似情况下，在"尤永红诉射阳县住房和城乡建设局确认行政行为违法案"中，[2]法院也认为应以上级行政机关为被告。而且考虑到在内部行政机关外部化的行为中，下级行政机关一般并未作出行政行为，或者仅仅转发内部行政行为的内容，实际上对相对人权利义务产生影响的行为是外部化的内部行政行为，而该行为系由上级机关所作，故而在此类案件中，一般应以上级行政机关为被告。不过，若下级机关在上级机关的批复之下，作出自己的行政行为，则应具体考虑是否应以下级行政机关为被告，或者以上级和下级行政机关为共同被告。

四、内部行政行为外部化后的性质

关于内部行政行为外部化的另一个问题是内部行政行为外部化后的性质，内部行政行为在未对外发生效力时属于内部行政行为，自无疑义，但"外部化"后其性质又该如何？当下存在不同观点。在实践中有不少法院在相关判决书中认为其属于可诉的行政行为，比如，在"吉德仁等诉盐城市人民政府行政决定案"中，[3]一审法院认为，"盐城市人民政府的《会议纪要》虽然形式上是发给下级政府及所属各部门的会议材料，但从该纪要的内容上看，它对本市城市公交的运营范围进行了界定，并明确在界定范围内继续免交交通规费，而且该行为已实际导致城区交通局对公交总公司的管理行为的中止，所以该《会议纪要》是一种行政决定行为，有具体的执行内容，是可诉行政行为"。在"浙江省兰溪市爱蕊化妆品制造有限公司与浙江省兰溪市人民政府请求撤销行政批复案"中，[4]二审法院认为，"涉案批复系针对特定主体就

---

〔1〕 参见石磊："《魏永高、陈守志诉来安县人民政府收回土地使用权批复案》的理解与参照"，载《人民司法》2014年第6期。

〔2〕 参见江苏省盐城市盐都区人民法院（2014）都行初字第0009号行政判决书，江苏省盐城市中级人民法院（2014）盐行终字第0098号行政判决书。

〔3〕 参见《最高人民法院公报》2003年第4期。

〔4〕 参见浙江省金华市中级人民法院（2018）浙07行初227号行政裁定书，浙江省高级人民法院（2019）浙行终59号行政裁定书。

特定事项作出，对上诉人的权利义务产生实际影响，构成可诉的行政行为"。

在学界，关于内部行政行为外部化后的性质，主要有两种观点。一种观点认为，"内部行为外部化"其实是对那些貌似内部行为而实为外部行为进行甄别的一种说法罢了，根本就不存在内部行为外部化的情形。另一种观点认为，所谓"内部行政行为产生外部化法效力"是指虽然行政机关作出的行政行为具有内部性，但是它对外部行政相对人产生了法效力。在这种情况下，内部行政行为实际上已经质变成为"行政决定"。[1]其实以上两种观点实际上也承认内部行政行为外部化后其实就是行政行为。

因此，结合以上观点，将外部化的内部行政行为定性为行政行为比较合适，这样可以将此类行为纳入行政诉讼的受案范围，有助于维护受该行为影响的行政相对人及其利害关系人的合法权益。

【后续影响及借鉴意义】

"魏永高、陈守志诉来安县人民政府收回土地使用权批复案"这一指导案例的出现，打破了内部行政行为不可诉的传统观点，并间接把外部化的内部行政行为纳入行政诉讼的范围，扩大了行政诉讼的受案范围，有助于畅通行政相对人的救济渠道，也有助于监督行政机关依法行政。由于指导案例本身的指导作用，该案例的发布为实践中出现的其他相似案例提供了解决办法。[2]比如在"唐光平等诉昌江黎族自治县人民政府等海域使用权纠纷案"、[3]"颍上县恒运矸石厂等8家企业及毛家栋等6人与颍上县人民政府环保强制纠纷上诉案"、[4]"珠海东昭投资发展有限公司与珠海市人民政府土地行政管理纠纷上诉案"[5]等案件中，相关当事人均援引指导案例第22号，作为其申请再审或上诉的一项理由，法院则在裁判文书中将本案与指导案例第22号进行对比分析，进而作出相应的裁定。

---

[1] 参见刘飞、谭达宗："内部行为的外部化及其判断标准"，载《行政法学研究》2017年第2期。

[2] 据统计，指导案例第22号累计应用10次以上40次以下，参见郭叶、孙妹："最高人民法院指导性案例司法情况2017年度报告"，载《中国应用法学》2018年第3期。

[3] 参见最高人民法院（2016）最高法行申5139号行政裁定书。

[4] 参见安徽省高级人民法院（2016）皖行终597号行政判决书。

[5] 参见广东省高级人民法院（2016）粤行终1251号行政裁定书。

此外，在该指导案例发布之后，2018 年最高人民法院发布《行诉解释》（2018），该司法解释第 1 条第 2 款将"行政机关作出的不产生外部法律效力的行为"排除在行政诉讼的受案范围之外，这一规定在明确对外性是可诉性行政行为的重要特征的同时，也呼应了指导案例第 22 号所确立的内部行政行为外部化可诉的观念。

（指导老师：罗智敏　中国政法大学法学院教授）

律师协会实习登记审查行为的性质界定

——杨斌诉广州市律师协会履行职责案

王雨婷 *

【案例名称】

杨斌诉广州市律师协会履行职责案［广州铁路运输中级法院（2016）粤71行终35号］

【关键词】

行政诉讼 受案范围 行政行为 律师协会 实习登记

【基本案情】

2015年4月27日，广东大同律师事务所向广州市律师协会（以下简称广州律协）递交关于杨斌申请律师执业人员实习的审核材料，为杨斌申请律师执业人员的实习登记。2015年5月4日，广州律协向广东大同律师事务所出具业务受理号为09-15-00008158的《补充材料告知书》，要求广东大同律师事务所补充杨斌"购买社会保险的证明原件或复印件一份"以及"申请实习登记申请人户籍所在地公安机关出具的未受过刑事处罚的证明材料原件"。杨斌认为其已提交了《无犯罪记录证明书》等相关材料，符合《广东省申请律师执业人员实习管理办法》《广东省司法厅关于律师执业许可的管理办法》的要求，广州律协要求杨斌提交自14周岁至今的无犯罪记录证明没有依据，故

---

* 王雨婷，中国政法大学法学院宪法学与行政法学专业2018级硕士研究生。

未向广州律协提交其自 14 周岁至今的无犯罪记录证明。杨斌称由于未收到广州律协关于是否准予其实习登记的书面通知，遂于 2015 年 7 月 24 日向广东省广州市越秀区人民法院提起行政诉讼，要求判令广州律协对杨斌的律师执业人员实习申请限期作出实习登记行政决定。

一审法院认为，《中华人民共和国律师法》［以下简称《律师法》（2017）］第 46 条虽然注明了律师协会组织有管理申请律师执业人员的实习活动，对实习登记申请人进行考核的职责，但该项职责只是行业管理的职责，并不是行政管理职责。此外，中华全国律师协会发布的《申请律师执业人员实习管理规则》第 10 条规定，申请实习登记申请人对于不准予实习登记决定有异议的，只能通过复核的方式行使救济权。因此，一审法院认为本案原告提起的诉讼不属于法院行政诉讼受案范围，依照《行政诉讼法》等规定，于 2015 年 12 月 28 日作出 （2015） 穗越法行初字第 413 号行政裁定，驳回原告杨斌的起诉。杨斌不服一审裁定提起上诉。广州铁路运输中级法院经审理，于 2016 年 3 月 28 日作出 （2016） 粤 71 行终 35 号裁定书：（1）撤销广东省广州市越秀区人民法院 （2015） 穗越法行初字第 413 号行政裁定；（2）本案由广州铁路运输第一法院继续审理。

本案涉及的法律条款有：

2014 年《行政诉讼法》第 2 条规定："公民、法人或者其他组织认为行政机关和行政机关工作人员的行政行为侵犯其合法权益，有权依照本法向人民法院提起诉讼。前款所称行政行为，包括法律、法规、规章授权的组织作出的行政行为。"

《律师法》（2017）第 43 条规定："律师协会是社会团体法人，是律师的自律性组织。全国设立中华全国律师协会，省、自治区、直辖市设立地方律师协会，设区的市根据需要可以设立地方律师协会。"

《律师法》（2017）第 44 条规定："全国律师协会章程由全国会员代表大会制定，报国务院司法行政部门备案。地方律师协会章程由地方会员代表大会制定，报同级司法行政部门备案。地方律师协会章程不得与全国律师协会章程相抵触。"

《律师法》（2017）第 45 条规定："律师、律师事务所应当加入所在地的地方律师协会。加入地方律师协会的律师、律师事务所，同时是全国律师协会的会员。律师协会会员享有律师协会章程规定的权利，履行律师协会章程规定的义务。"

《律师法》（2017）第 46 条规定："律师协会应当履行下列职责：（1）保障律师依法执业，维护律师的合法权益；（2）总结、交流律师工作经验；（3）制定行业规范和惩戒规则；（4）组织律师业务培训和职业道德、执业纪律教育，对律师的执业活动进行考核；（5）组织管理申请律师执业人员的实习活动，对实习人员进行考核；（6）对律师、律师事务所实施奖励和惩戒；（7）受理对律师的投诉或者举报，调解律师执业活动中发生的纠纷，受理律师的申诉；（8）法律、行政法规、规章以及律师协会章程规定的其他职责。律师协会制定的行业规范和惩戒规则，不得与有关法律、行政法规、规章相抵触。"

【裁判要旨】

律师协会的行业自律对象仅限于协会会员，不涉及会员以外主体。律师协会行使的实习登记审查权是《律师法》（2017）第 46 条授予的法定职权。是否准予实习登记是能否成为执业律师无法逾越的法定程序，是涉及申请人重大权利义务影响的行政管理行为。当事人针对律师协会实习登记审查行为提起行政诉讼，人民法院应当依法予以受理。

【裁判理由与论证】

再审法院广州铁路运输中级法院确认了原审查明的事实，但认为原审裁定对律师协会实习登记审查行为的性质认定不当，遂撤销了原审裁定，并指定广州铁路运输第一法院继续审理本案。再审法院在本案的生效裁判中归纳争议焦点为：杨斌对广州律协提起的履行律师执业人员实习管理职责诉讼是否属于行政诉讼的受案范围。围绕这一争议焦点，再审法院从四个方面进行论证，以下一一概述。

一、关于实习登记审查权是否为法定职权的问题

广东省广州市越秀区人民法院在原审裁定中认为，根据《律师法》（2017）第 43 条规定："律师协会是社会团体法人，是律师的自律性组织。全

国设立中华全国律师协会，省、自治区、直辖市设立地方律师协会，设区的市根据需要可以设立地方律师协会。"律师协会是社会团体法人，是律师的自律性组织，对律师实施的是行业自律性管理。《律师法》（2017）第46条规定："律师协会应当履行下列职责：（1）保障律师依法执业，维护律师的合法权益；（2）总结、交流律师工作经验；（3）制定行业规范和惩戒规则；（4）组织律师业务培训和职业道德、执业纪律教育，对律师的执业活动进行考核；（5）组织管理申请律师执业人员的实习活动，对实习人员进行考核；（6）对律师、律师事务所实施奖励和惩戒；（7）受理对律师的投诉或者举报，调解律师执业活动中发生的纠纷，受理律师的申诉；（8）法律、行政法规、规章以及律师协会章程规定的其他职责。律师协会制定的行业规范和惩戒规则，不得与有关法律、行政法规、规章相抵触。"《律师法》（2017）第46条虽然注明了律师协会组织有管理申请律师执业人员的实习活动，对实习登记申请人进行考核的职责，但该项职责只是行业管理的职责，并不是行政管理职责。进而，"由于律师协会对实习登记申请人杨斌实施的只是行业自律性管理行为，并非法律、法规、规章授权组织依照其行政管理职责作出的行政行为。因此本案原告请求事项不属于行政审判权限范围，裁定驳回原告杨斌的起诉"。

但再审法院认为，作为法律授权律师协会行使的八项职权之一，广州律师协会对原告杨斌行使的实习登记审查权是法律授予的法定职权。再审法院指出："律师协会行使的实习登记审查权是法律授予的法定职权。《律师法》（2007）第46条第1款授权律师协会行使八项职权，其中第5项是'组织管理申请律师执业人员的实习活动，对实习人员进行考核'。"

二、关于律师协会的行业自律对象问题

再审法院明确指出，律师协会对实习登记申请的处理行为不属于律师协会行业自律行为。《律师法》（2017）第43条第1款规定："律师协会是社会团体法人，是律师的自律性组织。"第45条第1款规定："律师、律师事务所应当加入所在地的地方律师协会。加入地方律师协会的律师、律师事务所，同时是全国律师协会的会员。"因而，律师协会作为社会团体法人、律师的自律性组织，其行业自律对象仅限于协会会员，不涉及会员以外的主体。原告

杨斌仅仅是实习登记申请人，并非律师，广州律协针对杨斌作出的行为不属于《律师法》规定的行业自律行为。

三、关于实习登记审查行为是否涉及申请人重大权利义务的问题

再审法院认为："律师协会对实习登记申请的处理行为是涉及申请人权利义务的行政管理行为。《律师法》（2017）第5条第1款规定申请律师执业应当同时具备四项条件，其中第3项是'在律师事务所实习满一年'，该条件是律师执业许可的必备条件。中华全国律师协会发布的《申请律师执业人员实习管理规则》第10条规定：'设区的市级律师协会应当自收到申请实习登记材料之日起二十日内予以审核，对于符合规定条件的，准予实习登记，并向申请实习人员颁发《申请律师执业人员实习证》；对于不符合规定条件的，不准予实习登记，并书面告知申请实习人员和拟接收其实习的律师事务所不准予实习登记的理由，同时将不准予实习登记的决定报省、自治区、直辖市律师协会备案，抄送当地设区的市级或者直辖市区（县）司法行政机关。申请实习人员对不准予实习登记决定有异议的，可以自收到书面通知之日起十五日内，向作出决定的律师协会或者省、自治区、直辖市律师协会申请复核。律师协会应当自收到复核申请之日起十五日内进行复核，并将复核结果通知申请人。'因而，根据《中华人民共和国行政许可法》第二章关于'行政许可的设定'的规定，中华全国律师协会无权设定行政许可，因此，是否准予实习登记不属于行政许可。"再审法院进一步指出："虽然是否准予实习登记不属于行政许可，但它是律师执业许可的必备条件，是能否成为执业律师无法逾越的法定程序，对取得律师执业资格起到决定性作用，它是对外产生法律效力、对实习登记申请人产生重大权利义务影响的行政管理行为。"

四、关于律师协会内部规定的复核制度是否限制法定救济的问题

原审裁定认为，根据中华全国律师协会发布的《申请律师执业人员实习管理规则》第10条规定："设区的市级律师协会应当自收到申请实习登记材料之日起二十日内予以审核，对于符合规定条件的，准予实习登记，并向申请实习人员颁发《申请律师执业人员实习证》；对于不符合规定条件的，不准

予实习登记，并书面告知申请实习人员和拟接收其实习的律师事务所不准予实习登记的理由，同时将不准予实习登记的决定报省、自治区、直辖市律师协会备案，抄送当地设区的市级或者直辖市区（县）司法行政机关。申请实习人员对不准予实习登记决定有异议的，可以自收到书面通知之日起十五日内，向作出决定的律师协会或者省、自治区、直辖市律师协会申请复核。律师协会应当自收到复核申请之日起十五日内进行复核，并将复核结果通知申请人。"故申请实习人员对于不准予实习登记决定有异议的，也只是可以通过复核的方式行使救济权。但再审法院认为，中华全国律师协会发布的《申请律师执业人员实习管理规则》第 10 条规定的复核制度仅为律师协会内部的权利救济规定，"该规定可以作为法定权利救济制度的补充，但不能据此限制和剥夺申请人的法定救济权利"。

【涉及的重要理论问题】

本案涉及的主要问题是律师协会行使的实习登记审查行为的性质以及律师协会行使的实习登记审查行为是否属于行政诉讼的受案范围。根据《律师法》（2007）第 43 条规定，律师协会是社会团体法人，是律师的自律性组织。成员们将私权让渡给律师协会，形成了律师协会的自治权；与此同时，法律法规也授予律师协会管理成员的权力，律师协会拥有行政权力。律师协会实为身兼行业自律性管理权和行政权的行业协会。但因律师协会管理行为的性质判断标准尚属立法空白，理论界和实务界对同一律师协会管理行为究竟是行业自治权还是行政管理权均无清晰一致的认识。因律师协会管理行为权益被侵犯的一方往往无法及时得到救济。在本案中，一审和二审法院在律师协会行使的实习登记审查行为的性质界定上也存在分歧。有鉴于此，下文将对本案的相关理论问题归纳为我国律师协会的权力来源和特征、实习登记审查行为的性质、律师协会管理行为的性质界定标准分析，并分别论述之。

一、我国律师协会的权源和特征

（一）我国律师协会的权力来源

"一个社团的存在和权力是来自某个公共权威的授权，还是来自创建人的意志，抑或是来自它作为一种联合体所固有的性质。"[1]对律师协会这一行业组织的权力来源问题，学界并无统一的认识，归纳起来，主要有以下几种观点。

第一，律师协会通过国家授予获得权力。伴随着行政权力的不断细分，基于法律法规的授权，律师协会等诸多行业组织获得了越来越多的行政权力，对其成员权益的影响也越来越大。"在立法的支持下，社会团体的监督和控制功能扩大了，它有能力获得信息，有能力满足成员的要求，也有能力对违规者实施处罚。"[2]尽管在公法领域，法无明文规定不可为是共识。但对于"授权"本身，也存在不一致的看法。一种观点认为，所谓授权"一部分是国家行政权的转让，一部分是对社团自主权的确认"。[3]不能认为律师协会所有管理行为（包括纪律处分）均为国家法律法规对协会的授权。换言之，《律师法》（2017）关于律师协会职权的一部分规定仅仅是对律师协会行业管理权的确认和强调。另一种观点则认为"授权"即表明行政机关将国家权力转移给了公共组织行使，在这个转移的过程中，权力的性质仍然是国家权力。

第二，律师协会通过成员让渡获得权力。社会个体有各种各样的特定需求，而显然国家并不能满足这些特定的需求，且由国家来提供这些特定的需求和服务既不经济也不高效。[4]因而，律师协会作为律师群体的自律性组织，代表着律师群体的特定化需求。律师协会成员通过合意将一部分权利让渡给律师协会进行行使。从这个角度而言，律师协会的权力只能是其成员的让渡。

第三，律师协会通过国家授权、政府委托和成员让渡获得权力。"在行业组织对行业事务进行管理时，所使用的权力既有通过国家法律设定和授予的，也有通过成员一致同意而形成的。"[5]对于行业协会的追溯，应当秉持全面的眼光。律师协会的权源是多方面的：可能来自于法律法规的授权；可能来

〔1〕［美］哈罗德·J. 伯尔曼：《法律与革命——西方法律传统的形成》，贺卫方等译，中国大百科全书出版社 1993 年版，第 262 页。

〔2〕 张静：《法团主义》，中国社会科学出版社 1998 年版，第 124 页。

〔3〕 方洁："社团罚则的设定与边界"，载《法学》2005 年第 1 期。

〔4〕 参见吕尚敏："社会自治组织行政权的法律规制"，载《杭州商学院学报》2003 年第 6 期。

〔5〕 黎军：《行业组织的行政法问题研究》，北京大学出版社 2002 年版，第 146 页。

自于政府的委托；可能来自于协会章程背后成员权利的让渡。

从现有的法规范角度出发，一方面，《律师法》（2017）第43条规定，律师协会是社会团体法人，是律师的自律性组织。成员将私权让渡给律师协会，形成了律师协会的自治权。另一方面，《律师法》（2017）第46条也通过法律法规授权的行使，授予律师协会管理成员的行政权力。本案中律师协会对实习登记申请人的登记审查管理行为即是例证。律师协会实为同时享有行业自律性管理权和行政权的行业协会。

但从《律师法》（2017）第46条的具体规定来看，很难区分哪些属于行政管理职权，哪些属于对律师协会自律性管理权力的确认和强调。如此一来，针对律师协会作出的行为，哪些属于行业自律性管理行为，哪些属于行政行为，并不能得到准确的界定。从而也导致了很多律师、实习登记申请人的合法权益在受到律师协会的侵犯时，无法及时得到救济，如提起行政复议或行政诉讼时不被受理等，极大地增加了被侵权人的维权成本。

（二）我国律师协会的特征

诚然，中国各类社团与西方的社团有着不同的产生机理和结构特征。在英美等西方国家，绝大部分社团的形成机制都是"自下而上"的。这种自发而成的社团自治程度较高。从社团结构的角度来看，一个领域或一个行业通常有两个或两个以上的社团相互竞争，基本不具备垄断性和强制性。社团权力在竞争机制的监督下很难被滥用。"按照英美宪政理念，个人组成社团自治是公民权利实现的基础性手段，政府只是对自治不及或不能完成的事项进行必要的补充"，[1]此即所谓有限政府理论。因而，只有当社团权力下的个人权益遭受社团权力的侵害时，司法才应当介入和干预。值得强调的是，社团权力下的个人应当包括社团成员和非社团成员（譬如本案中的实习登记审查申请人杨斌）。同时，国家权力对社团自治权的干预应当谨慎、克制，不施加过分的限制。

不同于英美国家在市场经济发展过程中"自下而上"自发形成的行业协会，我国相当一部分行业协会是在从计划经济体制向市场经济体制转轨的过

---

[1] 石红心："社团治理与司法——国家与社会的制度联点"，载《行政法论丛》2004年第1期。

程中，由各级行政机关主办或者主管的。这种"自上而下"依靠行政手段组建的行业协会，不可避免地在人、财、物等方面严重受制于行政机关，在一定程度上成为政府行政职能部门的延伸。我国律师管理体制经历了单一的司法行政管理；司法行政机关为主、律师协会为辅；司法行政机关与律师协会"两结合"的发展过程，至今仍具有较为浓厚的行政色彩，自治程度较弱。

因而，我国的律师协会呈现以下两个特征：（1）行业协会的自治程度较差。我国律师协会最初是由官方主办的，至今受司法行政机关管理影响较大，自治程度较低。（2）管理的强制程度较高（如是否采取强制加入制、经费的强制征收等）。"一业一会"制度和"强制入会"制度使得律师协会在本行业内具有支配性的力量，会员个体的力量往往难以反抗行业协会的意志，加入行业协会意味着获得更多的发展资源，离开行业协会则意味着发展更为困难，管理的强制程度较高，扭曲了行业协会自治权的本来面目，使得其过度偏向了权力属性，"可能更多的是作为国家的目的而存在"[1]。

司法介入的强度与行业协会的自治程度负相关，与管理的强制程度正相关。因而在中国语境下，应当以强化行政诉讼在判定律师协会管理行为争议中的适用作为基本取向。

二、实习登记审查行为的性质

（一）我国律师协会的实习登记审查权力来源

作为同时享有行业自律性管理权和行政权的行业协会，律师协会在行使行政权力时，当然可以成为行政诉讼的被告。讨论律师协会的实习登记审查行为的权源：一方面，从形式角度来看，《律师法》（2017）第46条明确规定，"律师协会应当履行下列职责：……组织管理申请律师执业人员的实习活动，对实习人员进行考核"。又依据《律师法》（2017）第二章"律师执业许可"的规定，律师协会有权对许可条件"在律师事务所实习满一年"进行审查核实。因此，律师协会行使实习登记审查权有相应的法律法规授权依据。另一方面，从实质角度来看，法律法规关于律师协会实习登记审查权的规定并不

---

〔1〕 李佳："论行业组织的行政诉讼被告资格"，华东政法大学2010年硕士学位论文。

是对律师协会行业自治管理的确认和强调。原因在于，"律师协会的实习登记审查行为是律师执业许可的必备条件，是能否成为执业律师无法逾越的法定程序，会对实习登记申请人产生重大权利义务影响"。因此律师协会行使实习登记审查权力从形式角度和实质角度都有相应的权源支撑。

（二）行政确认与行政许可之争

再审法院在二审裁定书中明确说明广州律师协会实习登记并非行政许可，而是行政管理行为，原因在于"中华全国律师协会发布的《申请律师执业人员实习管理规则》仅是行业规定，中华全国律师协会无权设定行政许可"。但这仅仅是对实习登记审查行为性质的反向界定，并未明确回答实习登记究竟是何种行政行为。

通说认为，行政确认是指行政主体依法对行政相对人的法律地位、法律关系或者有关法律事实进行甄别，给予确定、认可、证明（或者否定）并予以宣告的行政行为。[1]实习登记具有羁束性，并不直接为被登记人设定权利义务，对被登记人有利与否，取决于确认时既存法律事实、法律关系或法律地位。实习登记仅作宣示之用，并非赋予权利人新的权利义务，确认的是既存的法律事实、法律关系或法律地位。因而，实习登记当属行政确认，而非行政许可。

行政许可则是指行政机关根据公民、法人或者其他组织的申请，经依法审查，准予其从事特定活动的行为。关于行政许可的性质学界存在不同观点，比如"赋权说""解禁说""验证说""无害性审查"等。其中，"解禁说"是目前学术界的主流观点。[2]"解禁说"认为行政许可是建立在普遍禁止基础上的解禁行为。行政许可的内容是国家普遍禁止的活动，但为了适应社会生活和生产的需要，对符合一定条件者解除禁止，允许其从事某种特定活动，享有某种特定权利和资格。[3]其核心在于被许可人一定是从许可中获益的，而实习登记并未体现被登记人获益的特性。

---

〔1〕 参见姜明安主编：《行政法与行政诉讼法》，北京大学出版社、高等教育出版社2015年版，第243页。

〔2〕 参见刘素英："行政许可的性质与功能分析"，载《现代法学》2009年第5期。

〔3〕 参见刘东亮："无害性审查：行政许可性质新说"，载《行政法学研究》2005年第2期。

（三） 实习登记与律师执业许可的关系

二审裁定书载明"虽然是否准予实习登记不属于行政许可，但它是律师执业许可的必备条件，是能否成为执业律师无法逾越的法定程序"。作为获得律师执业许可无法逾越的法定程序，律师协会所进行的实习登记是否具有独立性？"附属形式的行政确认，是指存在于一个具体行政行为内的认定部分，是该行政行为对于事项、权利义务、行为、关系等的认定或确认的那部分内容。"[1] 实习登记尽管不能直接认定行政相对人的法律地位或权利义务，但却实质上影响了律师执业许可的获得与否。但实习登记又不同于律师执业许可。实习登记审查只是用公权力对现有的实习活动进行背书和保证。而律师执业许可作为行政许可，需要更加严格的监管。本案中，在杨斌已提交了《无犯罪记录证明书》等相关材料，符合《广东省申请律师执业人员实习管理办法》《广东省司法厅关于律师执业许可的管理办法》要求的情况下，广州律协还要求杨斌提交自 14 周岁至今的无犯罪记录证明没有依据，无疑给行政相对人杨斌施加了过重的证明负担，有悖于实习登记作为行政确认背书和保证的功能价值。

三、律师协会管理行为的性质界定标准

"一切有权力的人都容易滥用权力，这是万古不变的一条经验。有权力的人们使用权力一直到遇有界限的地方才休止。"[2] 只要是一种能影响他人权利义务的权力，就必然有对他人造成不利影响的可能性。身兼社团法人和法律、法规授权组织双重身份的律师协会当然享有对自治事务和授权范围内行政事务的管理权限。但层出不穷的事实提醒人们注意，律师协会以组织集体名义作出的管理行为并不一定就能真正代表其管理对象的真实意图，有时甚至可能对其管理对象带来不利影响。为充分保障律师协会管理对象的合法权益，必须依托公共行政理论，准确界分一般性自治管理行为和行使行政职权的管理行为。

---

[1] 杨小君："关于行政认定行为的法律思考"，载《行政法学研究》1999 年第 1 期。

[2] ［法］孟德斯鸠：《论法的精神》，许明龙译，商务印书馆 2009 年版，第 154 页。

（一）理论基础：公共行政理论

行政一直处于发展之中而难以精准定义。[1]自 20 世纪 80 年代以来，行政职权的分散化以及行使行政职权方式的多元化运动在包括中国在内的许多国家渐次展开。现代公共行政的大背景下，各类社会组织、社会团体的自主性不断提高，政府将一部分公共职能和行政权力转移给一些具有自治属性的行业协会行使。

因而，当下研究对于律师协会管理行为性质的判断，我们应当坚持以公共行政理论作为理论基点，警惕"片面形式法律法规授权说"和"主体说"的深渊。现有的司法实践也充分印证了笔者的担忧。

（1）片面形式法律法规授权说的桎梏。即以形式层面的法律、法规授权作为判定律师协会管理行为的唯一标准，只要法律、法规有授权规定，就认为该行为为行政行为，忽略了法律规定只是对行业协会自律性管理活动的确认和强调的情形。"张秀秀等诉温州市律师协会撤销案"[2]就只以形式层面的法律、法规授权作为唯一标准，缺乏对法律法规授权规定只是对行业协会自律性管理活动的确认和强调这一情形的考量。

（2）主体说桎梏。即片面根据行为主体的某一性质判定主体行为的性质。从公务理论或者公私法划分的学说史上看，这样认识问题的思路被称为"主体说"，即根据行为主体的性质来决定主体行为活动的性质。在我国律师协会被作为行政诉讼被告的案例中，这种"主体说桎梏"表现在：一方面，部分法院根据《律师法》（2017）第 43 条、《中华全国律师协会章程》第 2 条的规定，"律师协会是社会团体法人，是律师的自律性组织"，直接判定律协的行为是自律性管理行为，故排除在受案范围外，如"福建烨阳律师事务所诉福州市律师协会不予立案决定案"[3]、"刘洵诉衡阳市律师协会不履行法定职责案"[4]等。另一方面，部分法院根据《律师法》（2017）第 46 条关于律师协会职责的规定，直接判定律师协会的行为是行政行为，属于行政诉讼的

---

〔1〕 李佳："论行业组织的行政诉讼被告资格"，华东政法大学 2010 年硕士学位论文。

〔2〕 浙江省温州市中级人民法院（2016）浙 03 行终 301 号。

〔3〕 福建省福州市中级人民法院（2014）榕行终字第 361 号。

〔4〕 湖南省衡阳市中级人民法院（2011）衡中法行终字第 12 号。

受案范围，如"施平诉广州市律师协会不履行法定职责案"〔1〕等。然而这种只根据主体的身份的形式主义看法早就不符合实际。不但公务组织本身可能有非公务行为，现代公务的执行也早已不一定非要通过公务组织来履行。律师协会具有行业自治组织和法律、法规、规章授权组织的双重身份，有意识地只强调其中一种身份，并据此判定行为性质、决定其是否作为行政诉讼的被告是极其不妥的。

（二）界定核心：以实质性标准判定行为性质

行业协会权力来源的复杂性决定了行业协会是否具有行政职权这一问题不能通过简单的形式授权标准进行认定。因而，笔者主张借鉴英美法系的相关制度，从实质角度对律师协会管理行为的性质进行探究。

（1）"重要性"理论的引入。"并非所有'公共职能'都可以被纳入行政法调整，只有当这一职能对相对人在宪法和法律上的个体权利具有重要影响并且需要国家的公权力进行调整以保证其实施的时候被纳入行政法调整范围。"〔2〕"重要性"理论主张只要涉及公民基本权利的重要事项均可寻求法律救济。

具体到律师协会的管理行为，可从以下两个方面来把握：其一，律师协会的某一管理行为构成行政机关行政行为前置性条件的。譬如，实习登记考核虽然不属于行政许可，但它实际上是律师执业许可的必备条件，是能否成为执业律师无法逾越的法定程序。律师协会实际上行使着一种影响行政行为效果的公共权力。其二，律师协会基于章程的管理行为是否给当事人带来"显著的不利益"，足以影响甚至改变律师（包括实习律师）的执业律师身份与资格，则该处理的效果已经严重影响到了当事人的重大权利义务，应该在用尽内部救济途径后允许提起行政诉讼。

（2）管理对象是否为行业协会的会员。行业组织通过自愿让渡了自己的某些权利，而使相应组织在这个让渡的范围内于组织内部形成和具有了一定权力。行业协会的内部机构和负责人可对成员进行管理。换言之，如果当事人并非该行业协会的会员，则该行业协会不能对其行使行业自律管理权。依

---

〔1〕 广州铁路运输中级法院（2017）粤71行终2120号。

〔2〕 何海波："国家治理视角中的村民委员会"，载罗豪才主编：《行政法论丛》（第5卷），法律出版社2002年版，第168页。

据《律师法》（2017）第 46 条及《中华全国律师协会章程》第 7 条规定，律师协会的自治对象仅限于取得律师执业资格证书的律师，因为只有取得律师执业资格证书才能成为律师协会的会员。因而，律师协会的行业自律对象仅限于协会会员，不涉及会员以外的主体。故，律师协会关涉实习登记申请、实习登记考核内容，律师协会针对实习人员（非会员）的管理行为不属于行业自律行为。

（3）"要不是法则"，即"But for"测试。"要不是法则"是指法院在判定行业协会的管理行为是否属于运用公共权力的行政行为时，需要考量"如果没有该非政府组织履行这一职能，政府是否将持续性地承担这一职能"，如果政府需要持续性承担这一职能，则该行业协会行使的是公共权力，作出的当属行政行为。"要不是法则"的积极贡献在于，其为判断行业协会行使的某一职能是否是公共职能、是否是公共权力，提供了一套判定标准。

（4）行业协会本身的结构。行业协会本身的结构这一子标准关注的是律师协会与个体之间具有多大的自治空间。具体包括两大方面：其一，该行业协会是否具有"垄断性"。这种"垄断性"意味着面对行业协会的"管理"，其成员没有或者基本没有选择余地。成员要么只能接受协会的管理行为（包括对其不利的行为），要么只能退出该组织（甚至退出该组织后可能再也无法从事该行业领域内的工作）。其二，该行业协会是否具有强制性。具体而言，我国的律师协会采用一业一会制度和强制入会制度，律师和律所必须加入所在地的地方律师协会。各地律师协会的律师和律所也成为全国律协的会员。律师协会事实上在该行业领域处于垄断的强大地位，大大削弱了行业组织与其成员之间的自治空间。

（5）与政府机关是否存在紧密联系。此标准需要法院审查被诉行业协会与政府之间关系的紧密程度。如协会成员的任命流程、协会经费的供给来源、协会的形成机制等，来确定该行业组织是否在实际上行使某种公共职能和权力。具体到我国律师协会与政府关系的紧密程度，有学者形容为"揭开律师协会的面纱看见的不是会员律师和律师事务所而是司法行政机关"。[1]

---

〔1〕 黎军："行业自治及其限制：行业协会研究论纲"，载《深圳大学学报（人文社会科学版）》2006 年第 2 期。

【后续影响及借鉴意义】

在政府简政放权的体制改革背景下，律师协会之类的行业协会越来越多地承接了部分行政机关的职能。律师协会作为身兼行业自律性管理权和行政权的行业协会，其在行使行政权的过程中，可能会滥用或者误用权力侵犯他人的权益。因此，探究律师协会管理行为的性质，剖析不同管理行为的权源归属，准确识别应受到行政诉讼司法审查的律师协会管理行为就显得尤为重要。杨斌诉广州市律师协会履行职责一案，首次超越了形式上的法律法规授权标准，而以对相对人权利义务的实质影响作为主要判断标准，从而将律师协会的实习登记审查行为纳入行政诉讼的受案范围，具有重要的规则意义。该案在一定程度上统一了法律适用和裁判尺度，扩展了行政诉讼的受案范围，有助于在维护律师行业自治的基础上矫正律师协会的违法行为，强化对律协的法律监督，从而更好地保障律师的权利。

（指导教师：罗智敏　中国政法大学法学院教授）

六 原告资格

保护规范理论下的合法权益识别
——北京联立房地产开发有限责任公司
诉北京市东城区人民政府行政复议案

陈甲东 *

【案例名称】

北京联立房地产开发有限责任公司诉北京市东城区人民政府行政复议案 [最高人民法院（2019）最高法行申 293 号]

【关键词】

保护规范理论　利害关系　法律规范识别　行政诉权　主客观诉讼

【基本案情】

2015 年 3 月 30 日，被告北京市东城区教育委员会（以下简称东城区教委）收到第三人张敬提交的申请举办青青藤幼儿园的行政许可申请材料，在申请材料中，包括一份房产证复印件，显示房屋所有权人为北京联立房地产开发有限责任公司（以下简称联立公司）。2015 年 4 月 23 日，东城区教委作出准予开办幼儿园的行政许可决定。

2017 年 4 月 6 日，联立公司以房屋未经安全验收，用于幼儿园教学可能发生安全隐患，其按相关规定可能承担行政处罚，向北京市东城区人民政府

---

* 陈甲东，中国政法大学法学院宪法学与行政法学专业 2019 级硕士研究生。

（以下简称东城区政府）提出行政复议申请，请求撤销东城区教委作出的涉案办学许可。2017 年 7 月 3 日，东城区政府作出复议决定，认为联立公司与被复议许可行为不具有利害关系，决定驳回联立公司提出的行政复议申请。联立公司不服，向法院起诉。

一审法院认为，联立公司是房屋建设单位，涉案房屋未办理房屋登记，而东城区教委作出的涉案办学许可涉及涉案房屋的产权，对联立公司的合法权益产生了相应影响，因此联立公司与涉案办学许可之间存在利害关系。被告东城区政府不服，提起上诉。

二审法院认为，办学场所系办学许可审查的重要事项，联立公司作为开办涉案幼儿园地址建筑的法律责任主体，不符合属于明显与被复议行政行为不具有利害关系的情形，判决驳回上诉。

东城区政府不服，向最高人民法院申请再审。再审法院认为，联立公司作为出租房屋的实际所有权人，并不当然具有请求复议机关或者人民法院受理其撤销行政许可的权利。但本案涉案房屋明显未经竣工验收备案并不得投入使用，行政许可申请人持明显伪造的联立公司房屋所有权证申请许可，而开办幼儿园安全条件未经有权机关认定，涉案房屋安全性存有疑问且相关民事诉讼均未能解决纠纷，应当认可联立公司有权申请行政复议。判决驳回再审申请。

本案涉及的法律规范条文：

《中华人民共和国民办教育促进法》第 15 条："申请正式设立民办学校的，举办者应当向审批机关提交下列材料……（4）学校资产的有效证明文件……"

《北京市实施〈中华人民共和国民办教育促进法〉办法》第 12 条："设立民办学校应当符合市和区、县经济社会发展以及教育发展的需求。民办学校的设置标准参照同级同类公办学校的设置标准执行，没有标准的，按照国家和本市的有关规定执行。"

《北京市实施〈中华人民共和国民办教育促进法〉办法》第 28 条："民办学校变更学校地址或者在审批机关批准的区域外增设教学地点的，应当重新办理审批、登记手续。民办学校在审批机关批准的区域内增设教学地点的，应当报审批机关备案，未备案的，由审批机关责令限期改正。"

《幼儿园管理条例》第 8 条："举办幼儿园必须具有与保育、教育的要求相适应的园舍和设施。幼儿园的园舍和设施必须符合国家的卫生标准和安全标准。"

《幼儿园管理条例》第 27 条："违反本条例，具有下列情形之一的幼儿园，由教育行政部门视情节轻重，给予限期整顿、停止招生、停止办园的行政处罚……（2）园舍、设施不符合国家卫生标准、安全标准，妨害幼儿身体健康或者威胁幼儿生命安全的……"

《北京市民办中小学、幼儿园管理暂行规定》第 9 条："举办民办中小学、幼儿园应当具备以下条件……7. 有符合规定标准的与学校级类和规模相适应的校（园）舍、场地和其它办学设施、设备……"

《〈北京市民办中小学、幼儿园管理暂行规定〉实施细则》第 10 条："申请办学校（园）的法人或公民个人，需在每年第三季度以前向校（园）址所在区、县教育局（教委）提交申请书和可行性报告。教育行政部门需在第二年的四月底前做出批准或不批准的答复……可行性报告应包括以下内容……4. 自有校（园）舍，场地的产权证及平面图，各项设备的购置或租用计划。筹办期间需临时租用校（园）舍、场地的，应有一经批准办学即能具有法律效力的与房屋产权所有者签订的租用校（园）舍、场地的协议书，并附切实可行的筹建自有校（园）舍的计划与资金准备证明。"

《〈北京市民办中小学、幼儿园管理暂行规定〉实施细则》第 11 条："设置的民办中小学、幼儿园应当具备的条件……有与学校级类和规模相适应的师资、校（园）舍、场地和其它办学设施条件……幼儿园的师资、园舍、场地、设备必须分别达到国家教委颁布的《幼儿园管理条例》（一九八九年九月十一日中华人民共和国国家教育委员会第 4 号人）、《托儿所、幼儿园建设设计规范》（（87）城设字第 466 号）和国家教委印发的《幼儿园玩教具配备目录》（教备（1992）81 号）所规定的标准。"

《设立民办学前教育机构（标准规模幼儿园）》第 4 条："民办学前教育机构应当提供符合《北京市幼儿园、托儿所办园、所条件、标准（试行）》标准的校舍和教育教学设施、设备。房屋产权清楚，租用期或使用期限不低于 3 年，适合办园，无安全隐患。不得使用居民住宅、地下室作为办园场所。在治安、消防、食品卫生等方面，须符合国家规定的标准。"

《北京市房屋租赁管理若干规定》第16条："出租房屋的安全由房屋所有人负责。房屋承租人应当对其使用行为负责。房屋所有人将出租登记的房屋委托他人管理的，应当书面报告房屋所在地的基层管理服务站。"

《北京市房屋租赁管理若干规定》第17条："出租房屋的建筑结构和设备设施，应当符合建筑、消防、治安、卫生等方面的安全条件，不得危及人身安全。禁止将违法建筑和其他依法不得出租的房屋出租。"

《北京市房屋租赁管理若干规定》第24条："公安、工商行政管理、民防、卫生、文化、新闻出版、教育等行政部门在办理相关行政许可时依法应当审查活动场所的，应当审查租赁房屋的使用用途是否符合规划设计用途，是否符合法律、法规、规章有关活动场所的规定；不符合的，不予办理相关行政许可。"

《北京市房屋租赁管理若干规定》第35条第2项："对违反本规定的下列行为，由公安机关按照下列规定处罚：……（2）违反本规定第十七条规定，出租的房屋存在治安、消防安全隐患的，责令改正，并可处1000元以上3万元以下罚款。"

《北京市房屋租赁管理若干规定》第36条第1项："对违反本规定的下列行为，由建设（房屋）行政部门按照下列规定处罚：（1）违反本规定第十七条规定，出租的房屋存在建筑安全隐患的，责令改正，并可处1000元以上3万元以下罚款。"

【裁判要旨】

适用保护规范理论来判断《行政复议法》与《行政诉讼法》所规定的"利害关系"时，对保护规范理论所指称的法律规范的识别、援引和适用，既要参酌本行政管理领域的直接适用的法律规范，也要参酌相关领域的间接适用、潜在适用的法律规范；既要参酌法律规范的正面规定，也要参酌法律规范的负面规定；既要参酌保护当事人权益的法律规范，也要参酌制裁当事人行为的法律规范；既要看法律规范保障的权利（实体权利、程序权利、参与权利等），也要看违反法律规范要承担的法律责任。

在行政行为必然或者极有可能给当事人造成不利影响，减损当事人权益且无其他更为便捷救济渠道的情况下，可参酌整个行政实体法律规范体系、行政实体法的立法宗旨以及作出被诉行政行为的目的、内容和性质进行判断，以便将法律保护的利益扩大到值得法律保护且需要法律保护的利益，从而认可当事人与行政行为存在"利害关系"，并承认其复议申请人资格和诉讼原告主体资格，以更大程度地监督行政机关依法行政。[1]

【裁判理由与论证】

一、关于联立公司法律地位的判断

再审法院认为，"出租房屋的所有权人根据法律规范要求提供房屋所有权证、并作为房屋租赁协议的合同相对方，已经以提交房屋所有权证和签订租赁协议等法律文件的方式参与到行政许可程序。因此，房屋所有权人虽从形式上并非行政许可相对人，但实质上仍属'未明示当事人'，其与许可行为也应存在'利害关系'，也应具有行政复议申请人资格"。

二、关于公法责任对利害关系的影响

再审法院认为，"在相关法律规范已经明确禁止将存在建筑安全隐患的房屋出租使用，尤其是开办幼儿园使用，且在违法出租将使房屋所有权人受到公法上不利惩戒后果的情况下，不认可房屋所有权人的复议申请人资格，不认可其复议申请权，将难以及时、有效保障其合法权益"。

三、关于利害关系存在与救济申请是否应当受理的问题

再审法院认为，"与行政行为有利害关系的第三人，具有申请复议的申请人资格或提起诉讼的原告资格；但并不意味着复议机关或者人民法院就必须受理其复议申请或起诉。具有原告资格的当事人的起诉，还必须具有提起行政诉讼的必要性和实效性，具备诉的利益。联立公司先行向东城区教委反映房屋实际情况并请求撤销许可未果后，申请行政复议请求撤销许可，复议机关应当认可其复议申请权。此种权利在相关民事诉讼均未能较好解决争议的背景下，更应予以强化"。

---

[1] 最高人民法院（2019）最高法行申 293 号判决书。

四、关于保护规范理论的适用路径

再审法院认为，"在行政行为必然或者极有可能给当事人造成不利影响，减损当事人权益且无其他更为便捷救济渠道的情况下，可参酌整个行政实体法律规范体系、行政实体法的立法宗旨以及作出被诉行政行为的目的、内容和性质进行判断，以便将法律保护的利益扩大到值得法律保护且需要法律保护的利益，从而认可当事人与行政行为存在'利害关系'，并承认其复议申请人资格和诉讼原告主体资格，以更大程度地监督行政机关依法行政"。

综上，再审法院认为联立公司具备行政复议申请人资格、具有行政复议申请权。一审、二审判决要求东城区政府对联立公司的行政复议申请重新作出处理，符合法律规定。判决驳回再审申请人北京市东城区政府的再审申请。

【涉及的重要理论问题】

本案经过了一审、二审和再审，最终以驳回再审申请、确认联立公司的复议申请权结案，其中存在着诸多理论问题值得研讨，如对保护规范理论所指称的法律规范的识别、援引和适用的方法；主观公权利与公法责任的关系；利害关系人诉权等。笔者将分别从"保护规范理论的引入""保护规范理论内涵外延的扩充""'诉的利益'与主客观诉讼""本案保护规范理论适用相较于刘广明案的发展"四个方面进行讨论。

一、保护规范理论的引入

（一）保护规范理论的内涵

保护规范理论源于德国 19 世纪后期君主立宪时期。其主要内容是：如果法规范制定是有利于特定人或者特定范围的人，并满足这些人的个人利益，而不仅仅是保护公共利益，那么，该法规范就是个人在公法上主张权利的依据。个人的此种权利即称为"主观公权利"。[1]个人必须具有"主观公权利"才有资格提起行政诉讼。

---

[1] 参见章剑生："行政诉讼原告资格中'利害关系'的判断结构"，载《中国法学》2019 年第 4 期。

耶利内克认为，主观公权利是国家对于个体作为"国家成员的人格"的认可，是对公民具有相对于国家的权利主体地位的承认。[1]毛雷尔认为主观公权利是"公法赋予个人为实现其权益而要求国家为或者不为特定行为的权能"。[2]在德国法上，个人对于行政机关的请求，必须是基于公法的明确保护。如果是个人之间的私人纠纷、私法权益受到侵害，应依据私法和民事诉讼进行解决和救济，并非公法规范的保护目的。而如果个人利益只是行政机关对公共利益进行保护和实现过程中所形成的在事实上的反射效果，公法并未予以确认和保护，行政机关在行为时也无需加以考虑，个人不可以基于该种利益要求行政机关行为。

在德国法中，布勒的理论被称为旧保护规范理论。布勒认为，在解释客观规则中是否赋予公民个人主观公权利时，优先考虑的是立法者的主观意图；唯有在解释有疑问的情形时，才会考察客观规则是否在"事实上保护了公民的个体利益"。[3]旧保护规范说的缺陷有两个方面：（1）个人公权完全由立法者的意志决定，是对立法者的过度依赖。由于公益与私益的界限总是动态流转的，有时立法者也难以准确判断哪些利益需要特别保护。（2）以行政行为直接依据的法规作为判断个人公权能否成立的唯一基准，无视其他相关法规、宪法基本权的价值，以及社会利益冲突的实际状况，忽视了"法律应当保护的利益"问题，会导致法律的解释适用与社会现实需要之间形成明显断层。[4]

针对旧保护规范理论的缺陷，以施密特·阿斯曼为代表的学者提出了新保护规范理论：（1）在援用保护规范说作出权利判断时，当法律明白表达了赋予（或者否定）个别权利时，原则上即应尊重立法者意志；当从法律的文意出发无法确定立法者是否有意赋予个别权利时，则应放弃"历史解释"的方法，转而立足于当前法律秩序探究"客观化的规范目的"；关于规范保护目的的探求，不能仅从行政活动直接依据的法律规范着手，而必须综合考虑与该行政活动相关的整个规范体系与整体制度环境。（2）在立法原意不明，需

---

[1] 参见赵宏："保护规范理论的历史嬗变与司法适用"，载《法学家》2019 年第 2 期。

[2] 参见王天华："主观公权利的观念与保护规范理论的构造"，载《政法论坛》2020 年第 1 期。

[3] 参见赵宏："保护规范理论的历史嬗变与司法适用"，载《法学家》2019 年第 2 期。

[4] 参见鲁鹏宇："德国公权理论评介"，载《法制与社会发展》2010 年第 5 期。

要对规范目的进行"客观解释"时，应充分考量受行政行为间接影响的第三人所享有的宪法上的基本权利所保障的利益，基本权利成为认定规范保护目的的重要参照因素。[1]

（二）保护规范理论引入的背景

本案中，再审法院适用了保护规范理论判断当事人是否具有利害关系。关于利害关系，我国《行诉解释》（2018）第 12 条进行了列举，但并未采取概括式的规定，对于利害关系究竟如何判断，各种情形之中有哪些共同点可以作为一般判断标准适用于未明确列举情形的利害关系判断，尚未明确。

1. 保护规范理论引入之前法院对于原告资格的判断

原告资格判断的核心问题，是利害关系判断。在引入保护规范理论前，对于"利害关系"的证成，法院有采用"直接联系论"的，也有采用"实际影响论"等，[2]但皆须诉诸判断者的主观。此外，法院界定利害关系的角度也是不一致的。择取几个典型案例进行说明。[3]

（1）在"广州市海龙王投资发展有限公司诉广州市对外经济贸易委员会等行政纠纷上诉案"（《最高人民法院公报》2002 年第 6 期）中，法院认为筹委会的纪要只具有行政指导性质，不具有强制力。上诉人广州市海龙王投资发展有限公司认为筹委会纪要使 233 号通知与其形成法律上的利害关系的上诉主张不能成立，其与珠江侨都项目的投资者之间没有形成法律上的竞争关系。"公平竞争权"必须是受法律保护的合法权益。上诉人广州市海龙王投资发展有限公司与被上诉人广州市对外经济贸易委员会作出的 233 号通知没有法律上的利害关系。该案中法院认为会议纪要不具有强制力，原告对此不具有利害关系；在论述"公平竞争权"必须是受法律保护的合法权益时，带有一定的主观公权利认定的色彩，但并不明确和准确，更多的是一种"法律上利害关系"的视角，并基于此认为不具有利害关系。

（2）在"吉德仁等诉盐城市人民政府行政决定案"（《最高人民法院公

---

[1] 参见鲁鹏宇："德国公权理论评介"，载《法制与社会发展》2010 年第 5 期。

[2] 参见章剑生："行政诉讼原告资格中'利害关系'的判断结构"，载《中国法学》2019 年第 4 期。

[3] 参见章剑生："行政诉讼原告资格中'利害关系'的判断结构"，载《中国法学》2019 年第 4 期。

报》2003年第4期）中，法院认为由于公交总公司的5路、15路客运线路与吉德仁等人经营的客运线路存在重叠，双方在营运上的竞争是客观存在的。吉德仁等人作为领取了经营许可证的业主，其经济利益与车辆的营运效益密切相关，有权以盐城市人民政府的行政行为侵犯其公平竞争权为由提起行政诉讼。本案同样是公平竞争权的案件，但与上述海龙王案件不同在于，本案中法院是采取"实际影响论"，认为竞争只要客观存在，而相关会议纪要确实损害了竞争权益，就认定具有利害关系。通过对这两个案例对比，也可以发现，法院在利害关系上的判断标准不一，会造成处理认定上的巨大差异。

（3）在"黄陆军等人不服金华市工商行政管理局工商登记行政复议案"（《最高人民法院公报》2012年第5期）中，法院认为判断构成利害关系的要素有二：一是申请人的权益受到损害或有受到损害的现实可能性；二是权益损害与具体行政行为具有因果关系，即具体行政行为是因，权益损害是果。在本案中，上诉人所主张的权益损害与涉诉公司工商登记的具体行政行为不存在因果关系，上诉人与涉诉公司工商登记具体行政行为没有利害关系，故上诉人不具有申请复议的主体资格。双方因合同权益产生民事纠纷，应受合同法及相关民事法律规范调整，上诉人应通过民事诉讼寻求救济。该案中法院实际上在两个层面否定了利害关系的证成。一是采取"损害+因果"的判断模式，认为不存在因果关系，因而不具有利害关系；二是在认定因果关系时，依据之一是"诉的利益"，认为撤销涉诉公司的工商核准登记，不能使上诉人的权益损害得到恢复，因而上诉人与涉诉公司工商登记具体行政行为没有利害关系，实际上有混淆利害关系和诉的利益的现象。此外，法院在认定因果关系时，也着重分析了行政机关的"法定义务"，显现了一定的保护规范理论的适用路径。

（4）在"罗镕荣诉吉安市物价局物价行政处理案"（指导案例第77号）中，法院认为罗镕荣虽然要求吉安市物价局"依法查处并没收所有电信用户首次办理手机卡被收取的卡费"，但仍是基于认为吉安电信公司收取卡费行为侵害其自身合法权益，向吉安市物价局进行举报，并持有收取费用的发票作为证据。因此，罗镕荣与举报处理行为具有法律上的利害关系，具有行政诉讼原告主体资格，依法可以提起行政诉讼。本案中法院采取的仍是"法律上利害关系"标准，以"合法权益"为判断依据，认定举报人的利害关系。

上述典型案例反映法院在利害关系认定上的不确定和不一致，法院判断时多"把判断原告资格当作一个事实认定问题，而不是作为法律解释问题来处理"，[1]尽管有"法律上利害关系"的路径，但说理不充分，多采取径行裁断直接得出结论的方式，使得利害关系认定结论不够规范和有力，主观性较强。

2. 保护规范理论引入之前学理上判断原告资格的方法

有学者认为只要认为自己的合法权益受到行政机关和行政机关工作人员的具体行政行为的侵害，就具备了行政诉讼原告的资格。[2]这一标准包括了权利受损和利益受损。

有学者认为原告必须同具体行政行为有法律上的利害关系，并认为其合法权益已受到侵害。[3]对法律上利害关系的解释，最高人民法院行政审判庭曾在《〈关于执行《中华人民共和国行政诉讼法》若干问题的解释〉释义》一书中认为指被诉行政行为对自然人和组织的权利义务已经或必然产生实际影响，包括不利的关系和有利的关系，但必须是一种已经形成或必将形成的关系。[4]

有学者认为，法律上的利害关系不应当狭义地理解为实证法所明确保护的利益，而应当理解为起诉人可以期望通过诉讼得到法律保护的利害关系，但必然是指实证法（包括实体法和程序法）上予以保护的利益或权益。此外，应当将法律上的利害关系理解为一种现实的利害关系，而不包括可能的利害关系。[5]

有学者认为，法律上利害关系由三个要件构成：利害关系人公法上的权利；成熟的具体行政行为；公法上的权利与成熟的具体行政行为之间法律上

---

〔1〕 章剑生："行政诉讼原告资格中'利害关系'的判断结构"，载《中国法学》2019 年第 4 期。

〔2〕 参见胡锦光、王丛虎："论行政诉讼原告资格"，载《行政法论丛》（第 4 卷），法律出版社 2000 年版，第 592~635 页。

〔3〕 参见黄学贤："行政诉讼原告资格若干问题探讨"，载《法学》2006 年第 8 期。

〔4〕 参见最高人民法院行政审判庭编：《〈关于执行《中华人民共和国行政诉讼法》若干问题的解释〉释义》，中国城市出版社 2000 年版，第 26~27 页。

〔5〕 杨寅："行政诉讼原告资格新说"，载《法学》2002 年第 5 期。

的因果关系。[1]

有学者认为，法律上利害关系构成要素为合法权益受损、行政行为与权益受损之间的关联性。[2]

有学者认为，"利害关系"是指起诉人本人的权益受到被诉行政行为的直接影响，其要点有三：起诉人具有权益、权益为起诉人本人所特有、起诉人权益受到行政行为直接影响。[3]

有学者认为，应当从四个方面判断利害关系与原告资格，一是关系客观上有一个行政相对人；二是行政相对人的合法权益受到不利影响；三是行政相对人对受到不利影响的合法权益有所有权；四是具体行政行为与合法权益的不利影响有因果联系。[4]

有学者主张摒弃"法律上利害关系"标准，以"正当利益"取代"法律权利"进而成为"诉之利益"，放宽"利害关系"标准，只要权益受损与行政行为之间有条件因果关系，即可承认具有利害关系。[5]

可以看出，在保护规范理论引入之前，学理上对于原告资格和利害关系的判断，主要是采用"损害+因果"的论证逻辑，与民法侵权行为的判断逻辑大致类似。然而行政行为与一般侵权行为具有区别，合法的行政行为因基于公共利益，公民负有容忍和配合的义务，并非因行政行为造成的所有损害都需要通过对行政行为进行合法性审查之后进行救济。因此，"损害+因果"的逻辑并不能完全适用。这也是保护规范理论的优势之一，即将行政行为的合法性纳入了是否对相对人予以救济的考量。

3. 刘广明案对保护规范理论的引入

保护规范理论正式引入我国行政审判，是在刘广明诉张家港市人民政府

---

[1] 张旭勇："'法律上利害关系'新表述——利害关系人原告资格生成模式探析"，载《华东政法学院学报》2001年第6期。

[2] 参见斯金锦："行政诉讼原告资格——'法律上利害关系'要件研究"，载《公法研究》2005年第2期，第164~181页。

[3] 参见高家伟："论行政诉讼原告资格"，载《法商研究（中南政法学院学报）》1997年第1期。

[4] 参见章剑生："论行政诉讼中原告资格的认定及其相关问题"，载《杭州大学学报（哲学社会科学版）》1998年第3期。

[5] 参见柳砚涛："论行政诉讼中的利害关系——以原告与第三人资格界分为中心"，载《政法论丛》2015年第2期。

一案。该案中法院详细运用了保护规范理论说明刘广明是否具有利害关系、是否满足原告资格。法院认为，"以行政机关作出行政行为时所依据的行政实体法和所适用的行政实体法律规范体系，是否要求行政机关考虑、尊重和保护原告诉请保护的权利或法律上的利益，作为判断是否存在公法上利害关系的重要标准"。[1]保护规范理论基于实体法的规定进行法律解释，进而证成利害关系，用"法律解释的规则，来确保法律解释不至于沦为纯粹的主观表达；即便出现了这种纯粹的主观表达，我们也可以将之有效地识别出来"。[2]刘广明案也因此确立了从行政行为依据的实体法规范入手证成行政诉讼利害关系的路径，使"行政实体法和诉讼法因此得以打破区隔，并建立起真正联结"。[3]

二、保护规范理论内涵外延的扩充

本案中，再审法院在运用保护规范理论时并未局限于传统保护规范理论的路径，而是对其内涵和外延进行了扩充，立足于"新保护规范理论"的主张和精神，进一步发展了保护规范理论在我国的适用路径。

（一）行政程序参与权纳入规范保护范围

传统保护规范理论认为，在探求主观公权利时，援引的法律规范应当是行政行为依据的实体法，考察其中的实体规定是否对当事人的权益进行了保护；如果认可当事人拥有主观公权利，其可以基于该权利要求行政机关行为。本案中，再审法院将程序权利也纳入了规范保护的范围，在使用保护规范理论讨论联立公司是否具有利害关系时，论证了联立公司是行政许可申请审批程序的"未明示当事人"，认可了其程序参与人的地位，进而认为程序参与人与行政行为具有利害关系。

行政程序参与权是指行政相对人为了维护其自身的合法权益而参与到行政程序过程中，就涉及的事实和法律问题公开阐明自己的主张，从而影响行

---

〔1〕 最高人民法院（2017）最高法行申169号判决书。

〔2〕 王天华："主观公权利的观念与保护规范理论的构造"，载《政法论坛》2020年第1期。

〔3〕 赵宏："原告资格从'不利影响'到'主观公权利'的转向与影响——刘广明诉张家港市人民政府行政复议案评析"，载《交大法学》2019年第2期。

政主体作出有利于自己的行政决定的程序权利，[1]包括获得通知权、陈述权，抗辩权、申请权等。本案中，东城区教委在进行办学许可审查时，依据相应法规范要求，需要审查办学房屋的安全性，且在审核材料中包含了房屋产权证，而这份材料只有房屋所有权人才能提供。行政机关虽未直接要求房屋所有权人提供房产证而是要求申请人提交，但这只是出于"行政高效便利原则"。房屋所有权人虽不是行政行为明示的当事人，但其意见的提交和参与已由法规范明确规定，事实上也必须参与行政许可审批的过程，其具有程序参与权。在许可审核必须考虑房屋的安全性能和产权情况时，房屋所有权人必须对此进行"陈述"，只是此种"陈述"是以提交产权证明和验收报告等形式进行。此外，在《北京市房屋租赁管理若干规定》明确规定了房屋所有权人将具有安全隐患的房屋出租用以进行生产经营活动将受到行政处罚的情况下，房屋所有权人针对行政机关可能对其造成的不利后果也具有抗辩权。这两种程序性权利，可以作为联立公司请求权的来源，再审法院在本案中明确了其基于程序参与而具有利害关系，也即明确了程序参与人的权利应当属于规范保护的范畴。

再审法院的此种认定，扩充了保护规范理论传统适用路径。东城区教委在进行许可审查时，是对作为校舍的房屋物理上进行安全性评估，并不需要对房屋所有权人利益进行考量。如果要证成房屋所有权人利害关系人的法律地位，既不能局限于东城区教委作出行为时依据的这些条文，也不能局限于对相关条文的立法目的的狭义解释，而必须立足于行政行为的现实法律效果，进行客观解释。此种解释路径，扩充了传统保护规范理论将主观公权利局限于"法规范明确保护的权利"的权利认定路径，扩充了保护规范理论的外延。

主观公权利是国家对于个体作为"国家成员的人格"的认可，"人格并非权利，而是一种身份、一种地位"，但在这种地位之上却附着了各种权利。"主观公权利"概念的提出，是对公民具有相对于国家的权利主体地位的承认。[2]而在行政程序法中，之所以要赋予参与人相应的程序参与权，也是"促使相对人和行政主体形成一种对峙关系，行政相对人不再是从属于行政主

---

〔1〕 参见章剑生："论行政相对人在行政程序中的参与权"，载《公法研究》2004年第0期。

〔2〕 参见赵宏："保护规范理论的历史嬗变与司法适用"，载《法学家》2019年第2期。

体，而是作为一个独立主体通过行使行政程序参与权，制约着行政主体行使行政职权"。[1]行政程序权利的确立与主观公权利的确立，都有助于行政相对人于国家公权力机关的相对独立地位的确立，有助于更全面地保障相对人权利，以及监督和制约行政机关。程序参与权纳入主观公权利的范畴，属于主观公权内涵的合理延伸。

将程序参与权纳入主观公权利的范畴，具有积极的实践意义。行政行为除直接和明示的当事人外，往往还会涉及物、法律状态等，这些因素牵涉相关的权利人，行政行为也很可能对其实体权益造成影响。如果不认可相关权利人的利害关系，其受到影响的权益便很难得到救济。而从实体权利角度入手，相关权利人的利害关系难以证成，从行政机关应当考虑"物"与"状态"因素中并不能当然推出其应当对相关权利人进行考量。如在刘广明案中，法院以行为作出时并不需要考虑刘广明的建设用地使用权是否受损为由否认其利害关系。但该案中，行政机关进行许可审批所涉及的《政府核准投资项目管理办法》第10条规定，"项目申请报告应当主要包括以下内容：（1）项目单位情况；（2）拟建项目情况；（3）资源利用和生态环境影响分析；（4）经济和社会影响分析"。其中第4项"经济和社会影响分析"的作出，需要收集和分析项目所可能影响范围内公民的利益和意见，也可解释为行政机关需要项目范围内相关人参与到行政程序中发表意见，如果刘广明基于其该种程序权利受到侵害，从而未能进行陈述发表意见，且主张其陈述权的受损可能对公共利益造成损害，或是可能使其公法上的权益受损，也可能证成其利害关系。

（二）公法责任对于利害关系的证成

本案中，联立公司的诉讼请求是为避免可能遭受的公法不利后果，请求复议机关受理其撤销相关许可行为的申请。联立公司作为房屋所有权人，对房屋安全性负有保障义务，在违反该种义务时需承担行政法律责任。

再审法院认为，"如果相关联的法律规范要求行政机关在作出决定时对某一要素予以考虑，行政机关若不予考虑，又会使第三人'具体且特别'地受到行政决定影响时，即可认为第三人属于规范保护范围"。联立公司被法规范

---

〔1〕 章剑生："论行政相对人在行政程序中的参与权"，载《公法研究》2004年第2期。

设定了公法义务，可以证成法规范将其行为纳入了办学许可的考量范围。联立公司主张避免其可能遭受的行政法律责任，是与行政许可行为直接相关的。该种不利后果是许可作出应当考虑的法规范中明确规定的，行政行为也受到相关法规范的约束。按照传统的保护规范理论，此种利害关系较难证成。"公法规范设定的义务"与"公法规范保护的权利"是两个不同的概念，不能说权利就是义务或者义务就是权利，如果局限于探求"公法规范保护的权利"，将排除公法责任纳入的可能。再审法院结合了"直接联系论"与"实际影响论"等"利害关系"分析视角，认为如果相关的实体规范中要求行政机关行为时考量的要素牵涉规范为第三人设定的不利后果，则该不利后果应当一并进行考虑，从而将"公法责任"纳入"公法权利"的范畴。

这种扩充对于"规范保护利益"的认定提供了更宽广的标准。在美国，判断原告资格的标准有"两部制标准"，一是事实上损害标准，二是法律利益标准。法律利益即为"起诉人寻求保护的利益是否'可争辩地'属于'所涉及的制定法或宪法保护或者调整的利益区间'"；只是在"原告的利益与制定法默示的目的具有如此遥远的联系或者不一致，而不能合理地认定国会意欲允许该诉讼"时，才会否定其原告资格。[1]如本案中，法规范为房屋所有权人设定的安全保障义务以及违反义务时所需受到的行政处罚，都是服务于法规范的公共利益保护目的，即通过公法责任的方式，来督促房屋所有权人履行义务，进而保障房屋的安全性，维护公共利益，该种公法责任并非出于法规范保护目的之外。

（三）方法总结

保护规范理论"对主观公权利的探求，转化为对法规范的解释"。[2]在个案中援引哪些法规范、如何判断援引的法规范中是否赋予个人主观公权利，是适用保护规范理论的重要问题。

本案再审法院在裁判中总结了运用保护规范理论进行法律规范的识别、援引与适用路径。再审法院认为，"对保护规范理论所指称的法律规范的识

---

〔1〕 参见耿宝建："主观公权利与原告主体资格——保护规范理论的中国式表述与运用"，载《行政法学研究》2020年第2期。

〔2〕 赵宏："保护规范理论的历史嬗变与司法适用"，载《法学家》2019年第2期。

别、援引和适用，既要参酌本行政管理领域的直接适用的法律规范，也要参酌相关领域的间接适用、潜在适用的法律规范"；"既要参酌保护当事人权益的法律规范，又要参酌制裁当事人行为的法律规范"；"参酌行政实体法的立法宗旨以及作出被诉行政行为的目的、内容和性质进行判断，以便能够承认更多的值得保护且需要保护的利益，属于法律保护的利益"，这是对新保护规范理论体系化适用与解释路径的阐释与发展。条文本身的文义是解释的首要对象，但是不能仅限于文义，还应当综合法规范的立法目的、行政行为的现实效果、公共利益保护与当事人权利救济的客观必要来进行全面考量。不单局限于行政机关行为时的意志和考量，也要考虑行为作出时实际是否牵涉法规范保护的要素，更大程度地为当事人提供救济，并监督行政机关依法行政。

三、"诉的利益"与主客观诉讼

（一）"诉的利益"与原告资格

本案中，再审法院并非在认定联立公司具有利害关系后就当然认可了其复议或诉讼的申请权，其认为，"具有原告资格的当事人的起诉，还必须具有提起行政诉讼的必要性和实效性，具备诉的利益"，提出了"诉的利益"或"诉权"作为利害关系之后的审查阶段。刘广明案的判决也体现了诉的利益考量，法院认为，"即使法院认可其原告主体资格，受理其起诉，因其所诉请保护的权益并不会在诉讼中得到保护和尊重，其起诉也就丧失了必要性，不具备诉的利益"。

行政诉讼中"诉的利益"，是指公民、法人或者其他组织认为其受法律保护或调整范围内的利益受到行政机关行政行为的不利影响时，将其与行政机关之间发生的行政争议诉诸法院，寻求司法救济的必要性。[1]日本行政法学者原田尚彦认为，诉的利益包括请求内容是否适合作为审判的对象（诉讼对象）、当事人对请求是否有正当的利益（当事人资格）、从周围情况看是否存在足以让法院对请求作出判断的具体实际利益（具体利益或者必要性），其中第三点即为狭义诉的利益概念，[2]即是法院救济必要性的问题。

---

[1] 王珂瑾："行政诉讼中'诉的利益'"，载《法学论坛》2012年第3期。
[2] 王贵松："论行政诉讼的权利保护必要性"，载《法制与社会发展》2018年第1期。

"诉的利益"具有积极和消极两个方面的功能。其消极功能在于公共利益与私人利益之间的衡量，是否有必要动用国家的司法资源为当事人提供权利救济，防止原告滥用诉权、避免被告陷入无端应诉的泥沼以及司法资源的浪费；其积极功能在于促使权利的生成，将新型的社会纠纷或者所涉及的利益纳入法律保护的权利体制或框架中。[1]但是，"诉的利益"的内涵及判断方法并未在我国行政诉讼实定法中明确规定，运用诉的利益究竟是用以判断是否受理，还是判断是否胜诉，以及如何判断，都需取决于法官的裁量，难以找到实定法根据。我国法院审判实践中，也确实存在混用广义与狭义诉的利益的现象，例如"孙长荣诉吉林省人民政府行政复议不予受理决定案"中诉的利益相当于受案范围或权利保护的资格；"段梅平诉陕西省泾阳县人民政府、泾阳县国土资源局等撤销土地使用证案"中，诉的利益又成为原告资格的代名词，[2]这些现象对于规范和一致地判断和运用"诉的利益"造成了阻碍，也增加了行政诉讼裁判的不确定性。

本案中，再审法院明确了"诉的利益"应当在狭义的定义上运用。再审法院首先运用保护规范理论探讨了利害关系以及原告资格的成立，在此之后再行讨论诉的利益，明确了"诉的利益"指法院受理起诉并对其提供救济的必要性；也明确了"利害关系"＋"诉的利益"的二阶判断路径。在"诉的利益"判断上，再审法院是通过证明权益受损具有明显可能及对受损的其他救济渠道不可得来证成。联立公司作为房屋所有权人可能承担不利的公法后果；而其提起民事诉讼经过一审、二审均未获得救济、申请行政复议救济也没有得到支持时，通过行政诉讼渠道请求救济具有必要性和可行性。

值得注意的是，再审法院认为，"在行政行为必然或者极有可能给当事人造成不利影响，减损当事人权益且无其他更为便捷救济渠道的情况下，将法律保护的利益扩大到值得法律保护且需要法律保护的利益，从而认可当事人与行政行为存在'利害关系'，并承认其复议申请人资格和诉讼原告主体资格"。将"诉的利益"作为前提，作为保护规范理论扩充适用的原因，在"诉的利益"明确的情况下，通过保护规范理论来进行利害关系的证成，充分

---

[1] 参见王珂瑾："行政诉讼中'诉的利益'"，载《法学论坛》2012年第3期。
[2] 参见王贵松："论行政诉讼的权利保护必要性"，载《法制与社会发展》2018年第1期。

救济权利、监督行政行为，体现了保护规范理论用以形成新的权利类型、扩充权利救济空间、为实体救济目标服务的"工具性"属性。此外，"法律保护""值得法律保护"与"需要法律保护"的利益，都可以解释为"制定法目的"的内涵："保护"是实体法的规定；"值得"和"需要"保护则可以认为是对法规范目的的扩大解释，在该种扩大解释能够基于文义解释和体系解释证成时，并不违反目的解释有效性。这种扩大解释也与新保护规范理论主张"立足于当前法律秩序探究客观化的规范目的；综合考虑与该行政活动相关的整个规范体系与整体制度环境"的解释路径相一致。

（二）主观公权利与行政诉权

"原告资格"与"诉的利益"的区分和关联，涉及主观公权利与行政诉讼诉权的关系。行政诉讼诉权，是指行政法律关系当事人在不能自行解决因行政职权的存在和行使而引起的行政争议时，依法请求法院提供司法保护和帮助的权利。[1]"主观公权利的实体法构成反映于诉讼中就表现为诉权、诉讼可能与诉权实现。"[2]行政诉权也分为"形式追诉适格"和"实体权利实现"，这在主观诉讼立场与客观诉讼立场的行政诉讼架构中有不同的体现。主观诉讼将诉讼目的定位为个人权利保护，将实体法上的主观公权利与诉讼法上的诉权相互对应，包括程序诉权与实体胜诉权；而在客观诉讼中，诉权只是原告的起诉资格，是可以启动行政诉讼程序的适格。[3]在主观诉讼中，主观公权利并不仅仅用以证成原告资格，还意味着法院应当对该种权利进行实体上的救济和保障，法院也应当围绕对该主观公权利的救济进行审理；而客观诉讼中，主观公权利的存在仅仅证明启动诉讼程序的原告适格，并不能证成法院必须为其实体权利提供救济，法院也不仅仅围绕其权利救济请求进行审理，还要审查行政行为是否符合客观法要求。

我国行政诉讼以"合法性审查"为原则，在行政诉讼中，法院对行政行为的合法性给予全面审查，不限于当事人的诉讼请求。合法性审查原则要求

---

〔1〕 参见高家伟："论行政诉权"，载《政法论坛》1998 年第 1 期。

〔2〕 赵宏："主观公权利、行政诉权与保护规范理论——基于实体法的思考"，载《行政法学研究》2020 年第 2 期。

〔3〕 参见赵宏："主观公权利、行政诉权与保护规范理论——基于实体法的思考"，载《行政法学研究》2020 年第 2 期。

"只要行政行为涉法，就应接受法院之司法审查，除非法律明确排除对此种行为之司法审查"。[1]客观诉讼制度的重点不在于原告资格，而在于保障行政权运行符合客观法规范要求，因此在原告资格上放得更宽，也可能会导致"民众诉讼"，使法院负担加重，而保护规范理论明确只有从行政实体法中可以解释出"主观公权利"的当事人才能请求法院救济，能够有效避免行政诉讼成为"民众诉讼"。客观诉讼架构与保护规范理论如果能够良性融合，可以起到互补的作用。从本案再审法院裁判可以看出，法院在运用保护规范理论认定利害关系的存在时，仅仅是为了证明原告资格适格，并不能完全约束法院的受理与否，法院还需要进行"诉的利益"等综合考量。"主观公权利"的探求也并非基于传统保护规范理论路径，而是基于实际效果对规范保护目的进行体系认定和扩大解释。这都反映出我国行政诉讼在适用保护规范理论时，尽可能扩充原告资格、扩大对权利的救济、促进客观法监督功能实现的目的。再审法院运用保护规范理论并非在孜孜探明立法者原意，而是在合法性审查的客观性与司法资源有限性之间寻求一个平衡，使得保护规范理论的"工具性"凸显——其是作为我国行政诉讼用以判断利害关系的说理路径，而非司法审查的核心架构与基本立场。

保护规范理论的应用还对保护当事人权益具有积极意义。"诉的利益"虽能促进新型权利的生成，但"诉的利益"不得不依赖司法者的主观裁断，"诉的利益"究竟是发挥其限制诉权的消极功能，还是起到生成权利的积极功能，也具有不确定性。相较而言，运用保护规范理论，对新型权利通过对法规范进行客观目的解释、体系解释等解释路径，能够证成其可能属于行政机关应当考量的因素，就可以纳入权利保护范畴，这种解释空间非常大，且证成的新型权利类型可以通过解释在实体法中寻到踪迹，其证成逻辑和结论也会更加有力。此外，适用保护规范理论进行权利生成也有限度和要求，正如刘广明案判决所言，"仍应限定于通过语义解释法、体系解释法、历史解释法、立法意图解释法和法理解释法等法律解释方法能够扩张的范围为宜"，这些规范和依据明确的解释方法，也可以防止权利生成成为过度依赖于司法者主观裁断的方法，克服"诉的利益"或"利害关系"标准的不确定性。

---

〔1〕 成协中："保护规范理论适用批判论"，载《中外法学》2020年第1期。

四、本案保护规范理论适用相较于刘广明案的发展

本案是在刘广明诉张家港市人民政府一案正式引入保护规范理论后，又一明确使用保护规范理论进行"利害关系"判断的案件，与刘广明案中法院运用保护规范理论相比，有下列差异与发展。

（1）与刘广明案否定原告资格不同，本案为肯定原告资格。刘广明案中，法院认为"项目建设涉及的土地使用权人或房屋所有权人与项目审批行为不具有利害关系"，虽然其论证较为客观充分，但总体上是在限缩原告资格，不利于当事人权益救济。而本案中，法院是通过各种解释路径，尽可能扩充公法权利的范畴，证成原告的利害关系，雄辩地展现了保护规范理论的积极意义，为学术界和实务界运用保护规范理论开辟了全新的视角和思路。

（2）本案扩充了保护规范理论的解释路径。虽然在刘广明案中，法院也强调保护规范理论适用时需"参酌整个行政实体法律规范体系、行政实体法的立法宗旨以及作出被诉行政行为的目的、内容和性质进行判断，以便能够承认更多的值得保护且需要保护的利益"，但在具体分析时，却略武断地认为"相关立法宗旨不可能要求必须考虑类似于刘广明等个别人的土地承包经营权的保障问题"，并未进行充分的论证。而本案中，法院通过运用保护规范理论，对"主观公权利"进行扩大解释，将程序参与权、不利后果等权益都纳入了规范保护的权利范围，对"保护规范"和"规范保护的权益"都进行了体系性、整体性探查，并进一步扩充了保护规范理论解释的内涵外延，肯定了原告的利害关系。

（3）本案完善了"诉的利益"与保护规范理论的适用。在刘广明案中，法院认为"不属于行政实体法保护的权益，并不会得到实体裁判支持，原告最终仍然只能承担不利的后果"，即以主观公权利是否存在作为判断"诉的利益"的前提，认为主观公权利不仅导向程序上的起诉权，还影响实体上的胜诉权。而本案中，法院明确采用"利害关系"＋"诉的利益"的二阶判断，将主观公权利限于程序诉权范畴；并认为"诉的利益"的证成对于"利害关系"证成具有推动作用；从而展现了以实体权益救济为核心，运用保护规范理论作为说理工具以更有力证成权益救济必要性的立场，更好地融合了"诉的利益"与"利害关系"。

（4）本案将保护规范理论与我国行政诉讼制度更好地结合起来，促进保护规范理论的"中国化"。在刘广明案中，尽管提到保护规范理论的运用与行政行为合法性审查原则相互契合，但理由只是"法院对行政行为合法性的评判除了依据行政诉讼法等行政基本法，更要依据行政机关所主管的行政实体法"；尽管提到"通过适度扩大原告主体资格、坚持合法性全面审查、严格审查标准等，可以在一定程度上弥合行政诉讼主、客观诉讼的争议"，但在运用保护规范理论具体论述时，仍是立足于主观诉讼的立场。而本案中，法院运用保护规范理论并非全在探究法规范原意，而是立足于实际情况进行权利的生成，扩充主观公权利范围，强化对原告权益的保障和救济，具有积极的指导意义。在本案中还明确保护规范理论适用的目标包括了"更大程度监督行政机关依法行政"，将其与我国行政诉讼合法性审查原则以及监督行政合法性的客观属性更好地进行了结合，促进了保护规范理论的"中国化"和其积极作用的发挥。

【后续影响及借鉴意义】

如果说刘广明案的否定式裁判引起了学界对于我国行政诉讼运用保护规范理论的警惕，本案的裁判或许可以引导对保护规范理论在我国运用的重新审视。本案中对"保护规范"和"规范保护的权益"都进行了体系性、整体性探查，并进一步扩充了两者的内涵外延。此外，将保护规范理论与我国行政诉讼合法性审查结合起来，将主观诉讼的特点与客观诉讼的要求结合起来，摆脱了保护规范理论立足于主观诉讼以及对原告资格进行限制的窠臼，使保护规范理论成为权利生成与利害关系证成的说理方式，相较于传统的"利害关系""诉的利益"等权利生成路径，保护规范理论依据对实体法的规范解释，可以更加严谨地和有力地证成权利，扩大权益保护的范围，更大程度监督行政机关。

本案也明确了保护规范理论在我国行政诉讼中的地位，法院在运用保护规范理论认定原告资格后，还需要进行"诉的利益"等方面的考量。行政诉讼的目的，并非局限于主观公权利的认定和救济，也是"更大程度地监督行政机关依法行政"，明确了合法性审查原则在我国行政诉讼中的核心地位，以及我国行政诉讼并非主观诉讼的立场。

本案促进了保护规范理论与我国行政诉讼的融合。从本案来看，"中国化"的保护规范理论，在适用功效上，"可以解决传统利害关系认定的主观化问题，让原告资格更加客观化、精准化"，而"利害关系理论的弹性又能'指引'保护规范理论作出更加积极的阐释，避免因机械理解保护规范理论而过度限缩原告资格"。[1]保护规范理论与中国审判实践的互相借鉴吸收，对进一步完善我国行政诉讼制度具有积极意义。本案对于完善我国行政诉讼中保护规范理论的运用以及理论上对于保护规范理论的研究，都将有所裨益，将进一步促进保护规范理论积极作用的发挥。

（指导教师：成协中　中国政法大学法学院教授）

---

[1] 耿宝建："主观公权利与原告主体资格——保护规范理论的中国式表述与运用"，载《行政法学研究》2020年第2期。

规划许可行政诉讼中相邻关系人的原告资格认定
——潘自杰、陈丽等业主诉昆山市自然资源和规划局行政许可案

刘子钰 *

【案例名称】

潘自杰、陈丽等业主诉昆山市自然资源和规划局行政许可案［江苏省苏州市中级人民法院（2019）苏 05 行终 205 号］

【关键词】

行政许可　合法性审查　原告资格　相邻权　利害关系

【基本案情】

潘自杰等人是昆山市锦溪镇御湖花园业主，昆山市锦溪镇御湖花园位于昆山长泰置业有限公司（以下简称长泰公司）开发的锦溪镇锦东路北侧、同周路东侧（涉案地块）新建小区的北面，二者间隔一条宽约 50 米的河道。2011 年 1 月 25 日，长泰公司取得了涉案地块的土地使用权。随后原昆山市规划局为长泰公司上述项目颁发建设工程规划许可证。原告认为原昆山市规划局为涉案地块颁发建设工程规划许可证的行为破坏了小区周边的生态环境，故要求撤销上述规划许可证，一审法院以其不具有原告资格驳回起诉。潘自杰等认为房产因被诉行政行为而变相贬值，以经济利益和环境权益已经受到涉案行政许可的实际影响而具有利益关系为由提起上诉，请求依法撤销原审

---

* 刘子钰，中国政法大学法学院宪法学与行政法学专业 2019 级硕士研究生。

裁定。

本案涉及的法律规范条文：

《行政诉讼法》第 25 条第 1 款规定："行政行为的相对人以及其他与行政行为有利害关系的公民、法人或者其他组织，有权提起诉讼。"

《行诉解释》（2018）第 12 条规定："有下列情形之一的，属于行政诉讼法第 25 条第 1 款规定的'与行政行为有利害关系'：（1）被诉的行政行为涉及其相邻权或者公平竞争权的；（2）在行政复议等行政程序中被追加为第三人的；（3）要求行政机关依法追究加害人法律责任的；（4）撤销或者变更行政行为涉及其合法权益的；（5）为维护自身合法权益向行政机关投诉，具有处理投诉职责的行政机关作出或者未作出处理的；（6）其他与行政行为有利害关系的情形。"

【裁判要旨】

上诉人潘自杰等二十人认为原昆山市规划局为涉案地块颁发建设工程规划许可证的行为破坏了小区周边的生态环境，导致其房屋变相贬值，故要求撤销上述规划许可证。但根据本案查明事实，上诉人所在的御湖花园小区不在涉案地块所确定的范围之内，且该小区与涉案地块之间还间隔了一条 50 米左右的河道。上诉人并无证据证实被诉规划许可证的颁发对其的排水、通行、采光等相邻权产生直接影响，故上诉人与被诉建设工程规划许可行为之间不存在行政法上的利害关系，不具备原告主体资格。

【裁判理由与论证】

由利害关系人所提起的规划诉讼案件不断增多，但并非所有的诉讼都能被受理并进入实体审查阶段，这就涉及利害关系人的原告资格判定问题。本案的争议焦点即原昆山市规划局作出规划许可行为是否侵犯相邻权人的利益，相邻权人是否具有原告资格。对于利害关系的判定，法院采用了不同的审查思路。

一审法院引入保护规范理论的审查思路进行判断，根据《行政诉讼法》第 25 条第 1 款规定"行政行为的相对人以及其他与行政行为有利害关系的公民、法人或者其他组织，有权提起诉讼"，《行诉解释》（2018）第 12 条规定

"有下列情形之一的，属于行政诉讼法第 25 条第 1 款规定的'与行政行为有利害关系'……（6）其他与行政行为有利害关系的情形"，所谓利害关系是指法律上的利害关系，而影响原告主体资格是否成立的因素分为两种，一是起诉人诉请保护的权益类型，二是行政实体法律规范的规定，只有当起诉人诉请保护的权益，恰好落入行政机关作出行政行为时所依据的行政实体法律规范的保护范围时，起诉人的原告主体资格才被承认。本案中，潘自杰等人关于符合《行诉解释》（2018）第 12 条第 6 项规定的"其他与行政行为有利害关系的情形"的主张，一审法院的主张分为三个方面，首先潘自杰等人未能证明其房价贬值，同时也未能证实系原昆山市规划局的行政许可行为致使潘自杰等人房价贬值；其次，潘自杰等人也未证实原昆山市规划局在作出涉案行政行为时应当考虑潘自杰等人的经济利益；再次，从潘自杰等人的房屋来看，其不在原昆山市规划局颁发的涉案建设用地规划许可证范围内；最后，根据《环境保护法》《行政诉讼法》等规定，公民个人尚没有提起环境公益诉讼的原告资格。因此潘自杰等人认为与原昆山市规划局的涉案许可行为存在法律上的利害关系的证据不足。故，潘自杰等人在本案中不具有行政诉讼的原告资格。

对于利害关系的认定，二审法院按照的是实际影响的审查思路。其法律依据是《行诉解释》（2018）第 12 条第 1 项规定，被诉的行政行为涉及其相邻权或者公平竞争权的，属于《行政诉讼法》第 25 条第 1 款规定的"与行政行为有利害关系"。本案中上诉人潘自杰等二十人认为原昆山市规划局为涉案地块颁发建设工程规划许可证的行为破坏了小区周边的生态环境，导致其房屋变相贬值，故要求撤销上述规划许可证。二审法院认为，上诉人所在的御湖花园小区不在涉案地块所确定的范围之内，且该小区与涉案地块之间还间隔了一条 50 米左右的河道。上诉人并无证据证实被诉规划许可证的颁发对其的排水、通行、采光等相邻权产生直接影响，故上诉人与被诉建设工程规划许可行为之间不存在行政法上的利害关系，不具备原告主体资格。

【涉及的重要理论问题】

随着城市化发展，规划许可侵害相邻权的问题不断催生。相邻关系处于公法和私法、公共利益和私人利益的交叉点上，特殊的地位使其具有研究价值却又往往易被忽视。仅仅依靠调整私人关系和保护私人利益的民法制度远远不能解决相邻土地空间的利用问题，公法相邻关系案件越来越多。在行政规划许可涉及利害关系第三人的案件中，相邻权人的原告资格判断往往是争议的核心。

一、本案属于公法相邻关系纠纷

相邻关系，是指"相邻不动产的权利人之间，因行使不动产权利而需要相邻各方给以便利和接受限制，法律为调和此种冲突以谋求相邻各方之间的共同利益而直接规定的权利义务关系"。[1]此种权利义务关系的内容虽然体现生活要素的事实，但其并非事实概念，亦非生活概念，而是法律概念。就其性质而言，相邻关系"为因法律规定所生不动产所有权内容之限制或扩张"。自相邻关系制度形成至今，其经历了一个漫长的演变过程，演变的轨迹是：由私法的相邻关系到私法相邻关系与公法相邻关系并存的格局。

在本案中，潘自杰等昆山市锦溪镇御湖花园的业主，与昆山规划局许可长泰公司开发的新建小区构成地理上的相邻。相邻关系本质上是对所有权的扩张或限制，即一方面是扩张，另一方面是限制，只有既扩张又限制相邻各方的所有权，才能实现相邻权。但这种扩张与限缩的限度却是难以量化的，因而究竟是否侵犯相邻权往往是争议点。原告主张原昆山市规划局为涉案地块颁发建设工程规划许可证的行为破坏了小区周边的生态环境，从而间接导致房屋贬值影响其经济利益。由此可以看出，相邻权关系不仅关系原告与长泰公司开发的新建小区利益，还涉及原昆山市规划局颁发建设工程规划许可证的行为。所以调整平等民事主体间关系的私法已不足以解决相邻关系问题，在现代城乡发展中，公法对相邻关系调整也逐渐发挥重要作用。

（一）私法相邻关系与公法相邻关系界分

不动产所有权是民法中的重要内容，调和相邻不动产之间的复杂关系一直是私法的重要环节，一方面要使双方当事人的利益得到平衡，另一方面也要使相邻土地的空间实现最有效率的利用。有民法学者认为"相邻关系以不动产权

---

〔1〕 参见崔建远：《物权：规范与学说——以中国物权法的解释论为中心》（上册），清华大学出版社 2011 年版，第 443 页。

利人的容忍义务为主要内容，从另一方的角度而言似乎是一种权利，因此也成为'相邻权'"。[1]根据《中华人民共和国民法典》"相邻关系"内容专章规定于所有权分编当中，通常意义上可归为以下几类：[2]区分所有建筑物相邻关系、通风采光通行纠纷、不可量物侵害纠纷、以管道铺设等诉求为代表的空间相邻关系、相邻权利人扩张解释（法律上的相邻）等。现代相邻关系中的"相邻"已经不再局限于地理空间的"毗邻"，如不可量物侵害中涉及环境污染问题，其所指的污染物侵害不特定多数人的利益，具有发散性和不可量性，从某种程度上可以理解为一种涉及公共利益的侵害，同时法律上的相邻关系还将外延扩展至安宁权、眺望权等。

公法是调整国家机构以及国家与其成员之间关系的法。[3]与一般的公法规范不同的是，一般公法以公共利益的保护为主，如果私人因公共利益的实现获益，也只是公法规范的反射性利益。而公法相邻权保护公共利益的同时保护邻人的私人利益。[4]在相邻权领域其特点表现在调整两个方面的法律关系，一是作为国家机关与被管理者之间的关系，二是国家机关与该被管理者的相邻人之间的关系。在第二种情形下的三方关系正是如今司法实践的难点，对第三人的利益如何衡量直接关系到救济的问题。本案涉及规划许可案件中的相邻关系，正是这种情形。

由于两种法律关系存在本质差异，相邻关系构造也存在差异。首先，主体构造结构不同。公法相邻关系往往呈现"行政机关—行政相对人—相邻权人"三方权利结构，因为行政机关对行政相对人的行为影响了相邻权人的合法权益，相邻权人往往通过起诉行政行为的方式寻求救济；而私法相邻关系则是双方权利结构，主要是相对人和相邻权人平等的私主体二者之间。其次，针对的行为不同。公法相邻关系解决的是行政机关对相对人的许可等授益行为，对第三人相邻权人产生间接影响的问题提起变更、撤销许可之诉，或是相邻权人请求行政机关对侵害其相邻权行为进行干预的给付之诉。而私法相邻关系解

---

〔1〕 参见崔建远等编著：《物权法》，清华大学出版社 2008 年版，第 130 页。

〔2〕 参见王俊：《相邻关系纠纷案件审判要旨》，人民法院出版社 2005 年版。

〔3〕 参见 [德] 格奥格·耶利内克：《主观公法权利体系》，曾韬、赵天书译，中国政法大学出版社 2012 年版，第 10 页。

〔4〕 参见金启洲："德国公法相邻关系制度初论"，载《环球法律评论》2006 年第 1 期。

决的是相邻权人对另一私主体的不动产侵犯自身生存发展的权利。[1]最后，原告资格认定不同。私法救济下遵循意思自治，相邻权平等主体之间可直接通过诉诸法院的方式寻求救济；但在公法案例中往往会伴随原告资格认定的争议，究竟权利人主张的是主观公权利还是反射利益，也是需要考量的问题。

（二）规划许可侵犯相邻权案件主要特点

1. 纠纷原因——相邻权被行政行为效力阻却而难以实现

在民事、行政交叉的案件中，由于行政行为具有公定力，行政机关作出行政行为后，推定行政行为合法，行政行为相对人或者相关人应当加以遵守服从，致使自身合法权益得不到保障。实践中，需要解决如何认定行政行为效力阻却相邻权的问题，即判断行政行为的合法性是否能直接对抗相邻不动产权利人的合法权益，排除相邻关系当事人的请求权。如本案潘自杰等人需要证明行政行为损害其环境权、经济权利等合法权益，才能认定相邻权受到侵害，而法院认定其所提供的证据并不能证明房屋贬值与颁发规划许可证的行为有关，因而驳回其诉讼请求。同样，在"念泗三村 28 幢居民 35 人诉扬州市规划局行政许可行为侵权案"[2]中，法院认为如果限制在规划设计要求内或者没有对限制程度进行规定时则不侵犯相邻权，利害关系人应负有容忍义务，[3]最终相邻权人提起的撤销之诉没有得到支持。所以涉及规划许可领域的问题，区分行政行为对相邻权人造成了事实上的不利影响还是法律上的不利影响，是认定结果的重要环节，而在这一问题上没有相关法律的具体规定，对于是否侵犯相邻权的界定是一个复杂的过程。

2. 常见领域——生态破坏、环境污染

公法相邻关系不同于私法救济中的空气、清洁水等人身财产损害，更多

---

[1] 参见龙非："行政诉讼中'受害者'原告资格之反思——以德国法作为比较"，载《法律适用（司法案例）》2017 年第 22 期。作者提到，对于原告资格要求要有请求权基础外，投诉举报类案件还具有更为特殊的要求，即行政机关履责是否具有成熟性。这一要求来自于德国行政法上一个十分重要的执法原则，即"便宜原则"（Opportunitätsgrundsatz）。所谓便宜原则，是指行政监管机关在发现有违法行为线索时，对于是否进一步查处以及何时查处该违法行为具有裁量权。

[2] 参见《最高人民法院公报》2004 年第 11 期。

[3] 参见陈越峰："公报案例对下级法院同类案件判决的客观影响——以规划行政许可侵犯相邻权争议案件为考察对象"，载《中国法学》2011 年第 5 期。

地涉及环境信息知情权、环境行政管理侵害排除请求权及管理参与权等公法调整的内容。私法调整下主体呈现污染方及受害人双方结构，而在公法之下往往涉及要求行政机关履职作为的请求，也有对行政机关许可排放等文件的撤销请求。环境类案件的特点在于其影响的是不特定多数人的利益，所以在认定其行为有损害时界定相邻利害关系往往不依赖于空间上的相邻，而要考虑实际损害上的相邻，同时由于主张权利的相邻权人人数较多，有时可转化为群体性行政案件。如果污染企业附近的居民认为排放行为影响到自身合法权益时，往往难以证明直接损害，而以投诉举报的形式向行政机关提出制止请求。在这一点上，众多相邻权人提起的规划许可诉讼又需要同环境公益诉讼作区分，如在本案一审法院的判决中提到，"根据《中华人民共和国环境保护法》《中华人民共和国行政诉讼法》等规定，公民个人尚没有提起环境公益诉讼的原告资格，潘自杰等人认为与原昆山市规划局的涉案许可行为存在法律上的利害关系的证据不足"。

3. 权利保护——以"预防性保护"为主

私法相邻关系法的保护主要是一种"抑制型"的保护。由于环境破坏具有不可恢复性的特点，其对公共利益的保护是不充分的。所以环境保护的有效性和重点在于事前预防，而非事后补偿。公法相邻关系恰能弥补这一问题，因为当事人诉请保护的对象往往是尚未发生但可能发生的损害，一般情况下有预防性的特点。规划许可虽是行政机关已作出并发生效力的行为，但其对于房屋修建的事实行为而言仍停留在预备阶段，所以不同于房屋建成后对当事人权利产生直接损害。一方面其优点在于如果规划许可行为违法，那么通过撤销许可或确认违法的判决可以及时止损，将错误成本控制在最小，避免房屋建成后的难恢复性，在维护相邻权人利益的同时维护公共利益。但另一方面，因为针对的往往是尚未发生的损害，对于可能受到不利影响的权利人而言，难以提供有力的证据，这也导致此类案件相邻权是否受到损害存在较大争议。如本案原告尽管提供了证明所购买的临湖一期房比不临湖二期房价格高的发票和沙盘图，来说明建设工程规划许可证准许房地产项目占用和毁灭湿地致使其房屋由此发生了变相贬值，但主张的权利并未得到二审法院认可，利害关系的模糊导致潘自杰等人没有原告资格。

二、相邻权人诉讼原告资格认定

根据《行政诉讼法》和《行诉解释》（2018）的规定，相邻权人也可以作为利害关系人成为行政诉讼原告提起诉讼。这是对行政行为第三人效力制度的回应，现代社会行政行为常常不只对其相对人产生影响，即使是给付行为或授益性的决定，也可能对第三人的利益产生影响。在这种情况下，结合相关法律规范的立法目的，需要对所涉及第三人的权利受影响程度展开利益衡量。但此类案件中相邻权保护的范围和容忍义务的界限尚没有进一步具体的规定，缺乏统一裁量标准使得原告资格认定成了争议的中心，本案也正是围绕这一问题展开。

（一）相邻权人诉讼规范基础

规划许可行政诉讼案件中的原告一般可分为两类：一是许可行为直接针对的公民、法人或者其他组织，包括许可申请人、被许可人等；二是与许可行政行为具有法律上利害关系的人，包括相邻权人。城乡规划的实施往往对周边居民的生活环境有着巨大的影响，对规划行政许可行为不服的多为利害关系人。首先，相邻权人有权提起诉讼在本案中的法律适用是《行政诉讼法》第25条第1款规定，"行政行为的相对人以及其他与行政行为有利害关系的公民、法人或者其他组织，有权提起诉讼"。以及《行诉解释》（2018）第12条第1项规定，被诉的行政行为涉及其相邻权或者公平竞争权的，属于《行政诉讼法》第25条第1款规定的"与行政行为有利害关系"。这是将相邻权人纳入利害关系的最主要依据，除此之外，在一些涉及相邻关系的案件中，法官还会引用《环境保护法》《建筑法》等具体的部门法来对相关领域进行规制。

但从相关案例可以看出，依靠这些具有引导性又相对概括的条款还不足以解决相关问题。目前《行政诉讼法》等法律条款仅说明了相邻权受到侵犯的利害关系人可以提起诉讼，但如何界定相邻权受到侵犯、相邻权的适用范围和判断标准都没有相关规定，因而可操作性较低。而相邻权这类纠纷的一大特点是难以用量化的指标描述，而采光不畅、通行受阻、生态环境变差的诉讼请求源于相邻权人自身的直观感受。所以原告资格认定往往赋予法官较大的裁量权，有时会出现相似案件但判决结果不同的现象。

（二）相邻权人利害关系认定标准

规划行政许可针对的相邻权利害关系人具有提起行政诉讼的原告资格。原告资格的证明有三个维度，首先，这种利害关系必须是直接的而不是间接的，行政行为直接涉及了公民、法人或者其他组织的权益。对于受损利益是什么以及受损程度，需要相邻权人进行证明。其次，原告必须是认为行政行为侵犯了其合法权益的公民、法人或其他组织。这种合法权益在本案中表现为环境权利和经济利益，如果权益是非法的则不受保护。最后，法院常常以是否侵害相邻权作为判断认定原告资格的尺度，规划许可有时符合公共利益，却不可能同时符合所有群体的利益，所以是建立在对各利益主体的综合考虑和平衡之上的。

1. 利害关系判断的历史演变

随着经济政治体制改革和发展，对于利害关系的判定我国经历了"直接利害关系标准""行政相对人标准""法律上的利害关系标准"和"利害关系标准"等阶段，由此相邻权人提起诉讼的资格也经历了从无到有的阶段。

最初的原告资格同民事诉讼法原告资格等同，到1989年《行政诉讼法》第2条、第41条第1项规定被认为是"行政相对人标准"。[1]因为从字面上看，"认为"一词被很多学者解读为主观标准，[2]"侵犯"可以理解为因果关系要件，"合法权益"可以理解为权益要件，即起诉人必须拥有合法权益才能成为原告。而合法权益的范围只包括人身权和财产权，不包括政治权利等。所以，原告资格的构成要件为主观要件、因果关系要件和权益要件。但是，这种规定过于原则，不能发挥对诉讼的指引和规范作用；而且在司法实践中，很多人错误地将该规定理解为只有行政相对人才有权起诉。[3]实践中，如果

---

〔1〕 1989年《行政诉讼法》第2条规定："公民、法人或者其他组织认为行政机关和行政机关工作人员的具体行政行为侵犯其合法权益，有权依照本法向人民法院提起诉讼。"第24条第1款规定："依照本法提起诉讼的公民、法人或者其他组织是原告。"第41条第1项规定："原告是认为具体行政行为侵犯其合法权益的公民、法人或者其他组织。"

〔2〕 参见何海波：《行政诉讼法》，法律出版社2016年版，第194页；章剑生："行政诉讼原告资格中'利害关系'的判断结构"，载《中国法学》2019年第4期。

〔3〕 参见江必新主编：《新行政诉讼法专题讲座》，中国法制出版社2015年版，第110页。

相邻人针对颁发的规划许可提起行政诉讼，法院一般否认其原告资格。[1]

《执行解释》（2000 年）第 12 条[2]将"法律上利害关系"作为判断原告资格的标准。所谓法律上利害关系，并非仅指直接利害关系，也包括间接利害关系。因此，原告不限于与行政行为有直接利害关系的行政相对人。[3]在一些情况下，权利义务受到行政行为的实际影响的行政相关人也可以作为原告。《执行解释》（2000）相比 1989 年《行政诉讼法》取消了对原告资格的不当限制。[4]法律上利害关系是一个比较客观的标准，[5]原告资格的判断不能仅依赖于起诉人的主观看法。由此，原告资格的构成要件为主观要件、主体要件、权益要件，以及客观要件即法律上利害关系要件，相邻权人作为利害关系人具有原告资格。

2014 年修正的《行政诉讼法》第 25 条对原告资格作出修改，将"法律上利害关系"改为"利害关系"标准。[6]该规定延续了《执行解释》（2000）关于相对人和相关人的区分，并明确肯定相对人和有利害关系的相关人的原告资格。这种修改意在避免实践中因"法律上"的定语而不适当限缩原告资格，有利于根据实际需要，将应当纳入受案范围的行政争议纳入受案范围。[7]立法人员采用"利害关系"表述的主要原因在于："法律上的利害关系"可能会限制公民的起诉权利，"直接利害关系"又可能会被解释成行政行为的相对人。但立法人员也承认"利害关系"并非漫无边际，需要在实践中根据具体情况作出判断。[8]这对于司法实践根据需要扩展原告资格，尤其是相邻权

---

[1] 参见张树义主编：《寻求行政诉讼制度发展的良性循环》，中国政法大学出版社 2000 年版，第 80~81 页。

[2] 《执行解释》（2000）第 12 条规定："与具体行政行为有法律上利害关系的公民、法人或者其他组织对该行为不服的，可以依法提起行政诉讼。"

[3] 参见最高人民法院行政审判庭编：《〈关于执行《中华人民共和国行政诉讼法》若干问题的解释〉释义》，中国城市出版社 2000 年版，第 27 页。

[4] 参见江必新：《中国行政诉讼制度之发展：行政诉讼司法解释解读》，金城出版社 2001 年版，第 33 页。

[5] 参见信春鹰主编：《〈中华人民共和国行政诉讼法〉释义》，法律出版社 2014 年版，第 69 页。

[6] 2014 年《行政诉讼法》第 25 条第 1 款规定："行政行为的相对人以及其他与行政行为有利害关系的公民、法人或者其他组织，有权提起诉讼。"2017 年修正《行政诉讼法》时延续了这一规定。

[7] 参见全国人大常委会法制工作委员会行政法室：《〈中华人民共和国行政诉讼法〉解读与适用》，法律出版社 2015 年版，第 57 页。

[8] 参见信春鹰主编：《〈中华人民共和国行政诉讼法〉释义》，法律出版社 2015 年版，第 69 页。

人的原告资格具有重要意义。不过利害关系和法律上利害关系的立法精神是一致的，[1]其指的仍是法律上的利害关系，且案件审理时《执行解释》（2000）仍然有效，所以相邻权人原告资格的构成要件在2014年修改《行政诉讼法》前后并无实质变化。

2. 实际影响标准：是否侵犯相邻权的判断方式

在本案中，一审法院审查认定相邻权未被侵犯依托的是规划许可范围标准和实际影响标准。一方面原告的小区不在原昆山市规划局颁发的规划许可区域范围内，不能说明其在地理位置上受到实际影响，另一方面原告无法证明房屋存在经济贬值，且这种贬值与规划许可认定建设房屋直接相关。出于这两点考虑，其利害关系未得到证明。但这一判断还存在瑕疵，因为即使原告小区与规划许可证的涵摄范围不吻合，但出于相邻关系小区依旧有权利受损的可能性，且相邻关系保护的本身就是与涉案地域地理临近但不完全吻合的相关人利益，所以这一观点逻辑难以自洽。对于相邻环境权是否受到侵害，审查的逻辑是这种环境受损能否通过直接的经济损失来证明。如果能证明房屋贬值是因为环境遭到破坏，则证明其具有利害关系，显然原告的理由未能证明房屋在颁发规划许可后有明显贬值，所以不具有原告资格。而二审法院的判断则出于河流的存在而否认其具有相邻关系，这条宽50米的河道使得相邻变为地理阻断物，将相邻的直接权益转化为间接权益，因为不能有更充分的理由证明其具有原告资格。

对于是否侵犯相邻权，根据公报案例"念泗三村28幢居民35人诉扬州市规划局行政许可行为侵权案"[2]的认定标准，如果许可建设的建筑项目符合有关建筑管理的技术规范，则没有侵犯原告的相邻权。城乡规划许可所必须依据的各种技术标准和规范，是对各方利益主体的权益兼顾后固化的准则。所以行政许可是否严格依据技术标准进行审批，是当前司法裁判中采用的认定相邻权受到侵犯的标准，在规划许可满足相关规范和技术标准时认定行政行为合法。如果规划许可对相邻权形成了限制，当这种限制满足在一定规范的范围之内时，则认为这种限制并不侵犯相邻权，相邻权人负有忍

---

〔1〕 参见最高人民法院行政审判庭编著：《最高人民法院行政诉讼法司法解释理解与适用》，人民法院出版社2018年版。

〔2〕 参见《最高人民法院公报》2004年第11期。

受义务。在相邻关系中，一方不动产权利人权利的扩张，意味着另一方不动产权利人权利的使用与享受的限缩。权利扩张或限缩的"度"均止于容忍义务，容忍义务是相邻权扩张与限制的基点。有学者认为，我国物权法规定了不可量物侵扰制度，但对容忍义务没有规定。[1]容忍义务是确定不动产权利人之间权利限制与扩展的重要依据，也是解决权利冲突的法律工具。因此，把握了容忍义务这一概念的精神实质，也就掌握了审理此类案件的核心。

（三）保护规范理论引入相邻权人原告资格认定

德国法中的"邻人保护"（Nachbarschutz），是保护规范理论适用的最重要场域。但其在我国是否适用是学界一直争论的问题。最高人民法院案例"关卯春等诉浙江省住房和城乡建设厅等复议案"也是将保护规范理论引入规划许可侵犯相邻权人利益案件的典型。法院主要通过三个方面的逻辑证成，首先，利害关系限于法律上的利害关系。如果根据法律法规的规定或者立法精神，行政机关履行职责的目的是维护社会秩序或者行政管理秩序，保护公共利益或者不特定利害关系人的合法权益，特定公民仅因此存在反射利益的，则与该履行职责行为不具有利害关系而不具有原告资格。其次，利害关系一般仅指公法上的利害关系。只有主观公权利即公法领域权利和利益受到行政行为影响、存在受到损害可能性的当事人才与行政行为具有法律上利害关系，才形成行政法上权利义务关系。最后，行政行为减损的权益必须是法律规范保护的权益。将法律规范保护的权益与请求权基础相结合，即以行政机关作出行政行为时所依据的行政实体法和所适用的行政实体法律规范体系，是否要求行政机关考虑、尊重和保护原告诉请保护的权利或法律上的利益，作为判断是否存在公法上利害关系的重要标准。

在德国，保护规范理论是关于原告资格的主流学说。《德意志联邦共和国基本法》第19条第4款规定，"任何一个主观权利遭受公权力侵害的公民都可以诉诸法律途径（司法途径）"。[2]主观公权利是公法赋予个人为实现其

---

〔1〕 类似观点参见许剑飞："浅议不可量物侵害"，载《广西政法管理干部学院学报》2007年第9期；汤大好："相邻不可量物侵害之受害人容忍义务比较法研究"，载《太原师范学院学报（社会科学版）》2008年第3期。

〔2〕 参见［德］哈特穆特·毛雷尔：《行政法学总论》，高家伟译，法律出版社2000年版，第153页。

权益而要求国家为或者不为特定行为的权能。[1]其条件有二：一是存在规定行政机关应当为特定行为的法律；[2]二是该法律至少也以保护个人利益为目的。[3]保护规范理论是分析法律规范中主观公权利构成的解释规则或解释方法的总称，强调循序渐进的解释准则：首先，规定行政义务的法律明确规定主观公权利时则得到肯定。其次，当规定行政义务的法律是否规定个人保护目的不明确时则需要进行法律解释。最后，在进行法律解释判断有无个人保护目的时，不仅要依据规定行政义务的法律，还要考虑与该义务相关的整个规范体系和整体制度环境。[4]

保护规范理论的引入是相邻权案件审查思路发生转变的分水岭，在此之前法院采取的是"有影响即有利害关系"与"合法即不侵权"的审查思路，但这一思路依旧难以提供确切有效的裁判思维，使得相邻权案件的审查存在较大的不确定性。保护规范引入我国司法实践，目的是通过这一思路增加原告资格判断的可操作性，从而为此类案件提供新的处理视角。不过究竟是否如愿还是值得商榷的，因为在大量适用保护规范理论审理相邻权人原告资格的案件涌出，其审理结果多数为对原告资格的限制，究竟是增加了灵活性和裁判依据，还是使得原本就游移不定的司法裁判更加缺乏个性，仍需要在实践中不断探索。如在本案一审中提到"只有当起诉人诉请保护的权益，恰好落入行政机关作出行政行为时所依据的行政实体法律规范的保护范围时，起诉人的原告主体资格才被承认"，以保护规范理论作为利害关系的判断思路，但在结合本案进行论述时，提到"首先，潘自杰等人未能证明其房价贬值，同时也未能证实系原昆山市规划局的行政许可行为致使潘自杰等人房价贬值；其次，潘自杰等人也未证实原昆山市规划局在作出涉案行政行为时应当考虑潘自杰等人的经济利益；再次，从潘自杰等人的房屋

---

〔1〕 参见［德］哈特穆特·毛雷尔：《行政法学总论》，高家伟译，法律出版社2000年版，第152页。

〔2〕 需要说明的是，上述"法律"指的是立法机关制定的法律，行政规则、法规命令和政策声明不足以设定权利。参见［德］汉斯·J.沃尔夫等：《行政法》（第1卷），商务印书馆2003年版，第508页。

〔3〕 参见［德］哈特穆特·毛雷尔：《行政法学总论》，高家伟译，法律出版社2000年版，第155页；［德］弗里德赫尔穆·胡芬：《行政诉讼法》，莫光华译，法律出版社2003年版，第252页。

〔4〕 参见鲁鹏宇："德国公权理论评介"，载《法制与社会发展》2010年第5期。

来看，其不在原昆山市规划局颁发的涉案建设用地规划许可证范围内"，这些论证理由显然并不能与其采取的裁判依据相吻合，而是运用了传统的"利害关系"标准进行案件要件分析。这种现象在保护规范理论的本土化过程中并不是特例，通过梳理发现运用保护规范理论审理规划许可侵犯相邻权人的案件中，除了通过三层次对保护规范理论进行运用外，还有较多的案例[1]同本案一审一样援引保护规范理论，但主要还是以"实际影响"审理思路进行说理。

对于保护规范理论的本土化适用，还存在较多需要解决的问题。首先，如果要讨论保护规范理论在我国行政诉讼中的引入，前提是论证我国行政诉讼是一种主观诉讼，而对于主观诉讼功能定位尚需要更充分的论证。[2]其次，无法将个人在我国公法中的地位限定为仅仅能够基于个人主观公权受损才能提起诉讼之被动、消极角色，相反这种积极能动的法权地位，与保护规范理论背后蕴含的个人主义、主观主义立场存在不一致性。[3]同时保护规范理论的适用可能造成司法保护范围的限缩，这与我国解决"立案难"的政策导向并不一致，由于其在与具体案件要件结合时具有不确定性，大量的相邻权案件原告资格难以得到认定。最后，保护规范理论适用所要求的基本权利的辐射效力、敏感于权利保障的法解释技术、高强度的司法审查标准。[4]如果法官受限于解释能力，会导致保护规范理论在本土化运用过程中产生模式化的缺陷，这在一定程度上将与其引入的初衷相背离。

三、城市空间分配中的行政第三人保护

行政第三人是区分于行政主体、行政相对人的第三方主体，当行政主体在作出行政行为时，主观上并没有指向行政第三人的目的，但该行为在客观结果上却影响行政第三人的利益。在规划许可侵犯相邻权人的案例中，对于权利

---

〔1〕 参见辽宁省高级人民法院（2019）辽行终114号；江苏省南京市中级人民法院（2019）苏01行终263号；江苏省南京市中级人民法院（2019）苏01行终271号；江苏省南京市中级人民法院（2019）苏01行终251号。

〔2〕 参见成协中："保护规范理论适用批判论"，载《中外法学》2020第1期。

〔3〕 参见成协中："保护规范理论适用批判论"，载《中外法学》2020第1期。

〔4〕 参见成协中："保护规范理论适用批判论"，载《中外法学》2020第1期。

人在这种法律关系中具有什么样的法律地位，一种观点认为房地产开发公司是直接相对人，它是行政主体行政许可的直接对象，其权益受行政许可的直接影响。相邻建筑权利人是间接相对人，所以其权益受行政许可的间接影响。另一种观点把相邻建筑权利人看作是行政许可中的行政第三人，即行政行为所直接针对的对象以外的其权利和义务受到行政行为影响的社会主体。[1]在本案当中，原昆山市规划局为长泰公司某住宅楼颁发建设工程规划许可证，但相邻近的锦溪镇御湖花园业主潘自杰等人认为这一建筑一旦建成，将对其环境权产生影响。笔者认为按照第二种观点理解更恰当，这些相邻权人正是请求获得权利救济的行政第三人。利害关系标准使得一部分有正当权益的第三人也可以通过诉讼方式使自己的权利得到救济，在立法上表述为"其他与行政行为有利害关系的公民、法人或者其他组织"。社会契约论者认为，人生是自由和平等的，但在自然状态下却难以维护，唯有通过让渡自己的一部分权利的方式，组成社会和国家，才能保障自然人的自由和平等，而公民进入社会就是为了使自己的权利得到更好的保护。[2]在这类规划许可案件中，需要处理好行政机关、开发商和邻近居民三者的关系，体现了对于城市空间的公平分配问题。

值得注意的是，根据行政行为的第三人效力制度和理论，行政机关在作出规划许可行政行为时需要对公共利益予以权衡，如果出于有利于他人利益的考虑缩减某些利益时，这种缩减应当是在社会义务的范围内，同时限缩的目的也应在于服务社会公共福祉。[3]规划许可作为城市公共空间进行分配的手段，影响到市民的切身利益，行政机关在作出此类规划时需要参照相关标准，考虑各方适当利益再做决断。在规划许可作出程序上，要将规划草案公开，同时鼓励专家与公众参与，听取利害关系人意见。[4]对于规划许可的内容应结合相应的技术标准等进行统筹，吸纳多元利益主体从而形成规划的合

〔1〕 参见杨山林："《行政许可法》视野下的采光权保护"，载《韶关学院学报》2008第4期。
〔2〕 参见周佑勇、何渊："论行政第三人"，载《湘潭工学院学报（社会科学版）》2001年第2期。
〔3〕 参见陈越峰："城市空间利益的正当分配——从规划行政许可侵犯相邻权益案切入"，载《法学研究》2015年第1期。
〔4〕 参见朱芒："论我国目前公众参与的制度空间——以城市规划听证会为对象的粗略分析"，载《中国法学》2004年第3期。

作决策和权力分享机制。[1]

从目前的相关案件来看，行政规划许可造成相邻建筑权利侵害的原因复杂。首先，行政机关存在违法许可行为，由于规划许可审查不严，在方案审批时对建筑物高度、周边环境等综合因素考虑不足，因而在核发《建设工程规划许可证》时会对相邻建筑的利益造成影响。其次，行政机关实施行政许可后监管不到位，造成建设单位违反《建设工程规划许可证》的批准内容。最后，因为规划技术条件所限，对于以间距等衡量标准虽然考虑到了房屋利益与环境的相关性，但这很难概括房屋的各种排列方式产生的结果，从一定角度看相邻权的界限难以通过量化的指标进行衡量，这也是造成相邻权纠纷难以审理的重要原因。在解决相关问题时权利人倾向于司法救济，然而城市规划有着较强的技术性和高度的政策性，司法审查的作用有其限度，所以法院处理事后形成的争议，在政策形成方面存在劣势。同时在本案中，一审法官认为公民个人尚没有提起环境公益诉讼的原告资格，隐含了这种转化为环境权益的相邻权是否有私人进行救济的必要性。如何将利害关系第三人诉讼同公益诉讼作区分，如何将公共利益与个人利益作区分，如何将所有权与容忍义务的边界作区分，都是规划许可侵犯相邻权案件中的一个重要的问题。

【后续影响及借鉴意义】

城市化和城市土地上多元权益结构的形成，使得城市空间利益分配问题不断涌出。私法上相邻关系规则已不足以应对纷繁复杂的纠纷，行政法的第三人效力制度和理论拓展出利害关系人的行政诉讼，为争议的解决提供新的思路。本案也只是此类公法相邻权案件的一个缩影，行政规划许可行为作为城市公共空间进行分配的手段，在对相对人发生行政法律关系的同时也影响着相邻权人的利益。

相邻关系的特殊性在于其处在公共利益和私人利益的交界点上，同时一方不动产权利人权利的扩张，意味着另一方不动产权利人权利的使用与享受的限缩，容忍义务是相邻权扩张与限制的基点。容忍义务的界限问题始终在

---

〔1〕 参见陈越峰："城市空间利益的正当分配——从规划行政许可侵犯相邻权益案切入"，载《法学研究》2015年第1期。

学界存在争议，在行政案件中则突出表现为对于相邻权是否受到侵害的判定以及相邻权人原告资格的认定问题。规划许可侵犯相邻权类案件是行政审判的常见领域，从公报案例来看只有"念泗三村 28 幢居民 35 人诉扬州市规划局行政许可行为侵权案"[1]一案作为示范。相邻权案例层出不穷却缺乏一致的思路和统一的审查标准，值得在研究中赋予更多的关注。

对于将保护规范理论引入相邻权人原告资格认定，我国法院做了很多尝试，一些观点认为以实体法规范为依据确定主观公权利，极大地提高了法律实践的客观性和确定性并赋予"行政诉权"以严格的权利性。[2]从此类案例中可以看出通过保护规范理论对相邻权人原告资格进行论述提供了新的视角和思路，但保护规范理论是德国"邻人诉讼"的主要场域，其本土化过程中必然会面临许多需要解决的问题以避免过度移植。对此学界展开激烈争论，例如，保护规范理论与我国行政诉讼功能定位能否契合、其背后蕴含的个人主义立场能否在我国找到理论根基[3]、法解释技术和司法审查标准[4]等问题，都是本土化过程中水土不服的表现。回到本案当中，一审法院运用了保护规范理论的审查思路，但在与案件要件结合时则侧重于实际影响的标准来判定相邻权人不具有利害关系，这反映出对于如何适用这一理论还需要配合以解释技术和现实基础，而在相邻权判定无法量化的前提下法官始终会有较大的自由裁量空间，影响着判决的结果导向。

以往的相邻权案件参照公报案例，采用"行政义务遵守"的审查标准，形成了"合法即不侵权"的论证思路。[5]借助于技术性分析来审查是否相邻权侵犯具有可操作性，而在无法获取技术标准的背景下则需要衡量相邻权人是否在实际影响范围之内，以此来最大限度地保护相邻权人的利益。

（指导教师：成协中　中国政法大学法学院教授）

---

[1] 参见《最高人民法院公报》2004 年第 11 期。

[2] 参见王天华："有理由排斥保护规范理论吗？"，载《行政法学研究》2020 年第 2 期。

[3] 参见成协中："保护规范理论适用批判论"，载《中外法学》2020 第 1 期。

[4] 参见成协中："保护规范理论适用批判论"，载《中外法学》2020 第 1 期。

[5] 参见陈越峰："公报案例对下级法院同类案件判决的客观影响——以规划行政许可侵犯相邻权争议案件为考察对象"，载《中国法学》2011 年第 5 期。

行政处罚案件利害关系人原告资格认定与合法性审查

——山东壮壮嘉吉肥业有限公司诉新泰市工商行政管理局行政处罚案

王成栋　覃宇婷 *

【案例名称】

山东壮壮嘉吉肥业有限公司诉新泰市工商行政管理局行政处罚案 [山东省泰安市中级人民法院（2015）泰行终字第 12 号]

【关键词】

产品质量　行政处罚　原告资格　合法性审查　正当程序

【基本案情】

2011 年 3 月 1 日，第三人安英华从原告山东壮壮嘉吉肥业有限公司（以下简称壮壮公司）购进 10 吨"壮壮"牌含氯复混肥后直接销售给第三人陈学亭。2011 年 11 月 7 日，第三人陈学亭、王功华向被告新泰市工商行政管理局投诉，称该批化肥有质量问题，用于种植土豆后，导致减产。王功华系山东省新泰市瑞丰肥业有限公司（以下简称瑞丰公司）法定代表人、总经理。同月 14 日，被告工作人员与被告委托的泰安天正检测中心有限公司工作人员，在未通知原告和安英华到场，只有当事人王功华在场的情况下，在新泰市泉沟镇，对注明当事人为瑞丰公司，标称生产者为壮壮公司，标称商标为"壮

---

* 王成栋，中国政法大学法学院教授；覃宇婷，中国政法大学法学院宪法学与行政法学专业 2018 级硕士研究生。

壮"，陈学亭、王功华所称使用后剩余的 18 袋复混肥料进行抽样取证。同月 15 日，泰安天正检测中心有限公司出具了注明瑞丰公司为"样品经销单位"的（2011）TZH111401 号检验报告。同月 21 日，泰安天正检测中心有限公司又出具了注明瑞丰公司为"样品使用单位"的（2011）TZGH111401 号检验报告。两份检验报告的检验结论均为不合格（氮磷钾总养分的技术要求：≥45%；检验结果：42%）。

2012 年 4 月 26 日，被告在没有告知原告事实、理由和依据，亦没有听取原告的陈述、申辩意见的情况下，作出《行政处罚决定书》（以下简称《处罚决定》）："当事人：安英华……擅自销售不合格的由壮壮公司生产的'壮壮'牌复合肥料，其行为违反了产品质量法第 39 条……的规定，属于以不合格产品冒充合格产品的违法行为，依据产品质量法第 50 条……的规定，决定对当事人的违法行为作如下处罚：一、责令立即停止销售；二、罚款贰万元……"。

2012 年 5 月 17 日，被告收到注明缴款人为安英华的罚款 2 万元。被告称，该罚款系原告公司王某经理代替安英华缴纳，但原告予以否认。安英华亦否认该罚款系自己缴纳。

另查明，2012 年 11 月 23 日，新泰市人民法院对瑞丰公司诉壮壮公司、安英华等人产品责任纠纷一案作出民事判决：壮壮公司赔偿瑞丰公司土豆减产损失 35 万元；安英华承担连带赔偿责任。宣判后，壮壮公司不服，向山东省泰安市中级人民法院提起上诉。2013 年 3 月 20 日，山东省泰安市中级人民法院作出民事裁定，以原告已经"对本案涉及的行政处罚决定提起行政诉讼，该行政诉讼……尚未审结……本案必须以该行政诉讼的审理结果为依据"为由，裁定中止诉讼。

一审法院经审理后认为，该案的争议焦点集中于三个方面：首先，原告是否具备提起本案诉讼的主体资格；其次，被告作出《处罚决定》，认定安英华销售不合格的原告生产的化肥的事实是否清楚、证据是否充分；最后，被告作出《处罚决定》，认定安英华销售不合格的原告生产的化肥的程序是否合法。

法院结合 1989 年《行政诉讼法》第 2 条、第 41 条，以及《执行解释》（2000）第 12 条、《工商行政管理机关行政处罚程序规定》（以下简称《工商处罚程序规定》）的第 30 条规定认为，行政机关以销售者销售不合格产品为由对其实施行政处罚时，如果在处罚决定中作出了该不合格产品系某生产者生产的认定，则该生产者与《处罚决定》具有法律上的利害关系，具备对该处罚行为提起行政诉讼的原告主体资格。行政机关作出的行政行为应当事实清楚、证据确凿，符合法定程序，而被告作出《处罚决定》，认定安英华销售不合格的原告生产的化肥的主要证据不足、违反法定程序。

据此，依照 1989 年《行政诉讼法》第 54 条第 2 项的规定，判决撤销被告新泰市工商行政管理局作出的新工商处字（2012）2102 号《行政处罚决定书》。第三人陈学亭、王功华不服，提起上诉，认为：（1）被上诉人壮壮公司无诉讼主体资格。（2）被上诉人的起诉超过起诉期限。（3）《处罚决定》合法正确，程序也合法，《处罚决定》没有义务送达被上诉人。（4）《处罚决定》是依据 2011 年 11 月 21 日泰安市天正检测中心有限公司作出的检验报告，截至 2011 年 12 月 13 日安英华并未对此检验报告提出异议。

下图为笔者根据案情绘制的关系图，以便清晰、直观地了解案情。

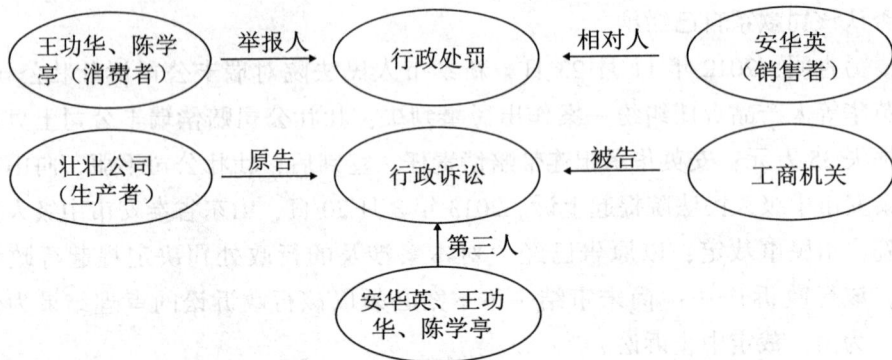

本案涉及的法律规范条文：

1989 年《行政诉讼法》第 2 条规定："公民、法人或者其他组织认为行政机关和行政机关工作人员的行政行为侵犯其合法权益，有权依照本法向人民法院提起诉讼。"

1989 年《行政诉讼法》第 41 条第 1 项规定："提起诉讼应当符合下列条件：（1）原告是认为具体行政行为侵犯其合法权益的公民、法人或者其他组织；……"

《执行解释》（2000）第 12 条规定："与具体行政行为有法律上利害关系的公民、法人或者其他组织对该行为不服的，可以依法提起行政诉讼。"

2014 年《行政诉讼法》第 25 条第 1 款规定："行政行为的相对人以及其他与行政行为有利害关系的公民、法人或者其他组织，有权提起诉讼。"

《工商处罚程序规定》第 30 条第 1 款规定："工商行政管理机关抽样取证时，应当有当事人在场，办案人员应当制作抽样记录，对样品加贴封条，开具物品清单，由办案人员和当事人在封条和相关记录上签名或者盖章。"

《最高人民法院关于行政诉讼证据若干问题的规定》第 57 条第 1 项规定："下列证据材料不能作为定案依据：（1）严重违反法定程序收集的证据材料……"

【裁判要旨】

工商机关在对销售者销售不合格产品行为实施行政处罚时，如果在处罚决定中作出了不合格产品系某生产者生产的认定，则该生产者与处罚决定具有利害关系，具备对处罚决定提起撤销诉讼的原告主体资格。工商机关在未通知当事人到场的情况下抽样取证，由此而作出的检验报告属于严重违反法定程序收集的证据材料，依法不能作为定案依据。行政机关实施行政行为，可能影响公民、法人和其他组织合法权益的，除法定情形外，应当书面告知事实、理由、依据、陈述权、申辩权，否则，即属违反法定程序。[1]

【裁判理由与论证】

山东省泰安市中级人民法院经二审，不仅确认了一审法院所查明的事实，还认为原审判决认定事实清楚，适用法律、法规正确，依法应予维持。

在判决理由部分，山东省泰安市中级人民法院总结了本案的审理重点，并对上诉人的上诉理由进行了回应，即壮壮公司是否具有原告主体资格，以及《处罚决定》认定事实是否清楚、证据是否充分，程序是否合法。

---

〔1〕 参见刘万金："利害关系人对处罚决定享有撤销请求权"，载《人民司法》2015 年第 16 期。

一、壮壮公司是否具有原告资格

根据 1989 年《行政诉讼法》第 2 条、第 41 条以及《执行解释》（2000）第 12 条之规定，一审法院指出，如果公民、法人或者其他组织主张的是其合法权益，且其与被诉行政行为具有法律上的利害关系，则该公民、法人或者其他组织具有提起行政诉讼的原告资格。

在审查该案一审原告是否具有原告主体资格时，二审法院肯定了一审法院的裁判理由，认为："一审被告新泰市工商行政管理局作出被诉具体行政行为时，仅针对安英华本人送达了《处罚决定》并告知其诉权和起诉期限，被上诉人壮壮公司既不是被诉具体行政行为的行政相对人，也不是《处罚决定》的受送达人，但《处罚决定》作为证据被《民事判决》采纳，并作出了对壮壮公司不利的判决，因此壮壮公司是与被诉处罚决定具有法律上利害关系的法人，被上诉人具有提起本案诉讼的主体资格。"

二、被诉处罚决定是否合法

（一）证据是否充分

《工商处罚程序规定》第 30 条规定："工商行政管理机关抽样取证时，应当有当事人在场，办案人员应当制作抽样记录，对样品加贴封条，开具物品清单，由办案人员和当事人在封条和相关记录上签名或者盖章。"一审法院认为，所谓的"当事人"，是指行政机关认定涉嫌存在违法行为的行政相对人，而不是投诉人或者受害人。就该案而言，安华英作为产品销售者是行政处罚的相对人，属于该案当事人，行政机关虽在消费者处抽查，但也应当通知其到场确认所抽样取证的产品系其生产，并且见证抽样取证程序的合法性。

二审法院同意一审法院判决对证据的认证意见及据此确认的案件事实，认为："一审被告在组织抽检时，一审第三人安英华未到场，一审被告和上诉人虽主张多次电话通知安英华，但均无有效证据证实，且一审第三人安英华予以否认，抽检结果对一审第三人安英华是否将受处罚有重大影响，一审被告未以合理的形式提前告知其具体的时间、地点、参加人员以及享有的权利和义务等事项，违反了正当程序原则，故一审被告的抽检程序违法。"抽检后作出的检验报告属于严重违反法定程序收集的证据材料，不能作为定案依据。因此，被告作出《处罚决定》，认定安英华销售不合格的原告生产的化肥的主要证据不足。

（二）处罚程序是否合法

二审法院认为，行政处罚应当遵循正当程序原则，即行政主体在作出不利于相对人的处理决定之前，应当告知其据以作出决定的事实、理由和依据，并且充分听取其陈述、申辩意见。

在审查该案行政处罚程序是否合法时，二审法院认为："因被诉处罚决定认定了被检测的肥料是由被上诉人壮壮公司生产的并且该肥料不合格，故一审被告在其处理程序中亦应通知被上诉人壮壮公司参与，告知其陈述、申辩的权利并听取意见，一审被告在全部处罚程序中均未通知被上诉人参与，不符合正当程序原则的要求，程序违法。"

综上，二审法院认定上诉人的上诉理由不能成立，原审判决应予维持。

【涉及的重要理论问题】

在商品经济日渐发达的背景下，近年来频繁出现产品、服务质量问题，产品质量纠纷已成为行政机关工作中常见的纠纷类型。消费者、打假人等向行政机关投诉、举报的案件数量日益增多，因此如何厘清各主体间的关联关系、如何调和多方主体的利益诉求等问题都需要行政机关、法院加以关注，这其中涉及原告资格的认定以及行政行为合法性审查等核心问题。

在本案中，一审法院和二审法院首先对原告资格进行审查，通过判断壮壮公司与被诉行政处罚具有法律上的利害关系，认定其具有原告主体资格。其次通过合法性审查，认为行政处罚的主要证据不足且程序违法，应予撤销。对该案所涉及的重要理论问题也就主要从这两大方面着手。

一、行政诉讼原告资格的认定

（一）行政诉讼原告资格制度的发展

行政诉讼原告资格是指"公民、法人或者其他组织就行政争议所具有的向法院提起行政诉讼从而成为行政诉讼原告的法律能力"。〔1〕原告资格作为一种法律能力，直接决定了行政诉讼的提起和推进。原告资格的存在具有限制功能，它可以限制那些并无诉的利益而可能滥用司法资源和行政资源的原告进入诉讼。但与此同时，原告资格还是立法在众多利益中选择所保护利益的一种分配机制。〔2〕

由于扩大行政诉讼原告资格是贯彻制约行政权力、扩展公民权益理念的重要方式，各国均早已开始了这一扩展征程。从我国行政诉讼原告资格标准的发展历程看，主要经历了从直接利害关系到合法权益标准，再到法律上利害关系人，最后到利害关系人标准。回溯过去近 40 年的行政法史，行政诉讼原告资格大致经历如下几个发展阶段。

（1）直接利害关系标准。行政案件原告资格最先是在民事程序法中作出规定。在 1989 年《行政诉讼法》施行之前，我国主要通过民事诉讼渠道来保障公民、法人或者其他组织的公权利。1982 年《中华人民共和国民事诉讼法（试行）》第 3 条第 2 款规定："法律规定由人民法院审理的行政案件，适用本法规定。"第 81 条第 1 项规定，"原告是与本案有直接利害关系的个人、企业事业单位、机关、团体"。也就是说，该法采用"直接利害关系"的标准来确定原告资格，并且该标准同时适用于民事诉讼原告资格与行政诉讼原告资格，这为法院审理行政案件提供了诉讼法的依据和标准。〔3〕

（2）合法权益标准。《行政诉讼法》的颁布施行使得行政诉讼制度得以正式确立，这在我国行政法学史上意义巨大，原告资格的认定标准也正式变更为"合法权益标准"。1989 年《行政诉讼法》第 41 条第 1 项规定，"原告是认为具体行政行为侵犯其合法权益的公民、法人或者其他组织"。结合关于受案范围的规定，这里"认为"自己的合法权益受到具体行政行为侵犯的公民、法人或者其他组织主要限定在行政相对人范畴。〔4〕与之前更加注重行政

---

〔1〕 江必新、邵长茂：《新行政诉讼法修改条文理解与适用》，中国法制出版社 2015 年版，第 84 页。

〔2〕 参见应松年：《行政法与行政诉讼法学》，法律出版社 2009 年版，第 480 页。

〔3〕 参见章剑生："行政诉讼原告资格中'利害关系'的判断结构"，载《中国法学》2019 年第 4 期。

〔4〕 参见程啸："行政法上请求权与行政诉讼原告资格判定"，载《法律适用》2018 年第 11 期。

效率的"直接利害关系标准"相比，"合法权益标准"更加注重维护公民的合法权益，但是合法权益过于笼统、模糊，哪些权益属于合法权益，立法未予以明确，主观性强，导致司法实践中法院的做法不一。

（3）法律上利害关系标准。由于"合法权益标准"存在诸多问题，显然无法适应控制行政权的不作为和滥用的要求，为了满足司法实践的需要，《执行解释》（2000）第12条规定："与具体行政行为有法律上利害关系的公民、法人或者其他组织对该行为不服的，可以依法提起行政诉讼。"该司法解释将"合法权益标准"扩大为"法律上的利害关系标准"，解决了以往司法实践中将具有原告资格的人仅限于具体行政行为所直接针对的对象这一问题，拓宽了原告资格的范围，能维护利害关系人的合法权益，将我国行政诉讼原告资格的认定理论从过去的"相对人原告资格论"转变为"利害关系人资格论"。[1]

（4）利害关系标准。《行政诉讼法》第25条第1款规定："行政行为的相对人以及其他与行政行为有利害关系的公民、法人或者其他组织，有权提起诉讼。"这一规定是行政诉讼原告资格判断标准从"法律上的利害关系"转向了"利害关系"的标志。之所以作这样的调整，是因为不同的人对"法律上利害关系"有不同理解，且为解决适用不一的情形，在客观上可能会限制公民的起诉权利，可能会被解释为行政诉讼原告限于行政相对人。[2]采取"利害关系"作为统一的认定标准，不仅使得我国法律关于"利害关系"标准的规定趋于统一，契合法治发展和权利保障的总趋势，也有助于司法实践根据实际需要。[3]

（二）"利害关系"标准

伴随着我国行政法治的不断进步，行政诉讼界定原告的范围已经跳出了行政相对人的局限，将利害关系人也纳入适格的起诉人范围内，这样就扩大了原告资格的界定范围。对于利害关系的认定，需要在厘清其与合法权益关

---

〔1〕　参见沈福俊："论对我国行政诉讼原告资格制度的认识及其发展"，《华东政法学院学报》2000年第5期。

〔2〕　参见信春鹰主编：《〈中华人民共和国行政诉讼法〉释义》，法律出版社2014年版，第69页。

〔3〕　参见程琥："行政法上请求权与行政诉讼原告资格判定"，载《法律适用》2018年第11期。

系的基础之上，来探讨利害关系标准的构成要件和内涵等内容。

1. 合法权益与利害关系

《行政诉讼法》第 2 条第 1 款规定的"合法权益"与第 25 条第 1 款规定的"利害关系"在法律制度上是何种关系，这是判定行政诉讼原告资格首先应当厘清的问题。应当说，"合法权益"规定在《行政诉讼法》总则部分，总则部分具有统领作用，"利害关系"规定在第 4 章诉讼参加人部分。换言之，"合法权益"是"利害关系"的基础，"利害关系"不过是"合法权益"的具体化，"利害关系"仍然要受到"合法权益"的统领，决不是要以"利害关系"替代"合法权益"。[1]

目前，学术界对于"合法权益"的理解存在较大分歧。[2] 总体而言，"合法权益"是由"合法"与"权益"两部分组成。首先，"合法"意味着这种权益必须是符合法律规定，有明确法律依据，受到法律保护。纳入诉讼保护的权益只能是合法的权益，而不能是非法的权益。当然，这里的法范围极为广泛，包括宪法、法律、行政法规、地方性法规、规章，甚至包括规范性文件等。这里的法可能是公法和私法，也可能是实体法和程序法。其次，"权益"包括权利和利益，而不仅限于权利或者利益。显然，权益的范围要大于权利。权利与利益紧密相连，没有无利益的权利，任何权利的背后都有利益作基础。权利是利益的表现形式和获得利益的手段，而不是利益本身。权利是受法律保护的一种利益，但并不是所有的利益都受法律保护，只有为法律所确定的利益才能被称为权利。

权益中的权利主要是法律权利，尤指是行政法上的权利。对于私法权利，比如公平竞争权、相邻权等，可否获得行政诉讼救济，关键在于这种私法权利能否转化为公法权利。如果是单纯的私法权利，没有行政行为介入和链接，这种私法权利受到侵害只能通过民事诉讼途径得到救济。当行政行为介入私法权利，此时私法权利转化为公法权利，这种公法权利就可以获得行政诉讼救济。实践中除了法律明确规定的权利在受到行政行为侵害时，可以获得行政诉讼救济外，还有大量利益仅规定在法律原则中，并没有具体法律保护条

---

〔1〕 程琥："行政法上请求权与行政诉讼原告资格判定"，载《法律适用》2018 年第 11 期。

〔2〕 王克稳："论行政诉讼中利害关系人的原告资格——以两案为例"，载《行政法学研究》2013 年第 1 期。

款，或者根本就没有被法律纳入保障范围内，对这部分最模糊也最具争议的利益的划分与取舍，是界定利害关系的关键所在。[1]

总则部分的"合法权益"作为一个总的原则，覆盖了行政诉讼的受案范围和原告资格，因此在判断利害关系时，首先要受到"合法权益"原则的统领和约束。

2. "利害关系"标准

《行政诉讼法》第25条第1款规定，"行政行为的相对人以及其他与行政行为有利害关系的公民、法人或者其他组织，有权提起诉讼"。此规定吸纳了司法解释中的"法律上的利害关系"标准，进一步发展为"利害关系"标准，原有"法律上的利害关系"属于"利害关系"的类型之一。依照立法实务人士的见解，之所以舍弃前者而采用后者，是因为在目前法院不愿意受理行政案件的情况下，"法律上利害关系"这一表述可能会引发不同理解，客观上可能会限制公民的起诉权利，不适于解决当前行政诉讼中存在的立案难问题。[2]从中可看出，立法者似乎并不认为"利害关系"与"法律上利害关系"有实质性的区别，只是为了防范法院不适当地限缩解释"法律上利害关系"的意涵，为了扩大原告资格的范围，才对用语进行了推敲和取舍。本质上，两者的解释方向应当是一致的。[3]

自《执行解释》（2000）颁布实施以来，对于"利害关系"的判断观点云集，难有共识。有观点认为"利害关系是指相关人或相关人的合法权益与被诉具体行政行为之间是否存在必然的联系，是否存在法律上的权利、义务关系"。[4]也有观点认为"利害关系实质是利益关系"。[5]对于"利害关系"的构成要件，学界也是仁者见仁，智者见智。主要有以下学说：（1）二要素说，利害关系人存在值得保护的利益；应受保护的利益受到行政行为的侵害，且这种侵害与具体行政行为存在因果关系。（2）三要素说，利害关系人存在

---

〔1〕 参见陈霜："行政诉讼原告法律上的利害关系之界定"，载《知识经济》2008年第3期。

〔2〕 信春鹰主编：《〈中华人民共和国行政诉讼法〉释义》，法律出版社2014年版，第69页。

〔3〕 参见陈鹏："行政诉讼原告资格的多层次构造"，载《中外法学》2017年第5期。

〔4〕 张树义主编：《寻求行政诉讼制度发展的良性循环》，中国政法大学出版社2000年版，第81页。

〔5〕 高新华：《行政诉讼原告论》，中国人民公安大学出版社2006年版，第93页。

法律值得保护的利益；行政机关作出了某种具体行政行为；合法权益受侵害与被诉具体行政行为之间存在因果关系。（4）四要素说，客观上存在利害关系人，包括行政相对人和其他相关人；利害关系人的合法权益受到具体行政行为的侵害；利害关系人对受到侵害的合法权益有所有权；合法权益受侵害与具体行政行为存在法律上的因果关系。[1]虽然各学说存在差异之处，但归结起来，所有的构成要件都蕴含了一个标准：行政相对方所诉求的合法权益与被诉行政行为具有法律上的因果关系。

传统上，实务界在防止滥诉和权利救济间采用稳妥路径，将"利害关系"解释为具体行政行为对起诉人权利义务产生实际影响。[2]近年来，最高人民法院颁布的指导案例和公报案例对原告资格认定标准进行了积极的探索和尝试，[3]最高人民法院在（2017）最高法行申169号行政裁定"刘广明诉张家港市人民政府行政复议案"中对利害关系作主观公权利的理解，并引入源自于德国的保护规范理论以界定起诉人主观公权利的存无，开启了行政诉讼中原告"利害关系"认定的新模式，受到各法院的积极认可，在法学界引发了巨大争议，目前仍处于不断的研究和提炼探索阶段。总之，学术界和实务界都在共同致力于构建一个能够普遍适用、统一的标准来最终应用于实践，但一旦遇到新的案件类型，又会赋予标准新的含义，这实质就是对标准的再定义，如此循环反复。因此，原告资格的认定标准应该是多元的、可调节的，同时需要精细化。

由于"利害关系"的模糊性与司法明确性之间的矛盾，"认定是否具有利害关系又是一个非常复杂的、不好判断的过程"。[4]虽然现今对于"利害关系"尚未形成明确统一的适用模型，但"利害关系"并非漫无边际，需要在实践中根据具体情况作出判断。显然，立法机关用一个粗线条的、不确定的法律概念，将原告资格交由司法机关判断和裁量，又强调"利害关系"不能

---

[1] 参见李晨清："行政诉讼原告资格的利害关系要件分析"，载《行政法学研究》2004年第1期。

[2] 参见江必新、邵长茂：《新行政诉讼法修改条文理解与适用》，中国法制出版社2015年版，第84页。

[3] 参见章剑生："行政诉讼原告资格中'利害关系'的判断结构"，载《中国法学》2019年第4期。

[4] 参见江必新："行政审判中的立案问题研究"，载《法律适用》2018年第3期。

失之过宽而将反射利益纳入进来；并且认为"利害关系"仅是考量判断因素，需要在个案具体分析，只有在具体案件中通过说理方式才能确定是不是具有利害关系。[1]更有学者认为，"夸张地说，对于复杂案件的原告资格问题而言，《行政诉讼法》'利害关系'表述，简直相当于'空白授权'"。[2]概而言之，对于利害关系的判断，需要法院在具体案件中根据个案进行衡量和裁决，以不断探索和扩宽利害关系的适用标准。

具体到本案，利害关系的判断需要法院在个案中予以厘清和阐明，法院在本案中通过认定是否对原告的合法权益产生实际影响，来判断原告是否与被诉行政行为具有利害关系。对于本案，产生了两种相冲突的观点：一种观点是，被告人新泰市工商管理局和第三人陈学亭、王功华认为《处罚决定》最终的结论是罚款2万元，责令停止销售，这个结论在《民事判决》中并没有被引用，《民事判决》中所引用的只是《处罚决定》载明的安英华销售壮壮公司的肥料不合格，但该句话只是对事实的一种陈述，并不是处罚结论，对外不具有强制执行力；且《处罚决定》仅涉及安华英，而未涉及原告壮壮公司，因此并未对原告造成侵害。综上，行政处罚并未对原告的权益产生实际影响，因而壮壮公司不具有原告资格。而另一种观点是，二审法院认为，虽然壮壮公司不是行政处罚的相对人，但属于法律上的利害关系人，因此具有原告资格。进一步而言，本案中法律上的利害关系体现在：《处罚决定》作为证据被《民事判决》采纳，并根据《产品质量法》等相关规定，判决壮壮公司作为化肥的生产者需承担赔偿责任，是作出了对其不利的判决，的确对其合法权益产生了实际影响。《处罚决定》对关于"安英华销售不合格的壮壮公司生产的化肥的表述"虽然不是处理结论，但属于行政机关对案件事实的认定，足以对壮壮公司的合法权益产生实际影响。且《处罚决定》一旦发生法律效力，具有管辖权的行政机关，也足以根据《处罚决定》认定的事实，依法对壮壮公司实施行政处罚。综上，该行政处罚对壮壮公司的合法权益造成侵害、产生实际影响，与壮壮公司存在法律上的利害关系，这属于利害关

〔1〕 参见童卫东："依法治国的助推器——《行政诉讼法》修改的进步和意义"，载《中国法律评论》2014年第4期。

〔2〕 耿宝健："主观公权利与原告主体资格——保护规范理论的中国式表述与运用"，载《行政法学研究》2020年第2期。

系的类型之一，因此壮壮公司具有原告主体资格。

二、行政行为的合法性审查

具体行政行为合法性审查原则是行政诉讼法的基本原则。我国《行政诉讼法》第6条确立了该原则，该条规定，"人民法院审理行政案件，对行政行为是否合法进行审查"。与行政诉讼法其他原则是民事诉讼法、刑事诉讼法共有原则不同，该原则是行政诉讼法所特有的基本原则，指明了人民法院审理行政案件的基本任务，概括了人民法院审理行政案件的基本特点。"可以说行政诉讼的一切活动和程序都是以此为核心进行的，它犹如一根主线贯穿于行政审判的始终。"[1]理论界和实践部门一般均将行政诉讼合法性审查的内容概括为职权依据、法律适用、事实证据、法律程序和执法目的五个方面，本案主要涉及对证据和程序两方面的审查。

（一）证据的审查与认定

就证据而言，本案的行政处罚被认定为主要证据不足，因此需要对证据的审查与认定展开讨论。诉讼以证明为中心，裁判以证据为根据。[2]证据是法律程序的灵魂，离开证据的证明作用，任何精巧的法律程序都将会变得毫无意义。《行政诉讼法》第70条明确规定："行政行为有下列情形之一的，人民法院判决撤销或部分撤销，并可以判决被告重新作出行政行为：（1）主要证据不足的……"这里仅规定了"主要证据不足"情形下适用的判决类型，对何谓"主要证据不足"，如何理解和适用，却没有任何法律规定和司法解释。

行政诉讼中"主要证据不足"，既是相对于证据链上的其他证据而言，也是相对于案件事实而言，更是相对于整个案件的诉讼结果而言的。因此，对主要证据不足及概念的厘清，则是司法审查和判决的前提和基础。行政诉讼中所说的"主要证据"，是指被告向人民法院提供的能够证明被诉具体行政行为合法所必备的证据。原则上，任何一个证据，要成为法院据以认定案件事实的根据，都必须同时具备双重证据资格：一是证明力，也就是在经验上和逻辑上发挥证明作用的能力；二是证据能力，也就是在法律上能够为法院所

---

[1] 杨解君：《行政诉讼法学》，中国方正出版社2002年版，第61页。
[2] 参见龙宗智："'大证据学'的建构及其学理"，载《法学研究》2006年第5期。

接纳的资格和条件。[1]"主要证据"当然也必须具备这双重证据资格。

1. 主要证据不足的认定标准

"主要证据不足"的认定标准，即"主要证据"缺乏到何等程度时，我们方可称之为"主要证据不足"。主要有以下两种认定标准：第一，形式上的认定标准。即从形式上可判断出"主要证据不足"，而无需审查证据的内容。有一种情形可以从形式上进行判断，即经过补充证据和证据排除程序后，没有任何证据可以证明被诉具体行政行为合法。若符合这种形式上的标准，法院即可直接认定为"主要证据不足"。第二，实质上的标准。从待证事实所要求的证明标准这个角度来审视，需要将证据的内容纳入考量。从实质上进行判断有两个标准：一是非一致性标准，即从逻辑上进行推演时，证据链是断裂的或各个证据之间相互矛盾，即现存的证据无法形成完整的、一致的证据链，以致不能证明待证事实；二是非排他性标准，即现存的证据结合起来，并非指向同一目标，案件结论不能够排除其他非法的可能性。若符合这两个标准之一的，法院即可认定为"主要证据不足"。[2]本案中法院通过采用实质上的标准对证据进行审查，认为行政机关提供的证据无法证明抽样行为的合法性，不能指向安华英销售壮壮公司化肥不合格这一结论。

2. 主要证据不足的表现形式

仅仅靠主要证据不足的概念厘清和标准确定还不足以明确认定"主要证据不足"。司法实践中，还可通过具体行政行为"主要证据不足"的表现形式来进行具体认定。"主要证据不足"主要表现为以下几种情形：不尊重客观事实；未到达法律真实的标准；认定的责任主体错误或证据不足；对行为人的责任能力认定有误；作为定案根据的材料被依法排除。[3]本案则属于最后这一情形。

具体到本案，行政机关在对化肥进行抽检时，地点是在举报人即消费者的化肥储存处，抽检结果对安华英是否受处罚有重大影响，行政机关并未通知行政相对人安华英到场，无法保证被抽样品是安华英所销售的化肥，且无

---

〔1〕 参见陈瑞华："关于证据法基本概念的一些思考"，载《中国刑事法杂志》2013年第3期。

〔2〕 参见徐新星："论行政诉讼中'主要证据不足'的认定"，载《成都理工大学学报（社会科学版）》2015年第5期。

〔3〕 参见蔡小雪："如何确认具体行政行为的主要证据不足"，载《法律适用》1997年第1期。

法监督抽样取证程序的合法性，因此违反了《工商处罚程序规定》第30条第1款规定的抽样程序，即"工商行政管理机关抽样取证时，应当有当事人在场。"，抽检后作出的检验报告属于严重违反法定程序收集的证据材料，依照《最高人民法院关于行政诉讼证据若干问题的规定》第57条第1项的规定，不能作为定案依据。因此，法院认为，"综上，根据被告提供的证据，不能证明其抽样取证并检验的化肥系壮壮公司生产和安英华销售，不能证明抽样取证时的化肥质量与销售行为发生时相一致，不能证明抽样取证程序合法，不能证明安英华销售的壮壮公司生产的化肥不合格。被告作出《处罚决定》，认定安英华销售不合格的壮壮公司生产的化肥的主要证据不足"。

（二）对行政处罚程序的审查

1989年《行政诉讼法》将"违反法定程序"作为撤销判决的法定理由之一，标志着以实体法中心主义为传统的我国，开始注重程序的独立价值，重视对行为程序的审查。违反法定程序，是指行政主体在实施行政行为时违反了法定的步骤、方式、顺序和时限。关于违反法定程序的"法"，一直存在不同理解。法定程序的"法"包括法律、法规、规章，学界和实务界大多没有异议，但是否包括行政规范性文件和作为行政法基本原则的正当法律程序原则，则存在不同理解。[1]

正当程序原则起源于英国法中的"自然正义"，发达于美国法所继承的"正当法律程序"。直到经由龚祥瑞和王名扬两位先生的介绍，"正当程序"乃至其思想渊源"自然正义"理论才开始进入我国行政法学界的视野，对于正当程序的研究也在如火如荼地展开，并开始出现在行政法上确立正当程序原则的声音，这已经成为一种普适性的观念，对我国产生了并且正在产生着广泛而深远的影响。[2]

正当程序作为行政法上的一项基本原则，已得到我国理论界的普遍认同。然而理论的发展并不意味着法院在司法审查中可以直接适用正当程序原则判案。违反法定程序中的"法"是否包括正当法律程序原则，在学界和实务界

---

〔1〕 参见张步峰："违反法定程序的诉讼法律后果——评《行政诉讼法修正案（草案）》的'违反法定程序'条款"，载《河北法学》2014年第11期。

〔2〕 参见周佑勇："司法判决对正当程序原则的发展"，载《中国法学》2019年第3期。

都有两种不同的意见。正面意见主张行政机关违背正当程序原则，同样亦应构成程序违法。反面意见则主张我国是大陆法国家，应以成文法的规定作为法律渊源，法律的一般原则虽然很可能会构成学者和实务部门认识和理解某一问题的理论性基础，但不能在司法实践中予以适用来裁判案件。[1]

面对法无明文规定时，法院在司法裁判中适用正当程序原则的正当性难题在所难免，且经常性地面临着审查程度的困境。但是，透过"田永案"[2]"张成银案"[3]等典型个案裁判的观察，可以看到正当程序原则在我国得以不断扩展、内涵不断充实，法官运用正当程序原则的意识不断增强。[4]

具体到本案，一审法院在对行政处罚行为进行合法性审查时，认为行政机关作出的行政处罚违反法定程序，即"根据《全面推进依法行政实施纲要》的要求，'行政机关实施行政管理……应当公开，注意听取公民、法人和其他组织的意见；要严格遵循法定程序，依法保障行政管理相对人、利害关系人的知情权、参与权和救济权'；根据《山东省行政程序规定》第9条的规定，'行政机关实施行政行为，可能影响公民、法人和其他组织合法权益的，除法定情形外，应当书面告知其事实、理由、依据，陈述权、申辩权……'被告在未通知原告参与，未告知原告事实、理由、依据，未听取原告陈述、申辩意见的情况下，作出《处罚决定》，认定安英华销售不合格的原告生产的化肥，违反法定程序"。

而在二审法院的裁判说理中，则认为行政机关违反了正当程序原则而程序违法，并未以"违反正当程序"为由，即"因被诉处罚决定认定了被检测的肥料是由被上诉人壮壮公司生产的并且该肥料不合格，故一审被告在其处理程序中亦应通知被上诉人壮壮公司参与，告知其陈述、申辩的权利并听取意见，一审被告在全部处罚程序中均未通知被上诉人参与，不符合正当程序原则的要求，程序违法。因此，一审被告作出的《处罚决定》程序违法，依法应予撤销"。

---

〔1〕 参见杨伟东："行政程序违法的法律后果及其责任"，载《政法论坛》2005年第4期。

〔2〕 北京市第一中级人民法院（1999）一中行终字第73号，田永诉北京科技大学案。

〔3〕 江苏省高级人民法院（2004）苏行终字第10号，张成银诉徐州市人民政府房屋登记行政复议决定案。

〔4〕 参见何海波："司法判决中的正当程序原则"，载《法学评论》2009年第1期。

由此可看出，一审法院与二审法院在审查行政行为程序时的差别，即一审法院是根据法律之规定认为行政机关违反法定程序，而二审法院则未援引相关法律法规，直接认定行政机关违反正当程序原则而程序违法。因此值得关注的是，在政府规章对行政行为的法定程序有所规定，而并非"法无明文规定"的情形时，法院直接适用正当程序原则认定程序违法是否有不妥之处？这是留给我们的未竟之思。由于本案的审查重点不在于行政处罚行为的程序，或许二审法院在判决时并未过多关注这一问题，对于程序违法的认定一笔带过，未展开充分的说明，因此对于二审法院作出不同裁判理由的具体态度我们不得而知。但可以肯定的是，二审法院对正当程序原则运用于司法审查的肯定性，有运用正当程序原则的意识，"将'正当程序'四字写进判决书中，反映出正当程序原则正在得到整个法律职业共同体的认可，体现了法官对遵循正当程序越来越坚定的意识和信心"。[1]但由于司法审查中正当程序原则的运用仍在不断探索中，这需要法院在审判中加以关注而非一笔带过，这将有助于推动正当程序原则的发展，为其勾勒出一幅日渐清晰的图景。

【后续影响及借鉴意义】

对于原告资格而言，实践中经常讨论的是：对行政机关所作没收不合格商品处罚决定不服的，商品的销售者、供应者、承运者、生产者、原材料提供者是否均有"利害关系"、是否均有原告资格、是否均需要证明存在某项独特的权益被处罚决定侵犯？[2]

本案是处理产品质量纠纷的行政处罚类案件，对于行政机关而言，产品质量纠纷往往存在多个市场主体：生产者、销售者、消费者，有时还会有打假人等，多方主体各自代表着自身不同的利益，由于各方之间利益具有不同程度的关联性，行政机关对产品质量的判断和认定往往会牵涉多个市场主体，且往往一方的行为又是极易发生矛盾和冲突的。当发生矛盾和冲突时，出于维护自身利益的需要，各方均存在作于己有利的虚假陈述的可能。因此，行政机关在查处产品质量违法行为时，在作出行政行为时要充分考虑市场主体

---

〔1〕 王玎："行政程序违法的司法审查标准"，载《华东政法大学学报》2016年第5期。

〔2〕 参见耿宝建："主观公权利与原告主体资格——保护规范理论的中国式表述与运用"，载《行政法学研究》2020年第2期。

间的联系，应当考虑到各方当事人之间的矛盾和冲突，从而充分听取各方当
事人的陈述、申辩意见，客观、全面地调查、收集证据。不能像本案仅仅根
据销售者的指认，以销售者"最清楚其产品的来源"为由认定产品生产者，
在没有作为相对人的销售者参与的情况下开展产品质量抽检，且没有通知生
产者参与行政处罚作出程序的全过程，从而导致了行政处罚行为的违法和被
撤销。对于法院而言，各市场主体之间的关联性未必导致了行政诉讼上的
"利害关系"，这需要法院在个案中结合案情来判断"利害关系"，以不断积
累和扩大"利害关系"的适用标准。

保护规范理论作为行政诉讼原告资格的判定标准
——关卯春等诉浙江省住房和城乡建设厅等行政复议纠纷案

楚天舒 *

【案例名称】

关卯春等诉浙江省住房和城乡建设厅等行政复议纠纷案［最高人民法院
（2017）最高法行申 4361 号］

【关键词】

环境权益　原告主体资格　保护规范理论

【基本案情】

关卯春等 193 人是建德市梅城镇姜山村、中山村村民，一直居住在秋家
坞附近。2012 年，政府对杭州市第二工业固废处置中心项目这一存在巨大环
境风险的建设项目进行重新选址，从原建德市大洋镇泥家湾迁移至距离关卯
春等人住宅不超过 2.5 公里的梅城镇秋家坞地块。项目即将投入运营，却没
有对关卯春等附近村民房屋实施征收的计划，关卯春等人感到生命安全遭受
严重威胁。为核实上述建设项目合法性，关卯春等人通过申请政府信息公开，
于 2016 年 6 月 10 日获取浙规选字第［2014］010 号《建设项目选址意见书》
（以下简称《选址意见书》）。关卯春等人认为，浙江省住房和城乡建设厅核
发该《选址意见书》的行为在程序和实体上均违法，因此于 2016 年 6 月 21

---

* 楚天舒，中国政法大学宪法学与行政法学专业 2018 级硕士研究生。

日向中华人民共和国住房和城乡建设部申请行政复议，并于2016年9月24日收到建复决字［2016］131号《行政复议决定书》。关卯春等人因对复议决定不服而提起行政诉讼，依法将复议机关列为共同被告，请求法院撤销浙江省住房和城乡建设厅作出的浙规选字第［2014］010号《选址意见书》及中华人民共和国住房和城乡建设部作出的建复决字［2016］131号《行政复议决定书》。

一审法院认为，《中华人民共和国城乡规划法》（以下简称《城乡规划法》）第36条规定："按照国家规定需要有关部门批准或者核准的建设项目，以划拨方式提供国有土地使用权的，建设单位在报送有关部门批准或者核准前，应当向城乡规划主管部门申请核发选址意见书。前款规定以外的建设项目不需要申请选址意见书。"据此，选址意见书是建设项目报送有关部门批准、核准前，城乡规划主管部门对建设项目的选址情况出具的意见，作为有关部门批准、核准建设项目的决策参考，并不直接决定建设项目的实施与否，对项目实施涉及的房屋、土地权利及原告主张的环境利益均不产生实际影响。关卯春等主张的环境利益，应由环保部门在对建设项目环境影响报告书进行审批时予以考量。关卯春等193人提起本案诉讼不符合法定的起诉条件，依照《行政诉讼法》第49条第4项、《适用解释》（2015）第3条第1款第1项、《执行解释》（2000）第1条第2款第6项之规定，裁定驳回关卯春等193人的起诉。关卯春等不服，上诉至浙江省高级人民法院。

二审法院认为，该《选址意见书》系作为有关部门批准、核准建设项目的决策依据，并非是否实施该建设项目的最终决定。故该《选址意见书》并未直接处置相关权利人的权利义务。关于上诉人主张的环境权益问题，应是由环境保护行政主管部门在对建设项目环境影响报告书进行审批时予以考量。此外，上诉人的房屋既非在案涉《选址意见书》的范围内，亦不在以焚烧车间边界为基准300米的环境防护距离内，故上诉人以其住宅与案涉项目距离不超过2.5公里为由主张与该项目存在法律上的利害关系缺乏事实和法律依据。因此，关卯春等193人的起诉不符合法定的起诉条件，依照《行政诉讼法》第89条第1款第1项之规定，裁定驳回上诉，维持原裁定。关卯春等遂向最高人民法院申请再审，请求撤销一审、二审裁定，并依法改判。

最高人民法院认为，据《城乡规划法》第36条有关"按照国家规定需要有关部门批准或者核准的建设项目，以划拨方式提供国有土地使用权的，建设单位在报送有关部门批准或者核准前，应当向城乡规划主管部门申请核发选址意见书"的规定以及《浙江省城乡规划条例》第30条第2款有关"申请核发选址意见书，建设单位应当提交下列材料：（1）包含建设单位、项目性质、建设规模、选址意向等内容的选址申请书；（2）建设项目需要批准、核准的证明文件；（3）标明拟选址位置的地形图；（4）法律、法规规定的其他材料"等规定，选址意见书系城乡规划部门根据建设单位申请依法出具的意见，其目的在于为相关部门批准或核准建设项目提供决策参考，本身并不直接决定建设项目的实施与否，也不会侵犯关卯春等193人主张的环境利益，即使此种环境利益存在，也非城乡规划部门核发选址意见书时需要重点审查的权益。城乡规划部门核发选址意见书，虽然可能为后续相应的建设许可、环境影响评价许可等以及后续的实际开工建设创造条件，但关卯春等193人主张的环境利益保护问题，只能通过环保部门在对建设项目环境影响报告书进行审批时予以考量。关卯春等193人以环境利益受到侵犯为由，起诉城乡规划部门核发选址意见书，不具有原告主体资格。一审、二审法院分别裁定驳回其起诉和上诉，符合法律规定。因此，根据《行政诉讼法》第101条、《民事诉讼法》第204条第1款之规定，裁定驳回再审申请人关卯春等193人的再审申请。

本案涉及的法律条款包括：

《行政诉讼法》第25条第1款规定："行政行为的相对人以及其他与行政行为有利害关系的公民、法人或其他组织，有权提起诉讼。"

《行政诉讼法》第49条规定："提起诉讼应当符合下列条件：（1）原告是符合本法第25条规定的公民、法人或其他组织；（2）有明确的被告；（3）有具体的诉讼请求和事实依据；（4）属于人民法院受案范围和受诉人民法院管辖。"

【裁判要旨】

影响原告主体资格是否成立的因素可分为以下两种，一是起诉人诉请保护的权益类型，二是行政实体法律规范的规定。只有当起诉人诉请保护的权益，恰好落入行政机关作出行政行为时所依据的行政实体法律规范的保护范围时，起诉人的原告主体资格才能被承认。反之，如果起诉人虽有某种权益，但并非行政机关作出行政行为时需要考虑的，或者起诉人并不具有行政机关作出行政行为时需要考虑的权益，人民法院均不宜认可其原告主体资格。

【裁判理由与论证】

关卯春等诉浙江省住房和城乡建设厅等复议案（以下简称关卯春案）从一审到二审、再审，裁判论证思路有所转换：一审法院的论证思路是，选址意见书"对项目实施涉及的房屋、土地权利及原告主张的环境利益均不产生实际影响"，因而被诉行政行为不属于受案范围，关卯春等人不符合法定的起诉条件；而二审及再审则聚焦于关卯春等 193 人起诉浙江省住房和城乡建设厅核发的浙规选字第［2014］010 号《选址意见书》，是否具有原告主体资格。从我国行政诉讼发展趋势来看，显然"受案范围中心主义"伴随立案登记制等一系列改革措施正逐步退出历史舞台，而原告主体资格在诉讼要件中的核心地位愈发凸显，这是我国行政诉讼结构性优化的必然取向。因此，二审及再审围绕原告主体资格的论证思路是当今主流，其核心争议可凝结为关卯春等人与《选址意见书》之间是否具备《行政复议法实施条例》以及《行政诉讼法》所规定的"利害关系"。2014 年《行政诉讼法》修改后，将原告界定为"行政行为的相对人以及其他与行政行为有利害关系的公民、法人或者其他组织"。据此，行政行为相对人的原告资格获得概观承认，而相对人之外的其他人或"第三人"是否具备原告资格，则要看其与被诉行政行为之间是否具有"利害关系"。本裁定针对此问题集中进行了阐释和论证。

一、何为"与行政行为有利害关系"？

利害关系的文义解释通常是"已经或将会产生实际影响"，但法条规定的"有利害关系的公民、法人或者其他组织"不能扩大理解为所有受行政行为实际影响的公民、法人或者其他组织。本裁定首先指出，"所谓的利害关系显然系指法律上利害关系，且由于行政诉讼乃公法上之诉讼，上述法律上的利害关系，一般也仅指公法上的利害关系"。无独有偶，本段对利害关系的阐述与此前具有典范意义的"刘广明与张家港市人民政府再审行政裁定案"[1]（以下简称刘广明案）极为相似。逻辑推演可知，利害关系限于法律上的利害关系，就意味着不包括反射性利益受到影响的公民、法人或者其他组织；利害关系一般仅指公法上的利害关系，就意味着除特殊情形或法律另有规定，不包括私法上的利害关系。进而言之，本裁定虽未铺陈阐释何为"法律上的利害关系"，但在此耦合了刘广明案的论证思路，即所谓的"法律上的利害关系"系指主观公权利的受损，"只有主观公权利，即公法领域权利和利益，受到行政行为影响，存在受到损害的可能性的当事人，才与行政行为具有法律上的利害关系，才形成了行政法上的权利义务关系，才具有原告主体资格，才有资格提起行政诉讼"。据此，当事人是否与行政行为有"法律上的利害关系"，不再是以行政行为是否对其产生实际影响，而是以其是否有主观公权利受损为基准。至于如何判断主观公权利是否存在，本裁定继续援引保护规范理论进行判断。

二、为什么是"保护规范理论"？

作为开场白，本裁定提出"原告主体资格问题与司法体制、法治状况和公民意识等因素密切相关，且判断是否具备原告主体资格的标准多重，并呈逐渐扩大和与时俱进态势"。为判断复杂的公法上的利害关系，本裁定提出以保护规范理论作为标准："保护规范理论或者说保护规范标准，将法律规范保护的权益与请求权基础相结合，具有较强的实践指导价值。即以行政机关作出行政行为时所依据的行政实体法和所适用的行政实体法律规范体系，是否要求行政机关考虑、尊重和保护原告诉请保护的权利或法律上的利益（以下统称权益），作为判断是否存在公法上利害关系的重要标准。"本段意旨与上述刘广明案如出一辙，至于为何以保护规范理论作为判断标准，刘广明案曾进行详细的论证，指出"行政诉讼虽有一定的公益性，却显然不能将原告主体资格范围无限扩大，将行政诉讼变相成为公益诉讼。现行行政诉讼法在确定原告主体资格问题上，总体坚持主观诉讼而非客观诉讼理念，行政诉讼首要以救济原告权利为目的，因此有权提起诉讼的原告，一般宜限定为主张保

---

〔1〕 参见最高人民法院（2017）最高法行申 169 号行政裁定书。

护其主观公权利而非主张保护其反射性利益的当事人"。而保护规范理论作为判断主观公权利的最主要理论工具，其适用也就成为逻辑上的必然。

在铺陈和阐明上述理论后，本裁定进一步为原告资格判断提供两项标准："影响原告主体资格是否成立的因素就可分为以下两种，一是起诉人诉请保护的权益类型，二是行政实体法律规范的规定。"亦即"只有当起诉人诉请保护的权益，恰好落入行政机关作出行政行为时所依据的行政实体法律规范的保护范围时，起诉人的原告主体资格才能被承认。反之，如果起诉人虽有某种权益，但并非行政机关作出行政行为时需要考虑的，或者起诉人并不具有行政机关作出行政行为时需要考虑的权益，人民法院均不宜认可其原告主体资格"。据此，本裁定实际将保护规范理论的适用拆解为两个步骤：一是判断起诉人是否具有某种权益，二是判断该权益是否受到行政实体法律规范的保护。前者是一种事实或心理要素，所谓的权益不限于法律明确规定列举的人身权、财产权、相邻权、公平竞争权、企业经营自主权等，起诉人只要能够明确指出其具有与行政行为相关的某种利益，就能符合该要件，该要件之所以存在，主要是为证明起诉人权益受到特定行政行为侵犯的可能性，因为"同一起诉人对同一行政行为的起诉，可能由于其所诉请保护的权益类型、诉讼请求和诉讼理由的不同，其是否具备原告主体资格的结论可能会有所不同。此也意味着，起诉人起诉行政机关许可其邻人建房的同一个行政许可行为，人民法院可能会由于其诉请保护土地使用权，或者通风采光权，或者通行权，或者环境权益等权益类型的不同，结合其提供的初步证据以及上述各种权益受到侵犯的可能性，分别认可或者不认可其原告主体资格"；而后者是一种规范要素，强调起诉人指出的该权益必须落入行政实体法律规范的保护范围，当这种权益是否落入行政实体法律规范的保护范围模糊不清时，就需要法官运用法律解释方法对法律规范进行解释，这时保护规范理论对查明利害关系或者主观公权利就能发挥核心作用。

三、保护规范理论在本案中的适用

在将原告资格转换为主观公权利，并将其判定方法归结为保护规范理论后，本裁定开始展开论述关卯春等193人诉请保护的环境利益是否有受到被诉行政行为侵害的可能性，且行政机关在作出行政行为时是否应当考虑其环境利益。首先，本裁定概观承认关卯春等人诉请保护的环境利益"值得进行司法保护"，这等于承认该利益客观存在，但关键问题在于，其起诉城乡规划主管部门核发《选址意见书》是否有侵犯其环境利益的可能性，对此本裁定认为，关卯春等人所居住的房屋既非在案涉《选址意见书》范围内，亦不在焚烧车间边界为基准300米的环境防护范围内，其住宅与案涉项目距离超过2公里，所以不存在侵犯其环境利益的可能性，因此其也不具备相应的原告主体资格。其次，本裁定又进一步论证城乡规划部门核发《选址意见书》时是否应当考虑关卯春等人诉请保护的环境利益，裁定指出："根据《中华人民共和国城乡规划法》第36条有关'按照国家规定需要有关部门批准或者核准的建设项目，以划拨方式提供国有土地使用权的，建设单位在报送有关部门批准或者核准前，应当向城乡规划主管部门申请核发选址意见书'的规定以及《浙江省城乡规划条例》第30条第2款有关'申请核发选址意见书，建设单位应当提交下列材料：（1）包含建设单位、项目性质、建设规模、选址意向等内容的选址申请书；（2）建设项目需要批准、核准的证明文件；（3）标明拟选址位置的地形图；（4）法律、法规规定的其他材料'等规定，选址意见书系城乡规划部门根据建设单位申请依法出具的意见，其目的在于为相关部门批准或核准建设项目提供决策参考，本身并不直接决定建设项目的实施与否，也不会侵犯关卯春等193人主张的环境利益，即使此种环境利益存在，也非城乡规划部门核发选址意见书时需要重点审查的权益。"在此，本裁定通过考察建筑规划相关法律规范的法条，将《选址意见书》的法律意义解释为"相关部门批准或核准建设项目提供决策参考，本身并不直接决定建设项目的实施与否"，从而否定城乡规划部门在核发《选址意见书》时需要考虑关卯春等人主张的环境权益。最后，本裁定又提出"关卯春等193人主张的环境利益保护问题，只能通过环保部门在对建设项目环境影响报告书进行审批时予以考量……事实上，涉案项目的环境影响评价报告已经浙江省杭州市环境保护局复议、浙江省建德市人民法院和浙江省杭州市中级人民法院两审终审，当事人请求撤销环境影响评价报告的诉讼请求已经被驳回，当事人起诉选址意见书核发更缺乏相应的事实和法律依据"，从论证的完整性上，本裁定还证明关卯春等人诉请保护的环境利益缺乏权利保护必要性（Rechtsschutzbedürfnis），最终认定关卯春等193人以环境利益受到侵犯为由，起诉城乡规划部门核发

《选址意见书》，不具有原告主体资格。综上，本裁定认为一审、二审法院分别裁定驳回其起诉和上诉符合法律规定，并驳回关卯春等193人的再审申请。

【涉及的重要理论问题】

和刘广明案一样，本案在我国行政诉讼原告资格判定的司法实践中具有重要意义，如果说刘广明案开了以保护规范理论解构"利害关系"之先河，则本案体现了保护规范理论在我国行政诉讼原告资格判定中本土化、定型化、纵深化的发展。本案在很多方面都可以视作刘广明案理论基础上的"再升级"：宏观层面，本案以保护规范理论为核心进一步构筑科学的原告资格判定结构，突破过去司法实践中利害关系说理的有限性；中观层面，本案对保护规范理论的运用更加娴熟、更加"规范"，而且体现出的本土化趋势越来越明显；微观层面，本案对解决其他侵犯环境权益类的行政争议具有深远的启发和借鉴意义。

一、原告资格的判定结构

从刘广明案到关卯春案，其实彰显了一场原告资格判定从"法政策学"向"法解释学"的转向。过去，我国司法实践对利害关系的判断深刻笼罩在"实际影响论"之下，自《执行解释》（2000）将"对公民、法人或其他组织权利义务不产生实际影响的行为"排除在受案范围之外，《行诉解释》（2018）又沿用这一规定，学界和实务界受此影响，都倾向于将是否产生实际影响作为权衡原告资格的基准。"实际影响论"的缺点在于判断原告资格时缺乏规范要素，原告资格容易成为司法自由裁量问题，[1]由此原告资格的判定常为司法政策所左右而成为案件审理中最模糊不清的地带。然而，原告资格作为行政诉讼法规定的起诉要件，法院对其行使司法审查权必须回归到宪法分配的权力秩序中，根据法治国家的原理，司法权会基于其性质或功能为自身划定界限，[2]这种界限通常就是法规范的羁束，因此原告资格不宜由法官自由臆断，而应由实证法规范进行调整。这种法律实证主义的取向，逐渐使原告资

---

〔1〕 关于司法裁量的观点，参见沈岿："行政诉讼原告资格：司法裁量的空间与限度"，载《中外法学》2004年第2期。

〔2〕 ［日］田中二郎：《司法権の限界》，弘文堂1976年版，第13页。

格判定成为法解释学的任务，最高人民法院对关卯春案的裁定正是秉承这种法解释学的论证思路重新建构原告资格判定的结构。

第一，存在诉请保护的权益及其被侵害可能性。该要件实际上是"实际影响论"的残留写照，所有类型的诉讼几无例外都会要求原告与系争案件存在某种联系，它的主要作用是对案件进行"过滤"，防止滥诉的产生。由于其处在审查结构的最前端，对其审查强度非常低：一方面，诉请保护的权益可以非常宽泛，无论其构成法律上轮廓清晰的权利还是一团无法归结的利益，只要是起诉人可以明状的，就满足第一层含义；另一方面，诉请保护的权益必须是被诉行政行为可能侵犯的，这里需要注意，审查的是侵犯的可能，而不是实际上（tatsächlich）确实遭到侵害，德国法上以"可能性理论"（Möglichkeitstheorie）作为主要标准，即要求原告所主张的权益侵害，至少在法律上和事实上必须是有可能的。[1]该要件的存在还决定着，行政诉讼主要为公民提供主观化的法律保护（Subjektiver Rechtsschutz）。因为限定原告资格为权益受损与为其提供权益救济，在逻辑上是必然的延伸关系，这意味着在整个行政诉讼进程中，权益救济将与行政客观合法性审查并驾齐驱，甚至是处在一马当先的地位，行政诉讼的主观诉讼属性必然凸显。对比客观诉讼模式，行政诉讼的主要目的在于客观法秩序的维护或行政适法性的促成，其主要审查对象是"行政行为是否存在客观违法性"，而非"当事人之间的权利或法律关系存在与否"，因此客观诉讼模式通常对原告无严格的资格限定，诉讼是由公民个人还是由公益代表提起，本质上并无多大差异，即使个人提起行政诉讼，也只是为了服务于规制行政权的整体目标。

第二，诉请保护的权益属于行政实体法保护范围。该要件实际上要求诉请保护的权益必须成为一种主观公权利，才能发动司法权。在某种意义上，行政法乃至全部公法都是一种利害关系调整法，它们调解着个人与国家之间源源不断的利益纷争，作为这场纷争的调解者，法律虽然大部分时候都站在处于弱势地位的个人这边，但这绝不代表在任何情况下都会无条件地保护个人的全部利益，因为法律在个人利益之上还追求着一个更高的客观法秩序，

---

〔1〕 Vgl. *A. Scherzberg*, in：H.－U. Erichsen/D. Ehlers（Hrsg.），Allgemeines Verwaltungsrecht, 14. Aufl. 2010，§ 12 Rn. 29；*W.－R. Schenke*, Verwaltungsprozessrecht, 13. Aufl. 2012, Rn. 494.

或称之为公共利益。这就意味着，只有当法律优先保护个人利益时，这种利益才能获得一种法律强制力（Rechtsmacht），否则单纯事实上的利益仅构成法律形成的一种"反射利益"（Rechtsreflex）。[1]因此在原告资格的判定结构中，不仅要求诉请权益的存在，而且要求该权利落入行政实体法的保护范围，亦即这种权益构成起诉人的主观公权利。根据德国通说，主观公权利一般被定义为：个人凭借着公法规范赋予的法律强制力，可为自身利益要求国家为一特定行为（包括作为、容忍和不作为）。[2]在关玎春案最高人民法院的裁定中，德国法上所谓的"公法规范赋予的法律强制力"被本土化表述为"诉请保护的权益落入行政实体法保护范围"，但根本内涵一致：以系争公法规范的利益指向（Interessenrichtung）为依据，要求该公法规范不仅仅为公共利益，而是至少兼有保护个人利益之目的。[3]

第三，存在权益保护必要性。除了上述要件外，关玎春案最高人民法院的裁定还补充论述了权益保护必要性，虽然从严格意义上看，权益保护必要性不宜归入原告资格的构成要件范畴，但是由于我国司法实践未采取"鉴定式案例分析"，探究权益保护必要性对保证判决论证的完整性还是大有裨益的。所谓权益保护必要性，通常又被称为"诉的利益"，是指起诉人的诉讼请求有无作成本案判决的必要与实效，[4]例如起诉人主张的损害已不存在、诉请在法律上无法补救或并无实益等，它的主要作用是使司法审判权免于不必要或不正当的利用，只有"值得保护的利益"（schutzwurdiges Interesse）才能动用司法救济，其思想根源是诚实信用原则。[5]通常而言，查明权益保护必要性比较容易，而欠缺权益保护必要性通常也意味着该权益不存在受侵害的可能性或者该权益不值得法律救济，从而辅助查明起诉人不具备相应的主观

---

〔1〕 Vgl. *H. Maurer*, Allgemeines Verwaltungsrecht, 19. Aufl. 2017, § 8 Rn. 8; *S. Detterbeck*, Öffentliches Recht, 7. Aufl. 2009, Rn. 1130.

〔2〕 Vgl. *H. Suckow/H. Weidemann*, Allgemeines Verwaltungsrecht und Verwaltungsrechtsschutz, 15. Aufl. 2008, Rn. 70; *A. Voßkuhle/A. -B. Kaiser*, Grundwissen-Öffentliches Recht: Das subjektiv öffentliche Recht, JuS 2009, 16 (17).

〔3〕 z. B. BVerwG NJW 1996, 1297; BVerwGE 94, 151 (158); 92, 313 (317).

〔4〕 参见陈爱娥："诉讼权能与诉讼利益——从两件行政法院裁判出发，观察两种诉讼要件的意义与功能"，载《律师杂志》2000年第254期。

〔5〕 Vgl. *E. Schmidt-Aßmann*, in：Maunz/Dürig, Grundgesetz-Kommentar, 90. EL Februar 2020, Art. 19 Abs. 4 Rn 244.

公权利。因此权益保护必要性在某种程度上也可以纳入原告资格的考量，上述关卯春案最高人民法院的裁定就采取了这种做法。

二、保护规范理论的发展与创新

自刘广明案后，保护规范理论在国内引发很多争议和讨论，有学者提出"扩大原告资格，这是新行政诉讼法的重要亮点之一……如果将所谓'保护规范理论'泛化适用为判断是否具有原告资格的标准，则存在与该立法旨趣相悖的危险"。[1]也有学者提出"保护规范理论在我国的引入存在较大的逻辑断裂和价值张力"。[2]反之，引入保护规范理论在规制诉权滥用、节省司法资源等方面的积极意义也得到部分学者的充分肯定。[3]以上观点争鸣之外，关卯春案并不是延续运用保护规范理论的个案，可以说，围绕公民主观公权利救济的原告资格判定模式正在逐渐成为司法实务采纳的通说。

然而我国引入保护规范理论面临一种时空上的"错裂感"，因为在其母法国德国，保护规范理论从魏玛时代绵延至今已逾百年，历史上保护规范理论几经嬗变，早已不是当初的模样。过去学界及实务上对保护规范理论的质疑和批评不绝于耳，诸如过度依赖立法者的主观意志，[4]对法律的解释单一化、碎片化，[5]建构在不确定的法律概念及解释方法基础上，[6]违反法的安定性，[7]容易限缩原告资格等，[8]因而保护规范理论不断面临学说重构与重心偏移。保护规范理论起先由布勒（Ottmar Bühler）于1914年提出，他最初将保护规范与强制性法律规范、法律权能一起作为提取主观公权利的三要素。

---

〔1〕 杨建顺："适用'保护规范理论'应当慎重"，载《检察日报》2019年4月24日，第7版。

〔2〕 成协中："保护规范理论适用批判论"，载《中外法学》2020年第1期。

〔3〕 参见李年清："主观公权利、保护规范理论与行政诉讼中原告资格的判定——基于（2017）最高法行申169号刘广明案的分析"，载《法律适用》2019年第2期。

〔4〕 Vgl. *R. Wahl*, in：Schoch/Schneider/Bier, VwGO, 36. EL Februar 2019, Vorbemerkung, §42 Abs. 2 Rn. 96.

〔5〕 Vgl. *T. Schmidt-Kötters*, in：Posser/Wolff, BeckOK VwGO, 50. Ed. 1. 7. 2017, §42 Rn. 162.

〔6〕 Vgl. *H. Bauer*, Altes und Neues zur Schutznormtheorie, in：AöR 113（1988）, S. 582 ff.

〔7〕 Vgl. *H. Bauer*, Baurechtlicher Nachbarschutz, in：DVBl（1983）, S. 432.

〔8〕 z. B. *P. - M. Huber*, Konkurrenzschutz im Verwaltungsrecht, 1991, S. 153 f. ; *J. Pietzcker*, Die Schutznormlehre：Verständnisse und Mißverständnisse, in：Depenheuer/Heintzen/Jestaedt/Axer（Hrsg.）, Staat im Wort, 2007, S. 577.

但此后，"强制性法律规范"伴随"无瑕疵裁量请求权"的提出而被破除，"法律权能"也伴随行政诉权从"列举主义"向"概括主义"的迈进而逐渐失去实际价值，因此保护规范理论成为判定主观公权利的核心基准。但与此同时，主观公权利也不再仅仅保护规范理论的提取作用，尤其是二次世界大战后，伴随对纳粹时期法律实证主义极端的反思，《德意志联邦共和国基本法》第1条第3款规定了基本权利具有拘束所有国家权力（包括立法者）的直接规范效力，而基本权利同时也是主观公权利，作为主观权利的基本权利是先法律性的，"所有主观权利都是被法制创设、承认和保护"这样的观念被瓦解，"统一的、整体性的公法权利持续性断裂"，[1]最终形成了（宪法）基本权利与（行政法）主观公权利的"二元理论"（Lehrendualismus），[2]此背景下诞生了新保护规范理论。

首先，新保护规范理论采取客观解释方法。在判断是否为保护个益时，新保护规范理论不以回溯立法资料、探求立法者的主观意思作为唯一的解释方法，而是采取独立于立法者意思的客观解释立场，即通过"文义解释""体系解释""合宪性解释"等多重解释方法，据以综合判断系争法规范是否属于保护规范，此种解释方法在法解释学上被称为"客观解释论"（objektive Auslegungstheorie）。[3]其次，新保护规范排除了事实上的利益。新保护规范理论认为，权利是指"法律上所保护的个人利益"（rechtlich geschützten Individualinteressen），当权利概念指向法律本身，对于权利的判断便应以法规范本身作为依据，而非求诸于法律本身以外之事实。所谓的事实上利益或事实上利害关系（Betroffenheit）本身也是一个不清楚的概念，因此单纯的事实利益（或事实上的利害关系）仅为"反射利益"（Rechtsreflex），尚不足以构成权利。[4]

其次，在处理主观公权利与基本权利关系问题上，新保护规范理论的总

---

〔1〕 赵宏："主观公权利的历史嬗变与当代价值"，载《中外法学》2019年第3期。

〔2〕 Vgl. *K. Hesse*, Grundzüge des Verfassungsrechts der Bundesrepublik Deutschland, 14. Aufl. 1984, S. 130.

〔3〕 Vgl. *R. Wahl*, Die doppelte Abhängigkeit des subjektiven öffentlichen Rechts, in: DVBl 12 (1996), S. 649 f.

〔4〕 Vgl. *E. Schmidt-Aßmann*, in: T. Maunz/G. Dürig (Begr.), Grundgesetz III, 2011, Art. 19 Abs. 4 Rn. 119 f.

体立场是：（1）坚持"普通法律优先"（Vorrang des einfachen Rechts）原则，主要通过保护规范在普通法律中推导主观公权利；（2）例外承认基本权利规范也可能直接导出主观公权利，无需通过保护规范推求。[1]"二战"后德国宪法理论承认，基本权利具有双重功能，即"规范内效果"（Norminterne Wirkung）和"规范外效果"（Normexterne Wirkung），[2]亦即"客观法效果"（objektiv-rechtliche Wirkung）和"主观权利效果"（subjektiv-rechtliche Wirkung）。[3]规范内效果主要指，通过解释普通法律中的概括性条款（Generalklauseln）或价值开放性概念（wertungsoffene Begriffe）能够放射基本权利所蕴含的价值决定，从而使普通法律与基本权利的价值方向基本一致，又被称为基本权利的"放射效果"（Ausstrahlungswirkung）；[4]规范外效果主要指，公民可以直接通过回溯基本权而直接获得公法请求权。基于基本权利的双重效果，新保护规范理论认为：第一，判断主观公权利必须首先从普通法律中探求是否存在保护规范，不可直接诉诸宪法上的基本权利。但在探寻保护规范意旨时，新保护规范理论同时特别强调宪法基本权利的价值功能，即普通法律必须被置于合宪性解释（verfassungskonforme Auslegung），特别是合基本权利解释（grundrechtskonforme Auslegung）的框架下进行，发挥基本权利明确价值和体系化的作用。第二，只有当普通法律规范欠缺宪法基本权利的最低保护（verfassungsrechtliche Mindestschutze von Grundrechte），且没有合宪性解释可能时，再例外允许直接援引基本权利。[5]合宪性解释存在一定限度，它不能与立法者明显的立法意志相悖，只有当不存在合宪性解释的回旋余地时，才可以发挥基本权利的规范外效果来导出行政法秩序的主观权利，证成公法请求权。根据《德意志联邦共和国基本法》第1条第3款规定，"下列基本权

---

〔1〕 Vgl. *E. Schmidt-Aßmann*, in：T. Maunz/G. Dürig（Begr.），Grundgesetz III, 2011, Art. 19 Abs. 4 Rn. 121 f.

〔2〕 参见 ［德］施密特·阿斯曼：《秩序理念下的行政法体系建构》，林明锵等译，北京大学出版社 2012 年版，第 76 页。

〔3〕 Vgl. *A. Voßkuhle/A. -B. Kaiser*, Grundwissen-Öffentliches Recht：Funktionen der Grundrechte, in：JuS（2011），S. 411.

〔4〕 Vgl. *T. Schmidt-Kötters*, in：H. Posser/H. A. Wolff（Hrsg.），Verwaltungsgerichtsordnung, 2008, § 42 Rn. 191.

〔5〕 Vgl. *E. Schmidt-Aßmann*, in：T. Maunz/G. Dürig（Begr.），Grundgesetz III, 2011, Art. 19 Abs. 4 Rn. 122.

利拘束立法、行政及司法而为直接有效之权利"。普通法律优先于基本权利适用似乎与之相冲突，但阿斯曼认为，立法者被赋予了"冲突解决优先权"（Konfliktlösungsprärogative），[1]因为无论是法治国理念还是宪法原则都要经过衡量后予以具体化，宪法的基本价值理念无法通过一种简易方式在行政诉讼法或行政法院组织法上予以具体化，宪法仅仅给予"规范的目标方向及基本原则，在其他部分则留下一个相当大之形成空间"，即便是基本权利本身也要通过普通法律予以具体化。[2]因此，在私人利益纠缠或冲突的领域，例如，日益凸显的第三人权利领域，拥有民主正当性的立法者毋宁是最为适合的利益衡量与决定者。阿斯曼的宪法委托（Verfassungsauftrag）观念强调，"在基本权的规范内效果由法律或判决先例充分开展之限度内，实际上便没有必要再额外地从基本权直接推出主观权利"，只有在那些法律尚未高密度结构化的行政领域，才可能出现"基本权例外地展开规范外的效果"，规范外效果的例外展开"并非要告别基本权的价值内容，而是其实现的法建构"，本质上仍是尊重立法者的形成自由。[3]

总体而言，新、旧保护规范理论都以客观法规范的存在作为主观公权利的前提，并且要求该法规范不只保护公益，而且至少也要有保护个益的规范目的。然而，法律材料中往往不能提取出某些特定的东西，诸如"事实上的偏爱""最直接的保护""准则制定的实际原因"等，[4]也就是说，很多的情况下难以清晰地判断系争法规范是否表达了其兼具个益保护目的，从而也很难清楚地认定系争法规范是否赋予个人相应的主观公权利。因此需要法律适用者对法规范进行解释，新旧保护规范理论的分歧也集中于此：

首先，对于法律解释方法，旧保护规范理论建立在"权利为立法者特别赋予"的观念下，因而旧保护规范理论采取"主观解释论"立场，以立法者

---

〔1〕 Vgl. *E. Schmidt-Aßmann*, in: T. Maunz/G. Dürig（Begr.）, Grundgesetz III, 2011, Art. 19 Abs. 4 Rn. 127 f.

〔2〕 Vgl. *A. Scherzberg*, Das subjektiv-öffentliche Recht: Grundlagen und Fälle, in: Jura 11（2006）, S. 842.

〔3〕 参见〔德〕施密特·阿斯曼：《秩序理念下的行政法体系建构》，林明锵等译，北京大学出版社2012年版，第76~77页。

〔4〕 Vgl. *H. Bauer*, "Geschichtliche Grundlagen der Lehre vom subjektiven öffentlichen Recht", 1986, S. 83.

主观意志作为判断系争法规范是否保护个益的依据；相反，新保护规范理论产生于基本权利具有直接规范效力的时代，因而采取"客观解释论"立场，不以立法者的意思作为唯一标准，而是客观运用文义解释、体系解释、合宪性解释等多种解释方法，尤其要发挥基本权利的规范外效果，在"整体的规范构造"以及"整体制度的框架条件"（institutionelle Rahmenbedingungen）下，引导法律适用者对系争法规范进行"基本权取向解释"（grundrechtsorientierte Auslegung），综合判断系争法规范是否为保护规范。

其次，对于法规产生的事实利益，旧保护规范理论认为，可以将"事实上的影响"纳入判断主观公权利的考量；相反，新保护规范理论则认为，"法律上而非事实上受保护的个人利益"才是判断主观公权利的关键，事实利益与法规范仅具有间接相关性，事实利益仅是一种反射利益，并未创设任何主观权利。

最后，对于基本权功能的比重，旧保护规范理论认为，宪法基本权利的规定，如自由权和财产权的保障"毫无疑问是为保护个益创设的"，直接具有个益保护目的，本身即主观公权利；而新保护规范理论认为，应该优先从普通法律中探求主观公权利，原则上基本权利主要功能乃是引导法律的合宪性解释，例外的情形下才可以直接援引基本权利作为证成主观公权利的依据，实际上通常视为"主观公权利基础"的基本权利被新保护规范理论极大地限缩了作为直接规范的功能。[1]

通过回溯德国保护规范理论的发展历程，我们可知，当今保护规范理论对主观公权利的塑造力（prägende Kraft）已经逐渐削弱，基本权利的保障反而是决定性的。[2]基本权利具有先国家性、先法律性的特征，它作为一种"框架性权利"在所有法治国保障中对行政法发展具有最强影响力。[3]虽然基本权利和主观公权利并非"一胎双生"，但德国公法学通过基本权利的"双重规范效力"将两者在一定程度上加以统合。新保护规范理论正是在基本权利教义学充分发展的背景下诞生的，基本权利的主观公权利属性极大消解主

〔1〕 Vgl. *H. Bauer*, "Altes und Neues zur Schutznormtheorie", in: AöR 113（1988），S. 582 ff.

〔2〕 Vgl. *U. Ramsauer*, Die Dogmatik der subjektiven öffentlichen Rechte, in: JuS（2012），S. 769.

〔3〕 Vgl. *B. Grzeszick*, Rechte und Ansprüche. Eine Rekonstruktion des Staatshaftungsrechts aus den subjektiven öffentlichen Rechten, 2002, S. 141 ff.

观公权利的证成对客观法的依赖，即使适用保护规范理论解释法律时，强调基本权利（也包括欧盟法指令）具有"体系化和澄清作用"。[1]在基本权利和欧盟法的引领下，主观公权利朝着不断拓宽的方向发展，[2]从而避免了旧保护规范理论在具体领域中对原告资格过分的限制。

【后续影响与借鉴意义】

一、保护规范理论的适用问题

保护规范理论在德国的发展和创新，对我国的司法适用具有深刻的借鉴意义。首先，保护规范理论不是一种僵化的教条，法官在判断原告资格时应当慎重考虑如何适用保护规范理论，不能简单因袭和套用陈词，形式化、机械化运用；更不能把保护规范理论简单当作否定原告资格的堂皇说辞，过程和结论相颠倒地目的化运用。其次，保护规范理论对主观化的要求也越来越降低，例如建筑法领域，德国发展出一种针对第三人保护的"考虑要求"（Gebot der Rücksichtnahme），当起诉人在建筑领域内受到违反法律的、超过平均水平的、有形且个别的损害（handgreiflich und individuell betroffen）时，如果法规范原则上仅具有客观法性质，必须考量其特殊法律地位，例外地承认此时客观法具有保护第三人的主观性质，[3]如此一来，通过"事实影响"就能证明主观公权利，修正了保护规范理论的传统教义。这不代表保护规范理论已被彻底抛弃，它只是为了克服保护规范理论在第三人保护方面不尽如人意之处，况且每一种主观公共权利的衍生仍需要规范性要素，纯粹事实影响（bloße faktische Betroffenheit）依然不足够。[4]总的来说，保护规范理论和所有法律适用方法一样，只提供一种分析框架和思路，它不是法律的实体内容，也不是非黑即白的选择题，并且应该伴随社会生活的发展处在开放的变迁之

---

〔1〕 Vgl. *E. Schmidt-Aßmann/Schenk*, in: Schoch/Schneider/Bier, VwGO, 36. EL Februar 2019, Einleitung Rn. 20.

〔2〕 Vgl. *E. Schmidt-Aßmann*, Verwaltungsrechtliche Dogmatik. Eine Zwischenbilanz zu Entwicklung, Reform und künftigen Aufgaben, 2013, S. 108 ff.

〔3〕 Vgl. *Voßkuhle/Kaufhold*, Grundwissen-Öffentliches Recht: Das baurechtliche Rücksichtnahmegebot, in: JuS (2010), S. 497 ff.

〔4〕 Vgl. *U. Ramsauer*, Die Dogmatik der subjektiven öffentlichen Rechte, in: JuS (2012), S. 775.

中。在我国保护规范理论适用最为集中的土地、建筑规划领域，有的是没有相对人的环境权诉讼，也有的是公法上的相邻权诉讼；在相邻权诉讼中，有的情形真正具有公法请求权，有的情形并不具有公法请求权……现代行政法律关系的复杂性决定这些原告资格的判定必须是个案决疑的（kasuistisch），此间又必须回溯法律适用"目光在事实与法律之间往返流转"的老调重弹。[1]

二、公民环境权益的公法保护

关卯春案的另一个重要意义是，为公民环境权益的公法保护提供反思。在行政作用技术化与利益冲突多元化交织的复杂背景下，社会发展愈发离不开政府对自然资源、建筑、交通采取的规划、审批和许可等"大型决定"（Großentscheidungen），它们往往以"物"或者"不特定多数人"作为规范对象，形成巨大的社会覆盖面，既可能产生具体清晰的个人负担，也可能只是现代化工业国家无可避免的干扰，[2]首当其冲的就是公民的环境权益。

在关卯春案中，虽然法院认为公民的环境权益值得司法保护，但是对原告资格主观化方面要求还是略显严苛的。在环境行政争议中，绝大部分行政作用都以不特定对象或公物为规范对象，它通常关涉特定区域居民的共同利益，追求的是某种公共福祉，因而该领域法律的羁束密度也是较低的，有时甚至不存在能够作为裁判依据的法，从中析出私益保护意旨的可能性也微乎其微。于此，一概排除原告资格显然违背实质法治主义的精神，然而逐一承认原告资格又有违诉讼经济，整体利益、局部利益和个人利益的交错形态使得公民环境权益的公法保护往往无所适从，正如日本学者原田尚彦指出："环境上的行政诉讼，与其说是围绕着个人权利的纠纷，倒不如说是具有相关区域共同体的集团利益性质的纠纷。"[3]这启发我们应该为公民环境权益的公法保护寻找新方向。

在德国，法院受到《奥胡斯公约》及欧盟法影响，对环境领域原告资格的认定越来越呈现客观化倾向。《奥胡斯公约》全称是《在环境问题上获得信

---

〔1〕[德]齐佩利乌斯：《法学方法论》，金振豹译，法律出版社 2009 年版，第 130 页。

〔2〕[德]弗里德赫尔穆·胡芬：《行政诉讼法》，莫光华译，法律出版社 2003 年版，第 242 页。

〔3〕[日]原田尚彦：《环境法》，于敏译，法律出版社 1999 年版，第 185 页。

息公众参与决策和诉诸法律的公约》，由联合国欧洲委员会（UN/ECE）制定并于 2001 年生效。该条约旨在将民众获得环保相关情报、参与行政决定过程与司法等措施制度化，以解决环境污染与破坏问题、保护人类的环境健康权。《奥胡斯公约》第 9 条第 2 款规定，环境领域的诉权主体是"受影响的公众"（betroffene Öffentlichkeit），虽然表面与德国法似乎不存在冲突，但考虑公约广泛诉诸司法的总体目标及欧洲法院判例法的跟进，德国法院最终突破保护规范理论对诉权的限制，由此保护规范理论在德国卷入了行政法欧洲化的风暴，[1] 行政救济范围拓展到依据保护规范理论传统上不予保护的环保组织、居民团体（Gemeinden）甚至普通个人。[2] 而且德国事实上早在 2002 年修改《联邦自然保护法》时，就赋予环境团体以行政公益诉权。[3] 因此，伴随公众参与的民主化浪潮，在包括德国的欧洲范围内的环境行政诉讼基本都已走上客观诉讼化的道路。

就我国而言，行政公益诉讼制度的出台和落地为公民环境权益的公法保护提供了有力的武器，然而我国环境行政公益诉讼的实践幅度与纵深目前还远达不到理想程度。从制度设计来看，检察公益诉讼并不是唯一可行的推行进路，现行行政诉讼框架下也可以探索解决公民环境权益的公法保护问题，例如面对类似缺乏清晰规制对象的行政作用所引发的环境行政纠纷，可以借鉴民事诉讼法上的诉讼实施权（Prozessführungsbefugnis）及形式当事人（formeller Parteibegriff）观念作为法理支撑，[4] 承认整体的区域性原告团作为一种法定化诉讼担当（Gesetzliche Prozessstandschaft），[5] 赋予其请求解决纠纷的原告资格，诉讼地位与实体法权利的分离就成为可能，这样既避免滥诉、节省司法资源，又比适用保护规范理论否定个体原告资格更符合现代行政

---

〔1〕 Vgl. *M. Hong*, Subjektive Rechte und Schutznormtheorie im europäischen Verwaltungsrechtsraum, in: JZ（2012），S. 380 ff.

〔2〕 Vgl. *T. Siegel*, Ausweitung und Eingrenzung der Klagerechte im Umweltrecht, in: NJW（2014），S. 974.

〔3〕 Vgl. *B. Werres*, Information und Partiziptation der Öffentlichkeit in Umweltangelegenheiten nach den Richtlinien 2003/4/EG und 2003/35/EG, in: DV（2005），S. 611 f.

〔4〕 ［德］奥特马·尧厄尼希：《民事诉讼法》，周翠译，法律出版社 2003 年版，第 81 页。

〔5〕 Vgl. *C. G. Paulus*, Zivilprozessrecht. Erkenntnisverfahren, Zwangsvollstreckung und Europäisches Zivilprozessrecht, 6. Aufl. 2017，§ 2 Rn. 76.

诉讼制度理想的发展方向，能够有效适应行政作用复杂化所伴生的扩大原告资格的要求。[1]这也许是关卯春案为公民环境权益保护提供的另一种可能方向。

（指导教师：赵宏　中国政法大学法学院教授）

---

[1] ［日］小早川光郎：《行政诉讼的构造分析》，王天华译，中国政法大学出版社2014年版，第18页。

七 法律适用

行政法律规范竞合理论及其适用规则
——上海鑫晶山建材开发有限公司诉上海市
金山区环境保护局环保行政处罚案

胡斌*

【案例名称】

上海鑫晶山建材开发有限公司诉上海市金山区环境保护局环保行政处罚案［上海市金山区人民法院（2017）沪 0116 行初 3 号］

【关键词】

行政处罚　大气污染防治　法律适用　臭气超标　固体废物污染防治

【基本案情】

原告上海鑫晶山建材开发有限公司（以下简称鑫晶山公司）因不服被告上海市金山区环境保护局（以下简称金山环保局）作出的行政处罚决定，于 2017 年 1 月 3 日向上海市金山区人民法院提起行政诉讼。原告鑫晶山公司诉称，其系以其他企业生产过程中产生的污泥为原料进行无害化处理的资源综合再利用企业，厂区内的臭气来源于作为生产物料的污泥，而原告不是污泥的生产者，被告未调查臭气来源即因厂区界址臭气浓度超标将原告认定为臭气的排放者，与事实不符；被告处罚依据的《监测报告》未清晰界定原告所

* 胡斌，中国政法大学法学院讲师，法学博士。

属的环境空气功能区及对应的恶臭污染物厂界标准值，三类环境空气功能区已并入二类区，但不代表三类区已经取消，原告所在区域有可能适用《恶臭污染物排放标准》中三级恶臭污染物厂界标准值，同时，连续排放源排放监测采样频率与间歇排放源不同，《监测报告》也未明确采取何种采样频率；污泥属于一般固体废物，因之造成的污染应适用 2016 年《中华人民共和国固体废物污染环境防治法》（以下简称《固体废物污染环境防治法》）第 68 条第 1 款第 7 项及第 2 款的规定，处 1 万元以上 10 万元以下的罚款，但被告适用了罚款数额更高的 2015 年《中华人民共和国大气污染防治法》（以下简称《大气污染防治法》）第 99 条第 2 项规定，属适用法律错误；在多个监测点位中，仅 3#监测点位臭气浓度超标，且仅系轻微超标，被告处以 25 万元的罚款，显有不当；此外，原告系资源综合再利用企业，享有税收优惠政策，一旦遭受行政处罚，则一定时期内无法再申请免税，且原告于 2016 年 8 月处于新旧股东股权转让期间，公司新管理者未及时掌握公司情况，被告未考虑前述因素，仍处以巨额罚款，严重影响企业生存与发展。因此，被诉行政处罚决定认定事实及适用法律均错误，处罚幅度明显不当，请求予以撤销。

被告金山环保局辩称，其作为环境保护主管部门，有权对大气污染违法行为进行行政处罚；被告对原告无组织排放恶臭污染物进行了监督监测，在其厂界采样后，经检测，3#监测点臭气浓度一次性最大值超出了恶臭污染物排放国家标准，该事实证据确凿，原告调查时亦无异议；三类环境空气功能区已并入二类区，《监测报告》认定原告所在区域应执行二级恶臭污染物厂界标准限值 20 并无不当，且监测时根据现场情况对原告厂界四个点位各采集三次并取其最大值的做法亦符合规定；被告接到群众投诉后，对原告厂区进行检查并由金山环境监测站对厂区内厂界臭气和废气排放口进行采样，在收到《监测报告》后依法立案，经调查，作出责令改正通知，后经听证作出被诉行政处罚决定，执法程序合法；原告向大气排放恶臭污染物超出国家标准，被告适用《大气污染防治法》依法有据；被告作出处罚时已充分考虑了原告违法行为对环境及社会的影响、违法次数、配合调查取证情况、整改情况以及原告企业性质等因素，处罚幅度并无不当。被诉行政处罚决定认定事实清楚，证据确凿，程序合法，裁量适当，请求依法驳回原告的诉讼请求。

结合当事人的庭审陈述和上述认证的证据，法院确认以下事实：

因群众举报，2016 年 8 月 17 日，被告金山环保局执法人员前往原告鑫晶山公司进行检查，并由金山环境监测站工作人员对该公司厂界臭气和废气排放口进行气体采样。同月 26 日，金山环境监测站出具了编号为 XF26-2016 的《测试报告》，该报告中的《监测报告》显示，依据《恶臭污染物排放标准》（GB14554-93）规定，臭气浓度厂界标准值二级为 20，经对原告鑫晶山公司厂界四个监测点位各采集三次样品进行检测，3#监测点位臭气浓度一次性最大值为 25。2016 年 9 月 5 日，被告金山环保局收到前述《监测报告》，遂于当日进行立案。经调查，被告金山环保局于 2016 年 11 月 9 日制作了金环保改字［2016］第 224 号《责令改正通知书》及《行政处罚听证告知书》，并向原告鑫晶山公司进行了送达。应原告鑫晶山公司要求，被告金山环保局于 2016 年 11 月 23 日组织了听证。2016 年 12 月 2 日，被告金山环保局作出内容如前的被诉行政处罚决定。

另查明，2009 年 11 月 13 日，被告金山环保局审批通过了原告鑫晶山公司上报的《多规格环保型淤泥烧结多孔砖技术改造项目环境影响报告表》，2012 年 12 月 5 日前述技术改造项目通过被告金山环保局竣工验收。同时，2015 年以来，原告鑫晶山公司被群众投诉数十起，反映该公司排放刺激性臭气等环境问题。2015 年 9 月 9 日，因原告鑫晶山公司于同年 7 月 20 日厂界两采样点臭气浓度最大测定值超标，被告金山环保局对该公司作出金环保改字［2015］第 479 号《责令改正通知书》，并于同年 9 月 18 日作出第 2020150479 号《行政处罚决定书》，决定对原告鑫晶山公司罚款 35 000 元。

本案涉及的法律规范条文：

2016 年《固体废物污染环境防治法》第 68 条第 1 款规定："违反本法规定，有下列行为之一的，由县级以上人民政府环境保护行政主管部门责令停止违法行为，限期改正，处以罚款：（1）不按照国家规定申报登记工业固体废物，或者在申报登记时弄虚作假的；（2）对暂时不利用或者不能利用的工业固体废物未建设贮存的设施、场所安全分类存放，或者未采取无害化处置措施的；（3）将列入限期淘汰名录被淘汰的设备转让给他人使用的；（4）擅自关闭、闲置或者拆除工业固体废物污染环境防治设施、场所的；（5）在自然保护区、风景名胜区、饮用水水源保护区、基本农田保护区和其他需要特别保护的区域内，建设工业固体废物集中贮存、处置的设施、场所和生活垃圾填埋场的；（6）擅自转移固体废物出省、自治区、直辖市行政区域贮存、处置的；（7）未采取相应防范措施，造成工业固体废物扬散、流失、渗漏或者造成其他环境污染的；（8）在运输过程中沿途丢弃、遗撒工业固体废物的。"

2015年《大气污染防治法》第99条规定："违反本法规定，有下列行为之一的，由县级以上人民政府环境保护主管部门责令改正或者限制生产、停产整治，并处十万元以上一百万元以下的罚款；情节严重的，报经有批准权的人民政府批准，责令停业、关闭：（1）未依法取得排污许可证排放大气污染物的；（2）超过大气污染物排放标准或者超过重点大气污染物排放总量控制指标排放大气污染物的；（3）通过逃避监管的方式排放大气污染物的。"

【裁判要旨】

针对堆积有固体废物的企业产生臭气情形，《大气污染防治法》与《固体废物污染环境防治法》在行政处罚法律适用上发生竞合，在无法适用一般法律适用规则的情形下，应当根据适用对象、行为方式、行为后果及处罚幅度等要素进行判定。固体废物产生的臭气浓度超过大气污染物排放标准的，应当适用《大气污染防治法》进行处罚；臭气浓度未超过国家标准的，应当适用《固体废物污染环境防治法》进行处罚。

【裁判理由与论证】

法院认为，根据《环境保护法》第10条第1款的规定，被告作为县级以上地方人民政府环境保护主管部门，具有对所在行政区域环境保护工作实施监督管理的法定职责，有权对环境违法行为进行处理。被告接到群众投诉后，对原告生产场所进行检查，并由金山环境监测站对原告厂界四个点位进行了气体采样，在接到《监测报告》后，被告进行立案，经调查，作出责令改正通知并进行听证，后作出被诉行政处罚决定，执法程序并无不当。本案的争议焦点在于：（1）被告根据《监测报告》认定原告排放臭气且浓度超标是否有误；（2）被告适用《大气污染防治法》对原告涉案行为进行处罚是否正确；（3）被诉行政处罚决定处罚幅度是否合理。

关于第一个争议焦点，原告认为其生产过程中通过烟囱排放的气体并未超标，厂区内的臭气来源于作为其生产物料的污泥，而污泥系其他企业产出，其非污泥的生产者，故其不是臭气排放者，同时，被告处罚依据的金山环境监测站《监测报告》认定原告厂区适用的恶臭污染物厂界标准值有误，采样频率亦不明确。对此，法院认为，根据 2015 年《大气污染防治法》第 18 条的规定，企业事业单位和其他生产经营者向大气排放污染物的，应当符合大气污染物排放标准，遵守重点大气污染物排放总量控制要求。本案无证据可证实臭气来源于污泥，即使可能来源于污泥，原告作为排污单位，生产活动全程排放的污染气体均应符合国家标准的要求，既包括有组织排放，也包括泄露、无组织排放。生产原料的处置、管理属于生产环节之一，原告作为生产单位对此负有环境管理义务，因疏于管理导致厂界臭气浓度超标亦应承担相应责任。关于原告厂界执行何种恶臭污染物排放标准的问题，《恶臭污染物排放标准》将恶臭污染物厂界标准值分为三级，排入"GB3095"中一类区的执行一级标准，排入二类区的执行二级标准，排入三类区的执行三级标准。该标准中恶臭污染物厂界标准值是对无组织排放源的限值，其中二级标准又分为两类，第一类为"新扩改建"类，臭气浓度标准限值为 20；第二类为"现有"类，臭气浓度标准限值为 30。该标准同时规定，1994 年 6 月 1 日起立项的新、扩、改建设项目及其建成后投产的企业执行二级、三级标准中相应的标准值。《恶臭污染物排放标准》于 1994 年 1 月 15 日实施，而"GB3095"所指代的《环境空气质量标准》已进行多次修订，最新修订的《环境空气质量标准》（GB3095-2012）于 2016 年 1 月 1 日实施，其中调整了环境空气功能区分类，将三类区并入二类区，一类区为自然保护区、风景名胜区和其他需要特殊保护的区域，二类区为居住区、商业交通居民混合区、文化区、工业区和农村地区。金山环境监测站结合原告厂区所在区域及原告已于 2009 年实施项目技术改造等情况将原告厂界臭气浓度标准认定为二级标准"新扩改建"类限值 20，并无不当。关于环境监测机构出具的《监测报告》是否明显有误的问题，金山环境监测站具有对臭气浓度进行检验检测的资质，其对监测对象厂界臭气浓度的采样、检测具有专业判断能力。《恶臭污染物排放标准》规定，排污单位排放的恶臭污染物，在排污单位边界上规定监测点的一次最大检测值必须小于或等于恶臭污染物厂界标准值。同时，该标准对于无组织排放源监测按连续排放源及间歇排放源的不同规定了不同采样频率：连续排放源相隔 2 小时采集一次，共采集 4 次，取其最大测定值；间歇排放源选择在气味最大时间内采样，样品采集次数不少于 3 次，取其最大测定值。由此可见，对大气污染物的排放测定应采取严格的方式和方法，即使在最大负荷生产和排放以及在最不利于污染物扩散稀释的条件下，排放监控值亦不应超过排放标准规定的限值。金山环境监测站根据现场情况，按照间歇排放源采样频率对原告厂界四个监测点位各采集三次样品进行检测，取其最大测定值，符合选择尽可能高的生产负荷及不利于污染物扩散稀释的条件进行检测的原则，未违反《恶臭污染物排放标准》的要求，法院予以尊重、认可。因此，被告认定原告 2016 年 8 月 17 日厂界 3#监测点位臭气浓度一次性最大值 25 超过规定排放限值 20，事实清楚，证据确凿。

关于第二个争议焦点，原告认为厂界恶臭来源于生产用的污泥，污泥属于一般固体废物，其涉案行为应适用 2016 年《固体废物污染环境防治法》第 68 条第 1 款第 7 项及第 2 款的规定，不应适用罚款数额更高的 2015 年《大气污染防治法》第 99 条第 2 项规定。前者规定，未采取相应防范措施，造成工业固体废物扬散、流失、渗漏或者造成其他环境污染的，处 1 万元以上 10 万元以下的罚款；后者规定，超过大气污染物排放标准或者超过重点大气污染物排放总量控制指标排放大气污染物的，由县级以上人民政府环境保护主管部门责令改正或者限制生产、停产整治，并处 10 万元以上 100 万元以下的罚款；情节严重的，报经有批准权的人民政府批准，责令停业、关闭。前者规制的是未采取防范措施造成工业固体废物污染环境的行为，后者规制的是超标排放大气污染物的行为；前者有未采取防范措施的行为并具备一定环境污染后果即可构成，后者排污单位排放大气污染物必须超过排放标准或者重点大气污染物排放总量控制指标才可构成。本案中，被告接到群众有关原告排放臭气的投诉后进行执法检查，检查、监测对象是原告排放大气污染物的情况，《监测报告》显示臭气浓度超标，故适用 2015 年《大气污染防治法》第 99 条第 2 项规定更为贴切和准确，且如前所述，本案并无证据可证实臭气是否来源于任何工业固体废物，故被诉行政处罚决定适用法律并无不当。

关于第三个争议焦点，在案证据及庭审情况证实，被告在确定罚款幅度时，综合考虑了原告违法行为对环境及社会的影响、违法次数、配合调查取证情况、整改情况以及原告企业性质等因素，决定罚款 25 万元，罚款数额亦在 2015 年《大气污染防治法》第 99 条第 2 项规定的法定裁量幅度内，被诉行政处罚决定处罚幅度并无不当。

至于原告提及被告查处时其公司处于新旧股东交接期间，且其系资源综合再利用企业，受到行政处罚将无法享受税收优惠政策，进而影响企业发展经营，法院认为，是否处于新旧股东交接期间，处罚后是否影响税收优惠均非环境执法应考量因素，资源综合再利用企业亦非环境处罚豁免的理由，原告主张无法成立。

综上，法院认为，被诉行政处罚决定认定事实清楚，证据确凿，程序合法，适用法律正确，原告诉讼请求缺乏事实根据和法律依据，法院不予支持，并依据 2014 年《行政诉讼法》第 69 条的规定，判决驳回原告鑫晶山公司的诉讼请求。

【涉及的重要理论问题】

2019 年 12 月，经最高人民法院审判委员会审定，本案被确定为指导性案例。本案的典型意义在于：当法律适用交叉竞合时，为行政机关和法院如何选择适用法律规范提出了较为明确的规则。本案涉及的理论问题主要是行政法律规范竞合时的法律适用问题。因为行政权行使合法性的判断标准之一便是适用法律正确，[1] 而实践中行政机关及其工作人员在"找法"和"用法"时常常遇到的困境之一便是法律竞合时如何选择法律，相应的法院也需要寻找法律审查行政行为的合法性。以下结合学界研究成果和司法实践，对行政法律规范竞合理论及法律适用规则进行深入探讨。

一、行政法律规范竞合内涵与区分标准

法律规范竞合现象早在古罗马时期便受到关注，[2] 主要表现在刑法规则

---

〔1〕 2014 年《行政诉讼法》第 69 条规定："行政行为证据确凿，适用法律、法规正确，符合法定程序的，或者原告申请被告履行法定职责或者给付义务理由不成立的，人民法院判决驳回原告的诉讼请求。"

〔2〕 参见［意］彼得罗·彭梵得：《罗马法教科书》，黄风译，中国政法大学出版社 1992 年版，第 10 页。

和民法规则领域。[1]近现代以来，法律规范竞合理论也主要在刑法、民法领域探讨，尤以刑法领域理论研究最为深入、争论最多，并主要聚焦于"法条竞合"与"想象竞合"界分之争，[2]成果丰硕。相比刑法领域，行政法学界对法律规范竞合问题则缺乏应有的关注。实际上，行政法领域出现法律规范竞合的概率更大，因为"行政法没有完整、单一的法典，而是由诸多法律规范构成的法律群。在行政法的法群里，存在着纵向和横向交织的不同层次的行政法渊源"，[3]这种特点决定了同一社会现象或者行为受到两部以上法律调整的概率更大。本部分在借鉴刑法上竞合理论的基础上，对行政法律规范竞合理论进行梳理。

（一）刑法上的竞合理论

刑法学理论通说将"竞合"分为法条竞合与想象竞合两个概念，作为与刑法具有血脉联系[4]的行政法亦有必要引入这两对概念。而要厘清行政法上的法条竞合与想象竞合概念，有必要先梳理刑法上的法条竞合与想象竞合概念。刑法理论上，法条竞合是指一个行为同时触犯数个法律条文，这些法律条文之间存在重叠和交叉关系。法条竞合是典型一罪，不发生罪数问题，适用其中一个法条，则排斥其他法条的适用。[5]想象竞合是指出于一个犯意，实施一个危害行为，触犯数个罪名而只按最重一罪处罚的犯罪形态。[6]法条竞合与想象竞合的区别遵循两个标准：形式标准和实质标准。以张明楷教授的观点为例，他认为："两个法条之间存在包容或交叉关系，是法条竞合的形式标准。实质标准之一是法益的同一性，即一个行为侵害了两个以上犯罪的保护法益时，就不可能是法条竞合，而只能认定为想象竞合。实质标准之二是不法的包容性，即在一个行为同时触犯两个法条，只适用其中一个法条就

---

〔1〕 参见齐宸："法律适用法法条竞合研究"，载《中国政法大学学报》2017年第3期。

〔2〕 参见陈兴良："法条竞合的学术演进——一个学术史的考察"，载《法律科学（西北政法大学学报）》2011年第4期。

〔3〕 张淑芳："行政法的适用"，载《法学研究》2000年第5期。

〔4〕 在我国，同一类行为既可能受到行政违法评价，也可能受到刑法评价，既可能承担行政违法责任，也可能承担刑罚责任，主要看该行为违法的严重程度，因而行政法评价与刑事法评价在某种程度上具有相通性。

〔5〕 杨春洗、杨敦先、郭自力主编：《中国刑法论》，北京大学出版社2008年版，第113页。

〔6〕 《刑法学全书》编委会编：《刑法学全书》，上海科学技术文献出版社1993年版，第664页。

能够充分、全面评价行为的所有不法内容时，两个法条才可能是法条竞合；倘若适用任何一个法条都不能充分、全面评价行为的不法内容，即使符合形式标准与法益的同一性标准，也只能认定为想象竞合。"[1]

从上述观点可知，判断法条竞合与想象竞合时应当综合运用形式标准和实质标准。首先是根据形式标准判断：当两个法条规定的构成要件存在交叉或者包含关系时，便构成"法条竞合"，否则便构成"想象竞合"。其次，从实质标准看，如果一个行为侵害了两个以上法益，那么不能成立"法条竞合"，只能成立"想象竞合"。

（二）行政法律规范竞合内涵与标准

根据刑法学说，结合行政法律规范特点，行政法领域亦存在法条竞合和想象竞合两种竞合现象。行政法上的法条竞合是指行政相对人作出的一个行为，同时违反了数个法条（可以是同一部法律，也可以规定在不同法律中），数个法条规定的"违法要件"存在重合或交叉关系。因此，法条竞合本质上是很多法条的构成要件彼此全部或部分重合，同一案件事实可以被多数法条指涉。[2]行政法上的想象竞合是指行政相对人作出的一个行为，同时违反了数个法条（法律规范），各法条（法律规范）的"违法要件"互不相同，且往往这个行为侵害了不同的法益。

区别行政法上的法条竞合与想象竞合，亦有必要坚持形式标准与实质标准相结合。第一，形式标准：法条竞合要求两个法条"构成要件"或者"假定"存在重合或者交叉关系。比如，2013年《中华人民共和国进出口商品检验法》（以下简称《进出口商品检验法》）第35条[3]和《产品质量法》第39条[4]均规定，掺杂掺假、以假充真、以次充好的商品或者以不合格进出口商品冒充合格进出口商品属于违法行为，应当给予行政处罚，两个法条所规定

---

[1] 张明楷："法条竞合与想象竞合的区分"，载《法学研究》2016年第1期。

[2] 参见［德］卡尔·拉伦茨：《法学方法论》，陈爱娥译，商务印书馆2005年版，第146页。

[3] 2013年《进出口商品检验法》第35条规定："进口或者出口属于掺杂掺假、以次充好的商品或者以不合格进出口商品冒充合格进出口商品的，由商检机构责令停止进口或者出口，没收违法所得，并处货值金额百分之五十以上三倍以下的罚款；构成犯罪的，依法追究刑事责任。"

[4] 《产品质量法》第39条规定："销售者销售产品，不得掺杂、掺假，不得以假充真、以次充好，不得以不合格产品冒充合格产品。"

的违法构成要件或者假定具有重合性，当一个行为同时违反上述两个法条时，二者构成"法条竞合"。反之，如果一行为同时违反两个法条，且两个法条之间的构成要件或者假定并无交叉或者重合关系，则只能成立想象竞合。第二，实质标准：法益同一性与违法评估包容性。当一个行为侵害了两个法益，那么原则上只构成想象竞合，不构成法条竞合。比如，某诊所持有《医疗机构执业许可证》，但未经登记核准计划生育专业；同时，该诊所也未取得《母婴保健技术服务执业许可证》，却擅自开展终止妊娠手术。此时该诊所的行为侵害了两个法益，一个是医疗管理秩序，另一个是母婴安全，因而只能是想象竞合，而不是法条竞合。当一个行为违反的两个法条中的一个法条可以对行为违法性进行全面评价，那么两个法条属于法条竞合，想象竞合的任何一个法条都无法对行为合法性进行完全评价。比如，某医院聘用未取得护士执业证书的人员独立从事护理活动。[1]该医院同时违反了《医疗机构管理条例》[2]与《护士条例》[3]的规定，其中，《医疗机构管理条例》第 28 条可以对医院行为的合法性进行全面评价，因而此时属于法条竞合而非想象竞合。另外，在"施卫芹与启东市公安局、陈卫等行政处罚案"中[4]，法院认为，施卫芹从城管执法车上抢夺被扣的电子秤，并咬伤城管工作人员陈卫、丁凯磊的行为确实存在。施卫芹的行为同时侵犯了两个法益，一是阻碍国家机关工作人员正在进行的公务活动，二是侵犯了陈卫、丁凯磊个人的人身权利，构成想象竞合。

回到本案，因原告未妥善处置厂中污泥散发恶臭导致环境污染，同时触犯了 2016 年《固体废物污染环境防治法》第 68 条第 1 款第 7 项和 2015 年《大气污染防治法》第 99 条第 2 项规定，前者第 68 条第 1 款第 7 项及第 2 款规定了未采取相应防范措施，造成工业固体废物扬散、流失、渗漏或者造成其他环境污染的情况需要受到处罚，后者第 99 条第 2 项规定了超过大气污染

---

〔1〕 卫生监督员对该医院进行了现场检查，发现该医院聘用的 17 名护士中有 12 名未取得护士执业证书而独立从事护理活动。

〔2〕《医疗机构管理条例》第 28 条规定："医疗机构不得使用非卫生技术人员从事医疗卫生技术工作。"

〔3〕《护士条例》第 21 条第 1 款规定："医疗卫生机构不得允许下列人员在本机构从事诊疗技术规范规定的护理活动：（1）未取得护士执业证书的人员……"

〔4〕 江苏省南通市中级人民法院（2018）苏 06 行终 206 号。

物排放标准或者超过重点大气污染物排放总量控制指标排放大气污染物的情况需要受到处罚，属于法律规范竞合。具体到是属于想象竞合还是法条竞合，则需要结合前文中两个标准判断：从形式标准来看，2016 年《固体废物污染环境防治法》第 68 条第 1 款第 7 项规定的内容包括"固体废物导致大气污染的情形"；2015 年《大气污染防治法》第 99 条第 2 项规定"超过大气污染物排放标准"包含"物体污染物排放污染大气"的情形，因而二者在违法构成要件上具有交叉性，符合法条竞合的形式标准。其次，从实质标准看，原告行为只侵害了一个法益，即破坏了大气环境，并没有侵害两个以上法益。另外，《固体污染物防治法》和《大气污染物防治法》均可以对原告行为的违法性进行全面评价，至少前者可以全面评价其违法性，即未妥善处理固体污染物导致环境污染。综上，本案中，原告同时违反两部法律属于法条竞合，并非想象竞合。

二、行政法律规范竞合时法律适用规则

当出现法律规范竞合时，执法人员或者法官往往面临两部以上的法律（法条）可供选择，因而有必要建构适当的适用规则，为执法提供指引，避免法律适用的混乱和恣意。鉴于行政法律规范的竞合分为想象竞合和法条竞合两种情况，二者适用的规则亦应当有所区别。

（一）想象竞合时法律适用

刑法学通说认为，对于想象竞合犯，一般遵循"从一重罪处断"原则，[1]因为想象竞合犯属于一个行为产生数个危害结果，既然是按"一罪处理"，只有按其中最重的罪进行处罚才符合"罪刑相适应"的原则。想象竞合中的"一重"，既包括罪名拟制，也包括刑罚拟制，就前者而言，想象竞合是取舍罪名的规则；就后者而言，想象竞合包含着刑罚裁量的规则。[2]例外情况下，

---

〔1〕 参见张明楷："法条竞合与想象竞合的区分"，载《法学研究》2016 年第 1 期；杨春洗、杨敦先、郭自力主编：《中国刑法论》，北京大学出版社 2008 年版，第 113 页。
〔2〕 梁云宝："论我国想象竞合的规则及其限制"，载《政法论坛》2016 年第 1 期。

根据法律的特别规定适用"从一轻"〔1〕或者"数罪并罚"〔2〕。对于想象竞合的数罪，拟制一个轻罪罪名并科处轻罪的法定刑（从一轻处断）以及实行数罪并罚，也是我国刑法立场中不可或缺的组成部分，而这是由刑法分则条文、相关法律解释与刑事司法判例共同确定和维持的。〔3〕

综上，刑事司法领域，想象竞合犯的处断原则为：以"从一重处断"为原则，法律特别规定的情况下，"从一轻处断"或者"数罪并罚"。

回到行政法领域，需要讨论刑事司法领域的处断原则是否适用？以下分别讨论。

首先，"从一重处断"原则是否适用于行政执法领域？答案是肯定的。以行政处罚为例，我国 2017 年《行政处罚法》第 4 条第 2 款规定了过罚相当原则，即"设定和实施行政处罚必须以事实为依据，与违法行为的事实、性质、情节以及社会危害程度相当"，与刑法上的罪刑相当原则具有同构化意义。〔4〕过罚相当原则要求当出现想象竞合时"从一重处断"。因为想象竞合一般意味着违法者行为侵害了两个以上的法益或者造成了两个以上的危害结果，比单纯违反一个法益或者造成一个危害结果的情节要严重，因而按其中一部法律（法条）进行处罚时应当选择惩罚最重的，这样才能体现过罚相当原则。当然，这里的"从一重处断"既包括定性，也包括处罚幅度。比如，在"文昌市市场监督管理局与黄小健行政处罚非诉执行审查案"中，法院认为，"被执行人黄小健在未办理营业执照的情况下对外开展经营活动的行为违反了《无证无照经营查处办法》第 6 条的规定，应依照该办法第 13 条予以处罚。又鉴于被执行人黄小健销售不符合国家标准的柴油，且数量较大，其行为违反了《产品质量法》第 13 条第 1 款的规定，依照该法第 49 条应予以从重处罚。因

---

〔1〕 依据 2011 年 1 月 10 日《关于办理侵犯知识产权刑事案件适用法律若干问题的意见》第 12 条规定，应以侵犯著作权罪而非非法经营罪论处，于是，刑罚高低配置差异明显的两罪在此时将出现以轻罪侵犯知识产权罪而非重罪非法经营罪论处的"从一轻"处断现象，且这是想象竞合而非法条竞合。类似地，虐待家庭成员致被害人轻伤，成立虐待罪（轻罪）和故意伤害罪（重罪）的想象竞合时从一"轻"处断。

〔2〕 例如，依据《中华人民共和国刑法》第 204 条第 2 款规定，纳税人缴纳税款后，采取骗取出口退税罪规定的欺骗方法，骗取的税超过所缴纳的税款，成立逃税罪与骗取出口退税罪想象竞合时实行数罪并罚。

〔3〕 参见梁云宝："论我国想象竞合的规则及其限制"，载《政法论坛》2016 年第 1 期。

〔4〕 参见余凌云：《行政法讲义》，清华大学出版社 2014 年版，第 296 页。

被执行人黄小健无照经营柴油且相关柴油是不符合国家标准的产品，两违法行为的违法方式或结果具有牵连关系，构成想象竞合违法，属于一个行为违反数个法条，文昌工商局决定对被执行人黄小健的两违法行为择一重处……法律适用正确"。[1]

从上述裁定可以看出，"从一重处断"原则在我国司法实践领域得到认可。因而无论是行政机关还是司法机关在处理想象竞合型违法时，应当选择法定处罚幅度更高的条款，且在处罚时应将"竞合性违法"作为从重处罚的情节予以考量。

其次，需要讨论行政法上的想象竞合是否有"从一轻"或者"并罚"的可能性。如前所述，在坚持"从一重处断"原则基础上，刑法上的想象竞合"从一轻"处断或者"并罚"均源于立法或者司法解释的特殊规定。因而行政法上想象竞合是否适用"从一轻"或"并罚"则需要看法律或者司法解释是否有特别规定。由于行政法领域法律规范众多、违法情形复杂，无法像刑法一样针对特定的罪名作出例外的规定或者解释，但并不完全排除"从一轻"或者"并罚"的可能性。比如，我国2017年《行政处罚法》第25条、第27条规定了"从轻、减轻处罚"的情形，当违法者的行为同时违反了两个以上法条构成想象竞合，且符合"从轻、减轻处罚"的情形时，行政机关应遵循"从一轻处断"原则，即适用较轻的处罚，从而体现"过罚相当原则"。在"闽侯县工商行政管理局诉福州朋辉广告设计制作所行政处罚案"中，[2]行政机关认为，被处罚人的行为违反了《中华人民共和国广告法》（以下简称《广告法》）第4条、第27条及《户外广告登记管理规定》第5条第1款第1项的规定。鉴于被执行人违法行为社会危害性较小，符合从轻处罚的情形，因而依据《广告法》第37条之规定作出处罚，法院予以支持。[3]可见"从轻处罚"的情形，是"从一轻处断"的重要依据。在"内蒙古通辽市科尔沁左翼后旗农牧业局与布和草原行政处罚案"中，[4]法院确立了这样一个规则：

---

[1] 海口海事法院（2019）琼72行审38号。

[2] 福建省闽侯县人民法院（2015）侯执审字第57号。

[3] 本案中，行政机关认为违法者构成"法条竞合"，但由于违法者侵犯了两个法益，构成要件并不具有交叉性，因而应当成立"想象竞合"而非法条竞合。

[4] 内蒙古自治区通辽市中级人民法院（2016）内05行终11号。

当一个行为出现行政处罚和刑事处罚竞合时，行政机关不确定是否构成刑事处罚，可以先进行行政处罚。这也可以认为是"从一轻"的特殊情形。另外，行政处罚领域亦存在"并罚"情形。当违法者的行为违反了数个法律条款，且数个法律条款由不同的行政机关执行时，一般认为，各行政机关可以在各自职权范围内对违法者作出处罚，两次以上罚款除外，这种情况有"并罚"的效果。比如，在"济南市国土资源局与房玉奎土地行政处罚上诉案"[1]中，法院认为，同一违法行为违反了两部以上法律，在济南市城管执法局已经作出处罚的情况下，不排除国土资源管理局根据法律作出其他类型的处罚。可见司法实践领域承认"并罚"的可能性。

最后，实践中还存在行政机关自由选择的情况，主要发生在两个法条的处罚幅度基本相同的情况中。比如，在"黄玉琼、曹力维等与佛山市公安局三水分局公安行政管理案"[2]中，法院认定，"曹俊乐打碎了曹力维、黄玉琼家玻璃的行为既属于故意毁坏公私财物的行为，也属于寻衅滋事行为，同时触犯了《中华人民共和国治安管理处罚法》（以下简称《治安管理处罚法》）第26条和第49条的规定，属于想象竞合，公安机关选择适用《治安管理处罚法》第49条的规定予以处罚并无不当"。

本案中，法院没有坚持"从一重处断"原则，而是尊重公安机关的"选择权"，法院没有阐述理由。但通过阅读两个条文可知，两个法条的罚则[3]是完全一样的，因而行政机关当然可以自由选择。

综上，当出现"想象竞合"时，行政机关应当坚持"从一重处断"原则，特殊情况下则适用"从一轻处罚""并罚"和"自由选择"原则。

（二）法条竞合时法律适用

刑法学通说认为，法条竞合适用的法律原则主要有两个：特别法优于普

---

[1] 山东省济南市中级人民法院（2014）济行终字第103号。

[2] 广东省佛山市中级人民法院（2016）粤06行终80号。

[3] 《治安管理处罚法》第26条规定："有下列行为之一的，处五日以上十日以下拘留，可以并处五百元以下罚款；情节较重的，处十日以上十五日以下拘留，可以并处一千元以下罚款：（1）结伙斗殴的；（2）追逐、拦截他人的；（3）强拿硬要或者任意损毁、占用公私财物的；（4）其他寻衅滋事行为。"第49条规定："盗窃、诈骗、哄抢、抢夺、敲诈勒索或者故意损毁公私财物的，处五日以上十日以下拘留，可以并处五百元以下罚款；情节较重的，处十日以上十五日以下拘留，可以并处一千元以下罚款。"

通法和重法优于轻法的原则。[1]由于我国行政法律规范体系是"一元多层"的，因而适用规则上更加复杂。按照 2004 年最高人民法院发布的《关于审理行政案件适用法律规范问题的座谈会纪要》[以下简称《适法纪要》（2004）]规定："调整同一对象的两个或者两个以上的法律规范因规定不同的法律后果而产生冲突的，一般情况下应当按照立法法规定的上位法优于下位法、后法优于前法以及特别法优于一般法等法律适用规则。"上述适用规则同样适用法条竞合，当同一行为违反两个以上法律，两个法律规定的内容不相同时，便是"法律冲突"。换言之，当竞合的法条规定不一致时，应当准用解决法律冲突的适用规则。当然现实中，法律冲突适用规则并不能适用所有的案件，特殊情况下，还需要引入其他规则。以下具体讨论每一种规则的适用条件和要求。

第一，特别法优于一般法。特别法优于一般法是法条竞合时最常用的适用规则。这一规则主要适用于两种情况：其一，一行为同时违反两部法律，两部法律处于相同法律位阶且规定不一致时，行政机关应当选择适用其中的特别法。其二，一行为同时违反同一部法律中的不同条款，应当选择适用特别条款。"特别法优于一般法"规则在司法实践中得到广泛应用，然而如何判断区分特别法和一般法，仍然缺乏较为明确的规则，且司法实践中也基本上缺少讨论。通过梳理大量的案例可知，法院一般会直接指出某一法律或者法条是特别法，并不说明理由，不过从其区分的结果来看，特别法主要是指立法目的或者调整对象更专门针对违法行为的法。比如，在"天津光明梦得乳品有限公司不服河南省漯河市工商行政管理局作出的漯工商高处字〔2013〕86 号行政处罚决定案"[2]中，法院认为，《反不正当竞争法》与《广告法》的立法角度和调整范围不同。就调整内容，虚假广告优先适用《广告法》，《广告法》没有作出规定的，适用《反不正当竞争法》。另外，部分法院认为，对某项内容作了更加详细和具体规定的法，应视为特别法。比如，在"舟山市定海区综合行政执法局与舟山市定海周福娣食品店行政处罚案"[3]

---

〔1〕 参见陈兴良：《教义刑法学》，中国人民大学出版社 2014 年版，第 732 页。

〔2〕 河南省漯河市源江区人民法院（2013）源行初字第 15 号。

〔3〕 浙江省舟山市中级人民法院（2017）浙 09 行审复 3 号。

中，法院对何谓特别法作了分析，认为作出更加具体规定的，更加接近规范对象的法律为特别法。

第二，新法优于旧法及其例外。根据《立法法》第92条规定：同一机关制定的法律、行政法规、地方性法规、自治条例和单行条例、规章，新的规定与旧的规定不一致的，适用新的规定。根据该条规定，一般情况下，当同一机关制定的新的法律与旧的法律出现竞合时，行政机关应当选择适用新的法律。而如果存在新的一般规定与旧的特别规定竞合时如何适用，则需要请求有权机关裁决。[1]但存在一种特殊情形，即行政相对人的行为发生在新法实施以前，行政机关在新法出台后拟作出行政行为原则上应当仍然适用旧法，但适用新法对保护行政相对人的合法权益更为有利的除外。[2]在"舟山市定海区综合行政执法局与舟山市定海周福娣食品店行政处罚案"[3]中，法院认为：新法优于旧法是一般原则，并且按《适法纪要》（2004）之规定，适用对保护行政相对人的合法权益更为有利的优先适用。涉案法规《浙江省城市道路管理办法》自2002年10月1日起施行，《浙江省城市市容和环境卫生管理条例》于2008年8月1日起施行，后者新于前者，且适用后者更有利于保护行政相对人的合法权益。法院的判决基本遵循了上述规则。

第三，上位法优位于下位法。按照《立法法》规定，上位法优位于下位法，因而当上位法与下位法之间出现竞合时，行政机关应当适用上位法作出决定。在"田琼等与济南市人力资源和社会保障局劳动和社会保障确认纠纷上诉案"[4]中，法院认为，"社会保险法与《工伤保险条例》分属不同的位阶，前法系法律，属于上位法，后法系行政法规，属于下位法，两法的冲突应当通过上位法优于下位法选择规则予以解决，即本案应当适用上位法《社

---

〔1〕《立法法》第94条规定：法律之间对同一事项的新的一般规定与旧的特别规定不一致，不能确定如何适用时，由全国人民代表大会常务委员会裁决。行政法规之间对同一事项的新的一般规定与旧的特别规定不一致，不能确定如何适用时，由国务院裁决。

〔2〕《适法纪要》（2004）规定："根据行政审判中的普遍认识和做法，行政相对人的行为发生在新法施行以前，具体行政行为作出在新法施行以后，人民法院审查具体行政行为的合法性时，实体问题适用旧法规定，程序问题适用新法规定，但下列情形除外：（1）法律、法规或规章另有规定的；（2）适用新法对保护行政相对人的合法权益更为有利的；（3）按照具体行政行为的性质应当适用新法的实体规定的。"

〔3〕浙江省舟山市中级人民法院（2017）浙09行审复3号。

〔4〕山东省济南市中级人民法院（2017）鲁0102行初158号。

会保险法》而非下位法《工伤保险条例》进行裁判"。

第四，"从一重处断"原则。实践中存在一个行为触犯同一部法律中多个法条的情况，此时，上述三个规则均不能适用。当出现这种情况时，应允许行政机关根据现实情况"择一重处断"。这一点，在司法领域也得到认可，在"雷州市公安局与唐小梅处罚纠纷上诉案"中，[1]雷州市公安局认定唐小梅同时违反《治安管理处罚法》第 26 条、第 42 条和第 43 条，属于法条竞合，最后按照第 26 条进行的处罚，雷州市公安局遵循的是"从一重处断"原则，两级法院均表示认可。

第五，结合具体案情，选择适用法律。当同一违法行为违反两部法律，两部法律之间存在竞合，且无法适用以上四种规则时，应当允许行政机关根据具体案情选择更加适合的法律条文，即赋予行政机关选择适用权。这一原则在执法实践领域得到认可，比如《浙江省公安厅〈治安管理处罚法〉实务问题解答二》中规定，"第 25 条（谎报警情）与第 60 条（谎报案情）存在法条竞合，公安机关可以根据具体案情依法择一适用"。司法实践也认可该原则，比如在"盱眙县官滩镇农技站化肥农药第二门市与盱眙县市场监督管理局行政处罚行政案"[2]中，法院认为，在法条竞合的情况下，行政机关有选择适用的权力。当然，行政机关的选择权并不是随意的，其应当考虑发生竞合的两部法律的立法目的、违法构成要件和违法行为的情节等综合作出判断。

回到本案，原告的行为同时违反了 2016 年《固体废物污染环境防治法》第 68 条第 1 款第 7 项及第 2 款[3]和 2015 年《大气污染防治法》第 99 条第 2 项[4]规定，构成法条竞合。法院认为，前者规制的是未采取防范措施造成工业固体废物污染环境的行为，后者规制的是超标排放大气污染物的行为；前者有未采取防范措施的行为并具备一定环境污染后果即可构成，后者排污单

---

[1] 广东省湛江市中级人民法院（2017）粤 08 行终 78 号。

[2] 江苏省淮安市中级人民法院（2016）苏 08 行终 85 号。

[3] 2016 年《固体废物污染环境防治法》第 68 条第 1 款第 7 项规定，未采取相应防范措施，造成工业固体废物扬散、流失、渗漏或者造成其他环境污染的，处 1 万元以上 10 万元以下的罚款。

[4] 2015 年《大气污染防治法》第 99 条第 2 项规定，超过大气污染物排放标准或者超过重点大气污染物排放总量控制指标排放大气污染物的，由县级以上人民政府环境保护主管部门责令改正或者限制生产、停产整治，并处 10 万元以上 100 万元以下的罚款；情节严重的，报经有批准权的人民政府批准，责令停业、关闭。

位排放大气污染物必须超过排放标准或者重点大气污染物排放总量控制指标才可构成。本案中，被告接到群众有关原告排放臭气的投诉后进行执法检查，检查、监测对象是原告排放大气污染物的情况，《监测报告》显示臭气浓度超标，故适用2015年《大气污染防治法》第99条第2项规定更为贴切和准确。从法院的论证来看，其认为行政机关在选择适用法律时，应当考虑立法的目的、法律规定的违法构成要件，选择与违法行为性质和情节更为契合的法律。《大气污染防治法》的目的在于保护大气环境，防范大气污染行为，而本案中，原告的违法行为主要污染了周边空气的环境，因而适用《大气污染防治法》更为适合。

综上，法条竞合时，行政机关应当遵循"特别法优于一般法""新法优于旧法""上位法优于下位法"的原则，当上述原则不适宜时，则可以结合立法目的、调整对象和违法行为的情节，选择适用更为契合的法律或者"从一重处断"原则。

【后续影响及借鉴意义】

本案经最高人民法院审定，被确定为指导性案例。按照最高人民法院2010年颁布的《关于案例指导工作的规定》第7条规定，最高人民法院发布的指导性案例，各级人民法院审判类似案例时应当参照。因而本案实际上为今后各级法院审理同类案件提供了基本指导原则，而且法院在审理同类案件时原则上应当遵循该案的审判原则，除非有充分的理由认定该原则不适用此类案件。根据该案确定的规则，当同一违法行为违反两部以上法律而发生竞合，在无法适用一般法律适用规则的情形下，应当根据适用对象、行为方式、行为后果及处罚幅度等要素进行判定。